ÉQUILIBRE(S) ET DÉSÉQUILIBRE(S) EN DROIT

Droit privé et sciences criminelles

Collection dirigée par Yves Strickler

Créée fin 2011 par Yves Strickler et le Centre d'études et de recherches en droit privé (devenu le Centre d'études et de recherches en droit des procédures en 2013) de la Faculté de droit et science politique de Nice, la présente collection a pour vocation principale de publier des ouvrages en liaison avec le thème retenu pour dénomination de la collection. Cette dernière rassemble des recherches originales, tirées notamment de travaux de recherche, de manifestations scientifiques ainsi que d'ouvrages collectifs sur les interrogations actuelles que rencontre la science juridique, spécialement dans le domaine du droit privé et des sciences criminelles.

Parutions antérieures

Défiance, doute, incertitude : quelle place pour la notion de confiance dans les sociétés modernes ? *(dir. Julie Tribolo), 2019, 90 pp.*
L'enfant à l'épreuve de la séparation parentale *(dir. Laetitia Antonini-Cochin et Marie-Cécile Lasserre), avril 2019, 126 pp.*
Les grands principes des répartitions dans les procédures collectives*, Maxence Guastella, mars 2019, 300 pp.*
La cession de dette*, Jean-Baptiste Bottin, mars 2019, 148 pp.*
Déclaration des droits de l'homme et du citoyen. Postérité et actualité *(dir. Jimmy Meersman et Rémi Puigventos), février 2019, 238 pp.*
Médiation et entreprises. Regards croisés Droit et Gestion *(dir. Gulsen Yildirim, Isabelle Sauviat et Romain Dumas), janvier 2019, 142 pp.*
La procédure *(dir. Joanna Genovese et Giovanna Debernardi), oct. 2018, 138 pp*
Techniques de critique d'une décision « définitive ». Imprécision sémantique et pérennité des décisions de justice en procédure civile*, Tennessee Caen, juin 2018, 160 pp*
Réforme de la prescription pénale *(dir Christine Courtin et Jean-Raphaël Demarchi), juin 2018, 154 pages*
Droit des sociétés et procédures collectives *(dir. Laurence Caroline Henry), janvier 2018, 207 pp.*

Responsables scientifiques

Anne-Sophie SIEW-GUILLEMIN
Alexandra BAILE, Cédric CHAPELLE, Caroline FABRE

ÉQUILIBRE(S) ET DÉSÉQUILIBRE(S) EN DROIT

Textes réunis par Anne-Sophie SIEW-GUILLEMIN

L'Harmattan

5-7, rue de l'École-Polytechnique, 75005 Paris
http://www.editions-harmattan.fr
ISBN : 978-2-343-19897-2
EAN : 9782343198972

Responsables scientifiques

Anne-Sophie Siew-Guillemin

Alexandra Baile, Cédric Chapelle, Caroline Fabre

Auteurs (ordre alphabétique)

Samy DOUIDER, Doctorant au CERDP (E.A n° 1201),
Université Côte d'Azur

Odélia FAUGÈRE, Doctorante au CERDP (E.A n° 1201),
Université Côte d'Azur

Grégory FUSTER, Doctorant au GREDEG (UMR 7321),
Université Côte d'Azur

Maxence GUASTELLA, Doctorant au CERDP (E.A n° 1201),
Université Côte d'Azur

Eland GUERRIER, Doctorant au GREDEG (UMR 7321),
Université Côte d'Azur

Alina GUTSUNAEVA, Doctorante au CERDP (E.A n° 1201),
Université Côte d'Azur

Hania KASSOUL, Maître de conférences de l'ERDP
(E.A n° 1230), Université de Poitiers

Nils MONNERIE, Doctorant au CERDP (E.A n° 1201),
Université Côte d'Azur

Anne-Sophie SIEW-GUILLEMIN,
Maître de conférences au CERDP (E.A n° 1201), Université Côte d'Azur

Sommaire

Propos introductifs : L'équilibre, cette norme primitive et relative

Hania KASSOUL

« *Qui dit équilibre dit menace qu'il se rompe. Aucune stabilité n'est jamais qu'équilibre* »[1].

À titre préliminaire, il faut dire que c'est un véritable plaisir d'ouvrir ce colloque de la jeune recherche niçoise, au sein d'une maison où j'ai passé tant de belles années. Mes sincères remerciements vont naturellement au CERDP pour son invitation et plus particulièrement à Madame Anne-Sophie Siew-Guillemain qui m'a fait l'honneur et l'amitié de me confier l'ouverture de cette manifestation consacrée à un thème aussi noble que périlleux : « *Equilibre(s) et déséquilibre(s) en droit* ».

Le sujet choisi a peut-être les apparences de la simplicité. Qui n'associe pas instinctivement l'idée d'équilibre à celle de droit ? Parfois au point d'imaginer que sans équilibre il n'y a point de droit, et que là où il n'y aurait pas de droit, il n'y aurait pas d'équilibre. Le droit est lui-même symbolisé par la balance de Thémis qui pèse les arguments des parties, le juste et l'injuste, le bon et le moins bon[2].

Mais les évidences sont parfois trompeuses, surtout lorsqu'il s'agit d'approfondir et de décliner ce (vaste !) sujet à la lumière du droit positif. Les rapports entre équilibre et droit sont en effet innombrables et plus subtils qu'il n'y paraît. C'est pourquoi il faut les analyser avec précaution.

---

[1] M. Druon, *Le Pouvoir*, 1965.

[2] Ce qu'explique notamment François Gény *in Méthode d'interprétation et sources en droit privé positif*, 2e éd., Paris, 1919, t. I, p. 167 : « *Ce principe, qu'on peut appeler principe de l'équilibre des intérêts en présence, doit guider le jurisconsulte interprète du droit, aussi bien que le législateur ou les organes de la coutume (...). L'objet de/'organisation juridique positive, en effet, n'est pas autre que de donner la satisfaction la plus adéquate aux diverses aspirations rivales, dont la juste conciliation apparaît nécessaire pour réaliser la fin sociale de l'humanité. Le moyen général d'obtenir ce résultat consiste à reconnaître les intérêts en présence, à évaluer leur force respective, à les peser, en quelque sorte, avec la balance de la justice, en vue d'assurer la prépondérance des plus importants, d'après un criterium social, et finalement d'établir entre eux l'équilibre éminemment désirable* ».

D'une part, parce qu'il est souvent difficile de trouver l'équilibre ; et quel équilibre ? Objectif, subjectif, individuel, collectif, absolu, relatif ? Etant précisé qu'il faut encore s'entendre sur les unités de mesures : l'utile, le vrai, le juste, le bon ? La quête de l'équilibre est comparable à celle du Graal : s'il est désirable de le chercher, est-il jamais possible de le trouver ?

D'autre part, parce que la question de l'équilibre n'est peut-être pas l'apanage du droit. L'allégorie de la balance représente certes la Loi et la Justice, mais également la Comptabilité et le Commerce. À ce titre, penser le droit en termes d'équilibre, n'est-ce pas troquer le raisonnement juridique contre un raisonnement économiste ?

L'Académicien Michel Serres, disparu seulement quelques semaines avant la tenue de ce colloque et à qui je rends hommage, soulevait à ce titre la résonnance mercantile de la notion d'équilibre. Dans ses propos recueillis par le journal *Libération*, il déclarait ainsi :

> « *Si vous avez du pain, et si moi j'ai un euro, si je vous achète le pain, j'aurai le pain et vous aurez l'euro et vous voyez dans cet échange un équilibre, c'est-à-dire : A a un euro, B a un pain. Et dans l'autre cas B a le pain et A a l'euro. Donc, c'est un équilibre parfait. Mais, si vous avez un sonnet de Verlaine, ou le théorème de Pythagore, et que moi je n'ai rien, et si vous me les enseignez, à la fin de cet échange-là, j'aurai le sonnet et le théorème, mais vous les aurez gardés. Dans le premier cas, il y a un équilibre, c'est la marchandise, dans le second il y a un accroissement, c'est la culture* »[3].

« *L'équilibre c'est la marchandise, la culture c'est l'accroissement* ». Cette phrase de Michel Serres – dont on rappellera qu'il s'est intéressé au concept de contrat - est restée célèbre en ce qu'elle souligne la finitude de la notion d'équilibre. Ce dernier apparaît statique parce qu'il ressemble à un standard qui sert seulement à mesurer des valeurs et qu'il ne rend pas compte de toute la profondeur des activités humaines. Cependant, le propos cité se concentre sur un rapport particulier, vu sous l'angle de l'échange (et d'un échange-modèle qui serait commutatif). Or le concept d'équilibre n'est pas réductible à une règle gouvernant les échanges. A la

[3] Journal *Libération*, 28 avril 2009.

recherche du sens et de la place de l'équilibre en droit, il sera effectivement important de dire que l'équilibre incarne lui-même une valeur intégrant en principe toute intention de créer et de dire le droit. Le droit fait à ce titre la promotion d'une vertu de l'équilibre, comme le suggère la formule selon laquelle « *les lois doivent véhiculer l'équilibre dans les rapports sociaux à peine de manquer à leur finalité* »[4]. En tant que valeur, il est alors plus proche de la notion de tempérance et très éloigné de celle de commutativité. D'ailleurs, aujourd'hui, en parlant d'équilibre, nous allons peut-être démentir cette idée réductrice de commutativité tout en espérant contribuer, nous aussi, à un certain « accroissement » : celui de la connaissance juridique. Nous verrons alors que l'équilibre ce n'est pas que la marchandise, de même que la marchandise n'est pas toujours l'équilibre.

Pour y parvenir, il convient maintenant de se prêter à une tentative préalable de définition.

Tentative de définition

Essayons de définir ce qu'est l'équilibre, pour apercevoir en creux le déséquilibre (autre composante du thème qui nous réunit aujourd'hui). Qu'est-ce que l'équilibre ? Se confirme dès ce stade la difficulté suspectée autour du sujet abordé car, d'ores et déjà, un effort d'analyse doit être fait pour saisir les différentes facettes du concept.

Selon les dictionnaires[5], il s'agit :

• (*sens 1*) d'une position parfois difficile, précaire mais stable. Transparaît clairement l'idée d'*équilibrisme* : le point où on ne tombe pas même si des forces pourraient à tout moment nous faire tomber. C'est alors une performance que de faire tenir les choses en équilibre malgré ces forces qui déstabilisent.

• (*sens 2*) de façon plus large, l'équilibre est décrit comme le juste rapport, la proportion harmonieuse entre éléments opposés ou la

---

[4] J. Théron, au sujet du discours de Motulsky, « Principes d'une réalisation du droit », *in Grands discours de la culture juridique*, Dalloz, 2017.
[5] Cf. not. le dictionnaire du Centre National de Ressources Textuelles et Lexicales (cnrtl.fr).

convenable pondération des parties d'un ensemble, ainsi que l'état de stabilité qui en résulte.

(*sens 1*) Voilà qui est alors dit : l'équilibre c'est la stabilité ! Nulle approche commutative, on le voit, de sorte que parler d'équilibre c'est avant tout parler des conditions qui permettent à quelqu'un ou quelque chose de se maintenir sans tomber. Il s'agit de l'aspect mécanique de l'équilibre : faire en sorte que les choses se tiennent. En ce sens, l'équilibre est indispensable au droit vu comme une science des institutions, lesquelles se définissent par leur caractère durable et ordonné. Cet état résiste néanmoins, constamment, aux vents qui le déstabilisent. En ce sens, l'équilibre est tout à la fois stabilité et fragilité.

Mais encore, ce n'est pas que cela.

(*sens 2*) En effet, l'équilibre touche à la Justice, à « la proportion harmonieuse » des choses nous dit-on, qui doit donner lieu à l'état de stabilité. En conséquence, ce qui permet de faire tenir les choses en équilibre doit être *bien-fondé*. En effet, qui aurait envie d'une stabilité injuste ou d'une injustice stable ? Personne. Il y a donc au-delà de l'aspect mécanique, un aspect qualitatif qu'il convient d'identifier dans la stabilité définie par l'équilibre : une structure solide, certes, à laquelle s'ajoute un contenu conforme à la probité. L'équilibre nous parle donc d'institutions vertueuses.

D'ailleurs, étymologiquement, *équilibre* signifie répartir équitablement, distribuer ce qui est dû. C'est ce que rappelle également une rapide référence à la mythologie. La déesse égyptienne *Maât* est la divinité de l'équilibre du monde, de l'ordre et de l'équité, de la paix, de la vérité et de la justice[6]. Ces associations de notions en disent long sur ce qui est espéré de notre monde qu'elle tient elle-même, symboliquement, « en équilibre » sur ses ailes déployées. En contraste, la divinité antagoniste (*Isfset*)[7], celle du déséquilibre, n'est autre que celle de l'injustice, du désordre et du chaos. L'équilibre est

---

[6] B. Menu, *Maât. L'ordre juste du monde*, Michalon, « Le Bien Commun », Paris, 2005 ; R. Draï, « Maât et Tsedek. L'idée de justice dans la mentalité égyptienne et dans la pensée biblique », *Pardès*, 2012/1 (n° 51), pp . 45-62.

[7] L. Parys, *Aux origines du chaos. Analyse du concept d'Isfet dans la Prophétie de Néferty*, *Babelao 7 Electronic Journal for Ancient and Oriental Studies,* Bruxelles, 2018 ; B. Menu, « Maât, ordre social et inégalités dans l'Égypte ancienne », *in Droit et Culture*, n° 69, 2015-1, pp. 51-73.

donc consubstantiel à la justice, pour que chacun se conforme aux règles qui étayent le bon fonctionnement du monde. Le déséquilibre est quant à lui associé au règne de l'insécurité et de la décadence.

Ce qui est à cet égard particulièrement intéressant est que, pour les égyptiens, il semble que *Maât* n'était pas seulement une divinité mais un principe universel (lequel a justifié trois millénaires de régime pharaonique)[8]. L'équilibre apparaîtrait donc comme une norme première, extratemporelle, qui produit les effets nécessaires à la réalisation du monde, ainsi qu'à celle du droit – étant rappelé que la justice se définit généralement comme ce qui réalise le droit.

Cependant, quels pourraient être les tenants de cette norme ?

Le bien et le mal
La liberté et la sécurité
La liberté et l'égalité
Les droits et les devoirs
Les pertes et les gains ?

La norme est première, elle a donc vocation à s'appliquer à une pluralité de situations. En ce sens, l'équilibre peut tout aussi bien être budgétaire, moral, politique, que social, juridique, éthique etc.

Quelle est alors la part du droit ?

En définitive, l'équilibre serait donc une norme fondamentale qui répond à la fonction primitive du droit. Sous ce jour, il se montre évocateur pour le juriste qui pourrait éventuellement le comprendre, par exemple, comme principe directeur. Pour Henri Motulsky, l'objectif du droit est très proche de celui du principe de *Maât :* il réside dans « *la réalisation de l'harmonie sociale, son action consiste nécessairement à prévenir et sanctionner une rupture d'équilibre* »[9]. En ce sens, le droit ne se réaliserait que dans les hypothèses de déséquilibre. Cette idée résulte du postulat selon lequel le droit n'existe qu'au sein d'un ordre qui lui préexiste, car le droit se crée dans un contexte vivant, un milieu social, des traditions, qu'il s'agisse

---

[8] B. Menu, *Maât. L'ordre juste du monde*, *op.cit.*, p. 8 et s.

[9] H. Motulsky, *Principe d'une réalisation méthodique du droit privé. La théorie des éléments générateurs de droits subjectifs*, Extrait (n° 23), préface de P. Roubier, éd. Sirey, 1948, rééd. Dalloz, 2002, présentée par M.-A. Frison-Roche, *in Grands discours de la culture juridique, op. cit.*

pour le législateur de perpétuer les habitudes ou de les rompre[10]. Cette conception à tendance réaliste du droit[11] se rencontre aux fondements de notre culture civiliste.

En effet, si je m'en remets au grand Portalis, dans le discours préliminaire sur le Code civil, le rôle du droit est de compenser les déséquilibres en respectant les « *équilibres sous-jacents* » de la société, au travers des « *lois opportunes* », c'est-à-dire « *sur mesure* »[12]. Le déséquilibre est donc inscrit naturellement dans les rapports humains et le droit aurait pour fonction de les corriger.

Plus spécifiquement, tâchons de deviner à quelle occasion l'idée d'équilibre est mobilisée de façon très parlante par le législateur de 1804. Sans grande surprise pour les âmes civilistes, c'est au sujet de la fameuse rescision pour lésion qu'est évoquée la fonction primordiale de l'équilibre en tant que norme utilisée par le droit. Voilà ce que nous en dit l'exposé des motifs :

> « *sans les lois, les injustices n'auraient point de borne. (...) si la lésion la plus énorme ne pouvait être utilement dénoncée, il n'y aurait plus de honte ni de pudeur dans les engagements publics ; le plus fort ferait la loi au plus faible* »[13].

Le texte ajoute que la législation et la jurisprudence sont comme les canaux par lesquels les idées du juste et de l'injuste coulent dans toutes les classes de citoyens. Il y est ensuite écrit :

> « *[l'intérêt public] ne consiste-t-il pas à conserver* ***un sage équilibre****, à maintenir une juste proportion entre les choses (...). (...) les circonstances les plus impérieuses ne nous invitent-elles pas à faire entrer le commerce dans le sein de la probité ?* ».

---

[10] Rappr. not. des travaux de J. Carbonnier et M. Hauriou, pour une approche sociologique des sciences juridiques.

[11] Cf. l'école du droit libre : F. Gény, *Méthode d'interprétation et sources en droit privé positif*, LGDJ, 2ème éd., 1919, t. II, p. 89 « *les rapports de la vie sociale, ou, plus généralement, les éléments de fait de toute organisation juridique (du moins possible), portent en soi les conditions de leur équilibre, et découvrent, pour ainsi dire, eux-mêmes, la norme qui les doit régir* ».

[12] Cf. M. Massenet, Préface *in* J.-E.-M. Portalis, *Discours préliminaire du premier projet de Code civil (1801)*, Voix de la Cité, Confluences, Québec, 2005, p. 5 et s., expliquant la pensée de Portalis en ces termes : « *Légiférer, c'est donc suivre l'évolution de la société mais aussi deviner ses exigences, et donc la précéder : ni bouleversement, ni immobilisme* ».

[13] *Motifs et discours prononcés lors de la publication du Code Civil*, Firmin Diderot Frères, Paris, 1841, p. 604.

Je redis ces mots qui nous éclairent : un « *sage équilibre* ». Qu'est-ce que cela veut dire ? Cette simple expression répond à une question que nous nous posions plus tôt, à savoir identifier la nature de l'équilibre que le droit a pour ambition de réaliser. En d'autres termes, peut-être au risque de décevoir les plus ambitieux paris, cela signifie que le droit ne recherche pas l'équilibre parfait, l'équilibre absolu. Il cherche un équilibre convenable offrant avant tout une cohérence fonctionnelle et prudente.

D'une part, parce que l'on peut considérer que, au même titre que « *tout prévoir est un but qu'il est impossible d'atteindre* » (encore selon Portalis)[14], l'équilibre absolu est intouchable, parce qu'impénétrable. De plus, quand bien même l'eût-il été, faudrait-il encore réussir à le mettre en œuvre. Or, le droit des Hommes étant à la mesure de ses acteurs – à savoir perfectible - il ne peut réaliser qu'un équilibre lui-même perfectible. Un équilibre sage, raisonnable, semble donc une ambition déjà bien haute pour quiconque voudra bien convenir que la nature humaine ne l'est pas toujours.

D'autre part, parce qu'un équilibre qui se voudrait pure et universel sonnerait comme un ordre figé, comme un ordre imposé, indiscutable, et, en ce sens attentatoire à la liberté comme à la flexibilité. Ce serait la tyrannie de l'équilibre.

Or, chacun ne devrait-il pas être libre de définir son propre équilibre, à charge pour le droit d'en fournir les moyens ?

Le droit des contrats le montre bien et c'est ce que soutient le principe de liberté contractuelle. La formule célèbre d'Alfred Fouillé l'exprime parfaitement : « *qui dit contractuel dit juste* ». A chacun son équilibre « convenable », car il revient à chacun d'apprécier librement où sont ses intérêts – sous réserve de la loi et de l'ordre public.

On relèvera à ce titre que si la liberté contractuelle compte parmi les principes directeurs du droit des contrats, tel n'est pas le cas d'un hypothétique principe d'équilibre. En témoigne l'article 1171 du Code civil qui se limite à réputer non écrite toute clause non négociable, déterminée à l'avance par l'une des parties, qui crée un déséquilibre **significatif** entre les droits et obligations des parties au

---

[14] Cf. J.-E.-M. Portalis, *Discours préliminaire du premier projet de Code civil (1801)*, *op. cit.*, p. 15.

contrat[15]. On comprend alors par contraste que le déséquilibre contractuel peut exister pourvu qu'il ne soit pas abusif[16]. Lors de cette journée,

Alina GUTSUNAEVA explorera justement le droit des contrats, lors de son intervention intitulée « *à la recherche d'un équilibre protecteur en droit des contrats* ».

Si l'on veut bien rappeler le fondement économique libéral du principe de liberté contractuelle[17], cette même question anime par ailleurs, de façon très caractéristique, le droit de la concurrence qui doit composer entre la liberté d'entreprendre et la régulation du marché[18]. Nils MONNERIE nous parlera à ce titre de « *l'abus de domination sur le marché numérique, à partir du cas des oligopoles* ».

Mais qu'est-ce que cela veut encore dire, *in fine*, que le droit ne peut imposer un équilibre absolu sans devenir tyrannique ?

Tout d'abord, il faut comprendre que le droit est limité par le pouvoir qu'il offre à tout un chacun d'accepter des déséquilibres convenables, au nom d'une conception libérale de l'Etat. L'autonomie

---

[15] M. Latina, « Les clauses abusives dans les contrats d'adhésion », *in* G. Chantepie, M. Latina (dir.), *Le contrat d'adhésion. Perspectives franco-québécoises,* 2018, Dalloz, p. 123 ; G. Chantepie, « Le déséquilibre significatif entre droit commun et droits spéciaux », JCP E 2018, 1336.

[16] V. par ex. Civ. 1ère, 26 sept. 2010, n° 18-10.890, à paraître.

[17] Cf. A. Smith, *Inquiry into the nature and causes of the wealth of nations*, Thomas Nelson, Edinburg, 1838. On pensera aussi à l'école des physiocrates qui se fonde sur l'idée d'une régulation naturelle des échanges : C. Larrière, *L'Invention de l'économie au XVIIIe siècle: Du droit naturel à la physiocratie*, PUF, Paris, 1993.

[18] V. not. Cf. M. Gomy, *Essai sur l'équilibre de la convention de non-concurrence*, PUP, 2014. V. ég. par ex. *Loi n° 2008-3 du 3 janv. 2008 pour le développement de la concurrence au service des consommateurs* (Titre 1er). Sur les intentions du législateur, cf. le rapport fait au sénat par Ph. Marini en première lecture de la loi du 15 mai 2001, affirmant le besoin de promouvoir la « *liberté d'action, respect de la propriété d'autrui, confiance dans l'esprit de responsabilité* » et que « *la régulation économique doit se définir comme la présence de mécanismes de stabilisation destinés à assurer le bon fonctionnement d'un système donné, qu'il soit local, national ou mondial. Le but de la régulation est bien d'assurer le fonctionnement le plus harmonieux possible d'une économie de marché dont on sait, depuis Adam Smith et l'échec des théories concurrentes, et dont on sent, avec la libéralisation croissante des économies et les progrès économiques induits, qu'elle conduit aux solutions les plus profitables pour la société et le plus grand nombre de ses membres, mais dont on perçoit également qu'en l'absence de régulateur, elle peut tomber dans des excès contraires à ses fins* ».

de la volonté se dresse contre la tentation d'une protection asservissante et assoie ainsi un principe d'équilibre relatif[19]. Autrement dit, conformément à la locution latine *volenti non fit injuria :* face à une norme primitive d'équilibre, il existe une norme ascendante de liberté, incluant celle d'accepter le déséquilibre[20] - ce dernier pouvant être parfois stratégique, utile, mineur, etc. Cette logique volontariste a justifié pendant longtemps l'exclusion de la révision du contrat pour imprévision en droit français (même lorsque le déséquilibre est sévère)[21].

On le voit maintenant clairement : la marchandise, ce n'est pas toujours l'équilibre.

Ensuite, cela signifie encore que seul le déséquilibre significatif, lésionnaire, abusif, profond, abusif, frauduleux, appelle une intervention régulatrice[22]. Ce qui permet de déduire en creux qu'il existe aux yeux du droit des déséquilibres tolérables, non significatifs,

---

[19] M. Fabre-Magnan, « Chapitre premier. La liberté », *in Le droit des contrats*, « Que sais-je ? », PUF, Paris, 2018, p. 5-16 ; R. Sacco, « Liberté contractuelle, volonté contractuelle », RIDC, 59-4, 2007, pp. 743-760 ; J.-E. Bray, « Du tout-Etat au tout-contrat ?, De l'entreprise citoyenne à l'entreprise du législateur ? », Dr. soc. 2000, p. 574 ; L. Bazzoli et Th. Kirat, « A propos du réalisme en économie des institutions et ses implications sur l'analyse des fondements juridiques des transactions économiques : Commons versus Williamson », Economie appliquée, t. 56, 2003, n° 3, pp. 171-179.

[20] Rappr. H. Barbier, *La liberté de prendre des risques*, PUAM, 2011 ; V. Forray, *Le consensualisme dans la théorie générale du contrat*, LGDJ, Bibliothèque de droit privé, 2007.

[21] P. Dessuet, « L'imprévision bientôt introduite en droit privé : quelles conséquences dans le domaine de la construction ? *Pacta sunt servanda, contra rebus sic stantibus* », RGDA 2015. 176 ; H. Bouthinon-Dumas, « Les contrats relationnels et la théorie de l'imprévision », RID éco. 2001/3 (t. XV, 3), p. 339-373 ; M.-L. Cartier-Marraud et O. Akyurek, « Crise économique et révision des contrats. Une approche pratique des règles applicables », Gaz. Pal. 16 juin 2009, p. 2 ; B. CAVALIÉ, « Le projet de réforme du droit des contrats face à la crise. Quel avenir pour la théorie de l'imprévision ? », RLDC 2009/62, p. 53 ; V. Labordes, *Les contrats déséquilibrés*, th. Toulouse, PUAM, 2000 ; L. Fin-Langer, *L'équilibre contractuel*, th. Orléans, 2000. *Adde* H. Barbier, « Les grands mouvements du droit commun des contrats après l'ordonnance du 10 février 2016 », RTD civ. 2016. 247, pour qui : « *L'esprit sous-jacent [de la réforme] : équilibre et efficacité* ».

[22] V. par ex. Civ. 1ère, 5 juin 2019, n° 16-12.519, à paraître ; Com. 3 juill. 2019, n° 17-22.739, inédit. Cf. ég. l'art. L. 632-1 I 2° du Code de commerce ; loi n° 2014-366 du 24 mars 2014, *dite ALUR*, art. 17.

négligeables, acceptables, des déséquilibres libres, voulus[23], inévitables voire mérités. Mérités, oui ! On pensera notamment à l'adage célèbre *de non vigilantibus non curat praetor*[24] qui s'est illustré dans quelques affaires marquantes telles que celle traitée par l'arrêt dit *Baldus*, affirmant le principe selon lequel l'acquéreur n'est débiteur d'aucune obligation d'information[25].

En somme, le droit se ferait et se déferait sur un fond permanent de déséquilibres irréductibles et indifférents – ceux-là même qui font l'imperfection et la nature des activités humaines, pourvu qu'elles soient, en principe, majoritairement libres et sobrement régulées.

S'imposent néanmoins des secteurs nécessitant une protection accrue, un contrôle renforcé pour lutter contre des déséquilibres structurels considérés comme systématiquement indésirables. Le droit du travail en est un exemple bien connu, où le déséquilibre régulé se traduit par un rapport de force présumé inégal entre employeur et

---

[23] V. par ex. le marché à forfait prévu par l'article 1793 du Code civil excluant la révision du contrat déséquilibré (cf. Com. 25 sept. 2019, n° 18-14.427, inédit ; Civ. 1ère, 4 juill. 2019, n° 18-10.077, à paraître. *Adde* « Le déséquilibre du marché locatif ne suffit pas à obtenir le dégrèvement de la taxe foncière sur un local vacant », Lebon 2004, CE, 9 avril 2004, n° 240857 ; C. Sophie-Pinat, « Deux sociétés du groupe Amazon condamnées pour déséquilibre significatif », Dalloz Actualité, 12 sept. 2019 ; J. Desprez, « La lésion dans les contrats aléatoires », RTD civ. 1955. 1 ; F. Grua, « Les effets de l'aléa et la distinction des contrats aléatoires et des contrats commutatifs », RTD civ. 1983. 263 ; N. Kilgus, « Les clauses de break-up fees dans les accords de négociation », AJ contrat 2018, p. 273.

[24] Portalis prévient ainsi : « *un homme qui traite avec un autre homme doit être attentif et sage; il doit veiller à son intérêt, prendre les informations convenables et ne pas négliger ce qui est utile. L'office de la loi est de nous protéger contre la fraude d'autrui, mais non pas de nous dispenser de faire usage de notre propre raison. S'il en était autrement, la vie des hommes, sous la surveillance de la loi, ne serait qu'une longue et honteuse minorité ; et cette surveillance dégénérerait elle-même en inquisition* » (*Discours préliminaire sur le Code civil*, préc. p. 61 et s.).

[25] Civ. 1ère, 3 mai 2000, n° 98-11.381, Bull. 2000 I, n° 131, p. 88; obs. J. Mestre et B. Fages, *in* RTD civ. 2000. 566 ; obs. D. Mazeaud, *in* D. 2001. 2702 ; S. Bigot De La Touanne, « Réticence dolosive de l'acheteur sur la valeur du bien », AJDI 2007. 416. Rappr. G. Forest, « Portée d'une clause contractuelle et réticence dolosive », Dalloz actualité, 17 juin 2009 ; J.-F. Barbièri, « Représentation d'une SARL et apparence : la présomption de pouvoir du gérant ne dispense pas les tiers d'un minimum de vérification préalable », Rev. sociétés 1997. 113.

employé, par un lien de dépendance tel que le législateur entend configurer un régime spécifiquement dédié au contrat de travail[26].

Mais c'est encore le cas du droit de la consommation où le pouvoir des informations et des compétences est réputé inique entre le professionnel et le profane. Certains auteurs relèvent alors que si « *le droit considère généralement l'individu comme "un bon père de famille, même s'il n'a pas le courage d'Achille, la sagesse d'Ulysse, ni la force d'Hercule* », il le présume soudainement « *inexpérimenté, ignorant, incompétent, faible, en situation d'infériorité, vulnérable, « profane ». Le seul fait de consommer transforme l'individu en être faible* »[27]. Un sujet dont nous parlera précisément Eland GUERRIER dans sa communication : « *notion de déséquilibre en droit : étude du cas du consommateur, entité "vulnérable et faible"* ».

On en conclut ici que l'équilibre n'est pas une norme arithmétique : s'il s'agit de peser les valeurs, certaines sont plus fortes que d'autres ; s'il s'agit de rompre un rapport de force, certains doivent être protégés plus que d'autres. L'équilibre, en ce sens, s'éloigne du concept d'égalité et se trouve plus intime avec un autre concept, celui d'équité ; même si, il faut insister, il s'agit davantage de compenser les déséquilibres circonstanciés que d'instaurer des équilibres absolus.

Ainsi, le droit qui corrige les déséquilibres du monde doit à la fois

renoncer à « *l'hystérie du chef d'œuvre* »[28], sauf à sombrer dans un interventionnisme systématique,

et réagir par des correctifs *opportuns* aux situations les plus instables ou les plus attentatoires à la justice.

---

[26] A. Supiot (dir.), *Le travail au XXIème siècle*, Atelier Ed De L', 2019 ; P. Cuche, « Du rapport de dépendance, élément constitutif du contrat de travail », Rev. crit. législ. et jurispr. 1913, p. 412 ; O. Rivoal « La dépendance économique en droit du travail » D. 2006. 891 ; J.-P. Chazal, *De la puissance économique en droit des obligations*, th. Grenoble II, 1996, not. n° 633.

[27] S. Guillemard, « Le cyberconsommateur est mort, vive l'adhérent », *Journal du droit international privé*, n° 1, 2004, pp. 15-60.

[28] Au sujet des juristes en général, selon une expression de P. Martens, *in Théories du droit et pensée juridique contemporaine*, Larcier, 2003.

Apparition d'une double dialectique.

Cette dialectique en soutient une autre essentielle, posant la problématique suivante : comment le droit pourrait-il mener à bien sa quête (ou sa reconquête) d'équilibre(s) au sein de la société, s'il n'arrive pas à réaliser son propre équilibre ? Autrement dit encore, si le droit ne parvient pas à trouver un équilibre interne, en identifiant et chassant les déséquilibres au sein de sa propre construction, il pourrait paraître illégitime et incapable de le faire à l'extérieur, dans la construction des rapports sociaux.

C'est toute la question de la cohérence et de la mesure de la loi, mais aussi des institutions étatiques : nul n'ignore la célèbre théorisation de l'équilibre des pouvoirs selon Montesquieu[29], bien connue outre-Atlantique sous le nom de « *checks and balances system* »[30]. Or, cette logique d'équilibre et de contre-poids irrigue en réalité l'intégralité du système normatif, tant dans l'organisation de ses institutions que dans le contenu de sa production.

De là, il apparaît indispensable de s'intéresser tout autant à :

- **L'EQUILIBRE DU DROIT** (ce qui fera l'objet de la première partie du colloque)

- qu'à **L'EQUILIBRE ENTRE LES DROITS** (traitée dans la seconde partie).

C'est pourquoi l'équilibre sera observé, premièrement, au sein du droit lui-même, en tant que source et siège d'équilibre(s) et de déséquilibre(s) ; entre les règles, entre les pouvoirs, entre les systèmes…

Mais aussi, deuxièmement, il sera apprécié entre les droits des uns et des autres ; les contractants, les entreprises, les professionnels, les consommateurs…

---

[29] *L'esprit des lois,* 1748.

[30] P. Manueli et A. Cammisa, *Checks And Balances ? : How A Parliamentary System Could Change American Politics*, Routledge, 2019 ; J. Boudon, « La séparation des pouvoirs aux États-Unis », *Pouvoirs*, 2012/4 (n° 143), p. 113-122 ; C. Sägesser, « Législatif, exécutif et judiciaire. Les relations entre les trois pouvoirs », *Dossiers du CRISP*, 2016/2 (n° 87), p. 9-71.

Parler de l'équilibre du droit en tant que système, si nous nous aventurons dans une comparaison avec le corps humain, c'est se référer autant à ses centres de gravité qu'à son oreille interne. Lorsque l'oreille interne dysfonctionne, le corps est malade, perdu, désorienté. Il ne peut pas se tenir debout, encore moins marcher *droit*. Le déséquilibre du droit a les mêmes effets : ce droit n'a plus de repère, il ne peut plus remplir correctement ses fonctions... pire encore, il contamine, avec ses propres déséquilibres, les rapports sociaux soumis à des règles mal ajustées. C'est alors la porte ouverte au désordre, à l'insécurité, à l'iniquité.

La problématique de la complexification et de l'inflation normatives est sans doute une illustration récurrente des « *maladies du droit* »[31], si l'on veut bien se souvenir des paroles de Montesquieu (déjà !) pour qui « *les lois inutiles affaiblissent les lois nécessaires* »[32].

Montesquieu affirmait en outre que :

> « *l'esprit de modération doit être celui du législateur ; le bien politique, comme le bien moral, se trouve toujours entre deux limites. (...) Les formalités de la justice sont nécessaires à la liberté. Mais le*

---

[31] Selon l'expression employée par J.-D. Bredin déplorant que « *aujourd'hui, la loi semble avoir vocation à tout faire... Nous n'avons cessé de voir se multiplier les lois de circonstance, seulement faites pour favoriser des intérêts particuliers ou répondre à des événements* », *in Les maladies du droit,* intervention à la Cour de cassation, 17 janv. 2005. Il relève alors un déséquilibre subséquent qu'est celui du déclin du droit objectif et de la montée en puissance des droits subjectifs. La surenchère est ici celle des « *passions individuelles* » (citant A. Garapon et D. Salas).

[32] *L'esprit des lois, préc.* Cf. globalement sur la question B. Du Marais, « Simplifier le droit : du mythe de Sisyphe à l'horticulture juridique ? », *Revue française d'administration publique*, 2016/1 (n° 157), pp. 183-204, pour qui : « *en matière de simplification, c'est plutôt d'horticulture qu'il s'agit, tant l'équilibre général résulte, finalement, du travail discret de chaque matin, ici, pour réduire, là rectifier, maniant la simplification comme d'autres le sécateur* » ; R. Vanneuville, « Les enjeux politico-juridiques des discours sur l'inflation normative », *Parlement[s], Revue d'histoire politique*, 2009/1 (n° 11), pp. 80-91 ; M. Bertrand, « Réflexions en guise de conclusion sur le principe de sécurité juridique », Cahiers du Conseil constitutionnel, n° 11, 2001 ; B. Stirn, « Lois et règlements : le paradoxe du désordre », RDP, n° 1, 2006, pp. 129-130 ; N. Molfessis, « Combattre l'insécurité juridique ou la lutte du système juridique contre lui-même » *in* CE, RP 2006, p. 392 ; Hispalis Georges, « Pourquoi tant de loi(s) ? », *Pouvoirs*, 2005/3 (n° 114), p. 101-115. URL : https://www.cairn.info/revue-pouvoirs-2005-3-page-101.htm ; G. Marc, « Les ordonnances : tuer ou sauver la loi ? », *Pouvoirs*, 2005/3 (n° 114), pp. 117-129.

nombre en pourrait être si grand qu'il choquerait le but des lois mêmes qui les auraient établies : les affaires n'auraient point de fin ; la propriété des biens resterait incertaine ; on donnerait à l'une des parties le bien de l'autre sans examen, ou on les ruinerait toutes les deux à force d'examiner. Les citoyens perdraient leur liberté et leur sûreté, les accusateurs n'auraient plus les moyens de convaincre, ni les accusés le moyen de se justifier ».

Chacun sait qu'un tel problème est épineux, et que les enjeux sont colossaux, en droit pénal, droit des libertés et des peines. Plus précisément, l'utilité et la fonction de la peine sont au cœur du débat sur le bon équilibre de l'arsenal répressif. Samy DOUIDER nous éclairera d'ailleurs sur « *l'équilibre et le déséquilibre de la fonction de la loi pénale* ».

Je relèverai rapidement que l'actualité révèle parfois de façon concrète et très symbolique la question de l'équilibre processuel. En effet, un exemple - qui sera, je le crois, parlant pour tous les avocats qui se trouvent aujourd'hui dans l'amphithéâtre - se joue actuellement à Poitiers comme dans beaucoup d'autres lieux : le 2 mai 2019, le journal *La Nouvelle République* titrait l'un de ses articles « *le box vitré au banc des accusés* ». Il rapportait que les avocats pictaves (soutenus par le barreau niçois) se sont mobilisés contre les box vitrés (installés dans la cité judiciaire flambant neuve) et qu'un magistrat a accepté de juger le prévenu face à lui (« *à l'ancienne, les yeux dans les yeux* »). C'est, comme le rappellent les barreaux mobilisés, tout l'enjeu de l'équilibre de la procédure pénale[33], de la présomption d'innocence, des droits de la défense, des droits fondamentaux[34]…

Evidemment, la procédure civile n'est pas en reste dans la quête d'équilibre : « *il n'y a pas de plus belle matière, la procédure civile permet de trouver le juste équilibre entre efficacité et protection des*

---

[33] R. Gassin, « Considérations sur le but de la procédure pénale », *in Le droit pénal à l'aube du troisième millénaire*, mél. Offerts à J. Pradel, Cujas, 2006, p. 118.

[34] R. Parizot, « Présomption d'innocence versus marqueurs de culpabilité : quel équilibre ? », RSC 2019. 127, rappelant que « *au titre de la police de l'audience, le président doit veiller à l'équilibre entre la sécurité des participants et le respect des droits de la défense. En tout état de cause, la comparution de l'accusé doit lui permettre de participer effectivement aux débats et de pouvoir s'entretenir avec son avocat, que la comparution se fasse "dans un espace digne et adapté"* » ; D. Goetz, « QPC sur les box vitrés : pas de renvoi au Conseil constitutionnel », Dalloz Actualité, 7 déc. 2018.

libertés individuelles »[35]. Un équilibre est à rechercher, par exemple, entre le juge et les parties dans leurs fonctions de dire le fait et le droit : Odélia FAUGERE en fera la démonstration, posant la difficile question de « *l'office du juge* » et de « *la répartition des rôles dans le théâtre judiciaire* ».

Cela étant, il est utile de préciser que l'équilibre du droit, ce n'est pas que l'équilibre dans chacune de ses branches mais bien aussi dans l'ensemble du système juridique. Que se passe-t-il lorsque des règles issues de disciplines différentes se rencontrent ? Elles doivent être harmonieusement conjuguées pour ne pas nuire aux intérêts qu'elles poursuivent respectivement ou à des intérêts plus généraux[36]. « *La recherche d'équilibre du droit des sûretés réelles confronté au droit des procédures collectives* » en est une manifestation qui nous sera expliquée par Maxence GUSTELLA.

Enfin, ce seront plus précisément des notions juridiques qui, dans leur conception et leur réalisation, devront mettre en balance différents objectifs mais aussi diverses fonctions. L'équilibre est à l'œuvre dans la pensée du droit et de ses instruments. Tel est le cas de « *l'intérêt social* » qui, selon Grégory FUSTER, est en soi « *une question d'équilibre* ».

---

[35] Y. Strickler, propos recueillis par Ch. Navas, *in* « Yves Strickler, 4.133 articles de loi pour Djibouti », Journal *Les Echos*, 12 sept. 2018. En outre, on se doit de faire mention de l'actualité qui montre que l'une des préoccupations nouvelles touche à l'*open data* des innombrables décisions de justice. Sur ce problème, cf. B. Pireyre, « Éthique et régulation : quel rôle pour la puissance publique dans le développement de la legal tech au service de la justice ? » (*Premier Forum de Legal Tech*, 18 juin 2018), pour qui le défi majeur est la régulation des outils numériques exposant au risque d'identification des personnes et de dévoiement des instruments d'analyse de justice prédictive. Une approche éthique est alors proposée pour arbitrer entre les valeurs et les risques d'excès amenés par « *une technologie digitale ouvrant sur un champ presque infini de bouleversements et des considérations éthiques, escortées par la préoccupation du devenir social* ».

[36] V. par ex. E. Vergès, « Garde à vue : le rôle de l'avocat au coeur d'un conflit de normes nationales et européennes », D. 2011. 3005Y ; S. Pellé, « Conflits de normes et interprétations créatrices de la loi », D. 2015. 333 ; Y. Loufrani, « Ordre public social, conflits de normes », dans : *Droit du travail. Outils et méthodes de management. Tome 2. Réglementation sociale de l'entreprise. Aspects négociés*, sous la direction de Loufrani Yvan. Caen, EMS Editions, « Tripalium », 2014, pp. 13-22.

En conclusion de cette introduction, ce bref panorama nous montre que les questions d'équilibre sont aussi nombreuses que variées, et qu'elles mobilisent tous les acteurs du monde juridique et de la société civile.

Le législateur, se doit naturellement de veiller à l'équilibre entre les droits qu'il octroie, sauf à institutionnaliser l'injustice[37], et au bon équilibre dans la conception même de la loi. Une loi adaptée, utile, bien-fondée, ni trop innovante, ni trop immobile, ni rigide, ni volatile, ni trop abondante, ni trop aride… Tout cela nécessite naturellement des arbitrages[38]. La construction de la responsabilité civile a pu en être

---

[37] Cf. par ex. la discrimination entre enfants naturels et enfants nés du lit conjugal : CEDH, 1er févr. 2000, *Mazurek c. France,* req. n° 34406/97, D. 2000. 332, note J. Thierry ; *ibid.* 626, chron. B. Vareille ; RDSS 2000. 607, obs. F. Monéger ; RTD civ. 2000. 311, obs. J. Hauser ; *ibid.* 429, obs. J.-P. Marguénaud ; *ibid.* 601, obs. J. Patarin ; *Loi n° 2001-1135 du 3 décembre 2001 relative aux droits du conjoint survivant et des enfants adultérins et modernisant diverses dispositions de droit successoral ;* CEDH, gde ch., 7 févr. 2013, *Fabris c. France*, n° 16574/08, Dalloz actualité, 15 févr. 2013, obs. I. Gallmeister ; AJDA 2013. 1794, chron. L. Burgorgue-Larsen ; D. 2013. 434, obs. I. Gallmeister ; *ibid.* 1436, obs. F. Granet-Lambrechts ; AJ fam. 2013. 189, obs. N. Levillain ; RTD civ. 2013. 333, obs. J.-P. Marguénaud ; *ibid.* 358, obs. J. Hauser CEDH 14 mars 2019, *Quilichini c. France*, req. n° 38299/15, obs. J. Boisson, Dalloz Actualité 27 mars 2019. *Adde* P. Gourdon, « Suppression des discriminations successorales touchant les enfants adultérins : les risques insoupçonnés de l'application rétroactive de la loi », JCP N 2002. 1025 ; *Rapport de la commission de réflexion sur la réforme de la Cour de cassation*, avr. 2017, p. 152.

[38] Il serait possible d'évoquer un outil de mesure des atteintes faites aux libertés, elles-mêmes devant obéir à une norme d'équilibre : il s'agit du principe de proportionnalité. Ce principe est bien connu des juristes de toutes disciplines : pénalistes, constitutionnalistes, spécialistes de droit européen, etc. Pour quelques explications et illustrations, nous renvoyons not. aux lectures suivantes : cf. X. Philippe, *Le Contrôle de proportionnalité dans les jurisprudences constitutionnelle et administrative françaises*, Economica, 1990 ; J. Ziller, « Le principe de proportionnalité », AJDA 1996. 185 ; D. Legeais, « Principe de proportionnalité », RTD com. 2015. 727 ; J. Pradel, « Du principe de proportionnalité en droit pénal », D. 2019. 490 ; S. Sprungard, « Cumul de sanctions pénales et disciplinaires et principe de proportionnalité », Dalloz Actualité 4 juil. 2013 ; P. Nabet, « Le principe de proportionnalité s'invite en droit des procédures collectives », Dalloz Actualité 28 avril 2010 ; Ph. Malinvaud, « Le principe de proportionnalité et le droit de la construction », RDI 2016. 437. V. récemment (au sujet de Cons. Constit., 1er févr. 2019, n° 2018-761 QPC, D. 2019. 202) E. Bruge, « Pénalisation des clients de la prostitution : le Conseil constitutionnel face aux choix de société », AJDA 2019. 969 ; H. Duffuler-Vialle, « La difficile articulation des libertés publiques et des

une illustration entre le développement du courant victimologiste et la nécessité de ne pas dévoyer le principe de responsabilité[39].

Les acteurs du monde judiciaire ne sont pas en reste.

Le juge s'institue pour sa part comme gardien de l'équilibre, principalement dans l'application de la règle de droit – il en va de la sécurité juridique ! C'est tout le sens de l'article 12, alinéa 1er, du Code de procédure civile prévoyant que « *le juge tranche le litige conformément aux règles de droit qui lui sont applicables* ». La justice a besoin de stabilité, de sorte que, pour reprendre les mots d'un Académicien du XVIIIème siècle (lesquels n'ont pas perdu de leur sens encore aujourd'hui) :

> « *le juge doit être constant, uniforme, invariable, marchant toujours sur une même ligne : l'avocat doit prendre toutes les formes. (...) le juge doit tenir la balance droite et dans l'équilibre : l'avocat jette des poids dans la balance pour la faire pencher* »[40].

Car, oui, souvent, comme on a pu le rappeler, l'équilibre juste n'est pas nécessairement arithmétique, mais dans la force donnée aux causes qui le questionnent et qui cherchent à le conquérir. Il est dynamique est doit être conquis. C'est pourquoi l'avocat plaide parfois pour un tout autre équilibre que celui donné par l'ordre légal, un équilibre que les faits exigent plus vigoureusement que la lettre de la loi. Quel avocat niera son rôle de négociateur ou de médiateur dans le rééquilibrage des rapports de force[41] ? Mais aussi de pourfendeur des déséquilibres, voire, dans certains cas, de lanceur d'alerte, quitte à bouleverser l'équilibre établi ? Pour mémoire, n'est-ce pas un avocat qui porta devant les prétoires, puis (devenu Garde des Sceaux) devant

---

politiques de la prostitution - perspective diachronique XXe-XXIe siècles », Constitutions 2019. 89.

[39] J.-L. Gazzaniga, « Les métamorphoses historiques de la responsabilité », *in Les métamorphoses de la responsabilité*, 6e journées René Savatier à Poitiers les 15 et 16 mai 1997, PUF, 1997, p. 3 et s. ; P. Jourdain, *Recherche sur l'imputabilité en matière de responsabilités civile et pénale*, th. Paris II, 1982. Comp. D. Salas, *La volonté de punir. Essai sur le populisme pénal*, Paris, Hachette, 2005 ; Ph. Bonfils, « La participation de la victime au procès pénal, une action innomée », *in Le droit pénal à l'aube du troisième millénaire*, Mél. offerts à J. Pradel, Cujas, 2006, p. 179.

[40] P.-D. Huet, *Huetiana : ou Pensées diverses*, Jacques Etienne, Paris, 1722, p. 247.

[41] Cependant, cf. A. Portmann, « L'avocat, rédacteur d'un acte, doit veiller à l'équilibre des intérêts de tous », obs. sous Douai, 2 févr. 2017, n° 15/03489, Dalloz Actualité 22 févr. 2017.

l'Assemblée Nationale, la conviction de devoir abolir la peine de mort en France, défendant une justice de tempérance en lieu et place d'une justice d'élimination ? Ce qui lui valut le titre de « *provocateur* », mais aussi le rappel de Jean Brocard : « *Vous n'êtes pas à la cour, mais à l'Assemblée !* », et la remarque de Robert Wagner : « *Il vous manque des manches, monsieur le garde des sceaux !* ».

Cependant, le juge, conscient des enjeux de la cause, fait parfois lui aussi preuve d'une certaine audace. Ainsi, il peut redonner remarquablement vie à l'équilibre entre des principes mal conjugués ou oubliés, dénonçant alors les déséquilibres de la loi. Tel a été le cas du Conseil constitutionnel neutralisant récemment le délit de solidarité en consacrant le principe de fraternité (probablement le plus discret des trois pieds de la devise nationale)[42]. Par ailleurs, il appartiendra aussi au juge, dans certains cas autorisés, de retenir la solution la plus adéquate, la plus équitable, au vu de la situation concrète qui lui est donnée à apprécier. Il statue alors en équité[43].

Tout de même, le recours à l'équité reste dans le domaine de l'exception, héritage de l'Ancien Régime sans doute, au sein duquel il

---

[42] Cons. constit. 6 juill. 2018, n° 2018-717/718-QPC, AJDA 2018. 1421 ; *ibid.* 1781 ; *ibid.* 1786 ; ibid. 1781, note J. Roux, note V. Tchen ; D. 2018. 1894, et les obs., note C. Saas ; AJ fam. 2018. 426 et les obs. ; RFDA 2018. 959, note J.-E. Schoettl ; *ibid.* 966, note M. Verpeaux ; RSC 2018. 1001, obs. B. Lamy soulignant que « *l'observateur, qui pouvait s'inquiéter d'un certain manque d'audace du Conseil, est rassuré par la nouveauté d'une solution qui demeure pour autant équilibrée montrant, à la fois, les ressources du Conseil et la rigueur de son raisonnement exposé dans une décision parfaitement structurée* ».

[43] Ph. Rémy, « La part faite au juge », *Pouvoirs*, 2003/4 (n° 107), pp. 22-36 ; J. Van Meerbeeck, « Penser par cas… Et par principes », *Revue interdisciplinaire d'études juridiques*, 2014/2 (Volume 73), pp. 77-97 , expliquant que « *si l'équité est la "béquille de la justice", la loi doit être considérée comme son autre béquille. En ce sens, De Page a raison d'écrire que "l'équité est un facteur d'amélioration du juste par rapport au juste que nous offre le donné légal". Accepter qu'elle puisse s'avérer nécessaire, c'est compléter le droit à un "procès" équitable par le droit à une "décision » équitable* ». *Adde* J. Van Meerbeeck, *De la certitude à la confiance. Le principe de sécurité juridique dans la jurisprudence de la Cour de justice de l'Union européenne,* Bruxelles, Anthémis-Publ. de l'U. Saint-Louis, 2014, pp. 189-387 ; A. Papaux, *Introduction à la philosophie du « droit en situation »*, Paris, L.G.D.J., 2006, pp. 72-74 ; F. Tulkens, « La sécurité juridique : un idéal à reconsidérer », R.I.E.J., 1990, n° 24, p. 29 ; J. Habermas, *Droit et démocratie. Entre faits et normes*, Paris, Gallimard, 1997, pp. 219-241 ; D. GUTMANN, *Le juge et l'équité. Enjeux philosophiques*, Rev. hist. justice 11/1998, p. 141, spéc. p. 144.

était courant d'entendre la formule bien connue « *Dieu nous préserve de l'équité de nos parlements* » !

Qui reste-t-il encore ? La doctrine ! Evidemment ! La doctrine qui épluche, veille, compare, élucide les signes du déséquilibre, enquête, propose, décode, tout cela pour mieux comprendre le droit, ses effets, ses besoins, et ses torts peut-être[44] ? Nul rééquilibrage possible, sans sérieux diagnostic. Nulle quête d'équilibre, sans force de proposition. Une doctrine qui participe certainement à l'accroissement, non pas directement des normes, mais de l'étude des normes. Plus particulièrement, aujourd'hui, la force vient de la jeune doctrine, à commencer par son premier représentant, Gregory FUSTER, pour nous parler de l'intérêt social, en inaugurant notre première partie consacrée à ***l'équilibre du droit***.

[44] D. Gutmann, « La fonction sociale de la doctrine juridique », RTD civ. 2002. 455 ; N. Hakim, « Un essai de conceptualisation des fonctions de la doctrine et des juristes », RTD civ. 2008. 635 ; A. Supiot, « Grandeurs et petitesses des professeurs de droit », *Les cahiers du droit*, 2001, n° 3, p. 595 ; J. Chevallier, « Doctrine juridique et science juridique », *Droit et société*, 2002, n° 50, p. 103 ; F. Terré, « La doctrine de la doctrine », in *Études offertes au doyen Philippe Simler*, 2006, pp. 59-74 ; M. Boudot, « La doctrine de la doctrine de la doctrine... : une réflexion sur la suite des points de vue méta - ... - juridiques », *Revue interdisciplinaire d'études juridiques*, 2007/2 (Vol. 59), p. 35-47. URL : https://www.cairn.info/revue-interdisciplinaire-d-etudes-juridiques-2007-2-page-35.htm.

PREMIÈRE PARTIE

ÉQUILIBRE(S) ET DÉSÉQUILIBRE DU DROIT

Équilibres et déséquilibres au sein des fonctions de la loi pénale

Samy DOUIDER

1. *Propos liminaires.* À l'aube du nouveau millénaire, le portrait de la loi pénale est bien éloigné de celui qui nous fut légué par le droit des Lumières. Les fonctions classiques de la loi pénale paraissent aujourd'hui reléguées en arrière-plan assurant la mise en exergue de fonctions inédites. Dans cette perspective, les fonctions dites modernes s'apprécient comme reflétant l'adaptation du droit pénal à notre société contemporaine par l'octroi d'attributs singuliers. Toutefois, leur étude permet de passer outre ces faux-semblants, dévoilant ainsi leur véritable nature.

2. *Portrait classique de l'infraction pénale.* La mise en lumière d'un certain nombre de métamorphoses du concept même d'incrimination exige, au préalable, l'étude de la représentation traditionnelle de cette dernière. Elle est largement présentée, par le « *droit des manuels* », comme correspondant à l'idéal régulateur de l'organisation du domaine pénal. Cette construction, prend sa source dans les pensées théorisées à partir du XIXème siècle. Elle a pour fondement le principe de légalité des délits et des peines[45] sur lequel s'érigent les exigences de clarté et de prévisibilité de la loi pénale.

L'incrimination s'est alors classiquement vue attribuer trois fonctions originelles qu'il est possible de répartir comme des attributions à la fois pédagogiques, expressives et logiquement répressives[46].

Tout d'abord, la fonction pédagogique permet de qualifier la loi pénale comme étant un outil d'enseignement[47]. L'établissement de chaque interdit constitue un panneau de signalisation à la vue de tous afin d'inculquer les comportements à bannir dans l'exercice de la citoyenneté. Logiquement, la connaissance de ces prohibitions renforce la teneur de la responsabilité sociale qui nous incombe.

---

[45] C. BECCARIA, *Des délits et des peines*, trad. P. Audegean, ENS, 2009.

[46] C. LAZERGES, « À propos des fonctions du nouveau Code pénal français », *Archives de politique criminelle* n° 17, Pedone, 1995, p. 7.

[47] J. CARBONNIER, *Variation sur la loi pédagogue, in Flexible droit*, LGDJ, 7e éd., 1992, p. 142 et s.

Ensuite, la fonction expressive a trait au parti pris au sein duquel la matière se positionne[48]. La loi pénale va au-delà de la simple description d'un comportement à prohiber en prenant la défense et la valorisation d'intérêts socialement protégés. Ces valeurs, également nommées biens juridiques protégés[49], sujets d'une protection législative, démontrent l'absence même de neutralité de la matière. En effet, en assurant le recours à la répression, la loi blâme et désavoue, au nom de valeurs supérieures, des comportements spécifiques.[50]

Enfin, la loi pénale légitime l'acte de répression, son objectif premier étant de sanctionner. Toutefois, paradoxalement, bien que cette fonction apparaisse comme l'assise même de la loi pénale, elle n'intervient que lorsque les fonctions pédagogiques et expressives n'ont pas suffi à éviter le non-respect de l'interdit.

L'attribut de ces qualités renvoie aux sources mêmes du droit pénal moderne. La matière raisonne en termes de sujet de droit, développant une opposition entre le sujet individuel et l'État. Si l'autorité étatique peut voir ses propres intérêts protégés, le noyau dur du droit pénal est constitué par les droits et intérêts des individus. Toutefois, au regard de l'appréciation commune de la loi pénale, on s'aperçoit que seule sa fonction répressive est unanimement perçue. La fonction expressive des valeurs essentielles d'une société est rarement développée, hormis chez les spécialistes. Quant à sa fonction pédagogique, elle ne fait que trop rarement partie intégrante du discours des juristes[51].

3. *Mutation des fonctions classiques au regard de l'avènement d'une société du risque*. Brièvement présentées, ces fonctions originelles semblent aujourd'hui mises à mal par le législateur, et ce pour deux raisons. D'une part, l'inflation législative, source

---

[48] Y. MAYAUD, *Droit pénal général*, PUF, 5e éd., 2015, n°18, p. 26.

[49] A. DECOCQ, *Droit pénal général*, A. Colin, 1971, p. 81 ; M. PUECH, *Droit pénal général*, Litec, 1988, n° 475 ; né en Allemagne au début du XXIème, le *Rechtsgut*, devenu *bene giuridico* en Italie et *bien juridico* en Espagne, constitue depuis dans ces pays à la fois l'objet atteinte par l'acte infractionnel et l'objet protégé par le texte d'incrimination. Apparu en France dès les débuts XXIème sous la plume du Professeur Garraud, le bien juridique est utilisé par la doctrine française comme synonyme d'intérêt et de valeur juridiquement protégée.

[50] Y. MAYAUD, « La loi pénale, instrument de valorisation sociale », *in Code pénal et Code d'instruction criminelle – Livre du Bicentenaire*, Dalloz, 2010, p.3.

[51] C. LAZERGES, « Processus de socialisation et apprentissage de la règle de droit », *RSC* 1993, p. 593.

d'incohérences et de doublons, et d'autre part, la métamorphose de notre société qui s'axe désormais vers un besoin répressif nécessairement préventif.

L'État libéral classique[52] a cédé la place à un État de prévention chargé d'anticiper les risques[53]. La période troublée qui a précédé et suivi la Seconde Guerre mondiale a entrainé un renforcement de la répression conjugué à l'émergence de formes nouvelles de délinquance[54]. Ces manifestations ont logiquement conduit à l'édiction de nouvelles infractions[55], prenant place lors de l'industrialisation et l'entrée dans l'ère post-industrielle. Ces évolutions sociétales n'ont cessé de complexifier l'adaptation du droit pénal. La recherche constante de progrès s'est accompagnée de nouvelles techniques et technologies qui ont créé de nouveaux risques et de nouvelles atteintes à des intérêts protégés inédits. Nombreux furent les articles du Code pénal créés ou modifiés afin d'adapter la répression à l'évolution des pratiques tandis que de nombreuses dispositions de lois spéciales, non intégrées dans le Code pénal, poursuivaient le même objectif[56]. Le législateur a adopté des législations et réglementations dites « techniques » tout en assurant, corrélativement, une extension du champ d'application du droit pénal au sein de matières jusqu'alors vierges de toute norme répressive[57].

---

[52] La première préoccupation des auteurs, prenant place à la fin du XVIIIe siècle et au début du XIXe siècle, était portée sur un fait nouveau correspondant à l'importance accordée au respect des droits naturels de l'homme[52]. L'État libéral nouvellement mis en place devait alors essentiellement protéger le citoyen contre l'arbitraire et garantir l'existence du pacte social[52]. La Déclaration des droits de l'homme et du citoyen du 26 août 1789 est imprégnée des doctrines de la philosophie des Lumières de Montesquieu à Rousseau et Beccaria ; V. not. M. — H. RENAUT, *Histoire du droit pénal*, Ellipses, 2005, p. 8 ; J. — M. CARBASSE, *Introduction historique au droit pénal*, Puf, 1990, p. 315, n° 189 ; J. LAINGUI, *Histoire du droit pénal*, PUF, 1985, p. 111.

[53] M. LACAZE, *Réflexions sur le concept de bien juridique protégé par le droit pénal*, th. dir. À. d'Hauteville, Montpellier, LGDJ, 2013, p. 226, n° 226.

[54] Infractions économiques, financières et environnementales.

[55] J. LAINGUI, *Histoire du droit pénal*, PUF, 1985, p. 123.

[56] B. BOULOC, H. MATSOPOULOU, *Droit pénal général et procédure pénale*, Sirey, 21e éd., 2018, p. 6, n° 13.

[57] J.-J. DE BRESSONS, « Inflation des lois pénales et législations ou réglementations "techniques", *RSC* 1985, p. 241.

Cette mobilité du droit pénal en dehors de sa sphère classique s'explique par une manifestation protectrice nouvelle de la matière[58].

Au sein de ce processus de changement sociétal, le législateur semble avoir troqué le modèle de lois pénales expressives et pédagogiques pour lui préférer un modèle à l'aspect plus répressif. Ce dernier est constitué de lois déclaratives ayant pour objectif l'apaisement d'inquiétudes sociales tout en relayant un discours politique de fermeté[59]. Ce changement de paradigme entraine un déséquilibre au sein des attributs de la loi pénale.

4. *Équilibre et déséquilibre au sein des fonctions de la loi pénale.* La loi pénale, grâce à ses fonctions classiques, dispose d'un appui ferme et stable. Cet équilibre est le fruit d'une stabilité apparente entre la pédagogie, dont découle naturellement l'expression d'intérêts socialement protégés, et la répression. Néanmoins, cette stabilité peut être remise en question, et ce, en raison du mouvement récent de multiplication de ses fonctions. Les lois pénales se basent toujours sur des fonctions répressives, expressives et pédagogiques. Toutefois, force est de constater que l'évolution de la société a conduit au développement de nouvelles fonctions venant s'ajouter aux fonctions traditionnelles.

Leur émergence peut conduire à s'interroger sur leur potentielle prédominance sur les fonctions dites classiques de la loi pénale.

En effet, au regard de certaines lois impactant tant le droit pénal de fond que de forme, les fonctions originelles semblent aujourd'hui, à plusieurs égards, déséquilibrées. La fonction expressive apparaît comme étant réduite au profit de la fonction répressive, cette dernière prenant le pas sur la pédagogie et la manifestation d'une hiérarchie de valeurs érigées par les législateurs successifs (I). Au-delà de ce manque de stabilité dans les fonctions traditionnelles, il est également possible de constater une perte de l'effectivité normative des infractions en raison de la multiplication de lois apparaissant comme le reflet d'un droit pénal tantôt ancré dans le symbolisme au détriment de l'effectivité normative, tantôt accès sur un rôle promotionnel (II).

---

[58] M.-C. SORDINO, « Les fonctions expressives et pédagogiques de la loi pénale confrontées aux mutations du droit pénal », *in Mutation du droit pénal entre affirmation de valeur et protection des libertés ? Acte de colloque Université de Montpellier,* p. 11.

[59] C. LAZERGES, « La mutation du modèle protectionniste de justice des mineurs », *RSC* 2008, p. 200.

I. Les fonctions classiques de la loi pénale : conséquences d'une recherche d'harmonie constante

5. *Propos liminaires.* La loi a pour finalité première la défense de la société et de ses membres. Toute loi pénale, tant de fond que de forme, est une loi de défense des intérêts sociétaux[60]. Néanmoins, ces interdits ne découlent pas de l'arbitraire des législateurs successifs mais de valeurs reconnues par la conscience collective qui entrainent l'édiction d'interdits. Une loi pénale mesurée ne peut être que le fruit d'une harmonie établie entre ces deux fonctions (A). En présence de dispositions législatives axées principalement sur la recherche de sévérité, la fonction expressive est bien souvent mise à mal, ce qui entraine un manque de visibilité dans l'échelle des valeurs promues (B).

A. L'ÉQUILIBRE AU SEIN DES FONCTIONS DE LA LOI PÉNALE : FRUIT D'UNE RÉPRESSION MESURÉE

6. *Conséquences de l'effectivité de la fonction expressive.* Le législateur incrimine un comportement lorsque celui-ci est de nature à causer un trouble suffisamment grave à l'ordre public. C'est pourquoi la lecture des incriminations permet de reconstituer les valeurs sociales prépondérantes. De cette fonction expressive découle naturellement une fonction pédagogique. Le résultat que le législateur veut éviter étant déterminé, la prévention apparaît comme la conséquence logique de l'effectivité de ces deux fonctions[61].

Pour exemple, la circonstance aggravante légale et générale qu'est la récidive dispose d'un aspect dissuasif et intimidant en raison de la peine encourue et de son caractère exemplaire[62]. D'ailleurs, le choix du quantum de la peine par le législateur n'est que le fruit d'une hiérarchisation établie au préalable des actes caractérisés comme causant les troubles sociaux les plus graves[63]. Toutefois, ces conséquences de la fonction expressive et pédagogique du droit pénal

---

[60] R. BADINTER, *Projet de nouveau code pénal*, Dalloz, 1988, p. 10.

[61] G. BEAUSSONIE, « Infraction », *Répertoire de droit pénal et de procédure pénale*, mai 2018, n° 45.

[62] M. DALLOZ, *Les circonstances aggravantes légales en droit criminel français*, th. dir. R. Bernardini, Nice, t.1, 2001, p. 140, n° 131.

[63] G. STEFANI, G. LEVASSEUR, B. BOULOC, *Droit pénal général*, Dalloz, 16e éd., 1997, p. 358, n° 465.

semblent aujourd'hui mises à mal. Pour illustrer ce constat, il faut s'attarder sur la situation pénale d'un récidiviste. Conçue comme une cause d'aggravation légale de la peine, la récidive désigne le fait pour un individu, définitivement condamné à une peine pour une première infraction, d'en commettre une autre, soit de même nature, soit de nature différente, dans les délais définis par la loi. S'intéresser à la répression de la récidive implique de se pencher sur le traitement pénal réservé aux condamnés dont l'état de récidive est d'ores et déjà avéré.

7. *Illustration d'une recherche d'équilibre entre la fonction répressive et la fonction expressive*. Par une loi du 15 août 2014[64], le législateur a réorienté la répression de la récidive vers la clémence. Dès lors, les conséquences du constat de la récidive sur la peine prononcée sont aujourd'hui variables. Ces fluctuations altèrent l'équilibre recherché entre la fonction expressive et la fonction répressive de la loi pénale[65].

En effet, alors que la répression de la récidive était jusqu'à présent conçue comme une répression renforcée, la loi du 15 août 2014 a entendu aligner en partie le traitement pénal des récidivistes à celui applicable aux délinquants primaires[66]. Ainsi, s'agissant des majeurs récidivistes, l'amoindrissement de la sévérité à leur égard découle de l'abrogation des dispositions instituant des peines planchers[67]. De plus, ce texte fait de la peine d'emprisonnement l'exception à l'égard des récidivistes en matière correctionnelle. Dorénavant, le recours à la peine d'emprisonnement doit être

[64] Loi n° 2014-896 du 15 août 2014, relative à l'individualisation des peines et renforçant l'efficacité des sanctions pénales, JORF n° 0189 du 17 août 2014, p. 13647.

[65] P. PONCELA, « Les peines extensibles de la loi du 15 août 2014 », RSC 2014, p. 611.

[66] Cet alignement s'apprécie, en plus des exemples développés dans cette étude, au regard du régime des réductions de peine accordées au récidiviste puisque ce dernier est dorénavant aligné sur celui des primaux délinquants depuis le 1er janvier 2015.

[67] Anc. Art. 132-18-1, 132-19-1, 132-19-2 C.P. S'agissant du mineur récidiviste, les peines planchers sont également supprimées et l'article 20-2 de l'Ordonnance du 2 février 1945 a été réécrit afin que les mineurs de 16 à 18 ans puissent bénéficier de la diminution légale de peine. Par cette loi, la diminution légale de peine redevient le principe s'agissant des mineurs, peu importe que ceux-ci soient ou non récidivistes. Son exclusion redevient alors l'exception *a contrario* des dispositions de la loi du 5 mars 2007.

spécialement motivé par la juridiction qui prononce la peine[68]. Jusqu'à présent cette obligation de motivation spéciale du recours à l'emprisonnement ferme sans aménagement en matière correctionnelle était écartée par le législateur dans le cadre de la récidive. Désormais, le juge qui, en matière correctionnelle, décide d'appliquer une peine d'emprisonnement ferme et sans aménagement à un récidiviste doit spécialement motiver sa décision comme il le ferait à l'égard d'un non récidiviste. Cela confirme la volonté de la loi du 15 août 2014 de traiter de la même manière les récidivistes et les délinquants. Cela a pour conséquence de diminuer l'impact expressif qui découlait de la sévérité accrue appliquée à l'égard des récidivistes.

Cette uniformisation peut conduire à l'adoption de deux prises de positions opposées. Il est à la fois possible de l'apprécier comme portant atteinte à la prise en compte par la loi pénale de la dangerosité particulière du récidiviste, cette prise en compte étant le fondement même de cette circonstance aggravante générale[69]. Tout en considérant également qu'elle poursuit un objectif de prévention du risque de réitération dans la commission des infractions. Dès lors, sur la base de cette seconde idée, la fonction expressive resterait effective bien qu'atténuée, puisque si les valeurs reconnues par la conscience collective se traduisent par des interdits qui engendrent à leur tour des peines[70], une rigueur excessive du régime d'exécution des peines de récidiviste porterait obstacle à l'objectif de prévention de commission de nouvelle infraction.

La récidive continue donc à conjuguer la prise en compte par le législateur de la dangerosité de l'agent déjà condamné, tout en bénéficiant d'une atténuation de la sévérité de l'exécution de la peine. La répression et l'exécution de la peine d'un récidiviste permettent de

---

[68] Article 132-19 code pénal modifié par l'article 3 de la loi n° 2014-896 en vigueur depuis le 1er octobre 2014.

[69] J.-H. ROBERT, *Droit pénal général*, PUF, 4e éd., 1999, p. 373, l'auteur évoque « *la perversité générale* » comme fondement de la récidive ; F. HELIE, *Traité de l'instruction criminelle*, Plon, 2e éd., t. 8, 1867, p. 26, n° 3630 ; J. PRADEL, *Droit pénal général*, Cujas, 21e éd., 2016, p. 624, n° 753, « *le législateur fait de la récidive une cause d'aggravation de la peine parce que, subjectivement, elle traduit une perversité persistante en dépit des avertissements solennels constitués par les diverses* condamnations ».

[70] R. BADINTER, *Projet de nouveau code pénal*, Dalloz, 1988, p. 11.

composer avec les impératifs de prévention et de pédagogie[71]. Toutefois, cette harmonisation n'est pas toujours existante, l'une des fonctions prenant bien souvent le pas sur les autres.

B. LES CONSÉQUENCES DU DÉSÉQUILIBRE : ALTÉRATION AU SEIN DE LA HIÉRARCHIE DES VALEURS SOCIALES

8. *Les circonstances aggravantes spéciales, porte-étendard de la fonction expressive*. Les circonstances aggravantes légales dites spéciales[72] sont des éléments de faits érigés par le législateur en cause d'aggravation du quantum de la peine encourue pour des infractions déterminées[73]. En assurant l'aggravation de la répression, ces instruments de politique criminelle contribuent à une logique rétributive. Néanmoins, les circonstances aggravantes participent prioritairement à une fonction expressive. Certains auteurs considèrent d'ailleurs, à propos de quelqu'une d'entre elles, qu'elles « *ont été créées dans le nouveau Code, moins pour augmenter le niveau des peines que pour exprimer certaines valeurs* »[74]. Pourtant, lorsqu'il s'agit d'évoquer les circonstances aggravantes, cette fonction expressive de la peine est le plus souvent oubliée alors qu'elle participe fondamentalement à la fonction expressive du droit pénal tout entier[75]).

Or il suffit d'étudier les causes d'aggravation du meurtre pour apprécier cette mise en avant de la fonction expressive sur la fonction répressive de la loi pénale[76]. Le meurtre simple, prévu à l'article 221-1

---

[71] V. not. Rép. Mme la garde des Sceaux, ministre de la Justice, « Disposition alignant le régime des récidivistes sur celui des non-récidivistes en matière de réductions supplémentaires de peine », *JO Sénat*, 7 avril 2016, n° 14559, p. 1453.

[72] La récidive est qualifiée de circonstance aggravante générale, car applicable à l'ensemble des infractions tandis que celles dites spéciales sont applicables à certaines infractions en raison de prévisions spécifiques du législateur. C'est le cas, pour ne citer qu'eux, de la bande organisée (art. 132-71 C.P.), du guet-apens (art. 132-71-1 C.P.) et de la préméditation (art. 132-72 C.P.).

[73] J. PRADEL, *Droit pénal général,* Cujas, 21e éd., 2017, p. 615, n° 738.

[74] F. DESPORTES et F. LE GUNEHEC, *Droit pénal général*, Economica, 15e éd., 2008, p. 25, n° 50, « Il en est ainsi de la circonstance aggravante liée à la particulière vulnérabilité de la victime, prévue de manière presque systématique en matière d'atteinte aux personnes et aux biens ».

[75] F. DESPORTES et F. LE GUNEHEC, *Droit pénal général*, Economica, 15e éd., 2008, p. 24, n° 50.

[76] J.-B. THIERRY, « L'individualisation du droit criminel », *RSC* 2008, p. 59.

du Code pénal, vise un « *autrui* » abstrait, *a contrario* du meurtre aggravé de l'article 221-4 du Code pénal. Ce dernier tend à protéger certaines catégories de personnes présentant un risque accru d'être victimes. Tel est le cas des personnes vulnérables, des mineurs, des témoins ou encore des personnes dépositaires de l'autorité publique. C'est pourquoi l'atteinte à la vie de ces catégories de personnes limitativement énumérées est source d'aggravation, car elle traduit une réprobation plus vive de la société face à certaines formes de l'infraction[77]. Parallèlement, il est également possible d'y rattacher la manifestation de la fonction pédagogique de la loi pénale puisque l'expression des valeurs au travers des circonstances aggravantes permet d'assurer l'assimilation de leur place au sein de l'échelle de valeurs instituée par le droit pénal[78].

Toutefois, au regard du droit pénal contemporain, leur accroissement semble entrainer une confusion dans la hiérarchie des valeurs sociales pour, en définitive, atteindre directement les fonctions expressives et pédagogiques de la loi pénale.

9. *Déséquilibre de la fonction expressive en faveur de la fonction répressive*. À chaque loi nouvelle entrant en vigueur en droit pénal, il est permis de constater une montée en puissance des circonstances aggravantes qui deviennent des données de plus en plus déterminantes dans la teneur de la répression pénale, et ce pour deux raisons.

---

[77] R. BADINTER, « Exposé des motifs du projet de loi portant réforme du Code pénal », *in* J. — C. ZYLBERSTEIN, *Nouveau Code pénal mode d'emploi*, 10/18, 1993, p. 41, « Le Code pénal, dont la vocation première est de protéger l'être humain, doit renforcer cette défense lorsqu'il s'agit des personnes vulnérables ». La circonstance aggravante tirée de la particulière vulnérabilité de la victime est significative quant à sa propre portée expressive. Le renforcement de la protection des personnes les plus faibles était l'un des objectifs affichés dans le projet de loi portant réforme du Code pénal.

[78] M. DALLOZ, *Les circonstances aggravantes légales en droit criminel français*, th. dir. R. Bernardini, Nice, t.1, 2001, p. 149, n° 138 ; les peines jouent indubitablement un rôle important à l'égard des objectifs de prévention générale. Elle exerce également un effet secondaire : l'expression d'une hiérarchie des valeurs, permettant une graduation de la réprobation sociale. Punir plus sévèrement le vol avec arme que le vol simple, le meurtre de ses ascendants que le meurtre d'un inconnu, c'est peut-être permettre de diminuer le nombre de ces agissements et protéger ainsi les victimes potentielles, mais c'est avant tout déterminer dans la loi une échelle de valeurs.

D'une part, elles prolifèrent, leur diversification devenant de plus en plus importante[79], accentuant l'émergence de la fonction déclarative[80] du droit pénal conjointement au rôle de plus en plus imposant joué par la médiatisation des faits infractionnels[81].

D'autre part, il faut noter un renforcement des conséquences dues à l'application des circonstances aggravantes. Ainsi, le législateur attache l'exécution d'entières procédures pénales dérogatoires à la caractérisation d'une simple circonstance aggravante[82]. La bande organisée en est l'illustration la plus manifeste[83]. Le développement des circonstances aggravantes incite à s'interroger sur la place de ces dernières au sein de la répression. En effet, ces dernières n'auraient-elles pas pris le pas sur les incriminations particulières ? Si tel est le cas, les intérêts contemporains tels que la lutte contre le racisme,

---

[79] Pour exemple, l'article 222-24 du Code pénal prévoit 12 circonstances aggravantes pour le viol et les articles 222-25 et 222-26 du Code pénal incriminent respectivement le viol ayant entrainé la mort de la victime et le viol précédé, accompagné ou suivi de tortures ou d'actes de barbarie.

[80] V. *Infra* n°11.

[81] Il est possible de citer la loi n° 99-505 du 18 juin 1999 portant diverses mesures relatives à la sécurité routière et aux infractions sur les agents des exploitants de réseau de transport public de voyageurs. Elle a ajouté la circonstance aggravante de violences commises sur un agent d'un exploitant de réseau de transport public de voyageurs en réponse aux réactions médiatiques des violences commisses sur des agents de transport public en 1997 ; la loi n° 2004-204 du 9 mars 2004 portant adaptation de la justice aux évolutions de la criminalité qui a aggravé les peines de destructions, dégradations ou détériorations, prévues à l'article 322-5 du Code pénal lorsqu'il s'agit d'incendie de bois, forêts, landes, maquis, plantation ou reboisements d'autrui, en réaction aux incendies qui ont marqué l'été 2003 ; il est également possible d'énoncer qu'à la suite de divers faits médiatisés de violences urbaines, la loi n° 2007-297 du 5 mars 2007 sur la prévention de la délinquance a généralisé au travers de son article 44 à de nombreuses infractions la circonstance aggravante de guet-apens tel qu'aux articles 222-3, 222-8, 222-10 et 222-13 du Code pénal ; enfin, plus récemment encore, la loi n° 2018-703 du 3 août 2018 renforçant la lutte contre les violences sexuelles et sexistes a donné naissance à trois nouvelles circonstances aggravantes au titre des infractions de viol et d'agression sexuelle ainsi qu'à une nouvelle circonstance aggravante au délit de harcèlement sexuel.

[82] En plus de l'exemple de la bande organisée, il est possible de citer la loi 2018-703 du 3 août 2018 renforçant la lutte contre les violences sexuelles et sexistes dont découlent des effets procéduraux particuliers s'agissant du crime de viol ayant pour circonstance aggravante la minorité de la victime.

[83] La loi du 9 mars 2004 a instauré un régime procédure spécifique applicable à la délinquance et la criminalité organisées, quant à l'enquête, la poursuite, l'instruction et le jugement de certaines infractions commises en bande organisée. Ce régime est prévu aux articles 706-75 à 706-105 du code de procédure pénale.

l'homophobie ou encore la protection des femmes, sources de causes d'aggravation, ne se seraient-ils pas substitués aux intérêts plus traditionnels ?

Pour exemple, le vol qui est un délit contre les biens est réprimé d'une peine au quantum maximal de trois ans d'emprisonnement[84]. La soustraction frauduleuse de la chose d'autrui est donc logiquement moins réprimée qu'une atteinte à la vie comme les violences ayant entraîné la mort, réprimées d'une peine de quinze ans de réclusion criminelle[85]. Cette illustration concorde parfaitement avec la hiérarchie des valeurs sociales. Mais le jeu des circonstances aggravantes aboutit à brouiller cette dernière. Le vol en bande organisée est réprimé par 15 ans de réclusion criminelle[86]. Dès lors, cette cause d'aggravation permet la répression d'une simple atteinte aux biens avec la même sévérité qu'une atteinte à la vie. La valeur sociale qu'est la propriété est alors érigée au même rang que la vie.

Ce constat à l'égard des circonstances aggravantes appuie l'idée selon laquelle certaines législations pénales contribuent à fausser la lisibilité de la hiérarchie des valeurs sociales et *in fine* à nuire à la valeur expressive de la loi pénale.

En somme, la recherche d'équilibre au sein même des fonctions classiques de la loi pénale n'est pas chose aisée. L'expression d'un attribut prend bien souvent le pas sur les autres et il semble que la fonction expressive soit celle qui en pâtit le plus au bénéfice de la fonction répressive. Toutefois, cette affirmation est à nuancer puisque, à l'aune des attributs modernes de la loi pénale, la fonction expressive semble au contraire nuire à l'effectivité normative des législations pénales.

II. L'émergence des fonctions contemporaines : source d'une perte d'effectivité normative

10. *Propos liminaires*. Parler de fonctions contemporaines peut porter à confusion. Il serait alors possible d'imaginer un surclassement des fonctions traditionnelles en faveur de ces dernières. Pourtant, cette pensée bien que tentante n'est pas exacte. En effet, les caractéristiques modernes de la loi pénale ne sont que les extensions des fonctions

[84] Art. 311-3 C.P.
[85] Art. 222-7 C.P.
[86] Art. 311-9 C.P.

classiques et plus particulièrement de la fonction expressive. Ainsi, portée à son paroxysme, cette dernière conduit à l'adoption tantôt de lois disposant d'attributs purement symboliques (A) tantôt de législations visant un objectif de dirigisme social. Il est alors possible de parler de loi pénale à portée promotionnelle (B).

A. LES ÉCUEUILS D'UN DROIT PÉNAL SYMBOLIQUE

11. *Développement d'infractions symboliques.* La loi pénale a pour caractéristique d'être normative. Tel est le corollaire de la fonction répressive du droit pénal. Toutefois, dans une période d'inflation législative constante, le législateur tend à user des lois pénales dans une optique à portée symbolique. L'objectif poursuivi est d'obtenir un effet autre qu'instrumental normativement parlant. Cet effet serait avant tout psychologique auprès des sujets de droit[87], l'édiction de nouvelles normes répressives assouvissant un besoin de sécurité, lui-même développé par les discours politiques.

L'attrait du législateur pour cet attribut n'est pas critiquable en soi. La problématique apparaît lorsque la fonction symbolique[88], également nommée déclarative[89], prend le pas sur les autres aspects de la loi pénale. Cette domination, plaçant le symbole au cœur de la loi, entraine une défaillance qualitative, elle-même source d'ineffectivité normative[90].

---

[87] J. CARBONNIER, *Sociologie juridique*, PUF, 2e éd., 2004, p. 399.

[88] Certains auteurs emploient le terme « *symbolique* » : B. MALLET-BRICOUT, « Octavie Laroque, *Les lois symboliques*. Une étude à partir du droit de la propriété littéraire et artistique », *RTD Civ.*, 2018, p. 765 ; J. CARBONNIER, Sociologie juridique, Puf, 2e éd., 2004, p. 399 ; E. GALLARDO, « La qualification pénale des faits », *RSC* 2013, p. 986 ; C. KATZ, « Le délit de harcèlement moral. Une incrimination nécessaire ? Une application problématique », *AJ Pénal* 2005, p. 13.

[89] Certains auteurs emploient le qualificatif de « *déclaratif* » : C. LAZERGES, « De la fonction déclarative de la loi pénale », *RSC* 2004, p. 194 ; V. MALABAT, « Les infractions inutiles ; plaidoyer pour une production raisonnée du droit pénal », *in La réforme du Code pénal et du Code de procédure pénale : Opinio Doctorum*, V. Malabat. De Lamy, M. Giacopelli, Dalloz 2009, p. 71 ; A. DENIZOT, « Une loi inapplicable est-elle une loi inutile », *RTD civ.* 2018, p. 980.

[90] Tel est le cas de l'introduction dans le Code pénal de l'inceste. Cette prise en compte par le législateur a été critiquée sur son principe même : elle confère à la loi pénale une valeur exclusivement symbolique et se traduit par une absence de conséquence répressive. V. not. C. DUBOIS, M. BOUCHET, « Réflexion sur les seuils d'âge en droit pénal de fond », *D.* 2018, p. 1268 ; J.-B. PERRIER, « Le retour

Pour exemple, les infractions prenant place au sein du pan environnemental du droit pénal, dont la fonction promotionnelle n'est plus à démontrer[91], disposent d'une effectivité toute relative. Il suffit de citer le rapport annuel de l'office national de la délinquance et des réponses pénales[92] de 2017 qui démontrent qu'au cours de l'année 2016, 78 178 infractions environnementales ont été constatées. Or le ministère de la Justice indique qu'au cours de cette même année, seuls 18 % des infractions environnementales signalées ont fait l'objet de poursuites pénales, contre 46 % pour l'ensemble des infractions[93]. Cette effectivité normative minime[94] peut s'expliquer au regard même de la construction du Code de l'environnement. Alors que le but de tout code est la hiérarchisation des règles qu'il contient, le Code de l'environnement se distingue par le sentiment d'incohérence qu'il procure au vu de la hiérarchie des sanctions qu'il propose[95].

12. *Le symbolisme, source de subsidiarité répressive*. Pour reprendre l'exemple du pan environnemental du droit pénal, il suffit d'effectuer un parallèle entre les discours politiques tenus par nos représentants, plaçant la protection de l'environnement comme « *l'une des plus grandes exigences de notre* temps »[96] et les chiffres évoqués précédemment.

---

de l'inceste dans le Code pénal », *RSC* 2016, p. 381 ; P. MISTRETTA, « Les bonnes mœurs sexuelles : un concept mal ressuscité en droit pénal », *RSC* 2017, p. 273.

[91] V. JAWORSKI, « L'État du droit pénal de l'environnement français : entre forces et faiblesses », *Les cahiers du droit*, vol. 50, n° 3-4, 2009, p. 890.

[92] H. D'ARBOIS DE JUBAINVILLE, *La note de l'O.N.D.R.P. : Les attentes à l'environnement et à la santé publique constatées en 2016, Rapport annuel 2017*, déc. 2017.

[93] « Le traitement judiciaire des auteurs d'infractions pénales », *Références statistiques Justice*, 2017, p. 51.

[94] M. PRIEUR, *Droit de l'environnement*, Dalloz, 2011, p. 1033 ; l'auteur énonce qu'en matière d'infraction environnementale, la répression pénale est défaillante, car le quantum des peines reste à un « *niveau extrêmement faible* », ce qui pourrait même être considéré comme « *propre à encourager les infractions* ». Il va jusqu'à affirmer qu'en matière de pollutions industrielles importantes « *la faiblesse des sanctions équivaut à un permis de polluer* ».

[95] V. JAWORSKI, « Le volet pénal de l'ordonnance n° 2012-34 du 11 janvier 2012 », *Revue juridique de l'environnement*, vol. 38, 2013, p. 221.

[96] J. CHIRAC, « Discours de Jacques Chirac, candidat à la présidence de la République, le 18 mars 2002 à Avranches », Revue juridique de l'environnement, 2003, num. spéc. La Charte constitutionnelle en débat », p. 89.

Le législateur privilégie la portée politique à la portée juridique lors de l'élaboration de certaines infractions, au détriment de l'efficacité répressive originellement recherchée par le droit pénal. L'infraction d'occupation illicite de hall d'immeuble en est la parfaite illustration. Pour répondre aux plaintes des occupants d'habitations quant aux rassemblements de groupe d'individus à l'intérieur des bâtiments[97], le législateur a créé l'article L. 126-3 du code de la construction et de l'habitation relatif à « *l'entrave apportée de manière délibérée, à l'accès à la circulation des personnes et au bon fonctionnement des dispositifs de sécurité et de sureté* »[98]. Toutefois, l'application de cette infraction semble complexe[99].

D'une part, cette incrimination constitue un doublon puisque l'entrave portée de manière délibérée à l'accès et à la libre circulation des personnes peut résulter de menaces de violences[100], de violences[101], voire d'injures[102]. Dès lors, dans une situation qualifiable de concours idéal de qualification, ces doublons évidents conduisent à voir appliquer la règle de la plus haute expression pénale[103], laissant éventuellement de côté l'infraction symbolique.

D'autre part, en dehors de cette problématique générée par l'inflation législative[104], les éléments constitutifs de l'infraction d'occupation illicite de halls d'immeubles sont difficiles à caractériser dans des situations du quotidien. Cette infraction nécessite la démonstration d'une gêne concrète dans la liberté de circulation des résidents, voire des dégradations contraignant les bailleurs à procéder à des interventions coûteuses[105]. Ainsi, dans une réponse ministérielle du 25 décembre 2012, la Garde des Sceaux a confirmé qu'entre 2004 et 2011, seulement une centaine d'infractions par an avaient fait

---

[97] J.-M. POIRIER, « Application de l'article L. 126-3 du code de la construction et de l'habitation relatif au rassemblement de jeunes dans les halls d'immeubles », Question écrite n° 12078, JO Sénat, 13 mai 2004, p. 1016.
[98] Loi n° 2003-239 du 18 mars 2003 pour la sécurité intérieure, JORF n° 66, 19 mars 2003, p. 4761.
[99] C. LAZERGES, « De la fonction déclarative de la loi pénale », *RSC* 2004, p. 194.
[100] Art. 312-1 C.P.
[101] Art. R. 624-1 C.P. ; art. 222-7 C.P. et s..
[102] Art. R. 621-1 C.P.
[103] P. BONFILS, E. GALLARDO, « Concours d'infractions », *Répertoire de droit pénal et de procédure pénale*, janv. 2015, n° 31.
[104] A. CERF-HOLLANDER, *Le nouveau Code pénal et le principe de légalité*, Archive de politique criminelle, n° 16, Pedone, p. 9, 1994.
[105] C.A., Paris, Pôle 4, Cham. 4, 3 juin 2014, n° 12/16594.

l'objet de condamnations. C'est pourquoi l'Assemblée nationale a proposé, le 25 mai 2018, par amendement[106], une modification de cet article, en vue d'en faciliter l'application et de renforcer son effectivité normative.

D'une manière générale, la pénalisation de comportements difficiles à caractériser juridiquement explique les problèmes liés à une répression effective. Dès lors, notre politique criminelle tend progressivement à se fonder sur le principe de subsidiarité de la répression pénale[107]. La loi n'est alors plus conçue pour être appliquée « *toujours, en toutes circonstances et à tout prix* »,[108] et ce, en raison de problématiques liées au contenu même de certaines infractions, le législateur ayant tendance, pour certaines infractions, à faire du symbolisme, leur fonction première[109].

En outre, cette fonction symbolique est également détournée par le pouvoir législatif afin d'assurer l'adoption de lois dites promotionnelles.

B. LA MANIFESTATION D'UN DROIT PÉNAL PROMOTIONNEL

13. *Passage du contrôle social à la direction sociale.* Le droit pénal ne se limite pas à consacrer juridiquement des changements sociétaux. Bien que cela fut le cas au milieu des années 1970, avec la dépénalisation de l'adultère[110], dont le nombre de condamnations avait chuté de manière spectaculaire entre 1950 et 1974[111], conduisant logiquement à la loi du 11 juillet 1975. Ou encore pour la

---

[106] Ass. Nat., *Logement aménagement et numérique*, n° 971, amendement soutenu par T. Rudigoz, projet de loi Elan, 25 mai 2018.

[107] M. VAN DE KERCHOVE, « Éclatement et recomposition du droit pénal » *RSC* 2000, p. 5.

[108] R. VOUIN, « Le ministère public dans l'exercice de sa magistrature particulière en matière répressive », *Journal des tribunaux*, 1953, p. 83. À ce sujet, v. également M. VAN DE KERCHOVE, « Les lois pénales sont-elles toujours faites pour être appliquées ? Réflexion sur les phénomènes de dissociation entre la validité formelle et l'effectivité des normes juridiques », *Journal des tribunaux*, 1985, p. 329.

[109] A. FLÜCKIGER, « L'évaluation législative ou comment mesurer l'efficacité des lois », Revue européenne des sciences sociales, Tome XLV, 2007, n° 138, p. 83.

[110] Loi n° 75-617, 11 juil. 1975, portant réforme du divorce, JORF n° 0161, 12 juil. 1975, p. 7171.

[111] M.-D. BARRÉ, « 130 années de statistique pénitentiaire en France », *Déviance et société*, vol. 10, n° 2, 1986, p. 107.

dépénalisation de l'avortement ayant suivi une campagne d'opinion très active[112]. La matière est également guidée par des lois consacrant le désir du législateur de promouvoir un changement social qui n'est pas encore acquis.

Cette loi est alors dite promotionnelle[113] et il est possible d'effectuer un rapprochement avec la fonction symbolique évoquée précédemment. En effet, les deux jouent sur les mêmes ressorts c'est-à-dire l'intériorisation de la norme prohibée par le citoyen[114] ainsi que l'assimilation des valeurs juridiquement protégées. La seule différence est que la loi symbolique réaffirme l'atache à certaines valeurs sociales tandis que la loi promotionnelle préend quant à elle inculquer une valeur . Cette valeur sociale nouvellement protégée n'est alors pas encore considérée comme telle par la société. C'est pourquoi, sous la menace d'une sanction pénale, la loi promotionnelle cherche à induire une modification des valeurs et des comportements sociaux.

Cette fonction de la loi pénale est source de critiques, en raison de ses penchants pour un droit pénal autoritaire en contradiction avec un droit pénal démocratique[115]. Pourtant, elle détient déjà une place prépondérante dans le droit pénal contemporain puisque le législateur promeut, au travers de lois, des changements sociétaux qui ne sont pas encore acquis. Le recours à la répression est alors bien moins motivé par l'évolution déjà acquise des états d'esprit que par la volonté de provoquer cette évolution aux moyens des fonctions pédagogiques de

---

[112] Loi n° 75-17, 17 janv. 1975, relative à l'interruption volontaire de la grossesse, JORF 18 janv. 1975, p. 739 ; cette loi fait suite au célèbre procès de Bobigny et au manifeste des 343 qui avait fait la une du *Nouvel observateur* le 5 avril 1971.

[113] M. LACAZE, *Réflexions sur le concept de bien juridique protégé par le droit pénal*, th. Montpellier I, dir. A. D'HAUTEVIILE, LGDJ, 2013, p. 227, n° 374 ; A. BARATTA, « Les fonctions instrumentales et les fonctions symboliques du droit pénal », *Déviance et Société*, vol. 15, 1991, pp. 1-25 ; R. GASSIN, « Les fonctions sociales de la sanction pénale dans le nouveau Code pénal », *Les cahiers de la sécurité intérieure*, 1994, n° 18, p. 51.

[114] M. LACAZE, *Réflexions sur le concept de bien juridique protégé par le droit pénal*, th. Montpellier I, dir. A. D'HAUTEVIILE, LGDJ, 2013, p. 227, n° 374.

[115] G. GUIDICELLI-DELAGE, « Droit pénal de la dangerosité, Droit pénal de l'ennemi », *RSC* 2010, p. 69 ; G. JAKOBS, « Aux limites de l'orientation par le droit : le droit pénal de l'ennemi », *RSC* 2009, p. 7.

la loi pénale et du caractère dissuasif induit par le risque de sanction pénale[116].

Dès lors, la loi pénale moderne conditionne et structure la représentation même de cet ordre en s'inscrivant dans une politique pénale réfléchie[117]. En outre, il est possible d'apprécier les lois promotionnelles comme traduisant à la fois une évolution de la société et un mouvement de promotion de nouvelles valeurs par l'emploi de moyens répressifs. L'objectif étant d'orienter les derniers citoyens récalcitrants vers des comportements déterminés[118].

Il existe donc une mixité entre la loi symbolique et la loi promotionnelle, et cette dernière se retrouve dans la politique pénale mise en place au fil des décennies pour lutter contre le tabagisme et l'alcoolisme[119]. Le droit pénal a progressivement fait intrusion dans tous les domaines relatifs à la Santé publique[120]. L'interdiction et la répression de l'usage du tabac dans les lieux publics[121], y compris dans les bars et restaurants, traduisent à la fois l'évolution de la

---

[116] M. DANTI-JUAN, « Droit pénal, changement social et économie psychique : difficulté du questionnement et plausibilités des rapprochements », *Revue clinique méditerranéenne*, 2011, n° 83, p. 7.

[117] O. CHASSAING, « La portée normative des interdictions pénales », *Revue Descartes*, vol. 3, n° 93, 2017, p. 36.

[118] Pour exemple, il est possible de citer la loi n° 2018-703 du 3 août 2018, renforçant la lutte contre les violences sexuelles et sexistes, JORF n° 0179, 5 août 2018. À la lecture du projet de loi présentée à l'Assemblée nationale, Projet de loi renforçant la lutte contre les violences sexuelles et sexistes, n° 778, enregistré à la présidence de l'Assemblée nationale le 21 mars 2018, il est possible d'y lire à la page 61 que les comportements nouvellement incriminés se situaient jusqu'alors dans une « *zone grise* ». Ils ne relevaient jusqu'alors pas du domaine pénal puisqu'ils situaient à la lisière entre les règles de savoir-vivre et l'infraction pénale.

[119] Il est possible de citer la loi n° 76-616 du 9 juillet 1976 relative à la lutte contre le tabagisme, modifiée par l'article 35 de la loi n° 89-18 du 13 janvier 1989 ; la loi n° 91-32 du 10 janvier 1991 relative à la lutte contre le tabagisme et l'alcoolisme, modifiée par la décision du Conseil constitutionnel n° 90-283 D.C. du 8 janvier 1991 ; il est également possible d'ajouter à ces législations, les articles L. 17, L. 18 et L. 19 du code des débits et des boissons qui ont été modifiés par l'article 10 de la loi de 1991 ainsi que la loi du 16 juillet 1949, relative à des mesures de protection de la jeunesse.

[120] M. — O. BERTELLA-GEFFROY, « L'évolution des rapports Justice-Santé », *Revue les tribunes de la santé*, n° 4, 2004, p. 21.

[121] Décr. n° 2006-1386, 15 nov. 2006, fixant les conditions d'application de l'interdiction de fumer dans les lieux affectés à un usage collectif, JORF n° 265, 16 nov. 2006, p. 17249.

société face au tabagisme et un moyen de répression sur les ultimes réfractaires dont on espère infléchir le comportement[122].

14. *Liens de continuité entre les fonctions classiques et les fonctions dites modernes.* Aux termes des développements précédents, l'affirmation selon laquelle les fonctions dites modernes auraient supplanté les fonctions classiques semble biaisée. De même, il apparaitrait contradictoire d'étudier l'émergence de ces nouveaux attributs sans relever le lien de complémentarité qu'ils entretiennent avec les prérogatives traditionnelles de la loi pénale. Les fonctions promotionnelles et symboliques, en plus de disposer de similitudes et de liens de connexité entre elles, ne sont que l'expression moderne des fonctions classiques.

En effet, la matière pénale, par le biais des lois de fond et de forme, s'est vue assigner l'incarnation d'une fonction symbolique, car le recours à ses règles avait pour objectif d'apaiser le corps social[123]. Le triptyque drames, réactions médiatiques et réactions politiques est la cause d'une prolifération d'infractions répondant majoritairement à une impulsion politique sans que le besoin juridique ne s'en fasse ressentir. La création de normes étant censée rassurer, le législateur a, depuis quelques décennies, eu le réflexe d'employer une réponse pénale dès lors qu'un événement dramatique s'est produit au sein de la société.

Ces emplois de la loi pénale ne sont que les conséquences de sa fonction expressive. C'est également le cas à l'égard de l'attribut promotionnel qui apparaît comme l'effectivité expressive de la loi

---

[122] Autre exemple, l'article 58, I, 3°, de la loi n° 2019-222 du 23 mars 2019 de programmation 2018-2022 et de reforme de la justice, JORF n° 0071, 24 mars 2019, qui modifie l'article L. 3421-1 du Code de la santé publique qui punit d'une peine d'un an d'emprisonnement et de 3 750 euros d'amende. La nouvelle législation ajoute à cet article que « *l'action publique peut être éteinte, dans les conditions prévues aux articles 495-17 à 495-25 du code de procédure pénale, par le versement d'une amende forfaitaire d'un montant de 200 euros. Le montant de l'amende forfaitaire minorée est de 150 euros et le montant de l'amende majorée est de 450 euros* ». Cette modification démontre l'adaptation de la loi pénale à notre société tout en assurant l'application d'une sanction effective en raison de sa rapidité et simplicité.

[123] M.-C. SORDINO, « Les fonctions expressives et pédagogiques de la loi pénale confrontées aux mutations du droit pénal », *in Mutation du droit pénal entre affirmation de valeur et protection des libertés ? Acte de colloque Université de Montpellier,* p. 11.

pénale poussée à son paroxysme. Est donc préservé le principe selon lequel lorsque la loi pénale définit clairement les interdits existant au sein d'une société dans un temps donné, tout citoyen a la possibilité, en la consultant, de connaître les valeurs fondamentales du groupe social dont il est membre[124]. De ce sentiment d'appartenance du corps social à un modèle vertueux, non infractionnel, la loi pénale, au travers des fonctions expressives, déclaratives et symboliques, peut alors asseoir sa fonction pédagogique.

En effet, en choisissant d'accompagner un mouvement d'évolution sociétale ou en contribuant à la création de ce mouvement, la loi pénale condamne socialement certaines pratiques, provoquant l'affaiblissement de l'exécution afin d'aboutir à son extinction[125] ou, *a contrario*, en permettant la liberté au travers des mouvements de dépénalisation[126].

---

[124] C. LAZERGES, « De la fonction déclarative de la loi pénale », *RSC* 2004, p. 194.

[125] L'exemple de l'interdiction de nouveaux gallodromes dans le cadre des combats de coqs est signification de ce mouvement prohibitif de la loi pénale en vue d'en favoriser la disparition progressive. L'article 521-1, alinéa 8, interdit la création de nouveaux gallodromes, afin d'en limiter la pratique et l'expansion, et est déclaré conforme à la Constitution au travers d'une décision n° 2015-477 QPC du Conseil constitutionnel en date du 31 juillet 2015.

[126] Pour exemple, la dépénalisation en 1982, des relations homosexuelles entre un majeur et un mineur de plus de quinze ans ; Loi n° 82-683, 4 août 1982, abrogation de l'art. 331 (al. 2) du Code pénal ; en conséquence les actes impudiques ou contre nature commis sur un mineur du même sexe (Homosexualité) ne seront plus punis des peines correctionnelles, JORF du 5 août 1982, p. 2502.

La répartition des rôles entre le juge et les parties fondé sur la distinction entre le droit et le fait : vers un équilibre en procédure civile

Odélia FAUGÈRE

1. Une œuvre d'équilibre. Au sein du Code de procédure civile de 1975, le juge civil acquiert un rôle actif dans le déroulement de la procédure[127], et devient ainsi un véritable moteur de l'instance[128]. Toutefois, les parties restent maîtresses du procès[129]. Ainsi, l'équilibre dans le Code de procédure civile est celui recherché entre respect du principe dispositif, et office du juge.

2. Le principe dispositif. Selon le principe dispositif, « *les parties sont maîtresses du litige* » [130]. L'expression de « principe dispositif » semble parfois désigner la maitrise de la matière substantielle du procès comme sa matière processuelle[131]. En effet, les parties déterminent l'objet du litige par l'ensemble de leurs prétentions[132], et sont chargées de conduire le procès[133]. Cependant, le principe d'initiative, qui désigne l'impulsion que les parties donnent à la procédure comme leur contrôle sur le déroulement de celle-ci[134], s'il ne doit pas être confondu avec le principe dispositif qui détermine

---

[127] Y. STRICKLER, A. VARNEK, *Procédure civile*, Bruxelles, Bruylant, coll. Paradigme, 2019, n° 293, p. 194 : Les auteurs datent l'évolution du rôle du juge en matière civile à 1935 par la création du juge chargé du contrôle de la procédure en 1935, puis du juge de la mise en état en 1965.

[128] L. CADIET, E. JEULAND, *Droit judiciaire privé*, Paris, LexisNexis, 8 éd., 2013, n° 538, p. 422.

[129] C. CHAINAIS, F. FERRAND, L. MAYER, S. GUINCHARD, *Procédure civile*, Paris, Dalloz, coll. Précis Dalloz, 34 éd., 2018, n° 465.

[130] H. MOTULSKY, « La réforme du Code de procédure civile par le décret du 13 octobre 1965 et les principes directeurs du procès », Études et notes de procédure civile, 1e éd., Dalloz 1973, rééd. Dalloz 2010, t. 1, préf. G. BOLARD, spéc. p.39.

[131] CEDH, 2e sect., 3 févr. 2009, n° 44807/06, *Pœlmans c/ Belgique*, *JCP G* nos 16–17, 15 Avril 2009, II, p. 10070, comm. N. Fricero.

[132] Art. 4 CPC.

[133] Art. 2 CPC.

[134] C. CHAINAIS, F. FERRAND, L. MAYER, S. GUINCHARD, *op. cit.*, n° 443, p. 354.

le pouvoir des parties sur l'objet et la cause du litige[135], a pu être considéré comme l'une de ses manifestations sur le plan procédural[136]. Le Professeur Jeuland a pu souligner les liens que les deux principes entretiennent, et distingue « *le contenant, le lien d'instance, et le contenu, la matière litigieuse* »[137], tout en rappelant l'émergence du second au moyen du premier[138].

Or, il ne sera ici question que de la recherche des éléments de fait et de droit du litige, et non pas des règles régissant le cadre processuel dans lequel ils émergent. Puisque l'étude des moyens de procédure est écartée, il est également nécessaire d'écarter celle du principe d'initiative. Certes, c'est dans le cadre de l'instance que naissent les éléments de fait comme de droit, mais l'étude se limite à l'appréhension de la matière litigieuse et des éléments de droit, indépendamment du contexte procédural dans lequel ils se révèlent.

3. La matière litigieuse, l'objet et la cause du litige. Qu'est ce qui compose la matière litigieuse ? Quel est ce substrat sur lequel les parties ont une maîtrise, qui échappe totalement au juge ? Seuls les éléments de fait établis par les parties composent la matière litigieuse[139]. D'ailleurs, si la matière litigieuse exclut les moyens de droit, elle est même dénuée de toute coloration juridique[140]. La matière litigieuse est constituée des éléments objectifs du litige[141], soit son objet, et ses faits[142], la notion de cause étant soumise à un débat intense quant à sa nature[143].

---

[135] G. BOLARD, *Droit et pratique de la procédure civile,* Dir. S. GUINCHARD, Paris, Dalloz., coll. Dalloz Action, 9e éd., 2016, n° 221.11, p. 849.

[136] C. CHAINAIS, F. FERRAND, L. MAYER, S. GUINCHARD, *op. cit.*, n° 512, p. 399.

[137] E. JEULAND, « La conception du procès civil dans le Code de 1975 » *in 1806-1976-2006. De la commémoration d'un code à l'autre : 200 ans de procédure civile en* France, LexisNexis, 2006, p. 101, spéc. p. 108.

[138] *Ibidem.*

[139] H. MOTULSKY, « La cause de la demande dans la délimitation de l'office du juge », *op. cit.*, spéc. p. 235.

[140] H. MOTULSKY, « L'office du juge et la loi étrangère », *op. cit.*, spéc. nos 6 et 8.

[141] C. CHAINAIS, F. FERRAND, L. MAYER, S. GUINCHARD, *op. cit.*, n° 508, p. 397.

[142] *Ibidem.*

[143] H. VIZIOZ, *Études de procédure*, Brière, 1956, p. 56 et s., nos 231 et s. ; P. HÉBRAUD, RTD civ., 1955., p. 699, 1959, p. 775, 1960, p. 514 et 709 ; J.-P. GILLI, La cause juridique de la demande en justice. Essai de définition, th. Paris,

4. « *Un théâtre où chacun doit jouer son rôle* »[144]. Pour tendre vers cet équilibre, les rôles sont distribués, par les principes directeurs du procès, entre le juge et les parties. Motulsky a écrit que « *la grande scission qui préside à la répartition des tâches procédurales s'amorce ici : le fait est le domaine exclusif des parties, le droit celui du juge* »[145]. Le critère de répartition des rôles entre le juge est donc posé, il s'agit de la nature factuelle ou juridique de l'élément recherché.

5. De la nuance au déséquilibre. Une nuance dans la répartition des rôles entre le juge et les parties apparaît cependant nécessaire. Cette nuance ne met pas en péril l'équilibre instauré par la répartition des rôles entre le juge et les parties dans la mesure où le juge ne peut porter atteinte à l'objet du litige. Ainsi, le déséquilibre naît dès lors que l'importation du fait dans le débat n'appartient plus exclusivement aux parties, ou bien lorsque le juge est déchargé – ne serait-ce que partiellement et en dehors des hypothèses prévues par la loi – de son devoir d'appliquer le droit. Un regard d'ensemble de la jurisprudence de la Cour de cassation depuis près d'une trentaine d'années jusqu'à aujourd'hui révèlera que la Haute juridiction semble avoir franchi ce pas ; il est toutefois nécessaire de rechercher le moyen le plus efficace de restaurer l'équilibre ainsi rompu.

6. Plan. Si la répartition des rôles, fondée sur la distinction du droit et du fait, est classiquement exprimée par l'adage « *donne moi le fait, je te donnerai le droit* » (I), l'évolution des missions des acteurs du procès, dont résulte l'effacement du critère de répartition des rôles entre le juge et les parties, peut aujourd'hui se traduire par une maxime ainsi renouvelée : « *donne moi le fait, je te complèterai ; donne moi le droit, je ne te corrigerai pas nécessairement* » (II).

LGDJ, 1962, 263 p., spéc. p. 79 et s. ; H. SOLUS et R. PERROT, *Droit judiciaire privé*, Tome 3, « Procédure de première instance », Sirey 1991, n° 69, p. 66.

[144] W. SHAKESPEARE, *The mercant of Venice*, Acte I, scène 1.

[145] H. MOTULSKY, « Le rôle respectif du juge et des parties dans l'allégation des faits », *op. cit.*, spéc. p. 39.

I. Donne-moi les faits, je te donnerai le droit

7. Une répartition des rôles sans cloisonnement. Si le fait et le droit permettent de distribuer les rôles entre le juge et les parties dans l'instance, et permettent ainsi de préserver l'équilibre entre le principe dispositif et l'office du juge (A), la « conception renouvelée »[146] du principe dispositif met en exergue un entremêlement des rôles des parties[147] (B).

A. UN ÉQUILIBRE ASSURÉ PAR LA RÉPARTITION CLASSIQUE DES RÔLES DU JUGE ET DES PARTIES

8. La portée de la distinction classique du droit et du fait. Les parties ont la charge du fait, dans son allégation et dans sa preuve (1), et le juge a celle du droit, dans sa recherche et son application (2).

1) Les obligations des parties quant au fait

9. L'allégation du fait. Si les parties sont maîtresses de la substance du litige, il leur revient d'alléguer les faits propres à fonder leurs prétentions[148]. Parallèlement, le juge ne peut fonder sa décision sur des faits qui ne sont pas dans le débat[149]. Il ne pourrait pas en être autrement, cela supposerait éventuellement un dialogue entre le juge et les parties, l'une d'elle, ou un tiers, en dehors des débats et donc du contradictoire.

10. La preuve du fait allégué. Outre l'obligation d'alléguer le fait, les parties doivent également le prouver[150]. Si certains auteurs ont pu rejeter le parallèle avec le procès pénal et particulièrement la nature inquisitoire ou accusatoire de la procédure[151], pour d'autres, la

---

[146] M.-C. LASSERRE, *Cours de procédure civile,* Paris, Lextenso Gualino, coll. Amphi LMD, 2019, p.148, n° 652.
[147] *Ibidem.*
[148] Art. 6 CPC.
[149] Art. 7 CPC.
[150] Art. 9 CPC.
[151] C. CHAINAIS, F. FERRAND, L. MAYER, S. GUINCHARD, *op. cit.*, n° 554, p. 431 ; Y. STRICKLER, A. VARNEK, *op. cit.*, n° 293, p. 193.

recherche de la preuve par les parties rappelle à l'esprit les traits d'une procédure accusatoire[152].

2) L'office du juge quant au droit

11. L'application du droit. La mission du juge lui est dictée par le premier alinéa de l'article 12 du code de procédure civile. Le juge doit trancher le litige ; à défaut de remplir sa mission, il commet un déni de justice[153]. Juger implique également de trancher en droit, en application de la règle de droit applicable, et non en équité.

12. *Jura novit curia*. Si le juge, ou la Cour, connaît le droit, alors les parties n'ont pas à en rapporter la preuve[154] ; c'est donc au juge de se procurer la règle de droit. Outre la loi française, le juge doit connaître la loi étrangère. Ainsi le juge doit-il vérifier l'applicabilité de la loi étrangère en matière de droits indisponibles[155], et rechercher le contenu de la loi étrangère en toute hypothèse lorsqu'elle est invoquée[156]. La jurisprudence admet toutefois les limites de l'Homme,

---

[152] V. not. G. BOLARD, « La matière du procès et le principe dispositif », *op. cit.*, n° 221.11, p. 849.

[153] Art. 4 C. civ.

[154] H. ROLAND, L. BOYER, *Locutions latines et adages du droit français contemporain*, Lyon, L'Hermès, 1978, t. I., p. 432.

[155] Civ. 1re, 22 nov. 2005, n° 04-20.059, *Dr. et patr.*, oct. 2006, p. 75 *; AJ fam.* 2006, p. 30, note David ; Civ. 1re, 20 juin 2006, n° 04-19.636, *AJ fam., 2006,* p. *376,* note Boiché *;* 7 juin 2006, n° 04-17.225, *AJ fam., 2006*, p. 376, *note Boiché ;* Civ. 1re, 19 nov. 2008, n° 07-21.263, *AJ fam.*, 2009, p. 34, note Boiché *; RJPF,* févr. 2009, p. 18, note Garé *;* Com. 22 janv. 2008, *Dr. et patr.*, déc. 2008, p. 89, note M.-E. Ancel. ; Civ. 1re, 11 févr. 2009, n° 08-10.387, *D.* 2009, *AJ*, p. 564, note Egéa *; ibid.*, 2010, *Pan,*, p. 1243, note Serra et Williatte-Pellitteri*; ibid.* 2010, *Chron. C. cass*, p. 728, note Lemouland et Vigneau ; *AJ fam.* 2009, p. 129 ; *Rev. crit. DIP,* 2009, p. 493, note Lagarde ; *JCPG* 2009, *Actu,* p. 105 note Cornut *; ibid.* II, p. 10065, note Mahinga ; *Dr. fam. 2009,* n° 81, note Farge ; Civ. 1re, 4 juin 2009, n° 08-11.872, *D.* 2009*, AJ,* p. 1695, note Gallmeister ; *Rev. crit. DIP* 2010, p. 353, note Muir-Watt *; Def.* 2009. 39033, note Massip; *RJPF* oct. 2009, p. 21, obs. Garé; *Gaz. Pal.,* 7 nov. 2009, p. 23, note Eppler ; *JDI* 2010, p. 485, note Fohrer-Dedeuwaerder ; 1er juin 2011, n° 10-16.482, *D.* 2011. *Actu.* p. 1618, obs. Gallmeister ; *ibid.* 2012, *Pan.*, p. 1228, note Gaudemet-Tallon ; *AJ fam.* 2011, p. 381, note Boiché ; *RJPF* déc. 2011, p. 20, note Leborgne; *Gaz. Pal.*, 2011, p. 2176, note Chevalier; *ibid.*, p. 2425, note Eppler.

[156] Civ. 1re, 28 juin 2005, n° 00-15.734, *D.* 2005, IR 2853; *ibid.*, p. 2748, note Kenfack; *ibid.*, 2006, *Pan.*, p. 1496, note Courbe et Jault-Seseke ; *Rev. crit. DIP,* 2005, p. 647, note Muir-Watt et Ancel.

puisque si le juge ne parvient pas à établir la teneur du droit étranger, alors sera appliquée la loi française[157].

13. Les initiatives du juge. Afin de permettre au juge de réaliser sa mission d'application du droit, le Code de procédure civile dote le juge d'initiatives, en lui permettant ou le contraignant à les utiliser. Cela implique pour le juge de donner, ou redonner leur exacte qualification juridique aux faits et actes invoqués par les parties[158]. Quant au relevé d'office d'un moyen de droit – soumettre à la discussion des parties[159] un argument de droit applicable à la cause qu'elles auraient omis – c'est notamment le point sur lequel sera discuté un déséquilibre, qui sera évoqué plus loin dans l'analyse[160].

Toutefois, une conception fonctionnelle de la répartition des rôles du juge, qui vise à octroyer des pouvoirs aux parties quant au droit et aux parties quant au fait, n'est pas nécessairement opposée à la conception « classique » de celle-ci. Motulsky écrivait ainsi que « *seule la coopération des rouages peut assurer un fonctionnement harmonieux et rationnel du mécanisme, et dans la mesure de l'humainement possible, le triomphe de la justice* »[161] ?

B. UNE REPARTITION NUANCÉE DES RÔLES DU JUGE ET DES PARTIES

14. Une répartition souple au service de l'efficacité du procès. Cette conception fonctionnelle ne remet en aucun cas en question le principe dispositif car d'une part, les pouvoirs du juge quant au fait (1) ne lui permettent pas de faire entrer dans le débat des faits nouveaux – et par là même, de porter atteinte à la cause du litige – et d'autre part,

---

[157] Civ. 1re, 21 nov. 2006, n° 05-22.002, *D.* 2007. Pan., p. 1751, note Courbe ; *ibid.,* p. 1904, note Vasseur.
[158] Art. 12, al. 2 CPC.
[159] Après plusieurs modifications de sa rédaction, l'article 16 du Code de procédure civile prévoit désormais l'obligation pour le juge de respecter lui-même le principe de la contradiction. V. P. RAYNAUD, « L'obligation pour le juge de respecter le principe de la contradiction. Les vicissitudes de l'article 16 » *in* Mél. Pierre Hébraud, PUT, 1981, p. 715.
[160] V. *infra*, n° 26.
[161] MOTULSKY (H), « La réforme du Code de procédure civile par le décret du 13 octobre 1965 et les principes directeurs du procès », *op. cit.,* spéc. p. 133.

les pouvoirs des parties quant à l'application du droit (2) ne remettent pas en question l'office du juge.

1) Les parties et le droit

15. La connaissance du droit par les parties. Il serait possible de considérer que, souhaitant voir l'issue de l'instance civile leur être favorable, les parties présentent l'exposé le plus complet et le plus précis – en droit et en faits – au juge. D'ailleurs, pourquoi exclure les parties de la recherche de la règle de droit alors que le procès est « la chose des parties » ? Cette première nuance ne serait pas nécessaire, mais plutôt raisonnable, dans la mesure où affirmer que le juge connaît le droit n'exclut pas que les parties le connaissent également. Nul n'est-il pas censé ignorer la loi ?

16. L'apport du droit par les parties. Le décret du 28 décembre 1998[162] impose aux parties de qualifier juridiquement leurs prétentions. Ainsi, lorsque le juge est saisi par voie d'assignation, le demandeur doit exposer l'objet de sa demande ainsi qu'un « exposé des moyens en droit et en fait propres à la fonder» [163]. Pour certains auteurs, il s'agit là d'une consécration légale d'un impératif déontologique existant[164]. Il est ainsi attendu du demandeur une « opération intellectuelle »[165] de qualification juridique des faits litigieux pour la majorité de la doctrine[166]. Le texte sanctionne le

[162] Décret n° 98-1231 du 28 décembre 1998 modifiant le code de l'organisation judiciaire et le nouveau code de procédure civile.

[163] Art. 56 CPC.

[164] S. GUINCHARD, « L'ambition d'une justice civile rénovée », *D.* 1999, p. 65 ; G. BOLARD, G. FLÉCHEUX, « L'avocat, le juge et le droit », *D.* 1995, p. 221.

[165] G. BOLARD, « Les écritures qualificatives », JCP G, 22 mars 2000, n° 12.

[166] G. BOLARD, « Les écritures qualificatives », JCP G, 22 mars 2000, n° 12, doctr. 214 ; J. Normand : *RTD civ.* 1998, p. 466 et s. ; J. HÉRON, *RGDP* 1999, p. 80 ; R. PERROT, « Le décret du 28 décembre 1998 modifiant le Code de l'organisation judiciaire et le [...] Code de procédure civile », *Procédures* 1999, chron. 4 ; M. DOUCHY-OUDOT, « Le décret du 28 décembre 1998 modifiant le Code de l'organisation judiciaire et le [...] Code de procédure civile », *Gaz. Pal.,* 15 juin 1999, doctr. p. 14 ; C. HANNOUN, « Observations sur les nouvelles exigences de forme dans lesécritures des parties », *Gaz. Pal.,* 15 juin 1999, doctr. p. 12 ; A. PERDRIAU, « Le décret du 28 décembre 1998 au regard du juge de cassation », *JCP G* 1999, I, p. 115, n°s 25 et 26 ; C. CHAINAIS, F. FERRAND, L. MAYER, S. GUINCHARD, *op. cit.*, n° 564 s. L. RASCHEL, *Le droit processuel de*

défaut de motivation de la demande par une nullité pour vice de forme, qui suppose alors pour celui qui la soulève de justifier d'un grief que lui cause l'irrégularité.

En pratique, ce sera au juge d'apprécier si l'exposé du demandeur satisfait aux exigences posées par l'article 56 du Code de procédure civile. Les conclusions des parties, échangées devant le tribunal de grande instance[167] comme devant la Cour d'appel[168], doivent également faire état de l'exposé en droit des prétentions qu'elles expriment.

17. Le juge lié par les parties. Quant à l'application de la règle, la maîtrise qu'ont les parties sur le litige se dévoile tout d'abord par certains moyens de droit que le juge ne peut relever d'office, et qui doivent donc impérativement être soulevés par les parties. Il s'agit notamment du moyen tiré d'une nullité relative[169]. Néanmoins, si les parties ont ainsi un pouvoir qui est refusé au juge, elles peuvent également le contraindre à appliquer une règle de droit déterminée, ou à ne pas en appliquer du tout.

D'une part, en vertu d'un accord exprès et pour les droits dont elles ont la libre disposition, les parties peuvent imposer au juge la dénomination des actes et faits litigieux ainsi que de la demande, et le fondement juridique de la demande[170].

D'autre part, les parties peuvent, toujours en vertu d'un accord exprès et pour les droits dont elles ont la libre disposition, imposer au juger de statuer en amiable compositeur[171]. Cela revient pour lui à ne pas statuer en droit, mais en équité. Si ce pouvoir des parties ne reflète pas la maîtrise qu'elles peuvent avoir sur le droit, en revanche la faculté de demander au juge de statuer en amiable compositeur illustre la maîtrise qu'elles peuvent avoir sur l'application du droit. Le juge statue alors en équité, à l'encontre de la mission qu'est la sienne de statuer conformément aux règles de droit applicables au litige.

la responsabilité civile, th. Paris, éd. IRJS, Bibliothèque de l'Institut de Recherche Juridique de la Sorbonne, André Tunc 2010, 465 p., n° 294.

[167] Art. 753 CPC.

[168] Art. 954 CPC.

[169] Art. 1181 CPC.

[170] Art. 12 al. 3 CPC.

[171] Art. 12 al. 4 CPC.

2) Le juge et le fait

18. Une nuance nécessaire. Le droit d'être jugé, s'il ne peut permettre au juge de se substituer aux parties, justifie néanmoins que ce premier dispose de certains pouvoirs quant à la recherche du fait. Une certaine nuance est nécessaire dans la répartition des tâches processuelles entre le juge et les parties, pour garantir l'efficacité du procès civil en ce qu'il tend à l'émergence de la réponse judiciaire, aussi relative soit-elle, donnée à la question posée par les parties à travers le litige.

19. Les explications de fait. Le juge peut ainsi demander aux parties des explications de fait[172]. Il lui est en revanche interdit d'introduire des faits nouveaux dans le débat[173], mais il peut demander aux parties d'éclaircir ou de compléter l'exposé des faits qu'elles produisent, en faisant état de faits non allégués antérieurement.

20. Les mesures d'instruction. Outre l'allégation du fait, le Code de procédure civile octroie au juge des pouvoirs d'initiative quant à sa preuve. Entre autres dispositions, l'article 10 du Code de procédure civile permet au juge d'ordonner d'office toutes les mesures d'instruction légalement admissibles. Néanmoins, l'article 146 du même code vient dessiner les limites des pouvoirs du juge, qui ne peut rechercher, à travers une mesure d'instruction – éventuellement ordonnée d'office – un fait que les parties auraient insuffisamment caractérisé. En réalité, dans cette hypothèse, le juge utilisera plutôt son pouvoir de demander des explications de fait aux parties.

Cependant, si donner des pouvoirs au juge semble nécessaire afin de permettre la bonne conduite de la procédure – il est possible de voir là le lien entre le procès et sa substance – le déséquilibre naît de la méconnaissance des rôles de chacun. L'adage classique n'est plus, et la répartition des rôles du juge et des parties dans l'instance, telle que dessinée par la jurisprudence, peut aujourd'hui se traduire par une formule qui laisse transparaître les déséquilibres qu'ils portent.

---

[172] Art. 8 CPC.
[173] Art. 7 CPC.

II. Donne moi les faits, je te complèterai ; donne moi le droit, je ne te corrigerai pas nécessairement

21. Le bouleversement jurisprudentiel de l'équilibre entre principe dispositif et office du juge. L'évolution des rôles du juge et des parties initié par la jurisprudence renouvelle ainsi la formule : les parties apportent les faits du litige, les prouvent, et le juge doit suppléer leur carence dans la preuve du fait (A) ; les parties apportent le droit, parce que leur défaillance est sanctionnée, quand la correction[174] par le juge n'est pas, en toute hypothèse, obligatoire[175] (B).

A. LE DÉSÉQUILIBRE PAR L'ATTEINTE AU PRINCIPE DISPOSITIF

22. La transformation de l'office du juge. La formule adéquate serait la suivante : « Je te ferai compléter ». Le juge ne peut lui-même faire entrer dans le débat des éléments de fait dont les parties n'auraient pas fait état. Cela implique que des faits nouveaux peuvent entrer dans le débat par l'apport des parties elles-mêmes, ou bien par l'intervention d'un tiers. Certes, un auteur a pu souligner que lorsque les parties ou un tiers font état de faits nouveaux sur invitation – ou plutôt incitation – du juge, c'est bien ce dernier qui, indirectement, les fait entrer dans le débat[176]. Par ailleurs, la Cour de cassation, par la combinaison de l'article 4 du Code civil et de l'article 9 du Code de procédure civile, attribue au juge des charges processuelles que le Code de procédure civile lui refuse pourtant, rendant ainsi certaine l'atteinte au principe dispositif.

23. Le droit à la preuve. Après avoir, dans une première décision du 21 janvier 1993[177], affirmé que le juge ne peut se fonder sur l'insuffisance de preuves pour refuser de statuer – alors que le juge avait rejeté la demande, tout en rappelant que le juge qui rejette une

---

[174] La correction suppose que les parties aient invoqué une règle de droit.

[175] Sur le relevé d'office des moyens de droit, puisque la qualification ou requalification reste une obligation pour le juge.

[176] J. DUPICHOT, « L'adage "Da mihi factum, dabo tibi jus" », Mél. Aubert, Dalloz 2005, p. 425.

[177] Civ. 2e, 21janv.1993, n° 92-60.610, *Bull.* 1993, II, n° 28.

demande procède à son obligation de statuer – la Haute juridiction lui impose, dans un arrêt du 17 mars 1993[178], d'évaluer le dommage dont il constate l'existence. Ce n'est cependant qu'en 2002[179] que la Cour de cassation vise dans sa décision l'article 4 du Code civil, et affirme alors dans cet arrêt, et dans bien d'autres par la suite[180], que le juge qui refuse d'évaluer un dommage dont il a constaté l'existence dans son principe commet un déni de justice.

24. La division de la charge de la preuve. Par cette série d'arrêts, la deuxième chambre civile vient diviser la charge de la preuve entre les parties, à qui il revient de prouver l'existence du fait, et le juge, à qui il revient d'en rechercher la teneur[181]. En définitive, dans cette situation, soit le juge parvient lui-même à répondre aux questions techniques non résolues par les parties, soit il n'a d'autre choix que d'ordonner une mesure d'instruction. À ce titre, il a pu être reproché à une Cour d'appel de ne pas avoir ordonné d'expertise alors qu'elle avait à « *examiner des problèmes scientifiques dont elle ne déniait pas l'importance* » [182].

Alors que selon les textes, c'est aux parties de prouver le fait et que le juge n'a qu'une faculté d'ordonner toute mesure d'instruction, qui ne peut être mise en place afin de pallier la carence des parties dans l'administration de la preuve, la Cour de cassation vient affirmer l'inverse et, en accordant aux parties un droit à la preuve, impose au juge de se substituer à elles si elles font défaut dans l'administration de la preuve. Ces arrêts posent question quant à la survivance de la substance de l'article 148 alinéa 2 du Code de procédure civile, quand bien même sa justification au regard de l'article 4 du Code de procédure civile serait concevable.

---

[178] Civ. 2e, 17 mars 1993, n° 91-17.345, *Bull.* 1993 II, n° 112, p. 59.
[179] Civ. 3e, 6 févr. 2002, n° 00-10.543, *JCP* G 2003, II, p. 10014, note Moulin ; *RDI* 2002, p. 152, note Malinvaud.
[180] Com. 28 juin 2005, n° 04-11.543 ; Civ. 2e, 4 janv. 2006, n° 04-15.280, *D.* 2006. IR 175 ; 5 avr. 2007 ; préc. note 3 ; Civ. 1re, 15 oct. 2014, n° 13-20.851 ; Com. 4 nov. 2014, n° 13-18.024, *D.* 2014, p. 2340 ; Civ. 3e, 4 oct. 2018, n° 17-23.190, *D.* 2018. chron. C. cass., p. 2435, note Georget ; *RGDA* 2018, p. 508, note Karila.
[181] C. BLÉRY, L. RASCHEL, « Droit à l'expertise : reconnaissance inavouée d'un nouvel accroc à la répartition des rôles du juge et des parties », *Procédures,* n° 4, avr. 2011, chron. n° 17.
[182] Civ. 1re, 13 oct. 1981, n° 80-14.334, *Bull. civ. I,* n° 287.

Cependant, alors que ces décisions ne bénéficient pas d'une grande visibilité[183], l'évolution du rôle du juge quant à l'application de la règle de droit, parallèlement à celui des parties quant à sa recherche, représente un bouleversement dont les conséquences poussent à envisager un renforcement de l'office du juge de manière générale, déjà amorcé de manière ponctuelle.

B. LE DÉSÉQUILIBRE PAR LA TRANSFORMATION DE L'OFFICE DU JUGE

25. Un pas en avant pour les parties : la concentration des moyens. C'est ensuite par l'arrêt *Cesareo* que la Cour de cassation poursuit le bouleversement de la distribution du fait aux parties et du droit au juge. En effet, l'Assemblée plénière affirme dans cet arrêt du 7 juillet 2006[184] que les parties doivent invoquer, dès l'instance relative à la première demande, l'ensemble des moyens de droit de nature à la fonder, sous peine de se heurter à l'autorité de la chose jugée[185]. Par cette décision, la Cour de cassation exige des parties – et de leurs conseils – une rigueur et une exhaustivité nouvelles.

26. Un pas en arrière pour le juge : La faculté de relever d'office un moyen de droit. En revanche, par l'arrêt *Dauvin*[186], alors qu'elle rappelle l'obligation pour le juge de donner ou redonner leur exacte qualification juridique aux faits et actes du litige, l'Assemblée plénière laisse une simple faculté au juge de relever d'office un moyen de droit, et ainsi de changer le fondement juridique invoqué par la

---

[183] C. BLÉRY, L. RASCHEL, *art. préc.*

[184] Cass., ass. plén., 7 juill. 2006, n° 04-10.672, BICC, 15 oct. 2006, rapp. Charruault, note Koering-Joulin, avis Benmakhlouf ; *D.* 2006, p. 2135, note Weiller ; *JCP G,* 2006, I, p. 183, note Amrani-Mekki ; *ibid.*, 2007, II, p. 20070, note Wiederkehr ; *Gaz. Pal.,* 2007, p. 398, note Gain ; *Dr. et pr.*, 2006, p. 348, note Fricero ; *RDI*, 2006, p. 500, note Malinvaud ; *RTD civ.*, 2006, p. 825, note Perrot.

[185] La Cour de cassation relève une identité de cause des demandes successives, sur ce point : A. POSEZ, « « Le principe de la concentration des moyens, ou l'autorité retrouvée de la chose jugée », *RTD civ.*, 2015, p. 283.

[186] Ass. Plén., 21 déc. 2007, *Bull civ.,* n° 10, *BICC,* 15 avr. 2008, p. 18, rapport Loriferne, avis de Gouttes et le communiqué ; *D.* 2008, *AJ,* p. 228, obs. Dargent ; *JCPG,* 2008, II, p. 10006, note Weiller ; *ibid,* I, p. 138, obs. Amrani Mekki ; *RCA*, 2008, p. 112, note Hocquet-Berg; *Dr. et pr.* 2008, p. 103, note Lefort ; *CCC,* 2008, p. 92, note Leveneur ; *RDI*, 2008, p. 102, note Malinvaud ; *RDC, 2008,* p.435; Ann. Loyers 2008, p.1982, note R. Martin.

partie au soutien de sa prétention. Alors que le juge « *tranche le litige conformément aux règles de droit qui lui sont applicables* »[187], et que, selon Motulsky, « *le juge doit recourir d'office à la norme objectivement applicable parce que tel est son office* »[188], ici la Cour lui laisse une simple faculté de relever d'office la règle de droit applicable au litige, qui devient une obligation dès lors que les parties n'ont invoqué aucun fondement[189]. Le juge doit donc appliquer le droit, mais n'a pas l'obligation de soulever l'applicabilité d'une règle de droit que les parties auraient omise.

Si l'objectif louable de l'arrêt est probablement la prévention du rallongement des procédures dû à une charge de travail conséquente pour les juges, ce qu'il implique en pratique n'est pas sans risques, notamment celui de l'augmentation des recours en responsabilité contre les avocats qui n'auraient pas soulevé un moyen applicable au litige[190]. Le risque d'afflux des actions contre les avocats est augmenté par la combinaison de la solution dégagée par la jurisprudence dans cet arrêt, et celle de l'arrêt *Cesareo*[191].

En allant plus loin que la simple nuance dans la répartition, la jurisprudence ne place plus la distinction classique entre le droit et le fait comme élément central de la répartition des rôles entre le juge et les parties. Ainsi, la répartition semble chronologique : l'élément de fait ou de droit doit d'abord venir des parties, et à défaut, le juge agit. Son action est donc subsidiaire à celle des parties.

27. Un équilibre à restaurer. Restaurer l'équilibre entre principe dispositif et office du juge pourrait consister en un renforcement de ce dernier, ce qui permettrait dans le même temps d'amoindrir le risque d'inégalités et de partialité du juge tout en poursuivant un mouvement qui a déjà débuté. Imposer au juge de relever d'office un moyen de droit ne serait pas une nouveauté, car il est des situations dans lesquelles le juge doit relever d'office la règle de droit de fond.

---

187 Art. 12 al. 1er CPC.

188 H. MOTULSKY, « La cause de la demande dans la délimitation de l'office du juge », *op. cit.*, spéc. p. 120.

189 Civ. 1e, 15 janv. 1980, *Bull. civ. I,* n° 27, *RTD civ.* 1980, p. 600, note Normand ; civ. 3e, 21 janv. 1987, *Gaz. Pal.*, 1987, n°1, p. 54 ; *RTD civ.* 1987, p. 390, note Normand.

190 J. BORÉ, « *da mihi factum, dabo tibi jus* : Une philosophie du procès toujours d'actualité ? », *JCPG*, 5 oct. 2009, n° 41, p. 319.

191 A. POSEZ, *art. préc.*

28. Une évolution encouragée par la CJUE. C'est la Cour de Justice de l'Union Européenne qui ouvre la voie de l'évolution de l'office du juge dans le sens d'un renforcement de l'office du juge. C'est ainsi qu'alors que la Cour de justice contraint le juge interne à relever d'office les moyens tirés du droit communautaire en matière de clauses abusives[192], le décret du 29 juin 2016[193] crée un article R. 632-1 du Code de la consommation imposant au juge, dans son deuxième alinéa[194], d'écarter d'office une clause abusive, malgré une longue résistance de la Cour de cassation à reconnaître une telle obligation pour le juge[195].

29. Une évolution amorcée en droit interne. Par la suite, la Cour de cassation semble aller dans le sens d'une réelle évolution tendant à l'extension de l'obligation pour le juge de relever d'office un moyen de droit tiré d'une règle d'ordre public, en décidant que « *si le juge n'a pas, sauf règles particulières, l'obligation de changer le fondement juridique des demandes, il est tenu, lorsque les faits dont il est saisi le justifient, de faire application des règles d'ordre public issues du droit de l'Union Européenne, telle la responsabilité du fait des produits défectueux, même si le demandeur ne les a pas*

---

[192] La CJUE a, dans un premier temps, considéré que le juge interne avait la faculté de relever d'office les règles de droit tirées du droit communautaire : CJCE, 27 juin 2000, aff. *Ocean° Grupo Editorial et Salvat Editores,* C-240/98 à C. 244/08, *JCP G* 2001, II, p. 10513, note M. Carballo-Fidalgo et G. Paisant ; *RTD civ.* 2000, p. 939, note Raynard ; CJCE, 21 févr. 2007*, Vander Weerd,* aff. C-222/05 à C-225/05 ; CJCE, 4 oct. 2007, aff. *Rampion,* C. 429/05. Puis la position de la Cour a évolué vers une obligation du juge interne d'écarter d'office une clause abusive : CJUE, 4 juin 2009, aff. *Pannon,* C-243/08, *JCP G* 2009, p. 336, note G. Paisant ; *D.* 2009, p. 2312, note G. Poissonnier ; *JCP E* 2009, p. 293 ; CJUE, 9 nov. 2010, aff. *VB Penzügyi Lízing,* C-137/08, *RDC* 2011, p. 504, note C. Aubert de Vincelles.

[193] Décret n° 2016-884 du 29 juin 2016.

[194] Le premier alinéa du texte reprend les dispositions de l'ancien article L. 141-4 du Code de la consommation, disposant que « *le juge peut relever d'office toutes les dispositions du présent code dans les litiges nés de son application* ».

[195] Civ. 1e, 15 févr. 2000, n° 98-12.713, *Grine, Bull. civ.* 2000, I, n° 49, par lequel la Cour de cassation interdit même au juge de relever d'office un moyen tiré du droit de la consommation, fût-il d'ordre public ; devant la résistance des juges du fond, la Cour de cassation a admis une faculté pour le juge de relever d'office la méconnaissance des dispositions du Code de la consommation, la limitant toutefois aux dispositions d'ordre public : civ. 1e, 22 janv. 2009, n° 05-20.176, *Contrats, conc. consom.*, 2009, comm. n° 88, note G. Raymond ; *D.* 2009, p. 365, note V. Avena-Robardet ; *LPA*, 8 avr. 2009, p. 6, note G. Poissonnier.

invoquées »[196] lorsqu'elle impose aux juges du fond de relever d'office l'applicabilité de la responsabilité du producteur du fait des produits défectueux. D'ailleurs, c'est également le caractère d'ordre public des dispositions de la loi du 5 juillet 1985[197] qui justifie pour la Cour de cassation l'obligation pour le juge de les relever d'office[198]. Cependant, la notice explicative de l'arrêt de la chambre mixte du 7 juillet 2017 annonce une évolution potentielle et attendue[199], en ce qu'elle énonce que « *cette décision (…) tend également à assurer une harmonisation de la jurisprudence et l'égalité des citoyens devant la loi et le juge* »[200] mais conclut que « *la simple faculté de soulever d'office pouvant conduire à des pratiques judiciaires pouvant porter atteinte à cette égalité* »[201]. Lourde de sens, cette formule, qui traduit la prise de conscience des risques du principe actuel de simple faculté du relevé d'office, laisse entrevoir une possible généralisation de l'obligation pour le juge de relever d'office un moyen de droit.

30. Une évolution souhaitable et souhaitée. D'ailleurs, le rapport *Amélioration et simplification de la procédure civile*[202] propose une « *solution ambitieuse* » : celle d'imposer au juge de relever d'office un moyen de pur droit, qu'ils soient d'ordre public ou non. Il s'agit d'une solution certes ambitieuse, mais qui aurait le mérite de faire « *revenir à l'esprit initial de l'article 12 du Code de procédure civile* »[203], et ainsi de restaurer l'équilibre rompu – en partie – par l'arrêt de l'Assemblée plénière du 21 décembre 2007.

---

[196] Ch. mixte, 7 juill. 2017, n° 15-25.651, *RTD civ.*, 2017, p. 872, note Jourdain ; *ibid.*, p. 882, note P.-Y. GAUTIER, *D.* 2017, p. 1800, communiqué C. cass., note Bacache, *JCP G,* 2017, p. 926, note Quézel-Ambrunaz ; *ibid.*, p. 1174, note Stoffel-Munck ; *Gaz. Pal.*, 2017, n° 34, p. 30, note Blanc ; *RTD civ.*, 2017, p. 829, note Usunierv ; Contr. conc. cons., 2017, n° 219, note L. Leveneur ; *RCA* 2017, comm. 250, note Bloch ; *JCP G* 2017, doctr. P. 1355, note Libchaber ; *Procédures*, octobre 2017, comm. 227, note Strickler ; *Revue des contrats*, 2017, p. 15, note Borghetti.

[197] Loi n° 85-677 du 5 juillet 1985.

[198] Civ. 2e, 5 juill. 2018, n° 17-19.738, *Bull. civ. II, à paraître, Resp. civ. et assur.*, 2018, comm. 267, note H. Groutel.

[199] C. CHAINAIS, F. FERRAND, L. MAYER, S. GUINCHARD, *op. cit.*, n° 589, p. 462.

[200] Ch. mixte, 7 juill. 2017, n° 15-25.651, notice explicative, C. cass.

[201] *Ibidem.*

[202] Rapp. *Amélioration et simplification de la procédure civile,* remis par Madame Frédérique Agostini et Monsieur Nicolas Molfessis, janv. 2018, p. 32.

[203] *Ibidem.*

En conclusion, si la répartition des rôles entre le juge et les parties dans l'instance telle qu'imaginée par Motulsky n'est pas aujourd'hui la réalité de la procédure civile, un équilibre reste possible dans la complémentarité entre l'office du juge et le principe dispositif. Mais pour assurer cet équilibre, il semble nécessaire de renforcer l'office du juge en généralisant l'obligation de relever d'office un moyen de droit.

L'équilibre en droit des sociétés

Gregory FUSTER

1. Un sujet *a priori* iconoclaste. « *Si l'idéal de justice est une composante essentielle du droit des personnes ou du droit des contrats, sa place dans le droit des sociétés est, de prime abord, beaucoup moins naturelle. À la limite, il serait même possible de dire, en forçant quelque peu le trait, que les relations entre ce droit et la justice sont celles de l'indifférence, et d'une indifférence presque génétique* ». Les mots du Doyen Jacques Mestre[204] traduisent l'antagonisme intuitif entre les principes moraux propres à l'exigence de justice et une discipline répondant aux besoins de la recherche de profits ou d'économies. Et pourtant, l'auteur démontre la prise en compte d'impératif éthiques tels que la transparence et le respect d'autrui par le droit des sociétés ! Les mêmes lignes auraient pu être écrites à propos de l'équilibre en droit des sociétés. Le déséquilibre semble inhérent à la matière. D'abord, la société est un haut lieu de ploutocratie : voilà une démocratie dans laquelle la richesse fait le nombre de voix. En l'absence de prévisions expresse des fondateurs, le Code civil institue cette inégalité : « *les droits de chaque associé dans le capital social sont proportionnels à ses apports lors de la constitution de la société ou au cours de l'existence de celle-ci* ». Le droit des sociétés favorisait-t-il le déséquilibre ?

2. Le déséquilibre en droit des sociétés. La protection d'un équilibre passe toujours, et surtout en droit, par la correction d'un déséquilibre. À ce titre, le droit économique constitue un domaine de choix[205]. La matière économique étant sujette à la mesure, le déséquilibre économique se chiffre, s'objectivise[206]. En droit des sociétés, le déséquilibre ne constitue pas une boîte noire mais semble plutôt agiter les grands débats traversant la matière. Les clauses léonines, prohibés par l'article 1844-1 alinéa 1er du Code civil,

---

204 J. MESTRE, « Le droit français des sociétés devant l'exigence de justice », *Les Cahiers de droit*, vol. 42, n° 3, sept. 2001, p. 827-839.

205 V. sur ce thème : L. BOY (dir.) et alii, *Les déséquilibres économiques et le droit économique*, Larcier, 2014.

206 F. JACOMINO, *Le contrôle objectif de l'équilibre contractuel*, th., Nice, 2018.

constituent l'exemple absolu du déséquilibre au sein de la société. L'application de cet article aux conventions de portage a sucité le débat au sein de la doctrine[207]. L'actualité de la question des rémunérations versées aux dirigeants ne cesse de remettre les déséquilibres au centre des débats. Et l'actualité jurisprudentielle suit cette tendance[208]. Sur ce point, L'article 198, VI, 2°, de la loi PACTE autorise le gouvernement à prendre par ordonnance des mesures « *afin de créer un dispositif unifié et contraignant encadrant la rémunération des dirigeants des sociétés cotées* ». L'équilibre se cherche en tous domaines : ainsi le dirigeant doit-il aujourd'hui prendre en compte les enjeux sociaux et environnementaux de l'activité de la société[209]. Les codes de gouvernance suivent – voire cherchent à anticiper le mouvement – en se réformant[210].

3. L'équilibre. L'équilibre, au sens de notre étude, revêt tous les attributs d'un principe de conciliation des intérêts, de juste mesure des prétentions des sujets de droits traitant entre eux au sein de la société : associés – dirigeants – société. Selon le dictionnaire Larousse en ligne, l'équilibre se définit comme un « *état de repos (...) d'un système obtenu par l'égalité de deux forces, de deux poids qui s'opposent* ». En présence d'intérêts divergents, l'équilibre exige le compromis. Ce serait ainsi la prépondérance d'une force sur une autre, d'un intérêt sur un autre, qui marquerait la survenance du déséquilibre. Et puisque l'état de repos du système dépend de l'équilibre des intérêts en jeu, l'apparition du déséquilibre marquerait alors le début de la crise, du dérèglement, voire la paralysie du microsystème que constitue la société.

4. Les modes de traitement du déséquilibre. Une étude portant sur l'équilibre présente l'intérêt d'articuler une recherche sur plusieurs modes de traitement du déséquilibre en vue de retrouver une situation jugée idoine par le juriste. Car les modes de traitement du déséquilibre

---

[207] Pour une synthèse récente, v. E. CASIMIR, *Les catégories d'actionnaires*, th. Paris II, 2015.

[208] V. récemment : A. LECOURT, « Florilège autour de la rémunération des dirigeants sociaux : entre laxisme et rigidité, une vision bien difficile à appréhender », *RTD Com*, 2019, p. 408.

[209] C. Civ., art. 1833, al. 2.

[210] V. A. COURET, « La révision du Code AFEP-MEDEF et le droit des sociétés », *Bull. Joly Sociétés*, 2018, p. 489.

sont nombreux. Citons pour exemple la responsabilité civile, les sanctions pénales, la régulation du contenu des contrats, la création de nouvelles obligations, ou encore l'application de mécanismes correcteurs telles que la fraude ou l'abus de droit.

5. Les intérêts en jeu. La présente étude se limitera à l'équilibre des intérêts au sein de la société, et notamment au sein de la sphère interne de cette dernière. La question des finalités de la société ayant été mise au centre de l'actualité par l'adoption de la loi PACTE[211], a pour mérite de traduire une approche intéressante de l'équilibre en droit des sociétés. Depuis les débats portant sur cette réforme, la confrontation entre l'intérêt commun des associés, l'intérêt de la société, et les pouvoirs du dirigeant ne cesse de se poser. Dans une matière que le législateur n'ose pas réformer, les juges bénéficient d'un pouvoir important. Par conséquent, la matière peut évoluer rapidement au fil de la jurisprudence, et la plupart des querelles jurisprudentielles ne se résolvent par le législateur. Se pose alors la question de savoir de quels outils dispose le juge afin de maintenir un équilibre pourtant fragile. Car en tant que petite démocratie, la société constitue un lieu de pouvoir et de cohabitation de deux organes, qu'il convient d'énoncer : les dirigeant et les associés. Se pose aussi la question de la hiérarchie de ces équilibres. Certains sont-ils plus importants que d'autres ? Cette question classique ne semble plus devoir être tranchée. Aujourd'hui la loi contient plusieurs intérêts à protéger.

6. Un équilibre propre à chaque qualité. Toute qualité au sein de la société intègre son lot de responsabilités. Afin que la vie sociale demeure pérenne, plusieurs équilibres doivent être maintenus. D'une part, le dirigeant, titulaire du pouvoir de gestion et de représentation de la société, doit faire l'objet d'un contrôle, afin d'assurer un équilibre entre ses pouvoirs et ses devoirs (I). D'autre part, les titulaires des prérogatives les plus importantes, les associés, peuvent également faire l'objet d'un contrôle qui tend à évoluer (II).

---

[211] Loi n° 2019-486 du 22 mai 2019 relative à la croissance et la transformation des entreprises.

I. L’équilibre entre pouvoirs et devoirs du dirigeant

Un équilibre dual. Le dirigeant, à l’occasion de son mandat, doit agir en considération d’un double objectif. Titulaire d’un pouvoir et non d’un droit, il doit l’exercer en vue de la satisfaction de l’intérêt d’autrui[212]. À cet égard, il peut entrer en situation de conflit d’intérêts. Le droit vient sanctionner l’exercice du pouvoir dans un but personnel, notamment par le biais de l’obligation jurisprudentielle de loyauté. Un équilibre doit être maintenu entre les pouvoirs du dirigeant et l’intérêt des associés (A), mais aussi entre ses pouvoirs et l’intérêt de la société (B).

A. L’ÉQUILIBRE ENTRE LES POUVOIRS DU DIRIGEANT ET L’INTÉRÊT DES ASSOCIÉS

7. L’obligation de loyauté. De nombreux mécanismes assurent cet équilibre. Parmi eux, le mécanisme des conventions règlementées, le droit à l’information des associés, ou encore la répression de l’abus de biens sociaux. Prévus légalement, ils ne permettent pas de saisir pleinement la relation de confiance qui doit s’instaurer entre le dirigeant et les associés pris individuellement. L’obligation de loyauté du dirigeant envers ces derniers traduit parfaitement cet équilibre (1). Par ailleurs, cet équilibre traduit quant à lui une clé de lecture particulière de la bonne gouvernance (2).

1. Un équilibre traduit par une obligation de loyauté

8. Définition. Selon le dictionnaire Littré, une des définitions de la loyauté reposerait sur l’obéissance aux « *lois de l’honneur et de la probité* »[213]. Le comportement loyal dépasse ainsi ce qui est requis pour être considéré « de bonne foi »[214]. En effet, alors que la bonne foi se résume à l’absence de duplicité, la loyauté implique un comportement à la fois négatif et positif. À la question de savoir envers qui le dirigeant peut-il bien devoir demeurer loyal, l’intuition

---

212 Conformément à la définition classique du pouvoir en droit privé. V. E. GAILLARD, *Le pouvoir en droit privé*, Economica, 1985.

213 E. LITTRE, *Dictionnaire de la langue française*, t. 3, Librairie Hachette et compagnie, 1876, p. 352.

214 Standard juridique dont l’illustration la plus réputée se trouve à l’article 1104 du Code civil.

nous amènerait à répondre que c'est uniquement envers la société. Et pourtant, la genèse du devoir de loyauté du dirigeant porte sur les associés pris individuellement.

9. Genèse du devoir de loyauté. Le devoir de loyauté du dirigeant envers l'associé ne résulte d'aucune disposition légale. D'après les textes[215], la responsabilité des dirigeants ne pourrait résulter que d'une infraction aux lois et règlements, de la violation des statuts, ou encore de la faute de gestion. Nulle mention d'un rapport entre le dirigeant et les associés, si ce n'est qu'il doit respecter la lettre des statuts, produit de l'accord de volontés formulé par les associés fondateurs. À tout le moins doit-il œuvrer dans l'intérêt commun des associés, dans l'intérêt social pour peu que ces deux notions fassent l'objet d'une distinction[216]. La loyauté du dirigeant envers l'associé pris individuellement est une création prétorienne. D'un point de vue théorique cette création n'allait pas de soi, puisque le dirigeant et l'associé pris individuellement ne sont en principe pas liés par un contrat et qu'aucune obligation légale ne pèse sur le dirigeant en la matière.

Ce devoir fut consacré par la Cour de cassation[217] à l'occasion d'une cession de droits sociaux. Dans cet arrêt abondamment commenté[218], l'actionnaire d'une société anonyme souhaitait céder ses actions, et à cette fin, avait sollicité le président, un ami de bon conseil. Ce dernier devant solliciter son cercle de connaissance afin de dénicher un éventuel acquéreur, proposa d'acquérir lui-même les actions ainsi

---

[215] C. Civ. art. 1850 ; C. Com. art. L. 223-22 ; art. L.225-251.

[216] P. LE CANNU et B. DONDERO, *Droit des sociétés*, 7ème éd., Montchrestien, 2018, n°499, p. 361.

[217] Elle avait déjà fait l'objet d'une application par les juges du fond sans que le devoir de loyauté ne fut toutefois expressément invoqué : v. Paris, 29 avr. 1994, *RTD civ.*, 1994, p. 852, obs. J. MESTRE ; *Bull. Joly*, 1994, p. 983, §262, n. A. COURET.

[218] Cass. Com., 27 févr. 1996, *Vilgrain*, *Bull. civ.*, IV, n°65 ; *D.*, 1996, somm. p. 342, obs. J-Cl. HALLOUIN ; jur. p. 518, n. Ph. MALAURIE ; jur. p. 691, n. J. GHESTIN ; *RTD civ.*, 1997, p. 114, obs. J. MESTRE ; *JCP G*, 1996, II, 22665, n. J. GHESTIN ; *JCP E*, 1996, II, 838, n. D. SCHMIDT et N. DION ; *RD bancaire et bourse*, janv.-févr. 1997, p. 27, n°1, obs. M. GERMAIN et M-A. FRISON-ROCHE ; *Gaz. Pal.*, 24 et 26 sept. 2000, p. 28, n. A. BELISAIRE ; *Petites Affiches*, 17 févr. 1997, n°21 p. 7, n. D. R. MARTIN ; *Defrénois*, 1996, p. 1205, Y. DAGORNE-LABBE ; *Bull. Joly*, 1996, p. 485, §164, n. A. COURET ; Rapport de la Cour de cassation, 1996, La documentation française, p. 312.

que d'en céder à certains de ses proches par son intermédiaire : 3 321 actions au prix unitaire de 3 000 francs. Quatre jours après la cession, quelle fut la surprise de l'actionnaire lorsqu'elle apprît la cession des mêmes actions à la Société Bouygues pour un prix de 8 000 francs par action ! Les juges du fond y virent un dol de la part du Président (mais pas de ses comparses), au vu de la relation de confiance établie entre les parties à la première cession. Cette *relation de confiance* était avancée pour permettre la réparation du préjudice de la cédante. On sait que l'acheteur n'a pas l'obligation d'informer le cédant sur le prix ou la valeur du bien cédé[219]. C'est d'ailleurs sur ce motif que le président crut bon de former un pourvoi en cassation. Et la solution d'espèce, visant à corriger les effets inéquitables de l'application aveugle du droit se transforma en obligation de loyauté : en s'abstenant d'informer Madame Alary qu'il négociait en parallèle la revente de ses actions à un prix plus élevé, « *Monsieur Bernard Vilgrain a manqué au devoir de loyauté qui s'impose au dirigeant d'une société à l'égard de tout associé, en particulier lorsqu'il en est intermédiaire pour le reclassement de sa participation* ». Si l'on s'en tient au dispositif de l'arrêt, alors le dirigeant *chargé par un associé* d'intervenir dans la cession de titres sociaux doit révéler toute information susceptible d'avoir une influence sur son consentement, notamment l'existence de négociation parallèles portant sur la cession des mêmes titres sociaux.

10. Un devoir exigeant. L'existence d'une relation privilégiée, fondée sur la confiance, entre l'associé cédant et le dirigeant cessionnaire pourrait suffire à expliquer ce devoir de loyauté. En effet, dans l'affaire Vilgrain, la cédante avait chargé le dirigeant de trouver un acquéreur. Une telle explication ne traduit plus le droit positif, tant

---

[219] Aujourd'hui, l'article 1112-1 du C. civ. exclut cette information du champ de l'obligation légale : « *celle des parties qui connaît une information dont l'importance est déterminante pour le consentement de l'autre doit l'en informer dès lors que, légitimement, cette dernière ignore cette information ou fait confiance à son cocontractant. Néanmoins, ce devoir d'information ne porte pas sur l'estimation de la valeur de la prestation* ». L'on pourrait arguer du fait que l'information non divulguée ne portait pas sur la valeur des actions mais sur l'existence de négociations en cours. Pour autant, ce qui poussa l'actionnaire à réclamer des dommages et intérêts réside certainement davantage dans la plus-value réalisée par les acquéreurs que dans le fait qu'il existât des négociations parallèles. Eussent-elles été rétrocédées à un prix quasiment équivalent et le dol aurait été bien plus ardu à soulever.

l'exigence de loyauté s'est renforcée. La chambre commerciale de la Cour de cassation a étendu cette obligation d'information renforcée à tout dirigeant, et ce même si ce dernier n'a pas été chargé de trouver un acquéreur pour les titres. La simple lésion, alors même que les associés auraient pu se faire assister par un conseil pourrait entraîner la nullité de la cession de parts sociales. Dans une affaire[220], les héritiers d'un associé avaient cédé leur part au coassocié de leur auteur, majoritaire et dirigeant. Selon eux, ce dernier aurait manqué à son devoir de loyauté en omettant d'attirer leur attention sur l'existence de bénéfices distribuables, ce qui aurait conduit à augmenter le prix pouvant être exigé par les cédants. La particularité de cette affaire tient dans le fait que les associés cédants avaient accès à tous les documents comptables, et qu'en se faisant assister d'un professionnel, ces derniers auraient pu mieux négocier la cession. C'est d'ailleurs pour cette raison que la cour d'appel avait rejeté leur demande d'annulation de la cession. La cassation de l'arrêt est fondée sur le devoir d'attirer l'attention des associés sur l'existence des bénéfices distribuables. En somme, le dirigeant aurait dû leur conseiller de lui demander un prix plus élevé. L'exigence d'équilibre entre les associés et les dirigeants justifie que soit imposé au dirigeant un véritable devoir d'assistance et de conseil, même si cela contredit ses intérêts. La solution a été réaffirmée avec constance, ce devoir ayant même permis de sanctionner de simples pourparlers[221].

11. L'équilibre visé. Tout équilibre renvoie à un standard à l'aune duquel la mesure est prise. Ces solutions ne se réfèrent pas à la correction de l'asymétrie d'information opérée par le droit des contrats, puisque les contractants ne souffrent pas d'une telle obligation d'assistance. La solution ne repose que sur les fonctions et qualités des parties au contrat : dirigeant-associé[222]. S'il est admis que le dirigeant doit agir en recherchant la meilleure façon de satisfaire l'intérêt social, il convient alors de s'intéresser à la conception de

---

[220] Cass. Com., 6 mai 2008, n°07-13.198 ; *Rev. Sociétés* 2009, p. 95, n. L. GODON ; *D.* 2003, p. 323, chron. J-C. HALLOUIN ; *BJS* 2008, p. 885, n. T. MASSART ; *Dr. Sociétés* 2008, n°7, comm. 156, comm. H. HOVASSE.

[221] Cass. Com., 10 juill. 2018, n° 16-27.868 ; *BJS* 2018, p. 634, n. A. REYGROBELLET ; *Gaz. Pal.*, 18 déc. 2018, p. 77, n. D. GALLOIS-COCHET ; *Rev. Sociétés* 2019, p. 249, n. L. GODON.

[222] V. L. GODON, n. précitée, n°8 et 9.

l'intérêt social pouvant justifier d'imposer au dirigeant de favoriser les intérêts des associés pris individuellement (2).

2. Un équilibre fondé sur une certaine conception de l'intérêt social

12. L'équilibre sous l'angle de la *corporate governance*. La conception de l'intérêt social que traduisent ces solutions provient des postulats véhiculés par la *corporate governance*. La *corporate governance* est une sous-discipline des sciences de gestion s'intéressant aux relations internes à l'entreprise, souvent sous forme sociétaire. La *corporate governance* constitue d'une certaine façon un ensemble de principes destinés à résoudre un problème. Elle s'appuie sur deux méthodes : l'augmentation systématique de la transparence dans la gestion (ce que nous retrouvons dans l'obligation d'information renforcée imposée au dirigeant) et les procédés d'autorégulation. La question qui se pose alors est de savoir quel problème il s'agit de résoudre. D'après un auteur fermement opposé à ces courants de pensée, la *corporate governance repose « sur le fait que toute la problématique de l'entreprise contemporaine se ramène à une seule question : comment combattre efficacement les stratégies d'enracinement des dirigeants afin de maximiser la valeur pour l'actionnaire ?* »[223]. Les contours de l'intérêt social sont aisément cernés : l'intérêt social est l'intérêt des associés[224]. Les tenants de cette doctrine perçoivent la société comme une application de la théorie de l'agence : le dirigeant, nommé par les associés, gèrent la société dans le but de maximiser leurs profits. Ayant accès à une information privilégiée par rapport aux associés, il ne peut en user à leur détriment ou à son profit. Il s'agit de l'opportunisme contractuel[225] qui consiste à profiter d'une asymétrie d'information dans le but de s'accaparer les gains mutuels. Cette conception bute sur un obstacle juridique : le dirigeant et l'associé ne sont pas liés par un

---

[223] D. DANET, « Misère de la corporate governance », *Revue internationale de droit économique*, vol. t. xxii, 4, no. 4, 2008, pp. 407-433.

[224] Le terme d'actionnaire semble provenir du fait que les études en la matière s'intéressent presque exclusivement aux sociétés par actions. Nul doute que le terme serait employé en présence d'une SARL : il s'agit davantage d'une commodité de langage que d'un choix terminologique précis. Nous emploierons par conséquent le terme d'associé, juridiquement plus adapté.

[225] V. sur ce point : E. MACKAAY et S. ROUSSEAU, *Analyse Économique du Droit*, Dalloz, 2ème éd., 2008, n°1355 et s., pp. 379 et 380.

contrat. Or, dans le cas d'une cession de droits sociaux, il existe bien un contrat de vente. Il s'agit ainsi d'un domaine d'application privilégié de ces théories.
Le droit positif impose un devoir général de loyauté au dirigeant, au profit des associés pris individuellement, dans le but d'assurer un certain équilibre au sein de la société. D'une part, car la confiance est au centre du bon fonctionnement des sociétés, mais d'autre part parce que le rôle du dirigeant serait de maximiser la valeur des titres des associés. Comment pourrait-il remplir cette obligation s'il pouvait conclure de bonnes affaires à leur détriment ?

13. Illustration : les opportunités d'affaires. Plus symbolique encore est la jurisprudence portant sur les opportunités d'affaires dont le dirigeant pourrait profiter. Naturellement, les Hauts magistrats avaient estimé que le fait pour le dirigeant d'une société profite d'une opportunité d'affaire qui intéressait la société qu'il dirige constituait un manquement au devoir de loyauté[226]. La solution repose sur le rôle du dirigeant, qui doit gérer la société dans l'intérêt de celle-ci. En application de la théorie de l'agence précédemment développée, le dirigeant ne devrait pas non plus pouvoir profiter d'une opération qui intéresserait les associés. Cette solution a été posée par un arrêt en date du 18 décembre 2012[227]. Il est pourtant admis que pour qu'un conflit d'intérêts naisse sur la tête du dirigeant, son intérêt personnel doive entrer en conflit avec l'intérêt dans lequel il est censé gérer la société[228]. Cette solution ne s'explique que difficilement, à moins de considérer que le dirigeant soit en charge de gérer les intérêts personnels des associés.
Le droit des sociétés ne constituerait-il un outil d'arbitrage entre les intérêts des dirigeants et ceux des associés ? Pas exactement. Cet équilibre-là, assez discutable sur le plan juridique, cède la place

---

[226] Cass. Com., 15 nov. 2011, n°10-15.049 ; *JCP E* 2011, 1893, n. A. COURET et B. DONDERO ; *D.* 2011, p. 1865, obs. A. LIENHARD ; *D.* 2012, p. 134, n. T. FAVARIO ; *RTD Com.* 2012, p. 137, obs. A. CONSTANTIN ; *Gaz. Pal.* 11 févr. 2012, p. 19, 18715, n. B. SAINTOURENS ; *Dr. Sociétés* 2012, comm. 24, n. M. ROUSSILLE ; *Rev. Sociétés* 2012, p. 292, n. L. GODON.
[227] Cass. Com. 18 déc. 2012, n° 11-24.305 ; *Gaz. Pal.*, 6 avr. 2013, n°125w5, n. K. GREVAIN-LEMERCIER ; *Bull. Joly Sociétés*, 2012, p. 200, n. B. DONDERO.
[228] V. sur ce point, l'utilisation de ce critère afin d'identifier les opportunités d'affaires : G. HELLERINGER, « Le dirigeant à l'épreuve des opportunités d'affaires », *D.* 2012, p. 1560.

à l'équilibre entre les pouvoirs du dirigeant et ses devoirs envers la société elle-même. Cet équilibre constitue le cœur de la régulation de l'action des dirigeants (B).

B. L'ÉQUILIBRE ENTRE LES POUVOIRS DU DIRIGEANT ET L'INTÉRÊT DE LA SOCIÉTÉ

14. L'intérêt de la société, boussole du dirigeant. Au-delà de la relation de confiance devant se maintenir entre l'associé et le dirigeant, les actes de gestion courante se passent souvent de tout rapport avec les associés. Dans cette optique, c'est l'obligation de respecter l'intérêt social qui guide l'action de ce dernier (1), d'autant plus que cet intérêt fait aujoud'hui l'objet d'une protection légale (2).

1. L'obligation de respecter l'intérêt social

15. L'intérêt social, l'objectif du dirigeant. Si l'on a pu évoquer l'intérêt social comme une boussole de la société[229], il serait plus juste de le qualifier de boussole du dirigeant. L'intérêt social fait l'objet de plusieurs mentions expresses au sein du Code civil et du code de commerce. Il constitue d'abord la mesure du pouvoir des dirigeants dans l'ordre interne à la société. Ainsi, dans les sociétés civiles et dans les sociétés en nom collectif, le dirigeant peut accomplir tous les actes de gestion justifiés par l'intérêt social[230]. La faute de gestion s'apprécie bien souvent à l'aune de l'intérêt social. Plus encore depuis que l'article 1833 du Code civil prévoit expressément que « *la société est gérée dans son intérêt social* »[231]. L'infraction d'abus de biens, de voix ou de crédit sociaux n'est constituée que si l'acte en cause est contraire à l'intérêt social[232]. Reste encore de nombreuses applications de la notion d'intérêt social déjà explorées par la doctrine, dont la liste n'a plus besoin d'être établie[233]. Concernant la faute de gestion du dirigeant, il est parfois fait mention d'une « *faute de gestion contraire*

---

229 A. PIROVANO, « La « boussole » de la société ? Intérêt commun, intérêt social, intérêt de l'entreprise », *D.* 1997, chron. 189.
230 C. Civ., art. 1848 ; C. Com., art. L.221-4.
231 C. Civ., art 1833 al. 2, modifié par la loi n° 2019-486 du 22 mai 2019 relative à la croissance et la transformation des entreprises.
232 C. Com., L. 241-3 et L. 242-6.
233 N. RONTCHEVSKY, « L'utilisation de la notion d'intérêt social en droit des sociétés, en droit pénal et en droit boursier », *Bull. Joly Bourse*, 2010, p. 355.

à l'intérêt social »[234], ce qui constitue une redondance malheureuse puisque toute faute de gestion est par nature contraire à l'intérêt social. En ce sens, la gestion dans l'intérêt social correspond à un impératif de bonne gestion. Le dirigeant doit rechercher le meilleur intérêt pour la société.

16. L'intérêt social, fondement du devoir de loyauté. En sa qualité, le dirigeant est tenu par une obligation de loyauté envers la société. Comme pour le devoir de loyauté du dirigeant envers les associés, la jurisprudence a bâti un régime du devoir de loyauté envers la société. Au travers de l'arrêt *Kopcio*[235], la Cour de cassation a posé le principe de ce devoir, qui semble analogue à une obligation de non-concurrence. En l'espèce, le dirigeant en cause avait délié plusieurs salariés de la société qu'il dirigeait de leur clause de non-concurrence, puis, après sa démission, ce dernier avait créé une société concurrente et embauché les salariés qu'il avait libérés. Si la cour d'appel avait pu considérer que les faits ne constituaient pas un acte de concurrence déloyale pour ce qui touche au débauchage des salariés, l'arrêt fut cassé au visa de l'article 1382 du Code civil. La cour d'appel aurait dû rechercher si les conditions de la neutralisation des clauses de non-concurrence ne démontraient pas un manquement au devoir de loyauté. La question qui s'est posée est alors de savoir si le fait générateur de responsabilité pour manquement au devoir de loyauté doit être commis durant le mandat social ou après la fin de celui-ci.
Ainsi l'obligation de loyauté perdure-t-elle après la perte de qualité de dirigeant, ce qui en ferait une véritable obligation de fidélité, ou doit-on considérer que l'obligation de loyauté ne lie que le dirigeant en fonction ? En l'espèce, si l'obligation de loyauté prend fin avec le mandat social, alors le manquement au devoir de loyauté est caractérisé par le fait d'avoir délié les salariés de leur clause de non-concurrence. En somme, l'obligation de loyauté ne serait qu'une composante de l'obligation de gérer la société dans son intérêt social, aujourd'hui prévue au second alinéa de l'article 1833 du Code civil.

---

[234] Cass. Com., 9 déc. 2014, n° 13-12437.

[235] Cass. Com., 24 févr. 1998, *Kopcio, Bull. civ.*, IV, n°86 ; *D.*, 1999, somm., p. 100, n. Y. PICOD ; *RTD com.*, 1998, p. 612, obs. C. CHAMPAUD et D. DANET ; *Rev. Sociétés*, 1998, p. 546, n. M-L. COQUELET ; *Bull. Joly* 1998, p. 813, § 266, n. B. Petit.

Selon Madame Grévain-Lemercier[236], auteure d'une œuvre traçant les contours du devoir de loyauté en droit des sociétés, le principal apport de l'arrêt *Kopcio* est d'inscrire l'obligation de non-concurrence du dirigeant, déjà consacrée par la jurisprudence[237], dans le cadre de la concurrence interdite plutôt que de la concurrence déloyale. En l'espèce, ce qui fut reproché au dirigeant n'est pas tant la création d'une société concurrente après la fin de son mandat social, laquelle n'est pas interdite, mais la commission d'un acte préparatoire à cette concurrence interdite durant l'exercice de ses fonctions. Cette solution est aujourd'hui bien assise par la jurisprudence et la doctrine, même si un encadrement contractuel de celle-ci ne semble pas superflu[238]. En ce sens, l'obligation de loyauté envers la société vise le même équilibre que l'obligation de gérer la société dans son intérêt social.

17. Les opportunités d'affaires et l'intérêt social. L'obligation de loyauté du dirigeant ne peut se réduire à une obligation de non-concurrence. Comme développé précédemment en ce qui concerne les opportunités qui pourraient intéresser les associés, le dirigeant ne peut profiter personnellement d'une opportunité d'affaires intéressant la société qu'il gère. Cette règle, provenant de la jurisprudence anglo-saxonne et reprise par de nombreux législateurs européens[239], entre parfaitement en concordance avec l'obligation de gérer la société dans son intérêt social, désormais prévue par le Code civil. En effet, comment un dirigeant pourrait-il arguer de respecter son obligation de gestion dans l'intérêt social s'il s'accaparait des opportunités profitables à la société ? Ainsi l'inscription de cette obligation dans le

---

[236] K. GREVAIN-LEMERCIER, *Le devoir de loyauté en droit des sociétés*, PUAM, 2013, pp. 79-80.

[237] Cass. Com., 11 févr. 1964, *Bull. civ.*, III, n°67 ; CA Paris, 10 nov. 1992, *D.*, 1994, somm., p. 75, obs. Y. PICOD.

[238] En ce sens : J-M. MOULIN, « Retour sur l'obligation de non-concurrence des dirigeants sociaux », *Gaz. Pal.*, 20 juin 2017, p. 60.

[239] Pour une étude des opportunités d'affaires en droit comparé et en droit français, v. M. CORRADI, « Les opportunités d'affaires saisies par les administrateurs de la société en violation du devoir de loyauté », *Bull. Joly Sociétés*, 2011, p. 157 ; B. DONDERO, « La captation des opportunités d'affaires – regards vers l'Étranger », *Gaz. Pal. 11 févr. 2012*, n° I8711, p. 13 ; G. HELLERINGER., « Le dirigeant à l'épreuve des opportunités d'affaires », *D.* 2012, p. 1560 ; M. TIREL, « La responsabilité civile du dirigeant pour ses actes de concurrence envers la société », *Bull. Joly Sociétés*, 2017, p. 150.

Code civil ne semble qu'apporter codification d'un droit déjà bâti par la jurisprudence[240].

18. L'intérêt de la société, intérêt social ? Au fil de l'étude du droit en la matière, l'intérêt social semble se déplacer, comme pour suivre le curseur d'équilibre que le droit peine à atteindre. Le devoir de loyauté du dirigeant envers l'associé semblait nous amener sur la piste d'un intérêt social qui serait celui des associés, car il s'agissait là de l'équilibre recherché par les juges. L'obligation de gérer la société dans son intérêt social déplace le curseur vers la personne morale elle-même. L'ajout d'un alinéa à l'article 1833 du Code civil nous détourne de ce cap : il consacre l'intérêt propre de la société (2).

2. La consécration de l'intérêt propre de la société

19. Un débat ancien. Le débat sur la définition de l'intérêt social ne se présente plus : il s'agit d'une dispute doctrinale ancienne. Pour les uns, il serait l'intérêt de l'entreprise au sens économique du terme, pour les autres une telle assimilation revêt de l'erreur, puisque l'intérêt social est constitué de l'intérêt commun des associés, et pour d'autres encore, il ne constituerait que l'intérêt de la société en tant que personne juridique[241]. Et pour cause, le débat pourrait ne jamais se tarir : d'abord, les intérêts ainsi présentés sont tous défendus par le

---

[240] L'étude d'impact relative à la réforme de l'article 1833 concluait d'ailleurs qu'il ne s'agit là que d'une codification à droit constant : Étude d'impact relatif au projet de loi relatif à la croissance et la transformation des entreprises, 20 juin 2018, p. 543.

[241] V. notamment : I. GROSSI « L'intérêt social élargi, quel(s) intérêt(s) », *Journal des sociétés*, avr. 2019, n° 172, p. 13 ; J-J. DAIGRE, « De la finalité de la société », *Banque et droit*, 2018, n° 178 ; J. PAILLUSSEAU, « Entreprise et société. Quels rapports ? Quelle réforme ? », *D.*, 2018, p. 1395 ; J. HEINICH, « Intérêt propre, intérêt supérieur, intérêt social », *Rev. sociétés* 2018, p. 568 ; add. Terra Nova, L'entreprise contributive – 21 propositions pour une gouvernance responsable ; Prop. L. n° 476, 6 déc. 2017, Entreprise nouvelle et nouvelles gouvernances ; D. SCHMIDT, « La société et l'entreprise », *D.*, 2017, p. 2380 ; H. FLEISCHER, « Comparing Unternehmensinteresse and Intérêt Social : A guided tour through last century's corporate law history in Germany and France », *RTDF* 2018-4, p. 15 ; le Club des juristes, « Le rôle sociétal de l'entreprise - Éléments de réflexion pour une réforme », avr. 2018 ; D. PORACCHIA et D. MARTIN, « Regard sur l'intérêt social », *Rev. sociétés* 2012, p. 475 ; J. BUHART, « Intérêt social », *JCP G*, 2011, hors-série, n°7 ; P. BISSARA, « L'intérêt social », *Rev. sociétés* 1999, p. 5 ; D. SCHMIDT, « De l'intérêt social », *JCP E*, 1995, 488, n° 38.

juge, comme démontré précédemment, puisqu'ils permettent d'assurer des équilibres différents mais tous nécessaires à la vie sociale ; ensuite, parce que tout ce qui satisfait l'intérêt de la société satisfait l'intérêt commun des associés, sauf cas exceptionnel. De la même façon, ce qui porte atteinte à l'intérêt commun des associés porte nécessairement atteinte aux intérêts de la société, et pour cause, la simple mésentente entre associés peut conduire à un blocage de la vie sociale, nécessitant l'intervention d'un mandataire judiciaire[242].

20. L'intérêt protégé de la société. À cet égard, l'alinéa second de l'article 1833 du Code civil ne constituera pas un prétexte pour affirmer qu'un intérêt doit primer sur l'autre. Cependant, il convient de souligner que le législateur distingue désormais l'intérêt commun des associés, en vue duquel la société doit être constitué, de l'intérêt social de la société, malgré une redondance malheureuse. Sur ce point purement terminologique, la rigueur juridique voudrait que l'on ne désigne par intérêt social que l'intérêt de la société elle-même. En ce sens, il convient également de distinguer l'intérêt social de considérations externes à la société : le législateur crée bien une séparation entre l'intérêt social, en vue duquel la société doit être géré, et les « enjeux sociaux et environnementaux », dont il faut tenir compte. L'intérêt des parties prenantes n'intègre pas l'intérêt social[243]. Le principal apport de fond du texte rénové ne porte toutefois pas sur la terminologie, mais bien sur un intérêt que le législateur a souhaité inscrire dans la loi. L'intérêt de la société est désormais protégé, sans renvoi à l'intérêt commun des associés. Plus encore, la société peut se doter d'un intérêt non financier, voire politique : une raison d'être. En effet, l'article 1835 du Code civil prévoit désormais que « *Les statuts peuvent préciser une raison d'être, constituée des principes dont la société se dote et pour le respect desquels elle entend affecter des moyens dans la réalisation de son activité* ». Cela permet à tout le moins d'identifier un intérêt propre de la société, qui peut se distinguer voire s'opposer – en recourant à l'abstraction – à celui des associés.

---

[242] Pour une application récente et particulièrement souple de cette règle : V. Cass. 3e civ., 21 juin 2018, n° 17-13.212

[243] Sur ces parties prenantes en droit des sociétés, v. F-G. TREBULLE., « Stakeholders Theory et droit des sociétés », *Bull. Joly Sociétés* déc. 2006, n° 282, p. 1337 ; janv. 2007, n° 1, p. 7.

21. Le pouvoir de définir l'intérêt de la société. Si, dans les faits, l'intérêt de la société peut se distinguer de celui des associés, le dirigeant peut-il se détacher de leurs pouvoirs et gérer la société dans l'intérêt qu'il lui assigne personnellement ? En cas de désaccord, la Cour de cassation refuse de donner gain de cause au dirigeant. Ainsi, dans une affaire portant sur le conflit entre le directeur général d'une société par actions simplifiée et son actionnaire majoritaire[244], le dirigeant réclamait une indemnité compensant sa révocation. Les statuts lui donnaient droit à cette compensation, excepté en cas de faute grave. Ce dernier contestait le caractère grave de sa faute. La Cour de cassation rejeta son pourvoi, considérant qu'en créant une opposition entre la société et son actionnaire majoritaire, notamment en avançant que l'actionnaire agissait en contrariété avec l'intérêt de la société, ce dernier avait bien commis une telle faute. Ainsi, en cas de conflit entre les intérêts protégés, l'associé aura le dernier mot face au dirigeant. Sans donner raison à l'une ou l'autre des parties, les juges pourront même considérer que la divergence de vues dur l'intérêt de la société constitue un juste motif de révocation du dirigeant[245].
Le curseur de notre étude doit alors se déplacer vers l'associé. Tirant son pouvoir du droit de propriété sur ses titres, il peut user de son vote à sa guise. Toutefois, l'intérêt de la société fait désormais l'objet d'une protection légale. Par conséquent, l'équilibre entre ses droits et l'intérêt de la société semble une question en devenir (II).

II. L'équilibre entre les droits des associés et l'intérêt social : une question en devenir

22. Un droit en évolution. La protection de l'intérêt commun des associés face à l'opportunisme de l'un d'entre eux constitue une approche classique de la limitation des droits des associés (A). Il s'agissait jusqu'à récemment de leur seule source de responsabilité personnelle, hormis les cas de requalification en dirigeant de fait et d'application du régime de l'extension de procédure collective à l'associé, tous deux relativement rares en pratique. La jurisprudence et

[244] Cass. Com., 5 juillet 2016, n° 14-23.904, *Rev. Sociétés*, 2016 p. 601, n. D. SCHMIDT.
[245] CA Paris (ch. 5-8), 8 novembre 2016, n° 15/21473, SA Engie c/ G, *Rev. Sociétés* 2017, p. 218, n. J-P. MATTOUT.

l'évolution des pratiques semblent avoir imposé une nouvelle forme de régulation des droits de l'associé en cherchant à établir un équilibre entre leurs droits et l'intérêt de la société elle-même (B).

A. L'APPROCHE CLASSIQUE : L'ÉQUILIBRE ENTRE LES DROITS DES ASSOCIÉS ET LEUR INTÉRÊT COMMUN

La sanction de l'opportunisme d'un associé. Seront étudiés les cas dans lesquels l'associé fait preuve d'un opportunisme démesuré. Cet opportunisme se traduit par un déséquilibre (1), puisqu'un associé va léser la communauté de ses coassociés en vue de satisfaire un intérêt égoïste. Dans ce cas, les solutions font preuve d'une efficacité redoutable : l'acte peut faire l'objet d'une annulation et l'associé fautif engage personnellement sa responsabilité (2).

1. Le déséquilibre

23. La recherche d'un profit personnel au détriment d'autrui. Le déséquilibre pouvant se manifester au sein des rapports entre associés ne survient que si un associé commet un acte qui lui profite exclusivement, au détriment de ses coassociés et de la société. L'abus de droit de l'associé est constitué en cas d'exercice abusif de sa liberté de vote, ou d'une autre de ses prérogatives. Cette création prétorienne ressemble fortement à l'abus de droit tel que conceptualisé par Josserand – le fait de détourner un droit de sa fonction – alors que les prérogatives de l'associé semblent davantage constituer des droits discrétionnaires que des droits-fonctions. En principe, l'associé jouit de cette liberté de la façon de la plus absolue, quitte à choisir de ne pas en user[246], la seule exception à cette règle visant une catégorie d'associés spécifique[247]. Ce caractère facultatif exclut de prime abord

---

[246] Sur ce point, v. P. LEDOUX, *Le droit de vote des actionnaires*, préf. Ph. Merle, LGDJ, Bibl. de droit privé Tome 379, 2002, n° 90 p. 95. Le droit de ne pas voter, confronté au développement des technologies de vote à distance, amène à s'interroger sur la comptabilisation de l'abstention en droit des sociétés, sur le modèle des discussions ayant lieu en science politique.

[247] Les sociétés de gestion doivent exercer le droit de vote attaché aux titres détenus par les organismes de placement collectif en valeurs mobilières (OPCVM) et de fonds d'investissement alternatifs (FIA). Cette obligation de vote prévue à l'article L. 533-22 du code monétaire et financier peut, contre justification, être écartée, notamment si l'OPCVM ou le FIA ne détient qu'un très faible nombre de titres.

l'hypothèse d'un droit-fonction. Et pourtant, la matière révèle un paradoxe surprenant. Les abus de majorité, d'égalité et de minorité se justifient par la conjugaison de la théorie de l'abus de droit et de celle du détournement de pouvoir, qui provient du droit public. L'abus de majorité est constitué lorsqu'une décision a été prise contrairement à l'intérêt général ou social de la société[248] et dans le seul dessein de favoriser les membres de la majorité au détriment des membres de la minorité[249]. Sont visées ici des délibérations qui consistent à priver les minoritaires de tout le bénéfice qu'ils pourraient tirer de leur participation. Le cas le plus courant concerne la mise en réserve systématique de bénéfices, alors que les majoritaires se rémunèrent par d'autres voies, notamment par l'exercice d'un mandat social[250]. Mais toute décision ou série de décisions licites qui dissimuleraient une opération de spoliation des minoritaires permet de caractériser l'abus de majorité[251].

24. L'équilibre visé. Ici, l'équilibre entre l'intérêt commun des associés protégé par l'article 1833 al. 1er du Code civil et les droits individuels des majoritaires subit une rupture. La qualification d'abus de majorité constitue un mécanisme correcteur en ce qu'une application stricte du droit conduirait à une solution profondément injuste[252]. Cet équilibre est vigoureusement défendu par la jurisprudence. Même lorsque les solutions semblent protéger l'intérêt de la société, comme en matière d'abus de minorité ou d'égalité, l'atteinte à l'intérêt commun des associés constitue un critère de qualification. L'abus d'égalité se définit comme le blocage par des

---

248 A-L. CHAMPETIER DE RIBES-JUSTEAU, *Les abus de majorité, de minorité, et d'égalité. Étude comparative des droits français et américain des sociétés*, préf. J-J. Daigre, Dalloz, Thèmes & Commentaires, 2010, n°21 p. 19. ; G. COURTIEU, *JCl Civil Code*, Fasc. 131-20, « DROIT À RÉPARATION – Abus de droits et abus de pouvoirs », 2013, n° 60.

249 V. notamment : Cass. Com. 18 avril 1961, n° 50-11.394, *Bull. civ.*, III, n°175 ; *D.* 1961, jur. p. 661 ; *JCP* 1961, II, 12164, n. D. BASTIAN. ; *S.* 1961, jur. p. 257, n. A. DALSACE ; Cass. Com. 30 mai 1980, n°78-13.836, *Bull. Civ.*, IV, n° 223.

250 Pour exemple : Cass. 3ème civ., 7 février 2012, n° 10-17.812.

251 Les opérations concernées sont variées. V. notamment pour un abus de majorité par filialisation: Cass. Com., 24 janvier 1995, n° 93-13.273, *D.*, 1995, IR 56 ; *Rev. Sociétés*, 1995, p. 46, n. M. JEANTIN ; *Defrénois*, 1995, p. 690, obs. J. HONORAT ; *Dr. Sociétés*, 1995, n° 102, obs. D. VIDAL.

252 Sur ce concept de mécanisme correcteur : C. BOUIX, *Les mécanismes correcteurs d'origine prétorienne*, PUAM, 2018.

minoritaires d'une opération essentielle pour la société, dans le but de favoriser ses propres intérêts au détriment des intérêts de l'ensemble des associés[253].
La force de la règle selon laquelle un associé ne doit pas satisfaire son intérêt personnel au détriment de l'intérêt commun se traduit par une solution bien établie : la sanction de l'abus par la réparation, pécuniaire et en nature, du préjudice causé (2).

2. La solution

25. Rétablir l'équilibre initial. L'équilibre rompu doit être rétabli. La sanction des abus de majorité est d'origine purement prétorienne et privilégie l'efficacité : la délibération abusive peut faire l'objet d'une annulation judiciaire[254]. Pourtant, l'application des textes ne permet pas de conclure à cette solution. La nullité obéit à un régime spécifique en droit des sociétés. En effet, les articles 1844-10 du Code civil et L. 235-1 du Code de commerce invitent à la prudence lorsqu'il s'agit de prononcer la nullité de délibérations sociales. Le Code civil prévoit que la nullité d'une délibération sociale ne peut résulter que de la violation du titre IX du livre III. Le Code de commerce distingue entre les actes et délibérations modifiant les statuts et ceux n'emportant pas une telle modification. Pour les premières, la nullité résulte soit de la violation d'une règle expresse du livre 2 du Code de commerce, soit d'une cause de nullité des contrats en général. La règle visant les délibérations ne modifiant pas les statuts est donc plus souple : une simple disposition impérative peut fonder la nullité, sans pour autant que la sanction soit *expressément* prévue[255]. De plus, même prononcée, la nullité opère sans rétroactivité

---

[253] Cass. Com. 15 juillet 1992, n° 90-17.216, *Bull. civ.,* IV, n° 279, p. 194 ; *Bull. Joly Sociétés* 1992, p. 1083, n. P. LE CANNU ; *Rev. Sociétés*, 1992, p. 400, n. Ph. MERLE ; *D.* 1993, jur. p. 279, n. H. LE DIASCORN ; *JCP* 1992, II, 21944, n. J-F. BARBIÈRI ; *JCP E,* 1992, II, p. 375, n. Y. GUYON ; *RTD Com* 1993, p. 112, obs. Y. REINHARD.
[254] Cass. Com., 6 juin 1990, n° 88-19.420, *D.*, 1992, 56, n. J-Y. CHOLEY-COMBE ; *Bull. Joly Sociétés*, 1990, p. 782, n. P. LE CANNU ; *Rev. Sociétés*, 1990, p. 606, n. Y. CHARTIER ; *Defrénois*, 1991, n. J. HONORAT. V. sur la persistance de la sanction après la réécriture de l'article 1844-10 : B. DONDERO, « La loi PACTE du 22 mai 2019 empêche-t-elle de sanctionner les abus de majorité ? », *D.*, 2019, p. 2349.
[255] Ce qui est exigé pour les actes et délibérations modifiant les statuts.

lorsqu'elle vise le contrat de société[256]. À propos de la nullité des actes et délibérations sociales, le Professeur Parachkévova écrivait qu'au vu du délai de prescription court, du caractère limitatif des causes des causes de nullité, de la régularisation et des cas de nullité facultative, « *tout est fait pour empêcher que la nullité et donc, la rétroactivité n'ait lieu* »[257]. Concernant les décisions sociales, même si la nullité conserve son caractère rétroactif[258], excepté pour ce qui est des fusions[259], la limitation des cas de nullité ne plaide pas en faveur d'une annulation de délibération sur le fondement de l'abus de majorité. Rattacher la nullité pour abus de majorité à l'article 1833 du Code civil nous semble une option discutable mais bienvenue en comparaison des autres fondements proposées. En effet, l'article prévoit que « *toute société doit avoir un objet licite et être constituée dans l'intérêt commun des associés* ». L'abus de majorité porte certes atteinte à cet intérêt commun, mais la loi prévoit que la société est constituée dans l'intérêt commun des associés. Le travail d'interprétation consisterait alors à en déduire que toute décision contraire à cet intérêt commun doit être annulée. Assurément, c'est le parti pris par la jurisprudence. Mais on ne peut nier que cela relève d'une interprétation plutôt large du texte, car celui-ci ne prévoit pas que les délibérations sont votées dans l'intérêt commun des associés ! Cette solution ne peut s'expliquer que par l'importance de l'équilibre en jeu au sein du contentieux des abus de majorité.

26. Responsabilité personnelle. À la nullité de la délibération sociale critiquée s'ajoute la responsabilité civile du ou des associés ayant commis un abus. Le préjudice subi par les associés minoritaires doit faire l'objet d'une réparation pécuniaire. Qui répare ? En principe, toute délibération adoptée engage la société et non pas les associés qui l'ont votée, en vertu du principe de l'autonomie des personnes morales. La délibération est adoptée par l'assemblée générale des associés dans sa globalité, sans préjudice des voix dissidentes. Pourtant, ce sont bien les associés majoritaires qui engagent leur responsabilité personnelle : l'action en responsabilité

---

[256] C. Civ. art. 1844-15

[257] I. PARACHKEVOVA, « La rétroactivité des sanctions en droit des sociétés », *JCP. éd. E.*, n° 38, 19 Septembre 2013, 1511.

[258] M. GERMAIN et V. MAGNIER, *Traité de droit des affaires, les sociétés commerciales*, t. 2, 21e éd. LGDJ-Lextenso, 2014, n°2131, p. 410.

[259] C. Com. art. L.235-11.

dirigée contre la société doit faire l'objet d'une irrecevabilité[260]. Il s'agit d'une action en responsabilité civile pour faute, fondée sur l'article 1240 du Code civil[261]. Curieux régime que celui d'associés liés par un contrat de société, et qui agissent entre eux sur le fondement extracontractuel. Là aussi, on ne peut qu'y déceler un souci d'efficacité déployée en vue de satisfaire l'équilibre des relations sociales.

27. La responsabilité de l'associé. L'équilibre entre les droits des associés et leur intérêt commun démontre que ces derniers, sans être tenus par une obligation de loyauté ou un devoir particulier, ne peuvent agir en souverain irresponsable. Leur intérêt commun constitue la limite de leurs droits. Par conséquent, la responsabilité personnelle des associés ne constitue pas une vue de l'esprit. Appliquée aux relations entre associés, elle pourrait bien être étendue afin de protéger un équilibre encore différent. L'équilibre entre leurs droit et l'intérêt de la société elle-même (B).

B. UNE NOUVELLE VOIE : L'ÉQUILIBRE ENTRE LES DROITS DES ASSOCIÉS ET L'INTÉRÊT DE LA SOCIÉTÉ

28. L'équilibre idéal. L'équilibre idéal en la matière, celui que le juriste ne peut que souhaiter, serait constitué par la convergence des intérêts. Le droit des sociétés repose tout entier sur cet équilibre : si les affaires sociales prospèrent, les associés auront vocation à partager davantage de dividendes. Par conséquent, les associés seraient censés agir conformément à l'intérêt de la société et investir au sein de celle-ci afin de la voir prospérer. Or les situations idéales ne sont pas les plus propices à l'intervention du droit, qui n'est bien souvent utile qu'en présence d'un dysfonctionnement. Ainsi nous intéresserons-nous d'abord aux situations de déséquilibre susceptibles de se présenter (1) pour ensuite envisager les solutions possibles (2).

---

[260] Cass. Com., 6 juin 1990, n° 88-19.420, précité.

[261] Pour un arrêt récent visant l'article 1240 : Cass. Com., 10 avril 2019, n° 17-14.790, *Rev. Sociétés* 2019 p.513, n. D. SCHMIDT ; *Bull. Joly Sociétés*, 2019, p. 29, n. T. RAVEL D'ESCLAPON.

1. Le déséquilibre

29. Un conflit d'intérêts. Le déséquilibre entre les droits des associés et l'intérêt de la société traduit une situation de conflits d'intérêts. La jurisprudence regorge de cas dans lesquels un associé, souvent prépondérant, ne poursuit pas le même intérêt que celui de la société. En présence d'une société en difficulté, l'associé peut ainsi faire obstacle à une mesure visant le redressement de la société, telle que l'entrée au capital d'un nouvel associé. Un actionnaire majoritaire peut aussi prendre des décisions préjudiciables à la société, dans son seul intérêt, contribuant à aggraver les difficultés de cette dernière[262]. Un associé majoritaire peut également s'employer à conclure avec la société des conventions dites « d'assistance » ou « de groupe » dans le seul but de capter les richesses de cette dernière[263]. Les restructurations décidées par l'actionnaire majoritaire peuvent également conduire à des pertes d'actifs et de revenus[264]. Dans tous les cas, comme en matière d'abus de majorité, la décision doit être prise dans le seul intérêt de l'associé en cause. Une décision contraire à l'intérêt social et dans le but de favoriser l'associé majoritaire peut-elle faire l'objet d'une annulation ? Non, sauf à s'inscrire dans le cadre d'un abus de majorité. Voilà une situation de rupture de l'équilibre des droits et des intérêts en jeu, pouvant nuire à la société et par ricochet à ses parties prenantes : salariés, créanciers. Pour s'inscrire dans le cadre de l'abus de majorité, la décision litigieuse

---

[262] V. Cass. Soc., 8 juillet 2014, n°13-15.573, *BJED*, 2014, p. 381, n. G. AUZERO ; *Gaz. Pal.*, 4 nov. 2014, p. 27, n. G. DUCHANGE ; *Bull. Joly Sociétés*, 2014, p. 398, n. E. MOUIAL-BASSILANA ; *Cah. soc.*, sept. 2014, p. 511, n. J. ICARD ; *D.*, 2014 p. 2147, chron. P-M. LE CORRE et F-X. LUCAS ; *Rev. Trav.*, 2014, p. 672, n. A. FABRE ; *Rev. Sociétés*, 2014, p. 709, n. A. COURET.

[263] Cass. Com., 21 janv. 1997, n. 94-18.883, *D.*, 1998, p.64, n. I. KIMMER ; *ibid.* Somm. 181, obs. J-C. HALLOUIN ; *RJ com*, 1998, p. 23, n. E. PUTMAN ; *JCP E*, 1997, II, p. 965, n. J-J. DAIGRE ; *Bull. Joly Sociétés*, 1997, p. 312, n. P. LE CANNU ; *JCP*, 1997, II, 2296, n. F-X. LUCAS ; *Rev. Sociétés*, 1997, p. 527, n. B. SAINTOURENS.

[264] Situation relevée dans l'affaire *Lee Cooper :* Cass. soc., 24 mai 2018, n° 16-22.881, *Lee Cooper France*, *Bull. Joly Sociétés* sept. 2018, p. 522, n. E. MOUIAL-BASSILANA ; *BJT*, oct. 2018, p. 113, obs. J. ICARD ; *JCP E*, 2018, 1434, n. J.GRANGE, F. AUBONNET et F. TERROUX-SFAR ; *JCP E* 2018, 1573, spéc. n° 4, obs. N. VIGNAL ; *JCP S*, 2018, 167, obs. G. LOISEAU ; *JCP S*, 2018, 1252, étude Y. PAGNERRE ; *Rev. sociétés* 2018, p. 604, n. A. COURET ; *RJS*, 2018, p. 623, obs. R. WEISSMANN ; *SSL* 18 juin 2018, n° 1820, p. 6, obs. G. AUZERO.

doit porter atteinte aux intérêts des minoritaires. *Quid* de la société unipersonnelle ? Celle-ci, par le jeu de la filialisation, permet une division des risques précise au sein des groupes de sociétés. Ainsi la société unipersonnelle peut faire partie de montages complexes et dépasser la stricte entreprise individuelle. Maintenant que la société doit être gérée dans son intérêt social, nul doute que les actes des associés, s'ils entrent en conflit avec cet intérêt, doivent l'objet d'un traitement juridique[265].

30. Un régime épars. En réalité, ces conflits d'intérêts ne sont pas totalement ignorés par le droit. Le déséquilibre qu'ils engendrent provoque la réaction des juges, qui procèdent avec prudence, afin de bâtir un régime de responsabilité de l'associé, tout en préservant les principes essentiels que sont la limitation du risque social et l'interdiction d'augmenter les engagements des associés. Après avoir identifié le conflit d'intérêts en jeu, il semble opportun d'envisager quelques solutions possibles (2).

2. Les solutions envisageables

31. Les solutions à exclure. Il existe des pistes de réformes qui nécessiteraient de remettre en cause l'environnement juridique des sociétés et de revoir les fondamentaux de nos solutions . Celles-ci devraient être exclues des prochaines réformes. La première concerne la responsabilité du fait d'autrui. La responsabilité de l'associé du fait de la société qu'il contrôle peut paraître séduisante. L'avant-projet de réforme du droit des obligations rédigé par Pierre Catala prévoyait un tel régime[266]. Pour autant, cette solution n'est pas reprise par l'avant-projet de réforme de la responsabilité civile présenté le 13 mars 2017 par Jean-Jacques Urvoas. Cette piste fut sérieusement envisagée en matière de groupe de sociétés[267]. Toutefois, elle présente l'inconvénient de retirer aux associés le bénéfice de la limitation du

---

[265] En ce sens, v. D. PORACCHIA, « De l'intérêt social à la raison d'être », *Bull. Joly Sociétés*, 2019, p. 40.

[266] Art. 1360 al. 2.

[267] V. pour exemple la proposition de N. Pelletier à propos de la responsabilité au sein des groupes en difficulté : N. PELLETIER, *La responsabilité au sein des groupes de sociétés en cas de procédure collective*, LGDJ, coll. Bibl. dr. entr. diff., t. 1, 2013.

risque au moment où cette règle prend tout son intérêt[268]. Par ailleurs, le législateur, même lorsqu'il souhaite responsabiliser le titulaire du contrôle, prend le soin de lui imputer une obligation personnelle et de ne surtout pas créer une obligation de réparer le fait d'autrui[269]. Le coemploi constitue une solution drastique qui ne nous apparaît pas la plus adaptée[270]. Elle permettait de faire fi de l'autonomie de la personne morale afin d'imputer à l'associé personne morale la qualité d'employeur du salarié de sa filiale.

32. Le cadre posé par la jurisprudence. Face à ces situations de conflit d'intérêts, la jurisprudence fournit plusieurs pistes de résolution. *Primo*, l'associé n'engage sa responsabilité envers le tiers contractant qu'en cas de faute intentionnelle d'une particulière gravité manifestement incompatible avec l'exercice de ses prérogatives. La solution a été posée par la Cour de cassation afin d'écarter la responsabilité d'un actionnaire ayant, par une série de décisions, conduit à l'inexécution par la société d'une obligation contractuelle[271]. Deux questions se posent à la suite de cet arrêt : La solution serait-elle la même pour un tiers non-contractant ? Qu'est-ce que l'exercice anormal des prérogatives d'associés ? À la première question, point de réponse. Gageons que ce type de cas devrait être extrêmement rare. Pour autant, le tiers non contractant n'ayant pas accepté de conclure un contrat avec une société dont les associés sont protégés par la limitation devrait conduire à une appréciation plus souple de la faute de la société. À la seconde question, il convient de se demander si l'exercice des prérogatives de l'associé causant un préjudice grave à la société dans son seul intérêt ne pourrait pas constituer cet exercice anormal des prérogatives d'associé.

---

[268] F-X. LUCAS, « Les filiales en difficulté », *LPA*, 4 mai 2001, p. 68.

[269] Nous pensons ici à l'ajout de l'article L.225-102-5 du code de commerce, instituant un devoir de vigilance à la charge des sociétés-mères de grande envergure. Le législateur s'est employé à créer une obligation personnelle – l'obligation de vigilance, de cartographie des risques et de *compliance* afin de ne pas créer de régime de responsabilité du fait d'autrui.

[270] Sur les effets de cette théorie, v. F-X. LUCAS, « Co-emploi et responsabilité de l'actionnaire », *Bull. Joly Sociétés,* 2014, p. 418.

[271] Cass. Com., 18 février 2014, n° 12-29.752, *Bull. Joly Sociétés*, 2014, p. 352, n. B. FAGES ; *Rev Contrats*, 2014, p. 372, n. G. VINEY ; *Gaz. Pal.*, 17 avr. 2014, p. 174, n. N. BLANC ; *D.*, 2014, p. 764, n. T. FAVARIO ; *D.*, 2014, p. 2434, chron. J-C. HALLOUIN.

À ce propos, la chambre sociale a déjà retenu la responsabilité de l'actionnaire d'une société-mère envers le salarié de la filiale[272]. Dans cet arrêt, l'actionnaire « du groupe » (Sun Capital Partners Inc.) « *avait pris, par l'intermédiaire des sociétés du groupe, des décisions préjudiciables dans son seul intérêt d'actionnaire, lesquelles avaient entraîné la liquidation partielle de la société Lee Cooper France, la cour d'appel a pu en déduire que la société Sun Capital Partners Inc. avait par sa faute, concouru à la déconfiture de l'employeur et à la disparition des emplois qui en est résultée* ».

33. L'atteinte grave à l'intérêt social dans le seul intérêt de l'associé. Ces solutions, juxtaposées à l'obligation de gérer la société dans l'intérêt social[273], amènent à penser que l'atteinte grave à l'intérêt social de la société par un associé à son seul profit pourrait constituer une faute engageant la responsabilité de ce dernier. La gravité, l'intention, et l'intérêt égoïste circonscrivent suffisamment cette responsabilité pour ne pas faire rase table de notre droit positif[274]. La solution n'entre pas en contradiction avec la règle selon laquelle l'associé d'une société à risque limité ne contribue aux pertes qu'à concurrence de son apport puisqu'il s'agit moins de contribution aux pertes que de réparation d'une faute personnellement commise. Ce régime de responsabilité mesurée permettrait de régler les conflits d'intérêts les plus graves entre l'associé et la société. L'action devrait être ouverte aux tiers comme aux associés, voire au dirigeant. La relation entre la société et l'associé ne serait plus exclue du jeu des équilibres en la matière.

---

272 Cass. soc., 24 mai 2018, n° 16-22.881 à 16-22.908, *Bull. Joly Sociétés*, 2018, p.522, n. E. MOUIAL-BASSILANA ; *Gaz. Pal.*, 3 juillet 2018, p. 40, n. C. BERLAUD ; *Rev. Sociétés*, 2018, p. 604.

273 Bien que cette dernière concerne de prime abord le dirigeant, l'intérêt propre de la société est bien légalement protégé.

274 Sur l'inquiétude que suscite la responsabilité personnelle de l'associé : v. M. CAFFIN-MOI, « La responsabilité pour faute de l'associé : une évolution à front renversé », *in Mélanges en l'honneur du Professeur Michel Germain*, LGDJ, Lextenso éditions, 2015, p. 201.

L'équilibre dans le droit des sûretés réelles confronté au droit des entreprises en difficulté

Maxence GUASTELLA

1. La question de l'équilibre dans le droit des sûretés réelles confronté au droit des entreprises en difficulté représente une problématique juridique classique : depuis l'intégration des créanciers titulaires de sûretés dans le périmètre des procédures collectives, la doctrine s'ingénie régulièrement à étudier l'influence que peuvent exercer ces procédures sur les sûretés réelles[275]. En dépit de ce classicisme, et comme en peut témoigner la tenue d'une récente manifestation scientifique intitulée « *Procédures collectives et sûretés réelles : à la recherche d'équilibres et d'articulations* »[276], le sujet est pourtant bien d'actualité ; ce d'autant plus que se profile une réforme du droit des sûretés ayant précisément pour objectif de « *simplifier le droit des sûretés et renforcer son efficacité, tout en assurant un* ***équilibre*** *entre les intérêts des créanciers, titulaires ou non de sûretés, et ceux des débiteurs et des garants* »[277].

2. S'il convient de saluer la volonté d'entreprendre une réforme d'ensemble coordonnée de ces branches juridiques – effort auquel le législateur ne nous a guère accoutumés[278] –, la tâche n'en demeure pas

---

[275] Ainsi, v. par ex. : *varii auctores*, « Sûretés et procédures collectives : morceaux choisis », *LPA* 20 sept. 2000, n° 188, p. 3 et s. – *Adde* : *varii auctores*, « Sûretés réelles et droit des entreprises en difficulté », Nice, 20 mars 2010, *LPA* 11 févr. 2011, n° 30, p. 3 et s.

[276] *Varii auctores*, « Procédures collectives et sûretés réelles : à la recherche d'équilibres et d'articulations », *Rev. proc. coll.* juill. 2018, n° 4, doss. 15 et s. – *Adde* not. : P.-M. LE CORRE, « L'évolution du droit des sûretés dans sa confrontation au droit des entreprises en difficulté », *in* F. MACORIG-VENIER (dir.), *Le droit des entreprises en difficulté après 30 ans : droit dérogatoire, précurseur ou révélateur ?*, Actes du colloque du CDA du 16 mars 2017, Presses de l'Université Toulouse 1 Capitole, coll. « Actes de colloques de l'IFR », 2018, p. 213 et s. – Rappr. : Ph. ROUSSEL GALLE, « À la recherche d'équilibres... et de cohérence ! », *Rev. proc. coll.* mars 2019, n° 2, repère 2.

[277] L. n° 2019-486, 22 mai 2019, relative à la croissance et la transformation des entreprises, dite loi « PACTE », *JO* n° 0119, 23 mai 2019, art. 60, I (mise en gras par nos soins).

[278] V. not. : E. GARAUD, « Sûretés et procédures collectives : l'articulation des réformes », *LPA* 17 juin 2009, n° 120, p. 4, n° 1. – H. LEFEVRE, « Les conséquences

moins des plus ardues dans la mesure où le risque d'attenter à l'équilibre qu'a difficilement su atteindre le droit des entreprises en difficulté n'est pas négligeable[279]. Dès lors, pour être en mesure d'apprécier l'impact de la réforme à venir[280], un rapide état des lieux sur l'équilibre qui existe dans le droit des sûretés réelles confronté au droit des entreprises en difficulté s'impose[281].

---

de la réforme des sûretés sur le droit des procédures collectives », *LPA* 27 mars 2008, n° 63, p. 71, v. spéc. II. – D. LEGEAIS, « Quelle réforme pour le droit des sûretés ? – Rapport introductif », *RD banc. fin.* janv. 2016, n° 1, doss. 2, v. spéc. 2. – *Id*, « Procédures collectives et sûretés réelles. Quelques vœux pour la réforme à venir », *Rev. proc. coll.* juill. 2018, n° 4, doss. 21, n° 1. – *Id.*, « L'appréhension du droit des sûretés par l'ordonnance du 18 décembre 2008 », Interv. Colloque *Sûretés réelles et droit des entreprises en difficulté,* Nice 20 mars 2010, *LPA* 11 févr. 2011, n° 30, p. 27, v. spéc. II. – *Id.*, « La réforme des sûretés, la fiducie et les procédures collectives », *Rev. sociétés* 2007. 687, n°s 2, 3 et 5. – P. CROCQ, « La réforme des procédures collectives et le droit des sûretés », *D.* 2006. 1306, n°s 1 et 2. – Rappr. : Ph. ROUSSEL GALLE et F. PÉROCHON, « Sûretés et droit des procédures collectives, le couple infernal », *Rev. proc. coll.* janv. 2016, n° 1, doss. 12, n° 1. – Ch. JUILLET, « Les sûretés réelles en quête de droit commun – Rapport introductif », *RD banc. fin.* sept. 2014, n° 5, doss. 33. – O. GOUT, « Les sûretés face aux procédures collectives », *JCP N* 2012. 1339, n° 1. – *Adde* : Ph. ROUSSEL GALLE, « Les sûretés réelles et le droit des entreprises en difficulté », *RD banc. fin.* sept. 2014, n° 5, doss. 38, n° 1.

[279] V. not. : Ph. ROUSSEL GALLE, « Procédures collectives et sûretés réelles : à la recherche d'équilibres et d'articulations – Rapport introductif. Enjeux et perspectives », *Rev. proc. coll.* juill. 2018, n° 4, doss. 15, spéc. le 2. – F. PÉROCHON *in* N. BORGA et F. PÉROCHON, « La réalisation des garanties réelles : en restructuration ou en liquidation ? Dans ou hors la procédure ? », *Rev. proc. coll.* juill. 2018, n° 4, doss. 20, n°s 35 et s. – F. MACORIG-VENIER, « L'avant-projet de réforme des sûretés de l'Association Henri Capitant et les modifications apportées au livre VI du Code de commerce », *BJE* janv. 2018, n° 1, p. 10. – Rappr. : Th. ANDRIEU, « Procédures collectives et sûretés réelles – Propos conclusifs », *Rev. proc. coll.* juill. 2018, n° 4, doss. 26, spéc. le 2 *in fine.*

[280] La L. n° 2019-486, 22 mai 2019, relative à la croissance et la transformation des entreprises, dite loi « PACTE », *JO* n° 0119, 23 mai 2019, art. 60, I, autorise le gouvernement à réformer le droit des sûretés par voie d'ordonnance dans les deux ans de sa publication.

[281] Rappr. : M. JULIENNE, « Garanties et sûretés réelles : innovations passées à venir », *Rev. proc. coll.* juill. 2018, n° 4, doss. 16, n° 1, qui entame son propos en indiquant qu'il « *est évidemment de bonne méthode de faire un « état des lieux » avant d'envisager les évolutions à venir* ».

3. À cet égard, il importe, à titre liminaire, de préciser divers points afin d'assurer l'acceptabilité et, partant, la légitimité des développements à intervenir[282]. Le premier de ces éléments tient, fort logiquement, à la définition du terme « équilibre » qui sera retenue au cours desdits développements. Certes ce terme s'avère-t-il polysémique[283], mais, eu égard à l'objet de la présente étude, nous retiendrons la définition suivant laquelle l'équilibre s'entend d'une « *juste proportion entre des éléments opposés, entre des forces antagonistes, d'où résulte un état de stabilité, d'harmonie* »[284]. L'on attirera spécialement l'attention sur l'idée d'une juste proportion entre des forces antagonistes.

4. Le deuxième point qu'il faut spécifier a trait à la définition de la notion de sûreté réelle qui orientera les travaux qu'il s'agit de conduire. La notion de sûreté se trouve, quant à sa définition, au cœur d'un débat doctrinal qui perdure depuis plusieurs décennies et qui la rend difficile à appréhender, à telle enseigne que certains auteurs ont pu évoquer une « *introuvable notion de sûreté* »[285].

En substance, les opinions doctrinales oscillent entre une approche conceptuelle, ou classique, qui est catégorielle et restrictive et qui bénéficie de l'adhésion d'une fraction majoritaire de la

---

282 V. spéc. : L. BOUQUIAUX et B. LECLERCQ, *Logique formelle et argumentation*, De Boeck Supérieur, coll. « L'atelier philosophique », 3e éd., 2017, p. 143 et s.

283 Ainsi, v. not. : J. REY-DEBOVE et A. REY (dir.), *Le Petit Robert. Dictionnaire alphabétique et analogique de la langue française*, LeRobert, 2014, p. 915. – I. JEUGE-MAYNART (dir.), *Le petit Larousse illustré 2010*, Larousse, 2009, p. 381.

284 V. le sens troisième du terme « équilibre » sur le site internet des éd. Larousse : https://www.larousse.fr/dictionnaires/francais/équilibre/30674. – Rappr. : J. REY-DEBOVE et A. REY (dir.), *op. cit.*, p. 915, déf. 1 du sens III donné sous « équilibre » : « *Rapport convenable, proportion heureuse entre des éléments opposés ou juste répartition des parties d'un ensemble ; état de stabilité ou d'harmonie qui en résulte.* ». – *Adde* : I. JEUGE-MAYNART (dir.), *op. cit.*, p. 381, sens 4 donné sous « équilibre » : « *Juste combinaison de forces, d'éléments ; répartition harmonieuse.* ».

285 M. CABRILLAC, Ch. MOULY, S. CABRILLAC et Ph. PÉTEL, *Droit des sûretés*, LexisNexis, coll. « Manuel », 10e éd., 2015, n° 2. – *Adde* : P. CROCQ, *Propriété et garantie*, préf. M. GOBERT, LGDJ, coll. « Bibl. dr. privé », t. 248, 1995, n° 265. – J.-B. SEUBE, *Droit des sûretés*, Dalloz, coll. « Cours », 9e éd., 2018, n° 4. – Rappr. : Ph. THÉRY, *Sûretés et publicité foncière*, PUF, coll. « Droit fondamental », 2e éd., 1998, n° 6, qui qualifie d'impossible la tâche consistant à doter la notion de sûreté d'une définition.

doctrine[286], et une approche fonctionnelle, ou pragmatique, qui est finaliste et extensive et qui, bien que bénéficiant d'un moindre soutien[287], reflète davantage la réalité économique[288].

5. Par suite d'une sorte d'induction, l'approche adoptée en ces lignes se veut intermédiaire, ou hybride, en ce sens que la notion de sûreté réelle se comprendra de tout mécanisme destiné à octroyer à un créancier une série de prérogatives qui ne sont pas l'expression de l'exercice normal de son droit de gage général, et qui reposent sur un droit réel de garantie, qu'il soit principal ou accessoire, ou sur un pouvoir, de fait ou de droit, sur un actif appartenant à son débiteur ou à un tiers au rapport d'obligation principal, dans le but de parvenir à son désintéressement – c'est-à-dire obtenir un paiement au sens non rigoureux du terme – dans des conditions autres que celles auxquelles obéit, par principe, un créancier confronté à la défaillance de son débiteur.

6. L'ultime point qu'il convient de préciser tient au fait que le sujet – l'équilibre dans le droit des sûretés réelles confronté au droit des entreprises en difficulté – peut se comprendre de deux façons. En effet, il est possible de l'appréhender comme « l'équilibre, dans le droit des sûretés réelles confronté au droit des entreprises en difficulté », c'est-à-dire « l'équilibre **dans la confrontation** du droit

---

286 P. CROCQ, *op. cit.*, n°s 261 à 297, spéc. n° 287. – *Adde* not. : M. CABRILLAC, Ch. MOULY, S. CABRILLAC et Ph. PÉTEL, *op. cit.*, n° 4. – Ph. MALAURIE, L. AYNÈS et P. CROCQ, *Droit des sûretés*, LGDJ – Lextenso, coll. « Droit civil », 12e éd., 2018, n° 2. – D. LEGEAIS, *Droit des sûretés et garanties du crédit*, LGDJ – Lextenso, coll. « Manuel », 12e éd., 2017, n° 20. – S. PIEDELIÈVRE, *Droit des sûretés*, Ellipses, coll. « Cours magistral », 2e éd., 2015, n° 16. – Ch. ALBIGES et M.-P. DUMONT-LEFRAND, *Droit des sûretés*, Dalloz, coll. « HyperCours », 6e éd., 2017, n° 7. – J. MESTRE, E. PUTMAN et M. BILLIAU, *Traité de droit civil,* J. GHESTIN (dir.), *Droit commun des sûretés réelles*, LGDJ, coll. « Traités », 1996, n°s 2 et s., spéc. n° 5. – C. GINESTET, « La qualification des sûretés (première partie) », *Defr.* 30 janv. 1999, n° 2, p. 80, n° 2, 5 et s. – H., L. et J. MAZEAUD et F. CHABAS, *Sûretés. Publicité foncière*, t. III, 1er vol., par Y. PICOD, Montchrestien, 7e éd., 1999, n° 5-1.

287 Ph. THÉRY, *op. cit.*, préc. – Ph. SIMLER et Ph. DELEBECQUE, *Les sûretés. La publicité foncière*, Dalloz, coll. « Précis », 7e éd., 2016, n° 37 *in fine*. – *Adde* semble-t-il : M. BOURASSIN, V. BRÉMOND et M.-N. JOBARD-BACHELLIER, *Droit des sûretés*, Sirey, coll. « Sirey université », 5e éd., 2016, n°s 7 à 11.

288 J.-B. SEUBE, *op. cit.*, n° 20 *in fine*. – Ph. SIMLER et Ph. DELEBECQUE, *op. cit.*, préc. – S. PIEDELIÈVRE, *op. cit.*, préc.

des sûretés réelles et du droit des entreprises en difficulté » ; ce qui équivaut, somme toute, à vérifier l'existence d'un équilibre du résultat de cette confrontation. Mais il est également possible de le comprendre comme « l'équilibre dans le droit des sûretés réelles, confronté au droit des entreprises en difficulté » ; ce qui revient, d'abord, à présupposer l'existence d'un équilibre « de droit commun », et, ensuite, à s'intéresser à sa confrontation aux règles du droit des entreprises en difficulté et son équilibre « de droit spécial ».

7. En réalité, si l'on rappelle la ténuité du lien unissant ces deux branches juridiques[289], et, surtout, dès lors que l'on prend acte de ce que les sûretés ont essentiellement vocation à jouer dans le contexte d'une procédure collective[290], de sorte qu'une telle procédure constitue le révélateur de l'efficacité d'une sûreté[291], alors, il apparaît

---

[289] P. CROCQ, « La réforme des procédures collectives et le droit des sûretés », *D.* 2006. 1306, n° 1. – *Adde* not. : D. LEGEAIS, *op. cit.*, n° 1. – *Id.*, « L'appréhension du droit des sûretés par l'ordonnance du 18 décembre 2008 », Interv. Colloque *Sûretés réelles et droit des entreprises en difficulté,* Nice 20 mars 2010, *LPA* 11 févr. 2011, n° 30, p. 27, *in limine.* – S. FARHI, *Fiducie-sûreté et droit des entreprises en difficulté. Étude de l'efficacité du mécanisme*, préf. P.-M. LE CORRE, LGDJ, coll. « Bibl. dr. entr. diff. », t. 6, 2016, n° 8. – M. CABRILLAC, Ch. MOULY, S. CABRILLAC et Ph. PÉTEL, *op. cit.*, n° 8. – D. LEGEAIS, « Procédures collectives et sûretés réelles. Quelques vœux pour la réforme à venir », *Rev. proc. coll.* juill. 2018, n° 4, doss. 21, n° 1. – Ph. ROUSSEL GALLE, « Procédures collectives et sûretés réelles : à la recherche d'équilibres et d'articulations – Rapport introductif. Enjeux et perspectives », *Rev. proc. coll.* juill. 2018, n° 4, doss. 15, *in limine.*

[290] D. LEGEAIS, « Procédures collectives et sûretés réelles. Quelques vœux pour la réforme à venir », *Rev. proc. coll.* juill. 2018, n° 4, doss. 21, préc. – Ph. ROUSSEL GALLE « Les sûretés réelles et le droit des entreprises en difficulté », *RD banc. fin.* sept. 2014, n° 5, doss. 38, n° 3. – *Id.*, « Procédures collectives et sûretés réelles : à la recherche d'équilibres et d'articulations – Rapport introductif. Enjeux et perspectives », *Rev. proc. coll.* juill. 2018, n° 4, doss. 15, introduction *in fine.* – Rappr. : Th. ANDRIEU, art. préc., *in limine*, qui prend soin « *de rappeler qu'aucune réflexion sérieuse sur le droit des sûretés ne peut faire l'économie de l'analyse du sort de la sûreté en cas de cessation des paiements du débiteur* ».

[291] V., parmi bien d'autres : Ph. ROUSSEL GALLE, « Procédures collectives et sûretés réelles : à la recherche d'équilibres et d'articulations – Rapport introductif. Enjeux et perspectives », *Rev. proc. coll.* juill. 2018, n° 4, doss. 15, introduction *in fine.* – S. FARHI, *op. cit.,* préc. – C. HOUIN-BRESSAND et F. PÉROCHON, « Quelle efficacité pour l'hypothèque unique dans le droit des procédures collectives ? », *RD banc. fin.* mars 2016, doss. 16, n° 1. – Ph. ROUSSEL GALLE, « Les sûretés réelles et le droit des entreprises en difficulté », *RD banc. fin.* sept. 2014, n° 5, doss. 38, préc. – O. GOUT, « Les sûretés face aux procédures collectives », *JCP N* 2012. 1339, n° 1. – P.-M. LE CORRE, « Les incidences de la réforme du droit des sûretés sur les créanciers

que ce sont les mêmes règles, les mêmes phénomènes et les mêmes tendances qui sont analysés, et qu'il n'est conséquemment question que de moduler le prisme d'analyse. En somme, il s'agit toujours, d'un point de vue fondamental, d'étudier le sort des créanciers titulaires de sûretés faisant face à la procédure collective de leur débiteur.

8. Cette remarque est corroborée par la circonstance selon laquelle le droit des sûretés organise lui-même sa soumission au droit des entreprises en difficulté[292] ; ce qui indique sans équivoque que le Livre VI du Code de commerce joue un rôle de perturbation dans le droit des sûretés.

Ainsi, sous l'angle de l'équilibre, la question est-elle de savoir comment – et en filigrane pourquoi – le droit des entreprises en difficulté imprime sa marque sur l'équilibre existant en droit des sûretés réelles ; question qui, de façon incidente, exhorte à s'interroger sur l'existence d'une ou plusieurs logiques, d'une ou plusieurs tendances générales, de grandes idées qu'il serait éventuellement possible de formaliser à travers l'énoncé de véritables principes directeurs.

9. Dans l'optique, sinon d'apporter une réponse, du moins de fournir un éclairage, relevons qu'en droit des sûretés réelles, deux types de rapports sont classiquement envisagés : les rapports

---

confrontés aux procédures collectives », *JCP E* 2007. 1185, n° 1. – P. CROCQ, art. préc. – Ph. DELEBECQUE, « Sûretés réelles et procédures collectives », *Dr. et patr.* juill. 2002, n° 106, p. 49, *in limine.* – F. VAUVILLÉ et J.-M. COQUEMA, « Le créancier hypothécaire dans la procédure », *Dr. et patr.* juin 2001, n° 94, p. 56, *in limine.* – S. PIEDELIÈVRE, « La mise en œuvre des sûretés réelles dans les procédures collectives », *LPA* 20 sept. 2000, n° 188, p. 12, v. spéc. n°s 1 et 2. – M. BOURASSIN, V. BRÉMOND et M.-N. JOBARD-BACHELLIER, *op. cit.*, n°s 40 et 75. – J.-B. SEUBE, *op. cit.*, n° 492 *in limine.* – B. MALLET-BRICOUT, « Quelle efficacité pour la nouvelle fiducie-sûreté ? », *Dr. et patr.* oct. 2009, n° 185, p. 79, conclusion *in fine.*

[292] C. civ., art. 2287 : « *Les dispositions du présent livre ne font pas obstacle à l'application des règles prévues en cas d'ouverture d'une procédure de sauvegarde, de redressement judiciaire ou de liquidation judiciaire ou encore en cas d'ouverture d'une procédure de traitement des situations de surendettement des particuliers.* » – V. spéc. : D. LEGEAIS, « La réforme des sûretés, la fiducie et les procédures collectives », *Rev. sociétés* 2007. 687, n° 2. – *Id.*, *op. cit.*, n° 25. – *Adde* not. : Ph. ROUSSEL GALLE et F. PÉROCHON, « Sûretés et droit des procédures collectives, le couple infernal », *Rev. proc. coll.* janv. 2016, n° 1, doss. 12, n° 1.

entre le constituant de la sûreté et le créancier qui en est investi, d'une part, et les rapports entre le créancier titulaire de la sûreté et les tiers au rapport juridique que noue la constitution de la garantie, d'autre part ; sitôt observé que ces derniers rapports sont essentiellement compris comme les rapports de conflit entre les divers créanciers d'un même débiteur. Il est alors possible de concevoir le traitement juridique de ces rapports en tant que traduction de l'appréhension de forces antagonistes.

En schématisant, il apparaît ainsi qu'existent, en premier lieu, un certain équilibre dans le cadre d'un rapport juridique fondamental, ou primordial – à défaut d'être véritablement qualifiable de principal – et, en second lieu, un équilibre dans le cadre d'un rapport juridique secondaire – à défaut de pouvoir être qualifié d'accessoire. Du point de vue de la sûreté réelle, il s'agit donc, en un sens, d'analyser dans le premier cas son efficacité intrinsèque, c'est-à-dire la sécurité qu'elle procure au créancier à l'égard de son débiteur – ou du constituant si ces qualités ne se confondent pas – sur le plan de sa réalisation et de son existence même ; et dans le second cas, il est question d'étudier son efficacité extrinsèque, entendue comme son efficacité par rapport à celle des garanties dont sont munis les autres créanciers.

Et c'est pourquoi, pour faire écho, tant à une célèbre distinction usitée en droit des entreprises en difficulté[293] qu'à une distinction employée dans une thèse consacrée au droit des sûretés[294], l'équilibre existant dans le rapport juridique fondamental, relatif au créancier et au constituant, peut recevoir l'appellation d'équilibre interne, cependant que celui se faisant jour dans le rapport juridique secondaire, qui concerne la confrontation d'un créancier déterminé

---

[293] Distinction selon laquelle, lorsqu'intervient un paiement par privilège, les créanciers éligibles au traitement préférentiel obéissent à un classement externe – qui les situe dans l'ordre des privilèges par rapport aux autres créanciers –, et à un classement interne – par lequel les différents créanciers éligibles au traitement préférentiel sont hiérarchisés. Ces fameuses expressions, relayées par l'ensemble de la doctrine faillitiste, sont dues à M. CABRILLAC, Ch. MOULY, S. CABRILLAC et Ph. PÉTEL, *op. cit.*, n° 1049, et ont été évoquées pour la première fois par Messieurs CABRILLAC et MOULY dans la 7e éd., 2004.

[294] L. BOUGEROL-PRUD'HOMME, *Exclusivité et garanties de paiement*, préf. P. CROCQ, LGDJ – Lextenso, coll. « Bibl. dr. privé », t. 538, 2012, nos 281 et s., spéc. n° 282, qui distingue le fonctionnement interne des droits exclusifs du fonctionnement externe de ces derniers ; le premier concerne les « *rapports entre le créancier, le débiteur et l'objet du droit* », tandis que le second a trait à la « *confrontation du créancier exclusif aux autres créanciers du même débiteur* ».

aux autres créanciers d'un même débiteur, peut être nommé équilibre externe. Dès lors, ces précisions sémantiques liminaires étant apportées, il se peut remarquer que le droit des entreprises en difficulté perturbe ces deux équilibres en remodelant l'équilibre interne (Section I) et en bouleversant l'équilibre externe (Section II).

SECTION I : L'ÉQUILIBRE INTERNE REMODELÉ

10. Le remodelage de l'équilibre interne qu'entraîne la survenance d'une procédure collective se réalise essentiellement à travers une paralysie (I) et une neutralisation (II) de l'efficacité des sûretés réelles.

I. L'efficacité paralysée

11. Selon les situations envisagées, la réalisation d'une sûreté réelle sera paralysée, soit de façon systématique (A) – le blocage de la sûreté se manifestant sans que les circonstances exogènes à la sûreté, autres que celle de l'ouverture d'une procédure collective à l'endroit du débiteur, n'exercent une quelconque influence –, soit de façon contingente (B) – la paralysie s'avérant alors fonction de circonstances particulières pouvant, ou non, se présenter.

A. LA PARALYSIE SYSTÉMATIQUE DE LA RÉALISATION DE LA SÛRETÉ

12. Il existe deux types de paralysie systématique : la paralysie *stricto sensu* (1), qui recouvre divers mécanismes et règles conçus justement pour empêcher l'enclenchement d'un mode de réalisation d'une sûreté, et la paralysie *lato sensu* (2), qui concerne des hypothèses de paralysie par voie détournée en ce sens que certaines règles, bien que n'ayant pas à proprement parler pour objet d'entraver la réalisation d'une sûreté, produisent cet effet.

1) La paralysie stricto sensu *ou conçue comme telle*

13. Cette forme de paralysie résulte de l'application de corps de règles organisant, au détriment du titulaire de la sûreté réelle, la prohibition de l'attribution en propriété du bien grevé (a) et l'interdiction des poursuites individuelles (b).

a) La prohibition de l'attribution en propriété

14. Le dispositif normatif intéressant le droit des entreprises en difficulté prescrit une telle prohibition de façon spéciale (α), en ne permettant pas l'attribution judiciaire de l'hypothèque, et de façon générale (β), en proscrivant sans ambages l'attribution conventionnelle de toute sûreté.

α. La prohibition spéciale : l'attribution judiciaire de l'hypothèque

15. En matière de réalisation des sûretés dans le cadre d'une procédure collective, l'attribution judiciaire, à la suite d'une évolution à la fois légale[295] et jurisprudentielle[296], a été admise pour le gage dans l'hypothèse, exclusive[297], où le débiteur fait l'objet d'une liquidation

---

[295] La loi n° 67-563, 13 juill. 1967, sur le règlement judiciaire, la liquidation des biens, la faillite personnelle et les banqueroutes, *JO* 14 juill. 1967, p. 7059, n'abordait pas la question. La consécration légale est intervenue à la faveur de la L. n° 85-98, 25 janv. 1985, relative au redressement et à la liquidation judiciaire des entreprises, *JO* 26 janv. 1985, p. 1097 ; solution que perpétue la L. n° 2005-845, 26 juill. 2005, de sauvegarde des entreprises, *JO* n° 173, 27 juill. 2005, p. 12187, retouchée par l'ord. n° 2008-1345, 18 déc. 2008, portant réforme du droit des entreprises en difficulté, *JO* n° 0295, 19 déc. 2008, p. 19462 : v. C. com. art. L. 642-20-1, al. 2.

[296] Sur laquelle, v. spéc. : P.-M. LE CORRE, *Droit et pratique des procédures collectives*, Dalloz, coll. « Dalloz Action », 10e éd., 2019/2020, n° 563.811 et les réf. cit. – C. SAINT-ALARY-HOUIN, *Droit des entreprises en difficulté*, LGDJ – Lextenso, coll. « Précis Domat », 11e éd., 2018, n° 1388 et les réf. cit.

[297] En ce sens, v. par ex. : Com. 28 mai 1996, n° 94-16.269, *Bull. civ.* IV, n° 144 ; *BJS* nov. 1996, n° 11, p. 919, note Ph. DELEBECQUE, qualifiant cette solution de « *classique* » ; *D.* 1996. 385, note S. PIEDELIÈVRE ; *RTD civ.* 1997. 185, obs. M. BANDRAC ; *RTD com.* 1997. 137, obs. B. BOULOC. La voie de l'attribution du judiciaire ne peut effectivement prospérer qu'en liquidation judiciaire dans la mesure où, d'un point de vue formel – ou légistique –, cette faculté n'a été, et n'est toujours, prévue que par une disposition propre au dispositif normatif de la liquidation judiciaire ; le corpus juridique intéressant les procédures de sauvegarde et de redressement judiciaire ne fait aucunement mention d'une possible attribution judiciaire du bien grevé. La solution se justifie également, sur le plan matériel, en raison de la nature juridique de l'attribution judiciaire, qui se heurte aux règles phares de la discipline collective. Sur ces questions, v. not. : P.-M. LE CORRE, *op. cit.*, nos 563.821 à 563.824. – F. PÉROCHON, *Entreprises en difficulté*, LGDJ – Lextenso, coll. « Manuel », 10e éd., 2014, n° 569 *in fine*, v. spéc. la note 29. – Ph. PÉTEL, *Procédures collectives*, Dalloz, coll. « Cours », 9e éd., 2017, n° 191. – M. CABRILLAC, Ch. MOULY, S. CABRILLAC et Ph. PÉTEL, *op. cit.*, n° 1118. –

judiciaire[298]. En dépit des diverses incertitudes qu'a pu susciter la reconnaissance d'une telle faculté quant à la détermination de son domaine[299], son cantonnement à la sphère mobilière était pleinement acquis jusqu'à l'ordonnance du 23 mars 2006[300], l'attribution judiciaire des immeubles étant jusqu'alors proscrite en droit français. L'entrée en vigueur de l'ordonnance susmentionnée, en ce qu'elle a expressément étendu le mécanisme de l'attribution judiciaire au profit

---

Ph. MALAURIE, L. AYNÈS et P. CROCQ, *op. cit.*, n° 514. – M. BOURASSIN et V. BRÉMOND, *Droit des sûretés*, Sirey, coll. « Sirey université », 6e éd., 2018, n° 1383 *in limine*. – A. JACQUEMONT et R. VABRES, *Droit des entreprises en difficulté*, LexisNexis, coll. « Manuel », 9e éd., 2015, n° 1030. – F.-X. LUCAS, *Manuel de droit de la faillite*, PUF, coll. « Droit fondamental », 2e éd., 2018, nos 267 et 367. – F. MACORIG-VENIER, « L'alternative à la cession des biens grevés : l'attribution en propriété », *Rev. proc. coll.* mars 2015, n° 2, doss. 30, n° 13. – P.-M. LE CORRE, « Les incidences de la réforme du droit des sûretés sur les créanciers confrontés aux procédures collectives », *JCP E* 2007. 1185, n° 36. – Ph. SIMLER et Ph. DELEBECQUE, *op. cit.*, n° 643. – Ch. ALBIGES et M.-P. DUMONT-LEFRAND, *op. cit.*, n° 458. – D. LEGEAIS, *op. cit.*, n° 472.

[298] C. com., art. L. 642-20-1, al. 2, qui énonce que « *Le créancier gagiste, même s'il n'est pas encore admis, peut demander au juge-commissaire, avant la réalisation, l'attribution judiciaire. Si la créance est rejetée en tout ou en partie, il restitue au liquidateur le bien ou sa valeur, sous réserve du montant admis de sa créance.* ».

[299] La jurisprudence l'a d'abord admise pour tout gage assorti d'un droit de rétention : Com. 31 mai 1960 ; *D.* 1960. 601, note Y. GUYON ; *JCP G* 1960. II. 11676, note J. NECTOUX ; *RTD com.* 1960. 623, obs. J HÉMARD ; *ibid.* 649, obs. R. HOUIN. Elle l'a ensuite déconnectée du droit de rétention : Ass. plén. 26 oct. 1984, n° 83-10.055, *Bull. ass. plén.*, n° 6 ; *D.* 1985. 33, concl. J. CABANNES, note F. DERRIDA ; *Defr.* 1985, art. 33543, n° 56, p. 767, obs. J.-L. AUBERT ; *Gaz. Pal.* 1985. I. 236, note Y. CHARTIER ; *JCP G* 1985. II. 20432, rapp. M. VIENNOIS, note P. CORLAY ; *JCP E* 1985. II. 14486, note H. SYNVET. – Com. 6 mars 1990, n° 88-16.036, *Bull. civ.* IV, n° 67 ; *D.* 1990. 311, note crit. F. DERRIDA ; *JCP E* 1990. II. 15815, note G. AMLON ; *ibid.* II. 15829, obs. M. CABRILLAC ; *RD banc. fin.* 1990, p. 174, obs. M.-J. CAMPANA et J.-M. CALENDINI ; *Rev. proc. coll.* 1990, n° 4, p. 421, obs. B. DUREUIL ; *RTD com.* 1990. 264, obs. A. MARTIN-SERF ; *ibid.* 633, obs. B. BOULOC ; *RTD civ.* 1991. 150, obs. M. BANDRAC. – V. pour qui l'attribution judiciaire suppose l'existence d'un droit de rétention : F. DERRIDA, P. GODÉ et J-P. SORTAIS, *Redressement et liquidation judiciaires des entreprises. Cinq années d'application de la loi du 25 janvier 1985*, avec la collab. de A. HONORAT, Dalloz, 3e éd., 1991, n° 346. – F. DERRIDA, note sous Com. 6 mars 1990, n° 88-16.036, *Bull. civ.* IV, n° 67, *D.* 1990. 311. – *Contra* : B. SOINNE, *Traité des procédures collectives*, avec la collab. de E. KERCHKOVE, Litec, coll. « Traités », 2e éd., 1995, n° 2467. – Rappr. : J. MESTRE, E. PUTMAN et M. BILLIAU, *op. cit.*, n° 449, spéc. p. 454.

[300] Ord. n° 2006-346, 23 mars 2006, relative aux sûretés, *JO* n° 71, 24 mars 2006, p. 4475.

des créanciers hypothécaires[301] – sous réserve que le bien grevé ne constitue pas la résidence principale du débiteur[302] –, a modifié les termes du débat[303] et a subséquemment conduit la doctrine à s'interroger sur la possibilité, pour le créancier hypothécaire, de solliciter du juge-commissaire l'attribution judiciaire du bien hypothéqué lorsque le constituant est placé en liquidation judiciaire.

16. Ainsi la question de savoir si l'alinéa 2 de l'article L. 642-20-1 du Code de commerce est applicable à l'hypothèque s'est-elle posée ; interrogation qui, somme toute, se peut libeller comme suit : les dispositions en cause sont-elles d'interprétation stricte ou, au contraire, tolèrent-t-elles le raisonnement par analogie ? En substance, deux courants se sont opposés en vue d'apporter une réponse.

17. Selon une partie de la doctrine, il convient de prendre acte de l'articulation, sinon inexistante, du moins lacunaire, entre les réformes ayant successivement touché le droit des entreprises en difficulté et le droit des sûretés[304]. Il s'agirait alors de tenir compte de

---

[301] C. civ., art. 2458.

[302] *Ibid.*, *in fine*. Faut-il inférer de cette précision légale, par un raisonnement *a contrario*, que lorsque l'hypothèque a été consentie, non par le débiteur, mais par un tiers pour sûreté de la dette d'autrui, le créancier hypothécaire serait en droit de demander l'attribution judiciaire de la résidence principale dudit tiers ? Il semble raisonnablement permis d'en douter ; sans doute s'agit-il davantage d'une imperfection rédactionnelle – qu'il eût été aisé d'éviter en visant plus généralement « le constituant » de la sûreté – que d'une volonté du législateur de ne protéger que la résidence principale du débiteur, à l'exclusion de celle du tiers constituant ; en ce sens également : Ph. MALAURIE, L. AYNÈS et P. CROCQ, *op. cit.*, n° 686.

[303] Rappr. : P.-M. LE CORRE, art. préc., n°s 34 et 35, spéc. n° 35 *in limine*. – F. PÉROCHON, « Les sûretés immobilières classiques dans les procédures collectives », Interv. Colloque *Sûretés réelles et droit des entreprises en difficulté*, Nice 20 mars 2010, *LPA* 11 févr. 2011, n° 30, p. 49, n° 22.

[304] Sur ce manque d'articulation, v. not. : Ph. ROUSSEL GALLE, « Procédures collectives et sûretés réelles : à la recherche d'équilibres et d'articulations – Rapport introductif. Enjeux et perspectives », *Rev. proc. coll.* juill. 2018, n° 4, doss. 15, spéc. la 2nde partie. – D. LEGEAIS, « Procédures collectives et sûretés réelles. Quelques vœux pour la réforme à venir », *Rev. proc. coll.* juill. 2018, n° 4, doss. 21, n° 1. – Ph. ROUSSEL GALLE et F. PÉROCHON, « Sûretés et droit des procédures collectives, le couple infernal », *Rev. proc. coll.* janv. 2016, n° 1, doss. 12, n° 1. – E. GARAUD, « Sûretés et procédures collectives : l'articulation des réformes », *LPA* 17 juin 2009, n° 120, p. 4, n° 1. – H. LEFEVRE, « Les conséquences de la réforme des sûretés sur le droit des procédures collectives », *LPA* 27 mars 2008, n° 63, p. 71. – D. LEGEAIS,

la circonstance selon laquelle les articles L. 642-18 et suivants du Code de commerce ont été rédigés avant l'introduction de l'attribution judiciaire de l'hypothèque au sein de notre ordonnancement juridique[305] ; de sorte que leurs rédacteurs ne pouvaient avoir véritablement eu l'intention de l'exclure du champ des textes susvisés[306]. À cet égard, il est souligné que l'admission de l'attribution judiciaire du bien hypothéqué en cas de liquidation judiciaire du constituant dénoterait une certaine cohérence au regard, d'une part, de la transformation du contexte normatif qu'a initiée l'ordonnance du 23 mars 2006[307], et, d'autre part, de la conséquence factuelle qu'induirait le refus de l'analogie : l'attribution judiciaire de l'immeuble ne serait alors, en réalité, presque jamais envisageable[308].

« Quelle réforme pour le droit des sûretés ? – Rapport introductif », *RD banc. fin.* janv. 2016, n° 1, doss. 2. – P. CROCQ, « La réforme des procédures collectives et le droit des sûretés », *D.* 2006. 1306, n°s 1 et 2. – Ch. JUILLET, « Les sûretés réelles en quête de droit commun – Rapport introductif », *RD banc. fin.* sept. 2014, n° 5, doss. 33. – O. GOUT, « Les sûretés face aux procédures collectives », *JCP N* 2012. 1339, n° 1. – Rappr. : Ph. ROUSSEL GALLE, « Les sûretés réelles et le droit des entreprises en difficulté », *RD banc. fin.* sept. 2014, n° 5, doss. 38, n° 1.

305 V. spéc. : L. n° 85-98, 25 janv. 1985, préc., art. 159, al. 3.

306 En ce sens : M. CABRILLAC, Ch. MOULY, S. CABRILLAC et Ph. PETEL, *op. cit.*, préc. – J.-J. ANSAULT, note sous Com. 28 juin 2017, n° 16-10.591, *Bull. civ.* IV, n° 91 ; *Gaz. Pal.* 19 déc. 2017, n° 44, p. 43. – Ph. PÉTEL, note sous Com. 28 juin 2017, n° 16-10.591, *Bull. civ.* IV, n° 91, *JCP E* 2017. 1460, n° 23. – Comp. cep. avec ce que relève F. PÉROCHON, « Les sûretés immobilières classiques dans les procédures collectives », Interv. Colloque *Sûretés réelles et droit des entreprises en difficulté*, Nice 20 mars 2010, *LPA* 11 févr. 2011, n° 30, p. 49, n° 23 *in limine.*, au sujet de l'ord. n° 2008-1345, 18 déc. 2008, préc.

307 F. PEROCHON, *op. cit.*, n° 1209. – M. CABRILLAC, Ch. MOULY, S. CABRILLAC et Ph. PÉTEL, *op. cit.*, préc. – *Adde* : S. FARHI, « Les sûretés permettant d'échapper à la règle de l'arrêt des voies d'exécution », *in* P.-M. LE CORRE (dir.), *Mesures d'exécution et procédures collectives. Confrontation des règles de l'exécution et du droit des entreprises en difficulté*, Bruylant, coll. « Procédure(s) », 2012, p. 191, n°s 20 et 21.

308 M. CABRILLAC, Ch. MOULY, S. CABRILLAC et Ph. PÉTEL, *op. cit.*, préc. – Ph. PÉTEL, note préc. – Rappr. : Ph. DUPICHOT, « L'efficience économique du droit des sûretés réelles », *LPA* 16 avr. 2010, n° 76, p. 7, n° 29, considérant que l'attribution judiciaire du bien hypothéqué devrait pouvoir être demandée dans la mesure où les textes gouvernant le droit des procédures collectives ne la prohibent pas explicitement. – *Adde* : S. FARHI, art. préc., n°s 20 et 21. – V. en faveur de l'attribution judiciaire du bien hypothéqué dans le cadre d'une liquidation judiciaire : M. JULIENNE, « Garanties et sûretés réelles : innovations passées et à venir », *Rev. proc. coll.* juill. 2018, n° 4, doss. 16, n° 18 *in fine*, qui estime que dénier au créancier hypothécaire le droit de solliciter l'attribution judiciaire de

18. En revanche, sur la base de ce que l'attribution judiciaire, dans la mesure où elle consiste à produire, de façon équivalente à un paiement[309], un effet extinctif total ou partiel d'une obligation par exécution d'une prestation autre[310] que celle qui constitue l'objet initial de ladite obligation[311], s'analyse en une dation judiciaire en paiement[312], d'autres auteurs voient en elle un mécanisme tenu en échec, tant par la règle de l'interdiction des paiements individuels[313] –

---

l'hypothèque l'incite à réaliser sa sûreté le plus rapidement possible, ce qui attenterait aux chances de redressement du débiteur. – V. aussi les arguments exposés par M. BOURASSIN et V. BRÉMOND, *op. cit.*, n° 1383.

[309] C. civ., art. 2347, al. 1er, pour le gage, et art. 2458, pour l'hypothèque. – V. l'analyse de F. BICHERON, *La dation en paiement*, préf. M. GRIMALDI, Éditions Panthéon-Assas, coll. « Thèses », 2006, nos 159 à 190, spéc. nos 168 et s., et spéc. n° 177, qui estime, en substance, que la dation en paiement ne réalise pas un paiement au sens rigoureux du terme ; de sorte qu'elle correspond à un mécanisme extinctif d'obligation dont l'effet est équivalent à un paiement ; v. aussi n° 386. – Comp. : D. HIEZ, « La nature juridique de la dation en paiement », *RTD civ.* 2004. 199, nos 26 à 35. – Rappr. not. : B. FAGES, *Droit des obligations*, LGDJ – Lextenso, coll. « Manuel », 8e éd., 2018, n° 506. – Ph. MALAURIE, L. AYNÈS et Ph. STOFFEL-MUNCK, *Droit des obligations*, LGDJ – Lextenso, coll. « Droit civil », 9e éd., 2017, n° 1180. – F. TERRÉ, Ph. SIMLER et Y. LEQUETTE, *Les obligations*, Dalloz, coll. « Précis », 11e éd., 2013, n° 1324.

[310] En l'occurrence, la remise de la chose, ou, de façon plus exacte, le transfert de propriété du bien grevé de la sûreté, sous réserve qu'il ne s'agisse pas d'un gage-espèces, selon F. BICHERON, *op. cit.*, n° 386.

[311]. V. C. civ., art. 1342-4, al. 2nd. – V. spéc. la déf. arrêtée par F. BICHERON, *op. cit.*, nos 46 et 190. – Comp. : D. HIEZ, art. préc., nos 24, 42, 59 et 60. – *Adde* not. : B. FAGES, *op. cit.*, préc. – Ph. MALAURIE, L. AYNÈS et Ph. STOFFEL-MUNCK, *op. cit.*, n° 1179.

[312] F. BICHERON, *op. cit.*, nos 386 et 387. – P.-M. LE CORRE, *op. cit.*, n° 563.821. – Ph. MALAURIE, L. Aynès et P. CROCQ, *op. cit.*, préc. – P.-M. LE CORRE, art. préc., n° 35. – M. BOURASSIN et V. BRÉMOND, *op. cit.*, n° 1174 *in limine*. – Ph. SIMLER et Ph. DELEBECQUE, *op. cit.*, n° 642, évoquant une dation en paiement « *forcée* ». – Ch. ALBIGES et M.-P. DUMONT-LEFRAND, *op. cit.*, n° 649. – D. LEPELTIER, « Le nouveau droit de l'hypothèque », *Dr. et patr.* mai 2007, n° 159, p. 60, spéc. p. 64, A. – M. CABRILLAC, Ch. MOULY, S. CABRILLAC et Ph. PÉTEL, *op. cit.*, n° 1115. – C. SAINT-ALARY-HOUIN, *op. cit.*, n° 712. – F. DERRIDA, note sous Com. 6 mars 1990, n° 88-16.037, F-D, *D.* 1990. 311, nos 4 et 11.

[313] C. com., art. L. 622-7, I, al. 1er, pour la procédure de sauvegarde, rendu applicable en redressement judiciaire par C. com., art. L. 631-14, al. 1er, et en liquidation judiciaire par C. com., art. L. 641-3, al. 1er, ainsi rédigé : « *Le jugement ouvrant la procédure emporte* [...] *interdiction de* ***payer toute créance*** *née antérieurement au jugement d'ouverture* [...] *Il emporte également* [...] *interdiction de* ***payer toute créance*** *née après le jugement d'ouverture*...» (mise en gras par nos soins).

qui concerne tout mode de paiement[314] – que par celle de l'arrêt des poursuites individuelles[315]. Partant, la disposition autorisant l'attribution judiciaire du gage en liquidation judiciaire, en ce qu'elle s'avère doublement dérogatoire, est d'interprétation stricte ; et sauf à en contrarier ouvertement la lettre, elle ne saurait être étendue au profit du créancier hypothécaire[316].

19. La Cour de cassation a pleinement fait sienne la seconde analyse en décidant que la demande d'attribution judiciaire, qui émane d'un créancier hypothécaire sur le fondement des textes de droit commun, s'entend d'une action tendant au paiement d'une somme d'argent et doit, en tant que telle, être déclarée irrecevable, faute de disposition dérogeant expressément au principe de l'arrêt des poursuites individuelles comme il en existe pour l'attribution

---

[314] V. spéc. : F. PÉROCHON, *op. cit.*, n° 569. – *Id.*, « Les interdictions de paiement et le traitement des sûretés réelles », *D.* 2009. 651, n° 9. – Rappr. : F.-X. LUCAS, *op. cit.*, n° 267.

[315] C. com., art. L. 622-21, I, pour la procédure de sauvegarde, rendu applicable en redressement judiciaire par C. com., art. L. 631-14, al. 1er, et en liquidation judiciaire par C. com., art. L. 641-3, al. 1er.

[316] En ce sens : P.-M. LE CORRE, art. préc., nos 35 et s. – *Id.*, note sous T. mixte com., Saint-Pierre, 1er mars 2016, RG n° 2015/003678, *D.* 2016. 1894 et *Gaz. Pal. entr. diff.* 12 avr. 2016, n° 14, p. 55. – *Id.*, *op. cit.*, n° 621.791. – J.-L. VALLENS, « Les modifications apportées par l'ordonnance sur les sûretés au droit des procédures collectives », *RLDA* juill. 2006, n° 7, p. 75. – R. DAMMANN et G. LE BEUZE, « Réforme des sûretés et des procédures collectives : quelles sûretés choisir ? », *Cah. dr. entr.* mars 2007, n° 2, doss. 9. – F.-X. LUCAS, « L'efficacité des sûretés réelles et les difficultés des entreprises », *Rev. proc. coll.* nov. 2009, n° 9, doss. 17, n° 12 *in fine*. – R. DAMMANN et M. ROBINET, « Quel avenir pour les sûretés réelles classiques face à la fiducie-sûreté ? », *Cah. dr. entr.* juill. 2009, n° 4, doss. 23. – D. BOUSTANI, note sous T. mixte com., Saint-Pierre, 1er mars 2016, RG n° 2015/003678, *D.* 2016. 1185, n° 5. Comp. cep. : *id.*, « *Les créanciers postérieurs d'une procédure collective confrontés aux enjeux du droit des entreprises en difficulté*, préf. P.-M. LE CORRE, LGDJ, coll. « Bibl. dr. entr. diff. », t. 4, 2015, n° 588. – D. LEGEAIS, « L'appréhension du droit des sûretés par l'ordonnance du 18 décembre 2008 », Interv. Colloque *Sûretés réelles et droit des entreprises en difficulté*, Nice 20 mars 2010, *LPA* 11 févr. 2011, n° 30, p. 27. – A. JACQUEMONT et R. VABRES, *op. cit.*, préc. – V. aussi : P. CROCQ, « La réforme du droit des procédures collectives et le droit des sûretés », *D.* 2006. 1386, n° 4. – Rappr. : *id.*, « L'ordonnance du 18 décembre 2008 et le droit des sûretés », *Rev. proc. coll.* janv. 2009, n° 1, doss. 10, n° 39 (opinion implicite). – *Contra* : P.-F. CUIF, « L'attribution judiciaire de l'immeuble hypothéqué : spécificité et efficacité », *RLDC* mars 2010, n° 69, p. 25, spéc. p. 28 et 29. – S. FARHI, art. préc., n° 20.

judiciaire du gage[317]. En privant le créancier hypothécaire confronté à la liquidation judiciaire du constituant de la possibilité de demander en justice, à titre de paiement, l'attribution en propriété du bien sur lequel il est inscrit, la Haute juridiction, du fait du raisonnement sous-tendant sa décision, exclut *a fortiori* la présentation d'une telle demande dans le cadre d'une procédure de sauvetage. Aussi est-il incontestable que, dès l'intervention du jugement d'ouverture – de quelque procédure que ce soit –, l'attribution judiciaire du bien hypothéqué n'est pas permise : ce mode de réalisation de l'hypothèque est systématiquement paralysé, dès lors, du moins, qu'est en cause un créancier astreint à discipline collective.

20. En effet, eu égard aux règles mobilisées afin d'étayer cette solution, la paralysie de la réalisation de l'hypothèque par la voie d'une attribution judiciaire en pleine propriété du bien grevé ne semble pas être absolument systématique, en ce sens qu'elle paraît supporter une restriction quant à son périmètre subjectif. Il faut bien comprendre que si l'irrecevabilité de la demande d'attribution judiciaire initiée par un créancier hypothécaire trouve sa justification dans le jeu concomitant de l'interdiction des paiements individuels et de l'arrêt des poursuites individuelles, alors, d'une part, cela suppose que le créancier en question soit affecté par les deux règles précitées[318] et, d'autre part, cela signifie que la solution ne peut se généraliser que pour autant que ces règles ne souffrent elles-mêmes aucune exception. L'attribution judiciaire de l'hypothèque ne peut être systématiquement prohibée de façon absolue que dans l'exacte mesure où tous les créanciers sont soumis à l'interdiction des paiements et à l'arrêt des poursuites individuelles. Or, tel n'est pas le cas ; il est des créanciers qui sont affranchis de la discipline collective : les créanciers postérieurs éligibles au traitement préférentiel. Non

---

[317] Com. 28 juin 2017, n° 16-10.591, *Bull. civ.* IV, n° 91 ; *Act. proc. coll.* sept. 2017, n° 15, comm. 236 note Ch. ALLEAUME ; *BJE* nov. 2017, n° 6, p. 418, note M. DOLS-MAGNEVILLE ; *D.* 2017. 1941, note P.-M. LE CORRE ; *ibid.* 2017. 1996, note P. CROCQ ; *Gaz. Pal. entr. diff.* 10 oct. 2017, n° 34, p. 51, note D. BOUSTANI ; *ibid.* 19 déc. 2017, n° 44, p. 43, note J.-J. ANSAULT ; *JCP E* 2017. 1460, n° 23, obs. crit. Ph. PÉTEL ; *ibid.* 2017. 1656, note Ch. LEBEL ; *LEDB* sept. 2017, n° 8, p. 7, obs. M. MIGNOT ; *LEDEN* sept. 2017, n° 8, p. 2, obs. L. CAMENSULI-FEUILLARD ; *Rev. proc. coll.* sept. 2017, n° 5, comm. 102, note F. MACORIG-VENIER ; *RTD civ.* 2017. 707, obs. P. CROCQ ; *RTD com.* 2017. 993, obs. A. MARTIN-SERF.
[318] L'une des deux suffit en réalité.

seulement ces derniers peuvent recevoir paiement de leurs créances[319], mais ils doivent être rendus destinataires d'un tel règlement[320]. De plus, dans le nécessaire prolongement de cette règle du paiement à l'échéance des créanciers postérieurs privilégiés[321], les règles de l'arrêt des poursuites individuelles et de l'arrêt des mesures d'exécution leur sont inapplicables[322]. Ainsi voit-on que, devant être payés et pouvant agir en justice à cet effet, les créanciers éligibles au traitement préférentiel ne devraient pas être concernés par l'irrecevabilité de la demande d'attribution judiciaire de l'hypothèque, aussi bien en raison des principes juridiques ayant présidé à l'établissement de cette solution que du fait de l'absence de texte édictant une prohibition générale de l'attribution judiciaire, voire une prohibition spéciale dirigée à l'endroit des créanciers postérieurs élus. Il s'ensuit que ces créanciers devraient pouvoir agir à cette fin[323], et ce en toute procédure collective pour quelque sûreté réelle que ce soit[324],

---

[319] C. com., art. L. 622-7, I, al. 1er.

[320] C. com., art. L. 622-17, I, pour la procédure de sauvegarde, rendu applicable en redressement judiciaire par C. com., art. L. 631-14, al. 1er, et C. com., art. L. 641-13, I, pour la liquidation judiciaire.

[321] V. P.-M. Le Corre, *op. cit.*, n° 455.421. – D. Boustani, *op. cit.*, n° 228, indiquant que l'indissociabilité du paiement à l'échéance et du libre exercice des poursuites individuelles a été reconnue par Com. 20 juin 1989, nos 87-19.594 et 88-10.195, *Bull. civ.* IV, n° 196. – V. spéc. : Com. 25 juin 1996, n° 94-20.850, F-D : « [...] *le titulaire d'une créance de l'article 40 de la loi du 25 janvier 1985* [créance postérieure éligible au traitement préférentiel], *demeurée impayée, peut exercer librement son droit de poursuite individuelle; que l'arrêt ayant ainsi exactement énoncé que le droit d'être payé à l'échéance de la créance est* ***indissociable*** *du droit d'exercer des poursuites...* » (mise en gras par nos soins) ; *D.* 1996. 616, note F. Derrida.

[322] C. com., art. L. 622-21, I et II.

[323] Il s'agit ici de raisonner, par hypothèse, sur une sûreté réelle constituée après jugement d'ouverture en garantie d'une créance postérieure privilégiée et sur autorisation du juge-commissaire, conformément à C. com., art. L. 622-7, II, al. 1er. Compte tenu des conclusions qui nous semblent pouvoir s'inférer des textes référencés dans les notes précédentes et de Com. 28 juin 2017, préc., en matière d'attribution judiciaire au profit d'un créancier postérieur éligible au traitement préférentiel, la constitution d'une telle sûreté paraît devoir s'analyser en un acte susceptible d'avoir une incidence déterminante sur l'issue de la procédure, de nature à rendre obligatoire l'émission préalable d'un avis de la part du Ministère public, selon C. com. art. L. 622-7, II, al. 1er, d. phrase.

[324] En ce sens également : D. Boustani, *op. cit.*, n° 589.

à condition, cependant, que l'attribution en propriété ne leur soit pas explicitement refusée[325].

21. Précisons également que si, en l'état du droit positif, la problématique liée à l'attribution judiciaire de l'hypothèse est résolue[326], la question de savoir si l'attribution judiciaire d'un bien grevé d'un gage immobilier est possible en cas de liquidation judiciaire du constituant se pose toujours[327]. *A priori*, la lettre de l'article L. 642-20-1 du Code de commerce l'autorise en ce que celui-ci vise le « *créancier gagiste* »[328] sans adjoindre de restriction quant à la nature mobilière ou immobilière du gage[329]. En outre, la récente admission du report du droit de rétention sur le prix en matière immobilière fait apparaître que la Cour de cassation n'entend plus réserver, par principe – et à rebours de l'historique du texte en cause[330] –, le jeu de cette disposition aux seuls meubles.

Il appartiendra à la Haute juridiction de trancher ce débat en arbitrant entre les deux branches d'une alternative dont chaque issue n'emporte pas une entière satisfaction : soit la Cour de cassation décide, au mépris de la lettre du texte et, par là même, du cardinal principe d'interprétation selon lequel il n'y a pas lieu de distinguer là où la loi ne distingue pas, que l'attribution judiciaire du gage immobilier est proscrite ; soit la Cour régulatrice statue en sens inverse et ouvre conséquemment une nouvelle brèche dans la dimension collective, déjà ébranlée[331], des procédures de traitement judiciaire des difficultés d'entreprise.

---

[325] V. par ex. : C. com., art. L. 142-1, al. 2nd, qui interdit au créancier nanti sur fonds de commerce de se faire attribuer le fonds.

[326] V. *supra* nos 19 et s.

[327] Quoiqu'elle soit relativement théorique, selon F. PÉROCHON, *op. cit.*, n° 1209.

[328] C. com., art. L. 642-20-1, al. 2.

[329] En ce sens : F. PÉROCHON, « Les sûretés immobilières classiques dans les procédures collectives », Interv. Colloque *Sûretés réelles et droit des entreprises en difficulté*, Nice 20 mars 2010, LPA 11 févr. 2011, n° 30, p. 49, n° 20 ; v. aussi le n° 21. – *Id.*, *op. cit.*, n° 1209 ; v. aussi le n° 1206. – *Adde* : F. MACORIG-VENIER, « L'alternative à la cession des biens grevés : l'attribution en propriété », *Rev. proc. coll.* mars 2015, n° 2, doss. 30, n° 20. – *Id.*, « Entreprise en difficulté : situation des créanciers », *Rép. com.*, Dalloz, 2019, n° 502.

[330] V. spéc. : M. CABRILLAC, obs. sous Civ. 3e, 23 oct. 2002, n° 98-18.109, *Bull. civ.* III, n° 209, *JCP E* 2003. 194, n° 7.

[331] Sur ce phénomène, v. not. : P.-M. LE CORRE, « La protection des immeubles du débiteur : n'est-on pas allé trop loin ? », *Gaz. Pal. entr. diff.* 17 avr. 2018, n° 15,

22. Aux côtés de cette prohibition spéciale de l'attribution en propriété, qui, du fait de sa spécialité, s'accompagne d'une certaine tolérance à l'égards de certaines sûretés[332], le législateur a institué une prohibition générale ne semblant connaître aucun tempérament.

β. La prohibition générale : l'attribution conventionnelle de toute sûreté

23. Quant au pacte commissoire, c'est-à-dire la stipulation prévoyant une attribution conventionnelle en pleine propriété du bien grevé à titre de paiement en cas d'inexécution de son obligation par le débiteur[333], le législateur fait ici montre d'une certaine radicalité en ce qu'il est disposé que le jugement d'ouverture fait obstacle à la conclusion et à la réalisation d'un pacte commissoire[334]. En la matière, il n'y a lieu de procéder à aucune distinction tenant à la sûreté ou à la nature de la procédure[335] : la généralité de la formule légale, couplée à la règle d'interprétation « *ubi lex non distinguit, nec nos distinguere debemus* » selon laquelle il n'y a pas lieu de distinguer là où la loi ne distingue pas[336], exhorte à considérer que sont visées toutes les

p. 48, édito., introduisant ainsi son propos : « *La procédure collective est de moins en moins collective…* ». – *Adde* : F. PÉROCHON *in* N. BORGA et F. PÉROCHON, « La réalisation des garanties réelles : en restructuration ou en liquidation ? Dans ou hors la procédure ? », *Rev. proc. coll.* juill. 2018, n° 4, doss. 20, n°s 29 et s., spéc. n° 31, et n°s 35 et s., spéc. n°s 35 et 38. – Rappr. : F. MACORIG-VENIER, « L'avant-projet de réforme des sûretés de l'Association Henri Capitant et les modifications apportées au livre VI du Code de commerce », *BJE* janv. 2018, n° 1, p. 10, où l'auteur considère que l'avant-projet de réforme du droit des sûretés, en invitant à procéder à une généralisation de l'admission de l'attribution judiciaire et du pacte commissoire en cas de liquidation judiciaire, constitue « *une bombe à retardement dont les dangers sont tels qu'ils risquent de compromettre le fragile équilibre du droit des entreprises en difficulté et, menacent au-delà, de faire imploser le système* ».

[332] Gage et nantissement.

[333] Rappr. : C. civ., art. 2348, al. 1er. – Comp. avec la déf. qu'en donnent : Ph. SIMLER et Ph. DELEBECQUE, *op. cit.*, n° 504. – M. CABRILLAC, Ch. MOULY, S. CABRILLAC et Ph. PÉTEL, *op. cit.*, n° 614. – M. BOURASSIN et V. BRÉMOND, *op. cit.*, n° 927. – Ph. MALAURIE, L. AYNÈS et P. CROCQ, *op. cit.*, n° 515.

[334] C. com., art. L. 622-7, I, al. 3.

[335] Selon D. BOUSTANI, *op. cit.* nos 586 et 589, aucune distinction n'est à opérer relativement au type de créancier.

[336] V. not. : S. GUINCHARD et G. MONTAGNIER, *Locutions latines juridiques*, Dalloz, coll. « À savoir », 2e éd., 2007, p. 95.

sûretés[337], et les multiples renvois diffusent la prohibition à toutes les procédures[338]. À l'inverse de ce qu'organisent les textes à propos de l'attribution judiciaire, aucune exception n'est prévue pour l'attribution conventionnelle ; de sorte que ce mode de réalisation des sûretés se trouve systématiquement frappé de paralysie dès l'intervention du jugement d'ouverture. Il faut néanmoins observer que si, à l'instar de l'attribution judiciaire, la question de la neutralisation du pacte commissoire ne soulève guère de difficulté lorsque le créancier est assujetti à la discipline collective[339], elle apparaît moins limpide dans le cas contraire[340].

24. En effet, l'inefficacité du pacte commissoire en cas de procédure collective du constituant est essentiellement appréhendée à travers la règle de l'interdiction des paiements ; elle n'est perçue qu'en tant que manifestation de cette règle, à telle enseigne que la disposition qui l'explicite a pu être jugée superfétatoire[341]. Or, ainsi que cela a pu être énoncé, les créanciers éligibles au traitement préférentiel ne subissent pas l'interdiction des paiements individuels[342]. En outre, la proximité des dispositions organisant l'éviction du pacte commissoire avec celles instituant le principe d'interdiction des paiements individuels[343] inclinerait, *a priori*, à en faire converger les domaines[344], de telle sorte que les créanciers

---

[337] C. com. art. L. 622-7, I, al. 3 : « *Il* [le jugement d'ouverture] *fait enfin obstacle à la conclusion et à la réalisation d'un pacte commissoire.* ».

[338] C. com., art. L. 631-14, al. 1er, pour le redressement judiciaire et art. L. 641-3, al. 1er, pour la liquidation judiciaire.

[339] Encore que le propos mérite d'être nuancé, la fixation de l'instant où se produit le transfert de propriété en vertu d'un pacte commissoire constituant un véritable problème : F. MACORIG-VENIER, « L'alternative à la cession des biens grevés : l'attribution en propriété », *Rev. proc. coll.* mars 2015, n° 2, doss. 30, n° 9. – *Adde* : F. PÉROCHON, « Les interdictions de paiement et le traitement des sûretés réelles », *D.* 2009. 651, nos 10 et s.

[340] Rappr. : F. MACORIG-VENIER, « Le pacte commissoire (et les sûretés réelles mobilières) », *RLDA* mars 2007, n° 14, p. 79, spéc. p. 82 et 85.

[341] F. PÉROCHON, art. préc., n° 9. – *Adde* not. : P.-M. LE CORRE, *op. cit.*, n° 631.121. – F.-X. LUCAS, *op. cit.*, préc. – F. PÉROCHON *op. cit.*, n° 570.

[342] V. C. com., art. L. 622-7 et L. 622-17 préc.

[343] Étant en cause les al. 1 et 3 du I de C. com., art. L. 622-7.

[344] V. F. MACORIG-VENIER, art. préc., p. 82.

postérieurs privilégiés seraient en droit, le cas échéant[345], de faire jouer une attribution conventionnelle à titre de paiement.

25. Il semble toutefois permis de faire diverger les champs d'application des textes en cause et, partant, de comprendre la neutralisation du pacte commissoire comme un commandement général destiné à structurer la procédure plutôt qu'en tant que relai spécifique de l'interdiction des paiements[346]. Pour ce faire, il convient de relever que le Code de commerce n'instaure pas une inapplication de principe de l'article L. 622-7 à l'égard des créanciers postérieurs méritants ; le Code se contente de soustraire ces derniers à l'interdiction des paiements prescrite par l'alinéa premier en ne les faisant pas figurer dans l'énumération à laquelle procède cet alinéa. Appréhendé strictement, l'article L. 622-7, I, du Code de commerce, ne précise le sort des créanciers postérieurs privilégiés – de façon négative qui plus est – qu'en son premier alinéa, sans pour autant suggérer qu'il y est établi une délimitation de son domaine d'ensemble. L'idée, en somme, serait d'adopter une lecture autonome des alinéas concernés, de nature à rendre tous les créanciers, en ce compris les postérieurs privilégiés, justiciables de l'alinéa 3, dont la lettre autorise à ne pas en restreindre le périmètre subjectif.

26. Par ailleurs, si l'on appréhende globalement l'article L. 622-7, il est possible de voir en son I l'énoncé de certains principes d'organisation de la procédure[347], auxquels le II apporte sélectivement des exceptions : l'alinéa premier du I pose un principe d'interdiction de paiement des créances antérieures, et le second alinéa du II prescrit,

---

[345] L'occurrence présuppose que soit donnée l'autorisation du juge-commissaire, non seulement pour la stipulation du pacte, mais aussi pour la constitution de la sûreté elle-même : P.-M. LE CORRE, *op. cit.*, préc. – Rappr. : F. PÉROCHON, art. préc., n° 8. – *Adde* : *id.*, *op. cit.*, n° 570 *in fine*.

[346] Une telle position serait conforme à la volonté du législateur, selon F. MACORIG-VENIER, art. préc., p. 82 (lecture *a contrario*).

[347] Rappr. : P.-M. LE CORRE, *op. cit.*, n° 631.131, qui, à propos de l'interdiction des paiements individuels – dont on relèvera utilement qu'elle trouve sa source dans C. com., art. L. 622-7, I, al. 1er –, considère que cette dernière « ***participe surtout de l'organisation collective de la procédure*** » (mise en gras par nos soins). – *Adde* : M.-P. DUMONT-LEFRAND, « Situation du débiteur », *J.-Cl. Proc. coll.*, fasc. 2325, LexisNexis, 2017, n° 54.

par souci de pragmatisme, une série d'exceptions[348]. Sous cet angle, puisque le II ne contient aucune dérogation quant au pacte commissoire, ce dernier se trouve purement neutralisé dans le cadre d'une procédure collective[349]. Si, en outre, l'on souligne que la réalisation d'un pacte commissoire présuppose sa conclusion, on peut alors constater que la lettre de l'alinéa 3 permet de dessiner la logique suivante : les créanciers non éligibles au traitement préférentiel ne pouvant recevoir paiement de leur créance, la réalisation d'un éventuel pacte commissoire ne peut avoir lieu à leur profit en l'absence de texte d'exception l'autorisant expressément ; et les créanciers éligibles audit traitement, dans la mesure où leurs créances sont, par hypothèse, nées après jugement d'ouverture, ne peuvent solliciter du juge-commissaire la conclusion d'un pacte commissoire[350] ni, *a fortiori*, le mettre en œuvre aux fins de paiement de leurs créances postérieures privilégiées non payées à l'échéance[351].

27. Ces deux lectures complémentaires – lecture autonome et lecture fonctionnelle – permettraient alors de conférer une portée normative effective à l'alinéa en cause qui, à défaut, n'aurait bel et bien qu'une vertu pédagogique : s'il y a convergence des domaines des alinéas premier et troisième du I de l'article L. 622-7 du Code de commerce, c'est-à-dire si l'alinéa 3 est inapplicable aux créanciers éligibles au traitement préférentiel, ledit alinéa apparaît parfaitement inutile ; à quoi cela sert-il de préciser, d'une part, qu'un créancier affecté par l'interdiction des paiements ne peut faire jouer une attribution conventionnelle à titre de paiement, et, d'autre part, qu'un tel créancier ne peut conclure de pacte commissoire après jugement d'ouverture, alors que, en toute hypothèse, aucune disposition dérogatoire analogue à celle régissant l'attribution judiciaire du gage en liquidation judiciaire ne lui permet de déclencher ce mode de réalisation de sa sûreté ?

---

[348] C. com., art. L. 622-7, II, al. 2nd : paiement du créancier rétenteur ; paiement du créancier bénéficiaire d'une fiducie-sûreté ; paiement du crédit-bailleur pour permettre la levée de l'option d'achat de contrat de crédit-bail.

[349] Comp. cep. : P.-M. LE CORRE, *op. cit.*, n° 631.123. – F. PÉROCHON, art. préc., préc.

[350] *Contra,* semble-t-il : P.-M. LE CORRE, *op. cit.*, préc. – F. PÉROCHON, art. préc., préc.

[351] En ce sens aussi, semble-t-il : D. BOUSTANI, *op. cit.*, n° 589.

28. Au-delà de ces diverses problématiques, afférentes à des modes de réalisation des garanties qui ne procurent qu'une relative satisfaction au créancier – celui-ci ne souhaitant pas, le plus souvent, devenir propriétaire du bien grevé mais, à l'inverse, recevoir un véritable paiement –, le Livre VI du Code de commerce comporte une règle paralytique faisant montre de plus de radicalité en raison de sa dimension fondamentale : l'interdiction des poursuites individuelles.

b) L'interdiction des poursuites individuelles

29. Ainsi qu'ont pu le préluder les précédents développements, il est possible, à un stade de réflexion plus fondamental, de considérer que la cause prépondérante de la paralysie systématique de la réalisation des sûretés tient à une sorte de projection de la règle de l'accessoire : si l'efficacité de la sûreté est paralysée, c'est principalement parce que la créance elle-même est systématiquement immobilisée[352]. Ce gel du passif[353], qu'organisent l'interdiction des paiements individuels, l'arrêt des poursuites individuelles et l'arrêt des voies d'exécution[354], se caractérise par une certaine systématicité puisqu'il atteint tous les créanciers non éligibles au traitement préférentiel par le seul effet du jugement d'ouverture,

---

[352] Sur l'idée d'immobilisation de la créance, jugée « *inhérente à la procédure collective* », v. par ex. : Ass. plén. 9 juill. 1993, n° 89-19.211, *Bull. ass. plén.*, n° 13 ; *D.* 1993. 469, concl. M. JÉOL, rapp. J.-P. DUMAS, note F. DERRIDA ; *JCP E* 1993. 298, n° 15, obs. M. CABRILLAC ; *ibid.* 302, n° 12, obs. Ch. GAVALDA et J. STOUFFLET ; *JCP G* 1993. II. 22122, concl. M. JÉOL, note F. POLLAUD-DULIAN ; *LPA* 23 sept. 1993, n° 72, p. 4, obs. J.-P. D. ; *ibid.* 17 nov. 1993, n° 138, p. 17, note F. DERRIDA ; *Rev. proc. coll.* 1993, p. 135, obs. Y. CHAPUT. – Rappr. : C. SAINT-ALARY-HOUIN, *op. cit.*, n° 693.

[353] Selon l'expression de F. PÉROCHON, *op. cit.*, n°s 559 et s. – *Id.*, « Le périmètre de la règle de l'arrêt des voies d'exécution », *in* P.-M. LE CORRE (dir.), *Mesures d'exécution et procédures collectives. Confrontation des règles de l'exécution et du droit des entreprises en difficulté*, Bruylant, coll. « Procédure(s) », 2012, p. 9, n° 2. – *Adde* not. : J. VALLANSAN, « Ordonnance n° 2014-326 du 12 mars 2014 portant réforme de la prévention des difficultés des entreprises et des procédures collectives – Présentation », *J.-Cl. Proc. coll.*, fasc. 1705, LexisNexis, 2018, n° 72. – F. MACORIG-VENIER, « Entreprises en difficulté – Situation des créanciers », *Rép. com.*, Dalloz, 2018, n°s 186 et s. – Rappr. : C. SAINT-ALARY-HOUIN, *op. cit.*, préc. – P.-M. LE CORRE, *op. cit.*, n° 621.094.

[354] C. com., art. L. 622-21, II, pour la procédure de sauvegarde, rendu applicable en redressement judiciaire par C. com., art. L. 631-14, al. 1er, et en liquidation judiciaire par C. com., art. L. 641-3, al. 1er.

peu important la nature de la procédure en question. Il faut bien comprendre que si l'on peut affirmer que le gel du passif entraîne mécaniquement une paralysie des sûretés, c'est parce qu'en raison de l'inexorable immobilisation de sa créance pendant le déroulement d'une procédure collective, un créancier n'est pas en droit d'exercer à titre individuel les prérogatives qu'il tire élémentairement de son droit de créance, à savoir la possibilité de diligenter la vente forcée du bien sur lequel il est inscrit en cas d'inexécution de ses obligations par le débiteur[355], et ce afin d'exercer sur le prix de vente ainsi dégagé le droit de préférence que lui confère sa sûreté. À travers l'idée que la réalisation de l'actif grevé de sûreté au profit d'un créancier ne peut intervenir à son initiative, il se peut constater que la mise en œuvre de la sûreté est effectivement paralysée par suite de l'immobilisation de la créance, qui résulte de l'arrêt des poursuites individuelles et de l'arrêt des procédures d'exécution, corollaires du principe d'interdiction des paiements individuels[356]. Aussi peut-on dire qu'en matière de procédures collectives, une sûreté n'est susceptible de déployer ses effets qu'à raison de la réactivation du droit au paiement de son titulaire.

30. Il faut cependant observer que tout ceci ne vaut qu'à la condition de focaliser son attention sur les garanties préférentielles – dites « classiques »[357] –, entendues comme les sûretés ayant vocation,

---

[355] V. C. civ., art. 2284 et 2285 ; C. pr. exec., art. L. 111-1, L. 111-2 et art. L. 112-1. – *Adde* par ex., dans cet ordre d'idée : M. CABRILLAC, Ch. MOULY, S. CABRILLAC et Ph. PÉTEL, *op. cit.*, n° 995, expliquant que la « *saisie immobilière est la **procédure normale** destinée à faire apparaître* » la valeur de l'actif sur laquelle le créancier hypothécaire a vocation à exercer son droit de préférence et, par là même, à se désintéresser (mise en gras par nos soins).

[356] Ph. ROUSSEL GALLE, « Les retouches apportées aux règles de l'interdiction des poursuites individuelles et de l'arrêt des voies d'exécution », *Gaz. proc. coll.* 10 mars 2009, n° 69, p. 21, n° 1. – F. PEROCHON, *op. cit.*, n°s 563 *in limine* et 626 *in limine*. – *Id.*, art. préc., n° 2. – Ph. PÉTEL, *op. cit.*, n° 158. – F.-X. LUCAS, *op. cit.*, n° 265. – Comp. : J. VALLANSAN, « Situation des créanciers – Arrêt des poursuites individuelles », *J.-Cl. Proc. coll.*, fasc. 2335, LexisNexis, 2018, n° 7, pour qui l'interdiction des paiements constitue l'un des corollaires de l'arrêt des poursuites individuelles.

[357] Terme assez largement employé en doctrine pour qualifier ce type de sûretés, par opposition aux sûretés-propriétés ; v. not. : A. AYNÈS, note sous Com. 30 janv. 2019, n° 17-22.223, *Bull. civ.* IV [à paraître], *D.* 2019. 927, n° 11 *in fine*. – F. MACORIG-VENIER, « L'avant-projet de réforme des sûretés de l'Association Henri Capitant et les modifications apportées au livre VI du Code de commerce »,

en vertu de leur « effet légal »[358] – ainsi qualifiable par le biais d'une sorte d'extrapolation de la formule qu'il est coutume d'employer en matière hypothécaire[359] –, à conférer au créancier qui en est titulaire un droit de préférence sur la valeur de l'actif grevé lors de sa réalisation, tout en faisant abstraction des modes alternatifs de réalisation de ces sûretés[360], au premier rang desquels figurent les attributions judiciaires ou conventionnelles. Ne peuvent en effet être ici concernées les sûretés qui, en raison de leur objet ou de leur effet, ne puisent pas leur efficacité dans l'exercice d'un droit de préférence présupposant une réalisation de leur assiette, ou encore celles qui, à la

---

BJE janv. 2018, n° 1, p. 10. – M. GRIMALDI, « Sûretés et successions – Rapport conclusif », *JCP N* 2017. 1152, n°s 7, 10, 14 et s. – F. MACORIG-VENIER, « L'alternative à la cession des biens grevés : l'attribution en propriété », *Rev. proc. coll.* mars 2015, n° 2, doss. 30, n°s 3, 4 et 5. – Ph. ROUSSEL GALLE, « Les sûretés réelles et le droit des entreprises en difficulté », *RD banc. fin.* sept. 2014, n° 5, doss. 38, n°s 22 et 23. – F. PÉROCHON, « Les sûretés immobilières classiques dans les procédures collectives », Interv. Colloque *Sûretés réelles et droit des entreprises en difficulté*, Nice 20 mars 2010, *LPA* 11 févr. 2011, n° 30, p. 49, n° 1. – R. DAMMANN et M. ROBINET, « Quel avenir pour les sûretés réelles classiques face à la fiducie-sûreté ? », *Cah. dr. entr.* juill. 2009, n° 4, doss. 23. – *Adde* : J.-J. ANSAULT, « Fiducie-sûreté et sûretés réelles traditionnelles : que choisir ? », *Dr. et patr.* mai 2010, n° 192, p. 52. – V. aussi : S. VERMEILLE, « Renforcer l'efficacité des sûretés réelles traditionnelles – Regard critique sur l'avant-projet de réforme des sûretés », *JCP E* 2017. 1695. – Comp. : le sens dans lequel l'emploie M.-P. DUMONT-LEFRAND, « Le créancier titulaire de sûretés « agricoles » », *Rev. proc. coll.* sept. 2018, n° 5, doss. 34, n°s 3 à 15.

[358] Rappr. : Ph. MALAURIE, L. AYNÈS et P. CROCQ, *op. cit.*, n° 403.

[359] V. spéc. : C. civ., art. 2435, d. al. – *Adde* spéc. : Civ. 3e, 23 janv. 1973, n° 71-14.197, *Bull. civ.* III, n° 69 : « *Attendu que l'hypothèque est éteinte lorsqu'elle a produit son effet légal, et que d'un droit sur la chose elle a été transformée en un droit sur le prix...* » ; *D.* 1973. 427, note E. FRANCK ; *Defr.* 1973, art. 30442, n° 47, p. 1165, obs. J.-L. AUBERT. – Civ. 3e, 13 sept. 2006, n° 05-13.849, *Bull. civ.* III, n° 177 ; *D.* 2006. 2392, note V. AVENA-ROBARDET ; *RD banc. fin.* nov. 2006, n° 6, comm. 204, note D. LEGEAIS ; *RLDA* nov. 2006, n° 10, p. 46, obs. M. MIGNOT ; *Defr.* 15 févr. 2007, n° 3, p. 225, obs. S. PIEDELIÈVRE ; *JCP G* 2007. 1776, n° 19, obs. Ph. DELEBECQUE. – V. not. : Ph. MALAURIE, L. AYNES et P. CROCQ, *op. cit.*, note 73 sous n° 675. – Ph. SIMLER et Ph. DELEBECQUE, *op. cit.*, n° 517. – D. LEGEAIS, *op. cit.*, n° 606.

[360] V. spéc. : F. PÉROCHON *in* N. BORGA et F. PÉROCHON, « La réalisation des garanties réelles : en restructuration ou en liquidation ? Dans ou hors la procédure ? », *Rev. proc. coll.* juill. 2018, n° 4, doss. 20, n° 34. – F. MACORIG-VENIER, « L'alternative à la cession des biens grevés : l'attribution en propriété », *Rev. proc. coll.* mars 2015, n° 2, doss. 30, *in extenso*, mais spéc. n°s 3 à 6. – Rappr. : Ph. PÉTEL, *op. cit.*, n° 189.

faveur d'une certaine mansuétude législative, s'avèrent être elles-mêmes une source de restauration anticipée du droit au paiement des créanciers à la satisfaction desquels elles concourent[361].

31. Du reste, il n'est guère étonnant, eu égard à la nature profonde d'une sûreté, que s'établisse une nécessaire corrélation entre la durée de la paralysie du droit au paiement et celle de la paralysie de la sûreté : la sûreté n'a de raison d'être que pour garantir l'exécution d'une obligation[362] ; elle est impérieusement inféodée à une créance, de sorte que, de façon générale, ce qui affecte la créance a vocation à infléchir la sûreté, et ce à tel point que la règle de l'accessoire s'érige en véritable principe du droit des sûretés et s'y exprime avec une éminente acuité[363].

32. Si les règles présentées jusqu'alors se proposaient toutes de paralyser, de diverses manières, la réalisation des sûretés réelles, le dispositif normatif intéressant les procédures collectives contient, en outre, plusieurs mécanismes ayant, non pour objet, mais pour effet d'entraver la mise en œuvre des garanties.

2) La paralysie lato sensu *ou par voie détournée*

33. Il s'agit à présent d'envisager les hypothèses d'inefficacité provoquée par l'application de textes qui ne se proposent pas réellement de paralyser une sûreté mais qui, pourtant, produisent cet effet en entravant l'inscription de la sûreté (a) et en empêchant la réalisation de l'actif grevé (b).

34.

---

361 Sur lesquelles, v. *infra* n°s 90 et s.

362 V. spéc. : G. GOUBEAUX, *La règle de l'accessoire en droit privé*, préf. D. TALLON, Paris, Librairie générale de droit et de jurisprudence, coll. « Bibl. dr. privé », t. XCIII, 1969, n° 42 ; v. aussi n°s 19 et 24.

363 Rappr. not : *ibid.*, n° 42. – Ch. ALBIGES et M.-P. DUMONT-LEFRAND, *op. cit.*, n°s 7 et 668. – M. BOURASSIN, V. BRÉMOND, *op. cit.*, n°s 8 et 43. – M. CABRILLAC, Ch. MOULY, S. CABRILLAC et Ph. PÉTEL, *op. cit.*, n°s 2, 63 et s., 582 et 593. – D. LEGEAIS, *op. cit.*, n°s 21, 385 et 387. – Ph. MALAURIE, L. AYNÈS et P. CROCQ, *op. cit.*, n° 2. – J. MESTRE, E. PUTMAN et M. BILLIAU, *op. cit.*, n°s 5 et 9. – J.-B. SEUBE, *op. cit.*, n° 32. – Ph. SIMLER et Ph. DELEBECQUE, *op. cit.*, n°s 37, 360 et 617.

a) L'inefficacité par défaut d'inscription de la sûreté

35. Lorsque l'on fait état d'une inefficacité par défaut d'inscription d'une sûreté, la règle en cause est celle de l'arrêt du cours des inscriptions de sûretés[364], en vertu de laquelle les créanciers ne peuvent plus inscrire de sûretés à leur profit après le jugement d'ouverture de la procédure collective du débiteur sur les biens duquel portent ces sûretés, et ce dès l'intervention dudit jugement dans la mesure où celui-ci rétroagit à zéro heure de sa date[365]. Il faut immédiatement préciser que, à proprement parler, la règle de l'arrêt du cours des inscriptions de sûretés n'a pas véritablement pour objet de paralyser le jeu d'une sûreté en ce sens qu'elle ne se borne pas à restreindre l'étendue des prérogatives du titulaire de la sûreté ou à diminuer le nombre des modalités de réalisation de cette dernière[366]. Néanmoins, puisqu'il s'agit, par hypothèse, de raisonner sur des sûretés constituées avant jugement d'ouverture[367] – le texte énonçant

---

[364] C. com., art. L. 622-30, al. 1er, pour la procédure de sauvegarde, rendu applicable en redressement judiciaire par C. com., art. L. 631-14, al. 1er, et en liquidation judiciaire par C. com., art. L. 641-3, al. 1er.

[365] C. com., art. R. 621-4, al. 2, pour la procédure de sauvegarde, rendu applicable en redressement judiciaire par C. com., art. R. 631-7, et en liquidation judiciaire par C. com., art. R. 641-1. – V. spéc. en matière d'inscription de sûretés : Com. 2 oct. 2007, n° 06-20.140, F-D, qui formule le principe en ces termes : « [...] *le jugement d'ouverture du redressement ou de la liquidation judiciaire prend effet à compter de sa date, soit dès la première heure du jour de son prononcé...* » ; *Gaz. proc. coll.* 24 janv. 2008, n° 24, p. 34, note Ch. LEBEL ; *ibid.*, p. 50, note Ph. ROUSSEL GALLE.

[366] L'arrêt du cours des inscriptions de sûretés a davantage été conçu comme une cristallisation de la situation patrimoniale de l'entreprise débitrice destinée à préserver son crédit et à faire respecter le principe d'égalité des créanciers, v. spéc. : P.-M. LE CORRE, *op. cit.*, n° 651.131. – *Adde* : C. SAINT-ALARY-HOUIN et F. MACORIG-VENIER, « Situation des créanciers – Interdiction des inscriptions », *J.-Cl. Proc. coll.*, fasc. 2365, LexisNexis, 2018, n° 6. – B. SOINNE, *op. cit.*, n° 1076. – C. SAINT-ALARY-HOUIN, *op. cit.*, n° 737. – F. MACORIG-VENIER, « Entreprise en difficulté : situation des créanciers », *Rép. com.*, Dalloz, 2019, n° 305. – Ch. LÈGUEVAQUES, « L'égalité des créanciers dans les procédures collectives : flux et reflux », *Gaz. Pal.* 6 août 2002, n° 218, p. 2, qui « [porte] *au crédit du principe de l'égalité des créanciers, notamment les diverses règles suivantes :* [...] *l'arrêt du cours des inscriptions...* ».

[367] P.-M. LE CORRE, *op. cit.*, n° 651.141. – F. PÉROCHON, *op. cit.*, n° 653. – Ph. PÉTEL, *op. cit.*, n° 195. – C. SAINT-ALARY-HOUIN et F. MACORIG-VENIER, fasc. préc., n° 113. – A. JACQUEMONT et R. VABRES, *op. cit.*, n° 512. – V. aussi : F. MACORIG-VENIER, « Entreprise en difficulté : situation des créanciers », *Rép.*

que les créanciers « *ne peuvent plus* »[368] inscrire de sûretés à compter de l'ouverture de la procédure[369] – il est possible de considérer que de telles sûretés avaient tout de même une certaine vocation à produire leurs effets ; et sous cet angle, la règle de l'arrêt du cours des inscriptions de sûretés conduit bel et bien à en entraver la mise en œuvre.

36. Il convient en effet de comprendre que la sanction qui domine la question ne s'entend pas de l'anéantissement de la sûreté mais de son inopposabilité : lorsqu'une sûreté n'est pas publiée au plus tard la veille du jour du jugement d'ouverture[370], elle est, par définition, inopposable aux tiers[371], en ce compris la procédure collective[372] ; et si un créancier en diligente l'inscription au mépris de l'arrêt du cours des inscriptions de sûretés, celle-ci sera inopposable à la procédure[373] ; le créancier ne pourra donc se prévaloir de ses droits et la procédure collective tiendra la sûreté pour inexistante[374], l'inopposabilité se définissant comme l'inefficacité d'un acte, c'est-à-dire la privation de ses effets, à l'égard des tiers, de telle sorte que ces

---

com., Dalloz, 2019, n° 307. – Comp. (*contra*) : M. JEANTIN et P. LE CANNU, *Entreprises en difficulté*, Dalloz, coll. « Précis », 7e éd., 2006, n° 826.

[368] C. com., art. L. 622-30, al. 1er.

[369] V. spéc. : P.-M. LE CORRE, *op. cit.*, préc.

[370] P.-M. LE CORRE, *op. cit.*, n° 651.311, qui précise que « *Compte tenu de la rétroactivité du jugement d'ouverture à 0 heure du jour de son prononcé, l'inscription* […] *devra être prise au plus tard la veille du jour du jugement d'ouverture…* ».

[371] V. not. : Ph. PÉTEL, *op. cit.*, nos 194 *in limine* et 200. – C. SAINT-ALARY-HOUIN, « L'inopposabilité à la procédure collective », *in* P.-M. LE CORRE (dir.), *Les grands concepts du droit des entreprises en difficulté*, Dalloz, coll. « Thèmes et commentaires », 2019, p. 47, nos 13 et 14. – A. JACQUEMONT et R. VABRES, *op. cit.*, n° 511.

[372] V. Com. 7 nov. 2006, n° 05-11.551, F-D. – Rappr. : C. SAINT-ALARY-HOUIN, art. préc., n° 14.

[373] V. Com. 24 mars 2009, n° 08-11.055, F-D ; *Gaz. proc. coll.* 28 juill. 2009, n° 209, p. 29, note Ph. ROUSSEL GALLE ; *Rev. proc. coll.* sept. 2009, n° 5, comm. 114, note F. MACORIG-VENIER. – Comp. cep. : C. SAINT-ALARY-HOUIN, *op. cit.*, préc. *in fine*.

[374] Rappr. : A. AYNÈS, « Précisions sur le sort du gage sans dépossession en cas de procédure collective », *JCP G* 2009. I. 119, n° 4. – P.-M. LE CORRE, « La vente de biens grevés de sûretés en période d'observation », *Gaz. Pal. entr. diff.* 12 avr. 2016, n° 14, p. 80, question n° 8.

derniers se trouvent en droit d'ignorer cet acte[375]. Dès lors, parce que la sûreté inscrite postérieurement au jugement d'ouverture n'est pas nulle mais inopposable à la procédure collective, il devrait en être tiré une conclusion identique à celle ayant cours en matière d'inopposabilité de la créance non régulièrement déclarée dans les délais[376] et d'inopposabilité du droit de propriété en l'absence d'action en revendication couronnée de succès[377] – et ce dans la mesure où cette conclusion découle justement de la notion d'inopposabilité –, à savoir le fait que l'inopposabilité ne pourra subsister à l'égard de la

---

[375] V. spéc. : les déf. données sous « Inopposabilité » *in* G. CORNU (dir.), *Vocabulaire juridique*, PUF, coll. « Quadrige », 11e éd., 2016 et *in* Th. DEBARD et S. GUINCHARD (dir.), *Lexique des termes juridiques 2017-2018*, Dalloz, coll. « Lexique », 25e éd., 2017. – F. TERRÉ, Ph. SIMLER, Y. LEQUETTE et F. CHÉNEDÉ, *Les obligations*, Dalloz, coll. « Précis », 12e éd., 2019, nos 135 et 216. – S. SANA-CHAILLÉ DE NÉRÉ, « Nullité du contrat – Généralités », *J.-Cl. Civil Code*, Art. 1178 à 1185, fasc. 10, LexisNexis, 2018, n° 30. – Ph. MALAURIE, L. AYNÈS et Ph. STOFFEL-MUNCK, *Droit des obligations*, LGDJ – Lextenso, coll. « Droit civil », 10e éd., 2018, n° 669. – R. CABRILLAC, *Droit des obligations*, Dalloz, coll. « Cours », 13e éd., 2018, n° 102. – A. BÉNABENT, *Droit des obligations*, LGDJ – Lextenso, coll. « Précis Domat », 17e éd., 2018, nos 202 et 813. – D. HOUTCIEFF, *Droit des contrats*, Bruylant, coll. « Paradigme – Manuels », 4e éd., 2018, n° 540. – M. BRUSORIO AILLAUD, *Droit des obligations*, Bruylant, coll. « Paradigme – Manuels », 9e éd., 2018, n° 369. – B. FAGES, *Droit des obligations*, LGDJ – Lextenso, coll. « Manuel », 8e éd., 2018, n° 215. – V. LARRIBAU-TERNEYRE, *Droit civil. Les obligations*, Sirey, coll. « Sirey Université », 15e éd., 2017, n° 1468. – M. FABRE-MAGNAN, *Droit des obligations*, t. I, *Contrat et engagement unilatéral*, PUF, coll. « Thémis droit », 4e éd., 2016, n° 441. – J. GHESTIN, G. LOISEAU et Y.-M. SERINET, *Traité de droit civil,* J. GHESTIN (dir.), *La formation du contrat*, t. II, *L'objet et la cause – Les nullités*, LGDJ - Lextenso, coll. « Traités », 2013, n° 2076. – Y. PICOD, « Nullité », *Rép. civ.*, Dalloz, 2019, n° 12. – *Adde* spéc. : C. SAINT-ALARY-HOUIN, art. préc., nos 2, 3 et 4. – V. aussi : P.-M. LE CORRE, *op. cit.*, n° 666.625.

[376] V. P.-M. LE CORRE, *op. cit.*, n° 666.631. – *Id.*, « Les créanciers antérieurs dans le projet de sauvegarde des entreprises », *LPA* 10 juin 2004, n° 116, p. 25, n° 15 *in fine*. – *Adde* : F. PÉROCHON, *op. cit.*, n° 1567. – M.-P. DUMONT-LEFRAND, « Procédure de sauvegarde », *J.-Cl. Proc. coll.*, fasc. 2152, LexisNexis, 2017, n° 42. – Ph. ROUSSEL GALLE, « La déclaration de créances et les sûretés réelles », Interv. Colloque *Sûretés réelles et droit des entreprises en difficulté*, Nice 20 mars 2010, *LPA* 11 févr. 2011, n° 30, p. 37, n° 16.

[377] V. Com. 20 mai 1997, n° 94-16.733, F-D. – Com. 20 juin 1995, n° 93-17.009, F-D. – Sur cette question, v. spéc. : E. LE CORRE-BROLY, « La sanction du défaut de revendication », *Gaz. Pal. entr. diff.* 12 avr. 2016, n° 14, p. 51, nos 2 et s., spéc. n° 8. – *Adde* not. : B. AMIZET, « Le sort des biens non revendiqués », *Rev. proc. coll.* nov. 2017, n° 6, doss. 19, n° 4 et s., spéc. n° 8.

procédure collective ouverte concomitamment ou subséquemment à la résolution d'un plan de sauvegarde ou de redressement[378]. Ainsi, eu égard à ces dernières considérations, la règle de l'arrêt du cours des inscriptions de sûretés, à défaut d'avoir réellement pour objet de paralyser une sûreté, est-elle susceptible d'en avoir l'effet.

37. Aux côtés de l'inefficacité d'une sûreté provoquée par son défaut d'inscription, il existe une autre forme de paralysie par voie détournée de la mise en œuvre des sûretés, à savoir l'absence de réalisation des actifs grevés durant l'exécution d'un plan de sauvegarde ou de redressement.

b) L'inefficacité par défaut de réalisation de l'actif grevé

38. Si, à l'instar des règles abordées au cours des précédents développements, les corps de règles dont il s'agit présentement de faire état n'ont pas, en toute rigueur, pour objet de paralyser les sûretés, il n'en demeure pas moins que leur application s'avère de nature à produire un tel effet. Pour mesurer en quoi cette proposition est fondée, une précision liminaire, afférente à l'assiette véritable des droits conférés par une sûreté réelle, s'impose : ces droits ne portent pas sur le bien grevé en lui-même, mais, en réalité, sur tout ou partie des droits que détient, sur ce bien, le constituant de la sûreté[379]. De sorte que, abstraction faite des modes alternatifs de réalisation des sûretés[380], les droits dont se trouve investi le titulaire d'une sûreté réelle ont vocation à s'exercer sur la valeur des droits de la personne ayant affecté en garantie l'actif considéré[381]. Ainsi est-il nécessaire de faire apparaître cette valeur afin que puissent se déployer les droits du créancier muni de la sûreté[382]. Or, ladite valeur est incarnée –

---

[378] P.-M. LE CORRE, *op. cit.*, n° 651.311. – C. SAINT-ALARY-HOUIN et F. MACORIG-VENIER, fasc. préc., n° 7.

[379] V. spéc. : M. CABRILLAC, Ch. MOULY, S. CABRILLAC et Ph. PÉTEL, *op. cit.*, n° 582.

[380] V. F. PÉROCHON *in* N. BORGA et F. PÉROCHON, « La réalisation des garanties réelles : en restructuration ou en liquidation ? Dans ou hors la procédure ? », *Rev. proc. coll.* juill. 2018, n° 4, doss. 20, n° 34. – F. MACORIG-VENIER, « L'alternative à la cession des biens grevés : l'attribution en propriété », *Rev. proc. coll.* mars 2015, n° 2, doss. 30. – Rappr. : Ph. PÉTEL, *op. cit.*, n° 189.

[381] M. CABRILLAC, Ch. MOULY, S. CABRILLAC et Ph. PÉTEL, *op. cit.*, n°s 582 et 995.

[382] *Ibid.*

matérialisée – par le prix de vente du bien grevé[383] ; et puisqu'elles conduisent à la vente forcée de ce dernier, les procédures de saisie[384] s'analysent comme la « *procédure normale* »[385] d'apparition de cette valeur[386]. Il est alors possible de soutenir que, de façon plus fondamentale, le processus normal[387] de manifestation de la valeur des droits sur lesquels portent une sûreté réelle correspond à la vente du bien qui en constitue l'assiette. Dans ces conditions, l'on s'aperçoit que tout ce qui entrave la cession[388], tant forcée que volontaire, du bien grevé, perturbe l'efficacité d'une sûreté réelle en ce que cela empêche le développement de ses effets[389].

39. Or, en matière de plans de sauvegarde et de redressement, il se trouve que deux règles viennent troubler la réalisation des actifs grevés de sûretés et, partant, l'efficacité de ces dernières. La première

---

[383] *Ibid.*, n° 995. – *Adde* : L. BOUGEROL, « Sûretés préférentielles et sûretés exclusives, une autre *summa divisio* ? », *RD banc. fin.* sept. 2014, n° 5, doss. 36, n° 20.

[384] Sont ici spécialement concernées la procédure de saisie-vente – au sens de C. pr. exec., art. L. 221-1 – et la procédure de saisie immobilière – au sens de C. pr. exec., art. L. 311-1.

[385] M. CABRILLAC, Ch. MOULY, S. CABRILLAC et Ph. PÉTEL, *op. cit.*, préc. – Rappr. : Ph. MALAURIE, L. AYNÈS et P. CROCQ, *op. cit.*, n° 403. – L. BOUGEROL, art. préc., préc.

[386] Rappr. : M. CABRILLAC, Ch. MOULY, S. CABRILLAC et Ph. PÉTEL, *op. cit.*, préc. – Ph. MALAURIE, L. AYNÈS et P. CROCQ, *op. cit.*, préc. – *Adde* not. : X. DAVERAT, « Saisie », *Rép. pr. civ.*, Dalloz, 2019, n° 10. – V. S. FARHI, *op. cit.*, note 5 sous n° 351, qui constate que « *Les voies d'exécution constituent le mode de réalisation* ***classique*** *des sûretés réelles...* » (mise en gras par nos soins).

[387] Processus normal mais non exclusif car, pour ne donner qu'un exemple, le mécanisme de la dation en paiement, en raison de son principe même, nous semble pouvoir être perçu comme un mode particulier d'apparition de la valeur de ces droits par une sorte d'approximation de celle du bien.

[388] V. spéc. : J. THÉRON, « Liquidation judiciaire et ventes de fonds de commerce », *Rev. proc. coll.* avr. 2008, n° 2, doss. 13, n° 1, qui souligne que l'emploi du terme « vente » est inadéquat lorsqu'il s'agit de qualifier une opération par laquelle s'opère un transfert de propriété imposé dans la mesure où la vente est un contrat présupposant le consentement du propriétaire et où « *Il n'existe pas de vendeur forcé.* » (note 2). Par conséquent, l'expression « vente volontaire » est pléonastique et il serait « *plus opportun* » de recourir à un « *terme plus neutre comme celui de cession ou de transfert* » (n° 1).

[389] Rappr. : L. BOUGEROL, art. préc., préc. – *Adde* : P. CAGNOLI, « Le sort des créanciers munis de sûretés réelles », *Rev. proc. coll.* mai 2015, n° 3, doss. 39, n° 8 et s.

est celle, déjà évoquée[390], de l'arrêt des poursuites individuelles et des procédures d'exécution et de distribution[391] qui, du fait de la soumission des créanciers aux délais du plan[392] et du monopole du commissaire à l'exécution du plan dans le recouvrement des dividendes[393], s'applique durant l'exécution du plan de sauvegarde ou de redressement[394]. De ce fait, dans la mesure où le créancier titulaire

---

[390] V. *supra* n°s 29 et s.

[391] C. com., art. L. 622-21, pour la procédure de sauvegarde, rendu applicable en redressement judiciaire par C. com., art. L. 631-14, al. 1er, et en liquidation judiciaire par C. com., art. L. 641-3, al. 1er.

[392] V. not. : P.-M. LE CORRE, *op. cit.*, n° 621.093. – Rappr. not. : P. CAGNOLI, art. préc., n° 8.

[393] C. com., art. L. 626-21, d. al. – V. not. : J. VALLANSAN, « Situation des créanciers – Arrêt des poursuites individuelles », *J.-Cl. Proc. coll.*, fasc. 2355, LexisNexis, 2019, n° 33. – *Adde* not. : P. CAGNOLI, art. préc., préc.

[394] Com. 29 avr. 2014, n° 12-24.628, F-D (3e moyen) ; *D.* 2014. 1094, obs. A. LIENHARD ; *RTD com.* 2014. 683, obs. B. BOULOC ; *Rev. proc. coll.* juill. 2015, n° 4, comm. 106, note F. MACORIG-VENIER. – Soc. 10 mai 2006, n° 04-42.076, *Bull. civ.* V, n° 167 ; *CSBP* sept. 2006, n° 183, p. 379, obs. F.-J. PANSIER ; *D.* 2006. 1529, obs. A. LIENHARD ; *Droit social* 2006. 1046, obs. C. ROY-LOUSTAUNAU ; *Gaz. proc. coll.* 7 oct. 2006, n° 280, p. 24, note Ph. ROUSSEL GALLE ; *JCP S* 2006. 1692, note F. BOUSEZ. – Com. 14 mars 2000, n° 98-10.482, F-D. – *Adde* : Com. 8 avr. 2015, n° 13-28.061, *Bull. civ.* IV, n° 65, qui, en approuvant une cour d'appel d'avoir jugé que « *lorsque le plan de continuation est arrivé à son terme sans avoir fait l'objet d'une décision de résolution, le créancier recouvre son droit de poursuite individuelle contre le débiteur...* » décide, implicitement mais nécessairement, que le créancier, en qu'il « *recouvre* » son droit d'agir au terme du plan non résolu, avait bel et bien « perdu » ce droit pendant l'exécution dudit plan ; *Act. proc. coll.* mai 2015, n° 9, comm. 131, obs. G. JAZOTTES ; *D.* 2015. 801, note A. LIENHARD ; *Gaz. Pal. entr. diff.* 21 juill. 2015, n° 202, p. 18, note Ch. LEBEL ; *JCP E* 2015. 1422, n° 3, obs. Ph. PETEL ; *JCP G* 2015. 625, obs. J.-J. BARBIERI ; *LEDEN* mai 2015, n° 5, p. 4, obs. E. MOUIAL-BASSILANA ; *Rev. proc. coll.* juill. 2015, n° 4, comm. 106, note F. MACORIG-VENIER ; *RLDA* mai 2015, n° 104, p. 24, obs. M. DE MONTAIGNE ; *RTD com.* 2015. 380, obs. J.-L. VALLENS ; *ibid.* 2016. 197, obs. A. MARTIN-SERF. – En ce sens, v. aussi : Com. 13 sept. 2017, n° 15-23.044, F-D ; *BJE* nov. 2017, n° 6, p. 424, note H. POUJADE ; *Rev. proc. coll.* sept. 2018, n° 5, comm. 150, note F. MACORIG-VENIER. – Rappr. : la solution prescrite en matière de fiducie-sûreté par C. com., art. L. 622-23-1, qui dispose que « *Lorsque des biens ou droits présents dans un patrimoine fiduciaire font l'objet d'une convention en exécution de laquelle le débiteur constituant en conserve l'usage ou la jouissance,* ***aucune cession ou aucun transfert de ces biens ou droits ne peut intervenir au profit du fiduciaire ou d'un tiers du seul fait*** *de l'ouverture de la procédure,* ***de l'arrêté du plan*** *ou encore d'un défaut de paiement d'une créance née antérieurement au jugement d'ouverture. Cette interdiction est prévue à peine de nullité de la cession ou du transfert.* » (mise en gras par nos soins).

d'une sûreté réelle ne peut, pendant l'exécution d'un plan de sauvegarde ou de redressement, diligenter une mesure d'exécution aux fins de vente de l'actif grevé et de distribution subséquente du prix de cession ainsi dégagé, il s'agit d'une paralysie de la sûreté par défaut de réalisation forcée du bien qui en est l'assiette.

Quant à la seconde de ces règles, elle se comprend de celle selon laquelle le tribunal peut rendre inaliénables les actifs jugés nécessaires à la poursuite de l'activité de l'entreprise débitrice durant l'exécution du plan de sauvegarde ou de redressement[395]. Cette mesure d'inaliénabilité s'analyse ainsi en une paralysie de la sûreté par défaut de réalisation volontaire du bien grevé car, si aucune vente n'intervient, aucun prix de vente sur lequel pourrait s'exercer un droit de préférence n'émerge, et aucun droit de suite ne peut, par hypothèse – faute d'ayant cause à titre particulier du constituant –, être mis en œuvre. En théorie, cette règle, en raison de son application facultative[396], n'est pas systématique. Il convient néanmoins de mentionner la pratique judiciaire consistant à banaliser le prononcé de la mesure en question[397], de telle sorte que, en pratique, cette dernière constitue un moyen détourné d'immobilisation systématique des sûretés[398].

40. Bien que toutes les modalités de paralysie examinées ci-dessus ne se réclament pas de la même logique, il reste qu'elles revêtent, malgré tout, un trait caractéristique commun : leur systématicité ; caractère que ne présentent pas les techniques de paralysie qu'il s'agit désormais d'étudier.

B. LA PARALYSIE CONTINGENTE DE LA RÉALISATION DE LA SÛRETÉ

---

[395] C. com., art. L. 626-14, al. 1er, rendu applicable en redressement judiciaire par C. com., art. L. 631-19, I.

[396] C. com., art. L. 626-14, al. 1er : « *Dans le jugement arrêtant le plan ou le modifiant, le tribunal* ***peut*** *décider que les biens qu'il estime indispensables à la continuation de l'entreprise ne pourront être aliénés, pour une durée qu'il fixe, sans son autorisation. La durée de l'inaliénabilité ne peut excéder celle du plan.* » (mise en gras par nos soins).

[397] V. spéc. : F. DERRIDA, note sous CA Paris, 3e ch. A, 29 juin 1993, *LPA* 8 févr. 1995, n° 17, p. 24, *in limine* et v. spéc. note 1.

[398] V. cep. les explications fournies par P. CAGNOLI, art. préc. nos 9 et s.

41. Cette contingence de la paralysie de la mise en œuvre de la sûreté s'exprime à travers une dégressive préservation du gage commun des créanciers (1) ainsi que par le biais d'une progressive appréhension du gage particulier du créancier (2).

1) La dégressive préservation du gage commun des créanciers

42. L'idée de préservation dégressive du gage commun des créanciers sert à désigner le phénomène dont les pouvoirs publics, désireux de faire montre d'un certain pragmatisme dans l'articulation qu'ils se proposent de réaliser entre le droit des sûretés et le droit des entreprises en difficulté[399], ont progressivement multiplié les manifestations, et selon lequel les atteintes que le dispositif normatif des procédures collectives fait subir aux créanciers titulaires de sûretés réelles – c'est-à-dire le remodelage de l'équilibre interne – se justifient tant que la perspective du sauvetage de l'entreprise débitrice est sérieuse, tant que le redressement n'est pas manifestement impossible. En revanche, lorsque les conditions d'intervention de la liquidation judiciaire sont réunies[400], ces sacrifices, en ce qu'il n'est alors pas question de sauvetage du débiteur, n'ont plus lieu d'être. En somme, les actifs grevés de sûretés, constitutifs du gage commun des créanciers, sont, en cours de

---

[399] En ce sens, v. par ex. : Rapp. au Prés. de la Rép. relatif à l'ord. n° 2008-1345, 18 déc. 2008, portant réforme du droit des entreprises en difficulté, *JO* n° 0295, 19 déc. 2008, p. 19457, propos introductifs *in fine* : « [...] *des dispositions spécifiques ont été introduites afin d'organiser les effets en procédure collective de la fiducie et du gage sans dépossession, ce dernier étant assorti d'un droit de rétention depuis l'entrée en vigueur de la loi de modernisation de l'économie.* ***Afin de préserver les chances de sauvetage de l'entreprise, ces effets ont été encadrés en sauvegarde comme en redressement judiciaire. Au contraire, ils ont été amplifiés en liquidation judiciaire, ce qui permettra d'assurer la pleine efficacité de ces sûretés et, ainsi, de favoriser le crédit aux entreprises.*** » (mise en gras par nos soins) ; v. aussi : les Chap. II et IV, respectivement intitulés « *Attractivité de la sauvegarde* » (v. spéc. : le II-3, ainsi dénommé : « *L'amélioration des conditions de réorganisation de l'entreprise* ») et « *Amélioration de la liquidation judiciaire* » (v. spéc. : les propos introductifs du Chap. IV et le IV-3, ainsi libellé : « *Renforcement de la protection des créanciers bénéficiant d'une fiducie ou titulaires d'un gage sans dépossession* »).

[400] V. C. com., art. L. 640-1, al. 1er : « *Il est institué une procédure de liquidation judiciaire ouverte à tout débiteur mentionné à l'article L. 640-2 en* ***cessation des paiements et dont le redressement est manifestement impossible.*** » (mise en gras par nos soins).

procédure de sauvegarde ou de redressement judiciaire, préservés des modes alternatifs de réalisation des sûretés traduisant l'exercice d'une prérogative individuelle par un créancier, cependant que, en cas de situation irrémédiablement compromise de nature à faire obstacle à une quelconque poursuite d'exploitation – tant par voie interne que par voie externe –, cette préservation du gage commun des créanciers n'est plus aussi vigoureuse.

43. En doctrine, cette idée a pu être synthétisée sous la forme d'un principe dit « *d'efficacité graduelle* »[401] des sûretés, en vertu duquel l'efficacité d'une sûreté est inversement proportionnelle à la pérennité économique de son constituant[402] ; principe dont certains auteurs regrettent – de façon mesurée – l'absence de systématisation, compte tenu de sa pertinence et de l'équilibre qu'il permet, ou du moins semble permettre d'atteindre entre des impératifs, sinon antagonistes, à tout le moins difficilement conciliables[403].

44. À cet égard, le régime juridique qui incarne significativement cette idée de préservation dégressive du gage commun est celui afférent à l'attribution judiciaire du gage. Si l'on excepte les créanciers postérieurs éligibles au traitement préférentiel, qui paraissent, en l'état des textes actuels, en droit de la solliciter en toute procédure[404] – sous réserve que le droit commun propre à leur sûreté ne leur refuse pas cette faculté[405] –, les créanciers gagistes ne peuvent se faire judiciairement attribuer en pleine propriété le bien

---

[401] N. BORGA *in* N. BORGA et F. PÉROCHON, « La réalisation des garanties réelles : en restructuration ou en liquidation ? Dans ou hors la procédure ? », *Rev. proc. coll.* juill. 2018, n° 4, doss. 20, n° 4 (en gras dans l'art.).
[402] Rappr. : Ph. ROUSSEL GALLE et F. PÉROCHON, « Sûretés et droit des procédures collectives, le couple infernal », *Rev. proc. coll.* janv. 2016, n° 1, doss. 12, n° 3. – Ph. DUPICHOT, « L'efficience économique du droit des sûretés réelles », *LPA* 16 avr. 2010, n° 76, p. 7, n° 31.
[403] V. not. : N. BORGA, art. préc., n°s 4 et s., spéc. n° 10, v. cep. la nuance apportée par l'auteur n°s 11 et s., spéc. n°s 12 et 13. – F.-X. LUCAS, « L'efficacité des sûretés réelles et les difficultés des entreprises », *Rev. proc. coll.* nov. 2009, n° 6, doss. 17, n° 12, v. cep. la nuance n°s 13 et s. – *Id.*, « Fiducie vs sauvegarde, un arbitrage équilibré », *BJS* févr. 2009, n° 2, p. 105, édito., *in fine*. – Comp. not., en matière de cession d'entreprise : M.-H. MONSÈRIÉ-BON, « *Quid* des sûretés réelles dans le plan de cession ? », *Rev. proc. coll.* juill. 2018, n° 4, doss. 19, n°s 6 et s.
[404] V. *supra* n° 20. – V. D. BOUSTANI, *op. cit.*, n° 589.
[405] V. par ex. : C. com., art. L. 142-1, al. 2nd.

gagé lorsque le constituant a été placé en procédure de sauvetage[406], tandis que ce mode de réalisation de la sûreté n'est plus entravé en présence d'une procédure liquidative[407]. Observons à ce propos que, en cette matière, le traitement de faveur réservé aux créanciers postérieurs méritants ne coïncide qu'imparfaitement avec une conception restrictive et fonctionnelle du principe d'efficacité graduelle des sûretés, conception qui tend à faire des actifs « *stratégiques* »[408] le centre de gravité de ce principe, en ce sens qu'une telle qualification constituerait la condition de déclenchement de son application[409].

45. Après avoir abordé la dégressive préservation du gage commun des créanciers, sous-tendue par une logique unique, il convient d'analyser la progressive appréhension du gage particulier

---

[406] V. not. : Com. 28 mai 1996, n° 94-16.269, *Bull. civ.* IV, n° 144 ; *BJS* nov. 1996, n° 11, p. 919, note Ph. DELEBECQUE ; *D.* 1996. 385, note S. PIEDELIÈVRE ; *RTD civ.* 1997. 185, obs. M. BANDRAC ; *RTD com.* 1997. 137, obs. B. BOULOC. – *Adde* not. : P.-M. LE CORRE, *op. cit.*, n°s 563.821 à 563.824. – F. PEROCHON, *op. cit.*, n° 569 *in fine*, v. spéc. la note 29. – Ph. PETEL, *op. cit.*, n° 191. – M. CABRILLAC, Ch. MOULY, S. CABRILLAC et Ph. PETEL, *op. cit.*, n° 1118. – Ph. MALAURIE, L. AYNÈS et P. CROCQ, *op. cit.*, n° 514. – M. BOURASSIN et V. BRÉMOND, *op. cit.*, n° 1383 *in limine*. – A. JACQUEMONT et R. VABRES, *op. cit.*, n° 1030. – F.-X. LUCAS, *op. cit.*, n°s 267 et 367. – F. MACORIG-VENIER, « L'alternative à la cession des biens grevés : l'attribution en propriété », *Rev. proc. coll.* mars 2015, n° 2, doss. 30, n° 13. – P.-M. LE CORRE, « Les incidences de la réforme du droit des sûretés sur les créanciers confrontés aux procédures collectives », *JCP E* 2007. 1185, n° 36. – Ph. SIMLER et Ph. DELEBECQUE, *op. cit.*, n° 643. – Ch. ALBIGES et M.-P. DUMONT-LEFRAND, *op. cit.*, n° 458. – D. LEGEAIS, *op. cit.*, n° 472. – N. BORGA, art. préc., n° 10. – F.-X. LUCAS, art. préc., n° 12 *in fine*. – F. PÉROCHON *in* N. BORGA et F. PÉROCHON, « La réalisation des garanties réelles : en restructuration ou en liquidation ? Dans ou hors la procédure ? », *Rev. proc. coll.* juill. 2018, n° 4, doss. 20, n° 33.

[407] C. com., art. L. 642-20-1, al. 2.

[408] Sur l'emploi de ce vocable en droit des entreprises en difficulté, v. not. : N. BORGA, art. préc., n°s 14 et s., spéc. n° 20. – M.-H. MONSÈRIÉ-BON, art. préc., n° 6. – F.-X. LUCAS, « Fiducie vs sauvegarde, un arbitrage équilibré », *BJS* févr. 2009, n° 2, p. 105, édito. – *Id.*, « L'efficacité des sûretés réelles et les difficultés des entreprises », *Rev. proc. coll.* nov. 2009, n° 6, doss. 17, n° 14. – R. DAMMANN, « L'utilisation de la fiducie comme technique », *Rev. proc. coll.* mai 2013, n° 3, doss. 20, n° 1. – C. MARÉCHAL-POLLAUD-DULIAN, « L'immeuble dans les procédures de traitement des difficultés du débiteur », *AJDI* 2019. 269, qui relève que « *l'immeuble se révèle souvent un actif stratégique tant pour le redressement du débiteur que pour le désintéressement de ses créanciers.* ».

[409] V. spéc. : N. BORGA, art. préc., n° 14 et s.

du créancier, dont les raisons ayant présidé à son émergence se révèlent quant à elles plus variées, nonobstant son unicité de dynamique technique.

2) La progressive appréhension du gage particulier du créancier

46. Sont ici concernées les créanciers dont le gage leur est particulier parce qu'il ne se situe pas dans le patrimoine du débiteur à l'endroit duquel est ouvert à la procédure collective mais dans celui d'un tiers qui, selon le cas, revêt la qualité de fiduciaire (a) ou de garant (b).

a) Le gage particulier situé dans le patrimoine fiduciaire

47. Le créancier au bénéfice duquel a été constituée une fiducie-sûreté est également confronté à une manifestation du principe d'efficacité graduelle des sûretés car, lorsque celle-ci est assortie d'une convention de mise à disposition[410], les textes instituent une énergique paralysie de ce mécanisme, corrélée *ipso facto* à la survivance de la convention susmentionnée[411], en cas d'ouverture d'une procédure de sauvegarde ou de redressement judiciaire à l'endroit du constituant[412]. Or, la convention de mise à disposition conclue avant jugement d'ouverture est, contrairement au contrat de fiducie[413], justiciable des dispositions régissant la continuation des

---

[410] V. S. FARHI, *op. cit.*, n°s 357 et s.

[411] V. M. COMBE, « L'efficacité de la fiducie-sûreté », *LPA* 11 févr. 2011, n° 30, p. 8, n°s 9 à 17. – *Adde* : M.-C. LASSERRE, « La paralysie de la fiducie-sûreté », Interv. Colloque *Sûretés réelles et droit des entreprises en difficulté*, Nice 20 mars 2010, *LPA* 11 févr. 2011, n° 30, p. 3, n° 7, qui l'exprime en ces termes : « *La convention de mise à disposition apparaît comme la **pièce clé** de la paralysie.* » (mise en gras par nos soins).

[412] C. com., art. L. 622-23-1, énonçant que « ***Lorsque des biens ou droits présents dans un patrimoine fiduciaire font l'objet d'une convention en exécution de laquelle le débiteur constituant en conserve l'usage ou la jouissance, aucune cession** ou **aucun transfert** de ces biens ou droits **ne peut intervenir** au profit du fiduciaire ou d'un tiers du seul fait de l'ouverture de la procédure, de l'arrêté du plan ou encore d'un défaut de paiement d'une créance née antérieurement au jugement d'ouverture. Cette interdiction est prévue à peine de nullité de la cession ou du transfert.* » (mise en gras par nos soins), pour la procédure de sauvegarde, rendu applicable en redressement judiciaire par C. com., art. L. 631-14, al. 1er.

[413] C. com., art. L. 622-13, VI, pour la procédure de sauvegarde, rendu applicable en redressement judiciaire par C. com., art. L. 631-14, al. 1er.

contrats en cours lors du prononcé d'un tel jugement[414] ; les hypothèses d'anéantissement d'une telle convention, seul à même d'autoriser le bénéficiaire de la fiducie-sûreté à réaliser cette dernière en présence d'une procédure de sauvetage[415], se révèlent par conséquent restreintes et encadrées. En effet, la convention de mise à disposition ne peut être résiliée du seul fait de l'ouverture de la procédure[416], d'une part, et elle est susceptible de faire l'objet d'une option de continuation[417] de la part de l'organe chargé de la gestion de

---

[414] *Ibid.*

[415] V. M. COMBE, art. préc., n° 17. – *Adde* not. : P. CROCQ, « L'ordonnance du 18 décembre 2008 et le droit des sûretés », *JCP E* 2009. 1313, n° 35 *in fine*.

[416] C. com., art. L. 622-13, I, al. 1er. Étant observé que la jurisprudence veille vigilamment au respect de ce principe de neutralité du jugement d'ouverture quant aux contrats en cours au jour de son intervention, en ce qu'elle décide que les clauses de résiliation de plein droit pour cause de survenance d'une procédure collective sont réputées non écrites, v. not. : Com. 2 mars 1993, n° 90-21.849, *Bull. civ.* IV, n° 87 ; *Rev. huissiers* 1993, p. 866, obs. D. VIDAL. – *Adde*, à propos des clauses de déchéance du terme liée à l'ouverture de la procédure collective de l'emprunteur : Com. 21 févr. 2012, n° 11-30.077, *Bull. civ.* IV, n° 43, qui décide que « *toute clause liant directement ou indirectement la déchéance du terme d'une créance à l'ouverture d'une procédure de redressement judiciaire est* ***réputée non écrite****...* » (mise en gras par nos soins) ; *Act. proc. coll.* mars 2012, n° 6, comm. 85, obs. P. CAGNOLI ; *D.* 2012. 607, note A. LIENHARD ; *ibid.* 2196, obs. F.-X. LUCAS ; *Gaz. Pal.* 2 juin 2012, n° 154, p. 37, note S. REIFEGERSTE ; *LEDB* avr. 2012, n° 4, p. 6, obs. R. ROUTIER ; *Rev. sociétés* 2012. 399, obs. L-C. HENRY. – V. aussi : Com. 14 janv. 2014, n° 12-22.909, *Bull. civ.* IV, n° 7, énonçant qu'est identiquement prohibée « *toute clause qui modifie les conditions de poursuite d'un contrat en cours en diminuant les droits ou en aggravant les obligations du débiteur du seul fait de sa mise en redressement judiciaire...* » ; *Act. proc. coll.* févr. 2014, n° 4, comm. 53, obs. Ph. ROUSSEL GALLE ; *AJCA* 2014. 34, note X. DELPECH ; *BJE* mars 2014, n° 2, p. 81, obs. L. LE MESLE ; *D.* 2014. 206, note A. LIENHARD, qui souligne que cette solution « *se rattache à la jurisprudence* ***assimilant les effets indirects équivalant aux clauses réputées non écrites*** *en ce qu'elles sont directement contraires à une disposition d'ordre public...* » (mise en gras par nos soins) ; *ibid.* 2147, n° 5, obs. P.-M. LE CORRE ; *Dr. et patr.* sept. 2014, n° 239, p. 97, obs. M.-H. MONSÈRIÉ-BON ; *Gaz. Pal. entr. diff.* 1er juill. 2014, n° 182, p. 23, note F. KENDÉRIAN ; *JCP E* 2014. 1173, n° 7, obs. Ph. PÉTEL ; *ibid.* 1351, n° 4, obs. Ph. GRIGNON ; *LEDEN* mars 2014, n° 3, p. 2, obs. E. MOUIAL-BASSILANA ; *LPA* 7 mai 2014, n° 91, p. 10, note F. TEFFO ; *Rev. proc. coll.* nov. 2014, n° 6, comm. 157, note Ph. ROUSSEL GALLE ; *Rev. sociétés* 2014. 200, obs. L.-C. HENRY. – V. J. VALLANSAN, « Continuation des contrats en cours – Généralités », *J.-Cl. Proc. coll.*, fasc. 2335, LexisNexis, 2019, n° 39. – P.-M. LE CORRE, *op. cit.*, nos 431.121 et 431.141.

[417] C. com., art. L. 622-13, II, al. 1er.

l'entreprise[418], d'autre part. En un sens, à travers le corps de règles sus-décrit, le législateur postule que les biens dont le constituant a conservé la disposition – c'est-à-dire les biens objet d'une fiducie-sûreté sans dépossession – sont nécessaires à la poursuite de l'activité[419].

48. Ainsi apparaît-il que la raison pour laquelle la convention de mise à disposition constitue la clef de voûte[420] de la paralysie de la fiducie-sûreté tient à la ténuité du lien qu'elle entretient avec la continuation de l'exploitation ; ce dont il s'infère deux conclusions.

En premier lieu, en présence d'une fiducie-sûreté avec dépossession – non assortie, par définition, d'une convention de mise à disposition – constituée par une personne faisant par la suite l'objet d'une procédure de sauvegarde ou de redressement judiciaire, le créancier peut pleinement faire jouer sa sûreté[421], étant généralement peu probable que, en semblable occurrence, les biens compris dans le patrimoine fiduciaire soient indispensables à l'activité du débiteur[422].

En second lieu, si la question de l'utilité des actifs fiduciaires est hors de propos parce que la situation est irrémédiablement compromise et, qu'ainsi, l'heure n'est plus au sauvetage mais à la

---

[418] L'administrateur seul s'il en a été désigné un ; le débiteur après avis conforme du mandataire judiciaire dans le cas contraire (C. com., art. L. 627-2).

[419] M.-C. LASSERRE, art. préc., n° 6. – P.-M. LE CORRE, *op. cit.*, n° 633.521. – F. MACORIG-VENIER, « L'exclusivité », Interv. Colloque *Sûretés réelles et droit des entreprises en difficulté*, Nice 20 mars 2010, *LPA* 11 févr. 2011, n° 30, p. 59, II.-A.-1. *in limine*. – F.-X. LUCAS, « Fiducie vs sauvegarde, un arbitrage équilibré », *BJS* févr. 2009, n° 2, p. 105, édito. – Ph. DUPICHOT, « L'efficience économique du droit des sûretés réelles », *LPA* 16 avr. 2010, n° 76, p. 7, n° 31. – P. CAGNOLI, art. préc., n° 5 Ph. PÉTEL, « Le nouveau droit des entreprises en difficulté : acte II – Commentaire de l'ordonnance n° 2008-1345 du 18 décembre 2008 », *JCP E* 2009. 1049, n°s 42 et 45 Rappr. : N. BORGA, art. préc., n° 8 *in fine*. – *Adde* : F.-X. LUCAS, « L'efficacité des sûretés réelles et les difficultés des entreprises », *Rev. proc. coll.* nov. 2009, n° 6, doss. 17, n° 8. – S. FARHI, *op. cit.*, n° 357.

[420] Rappr. : M.-C. LASSERRE, art. préc., n° 7 *in limine*.

[421] V. not. : P. CAGNOLI, art. préc., préc. – F. BARRIÈRE, « La fiducie-sûreté », *JCP E* 2009. 1808, n° 47, qui indique, justement, que la solution se réclame d'un argument de texte par le biais d'une lecture *a contrario* de C. com., art. L. 622-23-1. – P.-M. LE CORRE, *op. cit.*, n°s 633.521 et 633.531. – F. PÉROCHON, « À propos de la réforme de la liquidation judiciaire par l'ordonnance du 18 décembre 2008 », *Gaz. Pal.* 10 mars 2009, n° 69, p. 3, n° 39.

[422] N. BORGA, art. préc., préc.

liquidation du constituant de la fiducie-sûreté, le bénéficiaire de celle-ci s'émancipe des sujétions de la procédure collective en recouvrant le droit de réaliser sa garantie en dépit de la procédure, y compris dans l'hypothèse où la sûreté serait assortie d'une convention de mise à disposition[423]. La solution ne souffre aucun doute en ce que l'article gouvernant la continuation des contrats en cours dans le cadre de la liquidation judiciaire soustrait expressément, aussi bien le contrat de fiducie que la convention de mise à disposition, à son champ d'application[424]. Il en résulte, d'abord, que la clause de résiliation de plein droit de ladite convention pour cause de liquidation judiciaire du constituant de la fiducie-sûreté est valide et, par là même, imperméable à la sanction du réputé non écrit[425], et, ensuite, que cette convention est insusceptible de continuation[426].

49. Aussi la paralysie de la réalisation de la fiducie-sûreté n'est-elle aucunement systématique mais, au contraire, se veut-elle doublement contingente, en ce sens, d'une part, qu'elle dépend de la nature – salvatrice ou liquidative – de la procédure collective ouverte à l'endroit du constituant, et, d'autre part, que si ce dernier est admis au bénéfice d'une procédure de sauvegarde ou de redressement

---

[423] V. not. : S. FARHI, « La fiducie-sûreté et le droit des entreprises en difficulté », *Gaz. Pal. entr. diff.* 16 janv. 2018, n° 2, p. 81, questions n°s 2 et 3. – F. MACORIG-VENIER, art. préc., I.-B. – F. PÉROCHON, « Les interdictions de paiement et le traitement des sûretés réelles », *D.* 2009. 651, n° 26. – M. GRIMALDI et R. DAMMANN, « La fiducie sur ordonnances », *D.* 2009. 670, n° 22. – Ph. ROUSSEL GALLE, « Les « nouveaux » régimes des contrats en cours et du bail », *Rev. proc. coll.* janv. 2009, n° 1, doss. 7, n° 25. – *Adde* : F. BARRIÈRE, art. préc., n° 48. – M. COMBE, art. préc., n°s 19 à 22. – P.-M. LE CORRE, *op. cit.*, n° 633.551. – F. PÉROCHON, « À propos de la réforme de la liquidation judiciaire par l'ordonnance du 18 décembre 2008 », *Gaz. Pal.* 10 mars 2009, n° 69, p. 3, n° 40. – Ph. PÉTEL, art. préc., n° 43. – P. CROCQ, art. préc., n°s 38 et 39.

[424] C. com., art. L. 641-11-1, VI : « *Les dispositions du présent article* [...] *sont* [...] ***inapplicables*** *au contrat de fiducie et à la convention en exécution de laquelle le débiteur constituant conserve l'usage ou la jouissance de biens ou droits transférés dans un patrimoine fiduciaire.* » (mise en gras par nos soins).

[425] N'étant pas concernée par C. com., art. L. 641-11-1, la convention de mise à disposition n'obéit donc pas à son I, al. 1er, qui prohibe les clauses de résiliation de plein droit pour cause d'ouverture ou de prononcé d'une liquidation judiciaire. – V. réf. cit. *supra* note 423.

[426] N'étant pas concernée par C. com., art. L. 641-11-1, la convention de mise à disposition n'obéit donc pas à son II, al. 2, qui organise le régime de continuation des contrats en cours. – V. réf. cit. *supra* note 423.

judiciaire, la paralysie sera alors fonction de l'existence – et du maintien – d'une convention de mise à disposition des actifs fiduciaires.

50. Cette dynamique n'est cependant pas exclusive à la fiducie-sûreté, puisqu'elle se retrouve également en matière de sûreté réelle pour autrui.

b) Le gage particulier situé dans le patrimoine du garant

51. Dans un ordre d'idée similaire, il existe une autre forme de paralysie contingente de la réalisation des sûretés réelles qui correspond à l'hypothèse dans laquelle de telles sûretés ont été constituées, non par le débiteur sous procédure collective, mais par un tiers personne physique pour sûreté de la dette d'autrui[427] – en l'occurrence l'entreprise débitrice. Il faut comprendre que, en ce cas, la latitude d'action du créancier au profit duquel ledit tiers a affecté en garantie l'un de ses biens dépend de la nature de la procédure collective sous l'empire de laquelle se trouve le débiteur garanti. Jusqu'au terme de la période d'observation, les personnes physiques ayant affecté[428] ou cédé[429] un bien en garantie de la dette

---

[427] V. par ex., pour le gage : C. civ., art. 2334, qui prévoit expressément que « *Le gage peut être consenti par le débiteur ou par un tiers...* ».

[428] L'expression légale permet justement d'inclure dans ce régime de faveur les personnes ayant consenti une sûreté réelle pour autrui, puisque la disqualification de « cautionnement réel » (Cass. ch. mixte, 2 déc. 2005, n° 03-18.210, *Bull. ch. mixte*, n° 7 ; *JCP G* 2005. II. 10183, note Ph. SIMLER ; *AJ fam.* 2006. 113, note P. HILT ; *CCC* avr. 2006, n° 4, comm. 62, note L. LEVENEUR ; *D.* 2006. 61, note V. AVENA-ROBARDET ; *ibid.* 729, concl. J. SAINTE-ROSE ; *ibid.* 733, note L. AYNÈS ; *ibid.* 2855, obs. P. CROCQ ; *Defr.* 15 avr. 2006, n° 7, p. 586, obs. R. LIBCHABER ; *ibid.* 30 oct. 2006, n° 20, p. 1600, note G. CHAMPENOIS ; *Dr. et patr.* févr. 2006, n° 145, p. 128, obs. Ph. DUPICHOT ; *Dr. fam.* févr. 2006, n° 2, ét. 13, obs. B. BEIGNIER ; *JCP E* 2006. 1056, note S. PIEDELIÈVRE ; *ibid.* 1753, n° 1, obs. Ph. SIMLER ; *JCP N* 2006. 1009, note Ph. SIMLER ; *LPA* 23 janv. 2006, n° 16, p. 7, note D. HOUTCIEFF ; *ibid.* 10 févr. 2006, n° 30, p. 8, note S. PRIGENT ; *RD banc. fin.* janv. 2006, n° 1, comm. 15, note A. CERLES ; *RDC* 2006, n° 2, p. 454, obs. M. GRIMALDI ; *ibid.*, p. 458, note D. HOUTCIEFF ; *RJ com.* 2006, p. 217, obs. F. MACORIG-VENIER ; *RLDC* janv. 2006, n° 23, p. 35, obs. G. MARRAUD DES GROTTES ; *ibid.*, p. 58, obs. F. LEANDRI ; *ibid.* févr. 2006, n° 24, p. 23, note M. MIGNOT ; *ibid.* avr. 2006, n° 26, p. 45, obs. G. PILLET ; *RTD civ.* 2006. 357, obs. B. VAREILLE ; *ibid.* 594, obs. P. CROCQ ; *RTD com.* 2006. 465, obs. D. LEGEAIS) condamne radicalement l'interprétation selon laquelle le constituant d'une telle

d'autrui bénéficient, par le seul effet du jugement d'ouverture, d'une protection contre les poursuites individuelles des créanciers[430]. Dès lors, à titre d'exemple, aucune attribution judiciaire, le cas échéant, ne semble pouvoir être sollicitée, pas plus qu'une procédure de saisie ne peut être diligentée[431]. En revanche, aucune disposition appartenant au corpus juridique intéressant la procédure de liquidation judiciaire ne reconduit cette protection[432] : lorsque le débiteur fait l'objet d'une telle procédure, si le créancier titulaire de la sûreté réelle est en droit, selon les conditions du droit commun, de poursuivre le garant personne physique et de mettre en œuvre sa garantie, il lui sera possible d'appréhender le gage qui lui est particulier – particulier par rapport aux créanciers attraits à la procédure collective[433], non par

---

sûreté pourrait bénéficier de la protection en question en ce qu'il aurait été qualifiable de « caution » ; sur ce point, v. not. : Ph. PÉTEL, « Les sûretés personnelles dans le nouveau droit des entreprises en difficulté », *Cah. dr. entr.* juill. 2009, n° 4, doss. 20, 1.-C. – Rappr. : M. JULIENNE, « Garanties et sûretés réelles : innovations passées et à venir », *Rev. proc. coll.* juill. 2018, n° 4, doss. 16, n° 12.

[429] Cette formulation légale permet de viser la fiducie-sûreté pour autrui, v. not. : L. AYNÈS et Ph. DUPICHOT, « Septembre 2008-janvier 2009 : une ordonnance peut en cacher une autre... », *Dr. et patr.* avr. 2009, n° 180, p. 129. – P. CROCQ, art. préc., n° 6.

[430] C. com., art. L. 622-28, al. 2, ainsi rédigé : « *Le jugement d'ouverture suspend jusqu'au jugement arrêtant le plan ou prononçant la liquidation* ***toute action*** *contre les personnes physiques coobligées ou ayant consenti une sûreté personnelle ou ayant affecté ou cédé un bien en garantie...* » (mise en gras par nos soins), pour la procédure de sauvegarde, rendu applicable en redressement judiciaire par L. 631-14, al. 1 et 7.

[431] En vertu de C. com., art. L. 622-26, al. 2, le garant personne physique sera également préservé des actions du créancier titulaire de la sûreté pendant l'exécution du plan de sauvegarde – mais non durant l'exécution du plan de redressement – si la créance de celui-ci est inopposable par suite d'un défaut de déclaration régulière ; il ne pourra saisir le bien grevé tant que dure le plan de sauvegarde, v. J. VALLANSAN, « La sûreté conférée par un tiers : entre obstacles et efficacité », Interv. Colloque *Sûretés réelles et droit des entreprises en difficulté*, Nice 20 mars 2010, *LPA* 11 févr. 2011, n° 30, p. 41, n° 18. – *Adde* not. : Ph. PÉTEL, art. préc., 2.-B.-2°.

[432] Bien au contraire, les textes en organisent chirurgicalement la mise à l'écart, v. spéc. : C. com., art. L. 641-3, al. 1er, qui précise ainsi que « *Le jugement qui ouvre la liquidation judiciaire a les mêmes effets que ceux qui sont prévus en cas de sauvegarde par les premier et troisième alinéas du I et par le III de l'article L. 622-7, par les articles L. 622-21 et L. 622-22, par* ***la première phrase de l'article L. 622-28*** *et par l'article L. 622-30.* » (mise en gras par nos soins).

[433] Rappr. : J. VALLANSAN, art. préc., n° 8.

rapport aux créanciers du constituant, pour lesquels l'actif affecté en garantie de la dette d'autrui représente un élément du gage commun.

52. Ainsi la paralysie de la réalisation de la sûreté réelle consentie par un tiers est-elle, à l'instar de celle de la mise en œuvre de la fiducie-sûreté, doublement contingente : elle sera à la fois tributaire de la qualité de personne physique du tiers constituant – à défaut, c'est-à-dire s'il s'agit d'une personne morale, aucune mesure protectrice n'a été édictée – et de la nature de la procédure collective sous l'empire de laquelle se trouve le débiteur garanti, puisque ladite paralysie ne jouera que dans les procédures de sauvetage.

53. Toutes les hypothèses envisagées jusqu'à présent correspondaient à des cas de paralysie de l'efficacité de la sûreté réelle en ce sens que, dans ces multiples cas de figure, le titulaire d'une garantie ne peut certes pas exercer tout ou partie des prérogatives que celle-ci lui confère, mais sa sûreté dispose toujours, virtuellement, de la possibilité de déployer ses effets selon l'évolution des circonstances de fait. À titre d'exemple, s'il est vrai qu'un créancier hypothécaire ne peut victorieusement demander l'attribution judiciaire du bien grevé lorsque le débiteur est placé en liquidation judiciaire, l'hypothèque déploiera tout de même ses effets en permettant à son titulaire d'exercer son droit de préférence lors de la répartition du prix de vente de l'immeuble. Dans un ordre d'idée analogue, le bénéficiaire d'une fiducie-sûreté assortie d'une convention de mise à disposition ne peut réaliser sa sûreté pendant la procédure de sauvetage du constituant, mais, s'il advient que ce dernier fasse ultérieurement l'objet d'une liquidation judiciaire, sa garantie pourra pleinement développer ses effets. En somme, et comme nous le verrons, ce qui distingue la paralysie de la sûreté de sa neutralisation, c'est le degré de radicalité de la perturbation ainsi provoquée.

II. L'efficacité neutralisée

54. Selon le cas, l'application des règles propres au droit des entreprises en difficulté aura pour effet de neutraliser directement (A) ou indirectement (B) les sûretés réelles.

A. LA NEUTRALISATION DIRECTE DE LA SÛRETÉ

55. Les procédures collectives sont susceptibles de neutraliser directement une sûreté réelle en l'annihilant (1) ou en l'ignorant (2).

1) La sûreté annihilée

56. Cette annihilation des sûretés réelles prend techniquement la forme d'une annulation, qui interviendra pour cause de constitution de la sûreté durant la période suspecte (a) ou pour cause de concours fautifs (b).

a) L'annulation pour cause de constitution en période suspecte

57. En sus des causes d'annulation d'une sûreté réelle qui relèvent du droit commun, causes qu'il ne s'agit présentement pas d'évoquer en ce que, n'étant pas propres aux procédures collectives, elles ne traduisent pas l'incidence qu'exerce une telle procédure sur les sûretés et, partant, ne permettent pas d'apprécier la façon dont le droit des entreprises en difficulté perturbe l'équilibre dans le droit des sûretés réelles, il existe une cause, traditionnelle[434], d'annulation des sûretés spécifique aux procédures collectives.

58. Lorsque la date de cessation des paiements est antérieure à celle du jugement d'ouverture d'une procédure de redressement ou de liquidation judiciaire, et non d'une procédure de sauvegarde dans la mesure où celle-ci présuppose l'absence de cessation des paiements[435] – sauf à réserver l'éventualité d'une erreur d'appréciation de la juridiction ayant ouvert une telle procédure alors que l'entreprise débitrice était, en réalité, déjà en état de cessation des

---

[434] V. C. SAINT-ALARY-HOUIN et M.-H. MONSÈRIÉ-BON, « Nullités de droit et nullités facultatives – Notion. Actions voisines (action paulienne, abus de droit) – Exercice de l'action et conséquences », *J.-Cl. Proc. coll.*, fasc. 2502, LexisNexis, 2019, n°s 2 et 3. – *Id.*, « Nullité des sûretés. Nullité des dépôts et consignations. Nullité des mesures conservatoires. Nullité du contrat de fiducie », *J.-Cl. Proc. coll.*, fasc. 2508, LexisNexis, 2016, n° 1. – A. MARTIN-SERF, « Entreprises en difficulté : nullités de la période suspecte », *Rép. com.*, Dalloz, 2019, n° 3. – F. PÉROCHON, *op. cit.*, n° 1460.

[435] C. com., art. L. 620-1, al. 1er, qui l'indique sans équivoque en ce qu'il y est énoncé que « *Il est institué une procédure de sauvegarde ouverte sur demande d'un débiteur* [éligible au bénéfice de cette procédure] *qui, **sans être en cessation des paiements**, justifie de difficultés qu'il n'est pas en mesure de surmonter...* » (mise en gras par nos soins).

paiements[436] –, la période qui s'étend de la première de ces dates à la seconde est dite « suspecte »[437]. Parce que le débiteur en état de cessation des paiements pourrait être amené, par collusion[438] ou par pression[439], à favoriser un créancier au détriment des autres, certains

---

[436] Ce cas de figure, envisagé par C. com., art. L. 621-12, al. 1er, conduit la juridiction ayant ouvert la procédure de sauvegarde à convertir cette dernière en redressement judiciaire et à fixer la date de cessation des paiements « *dans les conditions prévues à l'article L. 631-8* [du même Code] ». Or, cet article, en ses alinéas premier (*a contrario*) et deuxième, précise que la juridiction peut fixer la date de cessation des paiements à une date antérieure à celle du jugement d'ouverture. Donc, dans l'hypothèse d'une erreur d'appréciation du tribunal de nature à entraîner la conversion d'une procédure de sauvegarde en redressement judiciaire, c'est-à-dire si, par définition, une procédure de sauvegarde a été ouverte malgré un état de cessation des paiements préexistant au jugement d'ouverture, une période suspecte s'ouvrira.

[437] Ce qualificatif est si usité en doctrine qu'en recenser toutes les occurrences représenterait une vaine entreprise ; ainsi, v. not. : P.-M. LE CORRE, *op. cit.*, n° 821.311. – A. MARTIN-SERF, « Entreprises en difficulté : nullités de la période suspecte », *Rép. com.*, Dalloz, 2019, n° 1. – C. SAINT-ALARY-HOUIN et M.-H. MONSÈRIÉ-BON, « Nullités de droit et nullités facultatives – Notion. Actions voisines (action paulienne, abus de droit) – Exercice de l'action et conséquences », *J.-Cl. Proc. coll.*, fasc. 2502, LexisNexis, 2019, n° 1. – F.-X. LUCAS, *op. cit.*, p. 188, *A*. – J. VALLANSAN, *Guide des procédures collectives*, avec la collab. de L. FIN-LANGER, LexisNexis, 2018, n° 906. – C. SAINT-ALARY-HOUIN, *op. cit.*, n° 1151. – Ph. PÉTEL, *op. cit.*, n° 368. – F. PÉROCHON, *op. cit.*, préc. – G. BLANC, « EIRL : nullités de la période suspecte », *Rev proc. coll.* mars 2011, n° 2, doss. 29. – F. VINCKEL, « Le nouveau régime de la période suspecte dans la loi n° 2005-845 du 26 juillet 2005 et le décret n° 2005-1677 du 28 décembre 2005 : une réforme en trompe l'œil », *JCP E* 2006. 1118. – A. JACQUEMONT et R. VABRES, *op. cit.*, n° 282. En jurisprudence, il est parfois explicitement recouru à la notion de « période suspecte », v. Com. 17 oct. 2018, n° 17-16.528, F-D : « *Attendu que seuls l'administrateur, le mandataire judiciaire, le commissaire à l'exécution du plan, le ministère public, ou le liquidateur, qui exerce les fonctions dévolues au mandataire judiciaire, ont qualité pour demander, par voie d'action ou d'exception, la nullité d'actes accomplis en* ***période suspecte*** *par le débiteur afin de reconstituer l'actif de ce dernier...* » (mise en gras par nos soins) ; *Act. proc. coll.* nov. 2018, n° 18, comm. 267, obs. P. CAGNOLI ; *LEDEN* déc. 2018, n° 11, p. 4, obs. Th. FAVARIO ; *Rev. proc. coll.* janv. 2019, n° 1, comm. 2, note P. CAGNOLI ; *ibid.*, comm. 5, note G. BLANC.

[438] V. F. PÉROCHON, *op. cit.*, préc. – C. SAINT-ALARY-HOUIN et M.-H. MONSÈRIÉ-BON, « Nullités de droit et nullités facultatives – Notion. Actions voisines (action paulienne, abus de droit) – Exercice de l'action et conséquences », *J.-Cl. Proc. coll.*, fasc. 2502, LexisNexis, 2019, préc. – Ph. PÉTEL, *op. cit.*, préc. – *Adde* : F.-X. LUCAS, *op. cit.*, p. 188.

[439] V. C. SAINT-ALARY-HOUIN et M.-H. MONSÈRIÉ-BON, « Nullités de droit et nullités facultatives – Notion. Actions voisines (action paulienne, abus de droit) –

actes, en ce qu'ils sont irréfragablement présumés frauduleux ou contraires à l'égalité des créanciers[440], seront annulés dès lors[441] qu'aura été judiciairement dressé le constat de leur passation au cours de la période suspecte[442]. Et parmi ces actes, figurent la constitution[443] de sûretés réelles classiques[444] portant sur des biens du débiteur[445] ainsi que la constitution de fiducie-sûreté[446], lorsque ces sûretés n'ont pas été constituées concomitamment à la naissance des créances garanties[447].

59. En somme, le droit des entreprises en difficulté, en instaurant un tel régime d'annulation des sûretés réelles, perturbe radicalement l'équilibre interne afin d'obvier, sinon à l'apparition, du moins à l'aggravation du préjudice que peuvent subir les autres créanciers du constituant placé sous procédure collective. C'est dire que, en cette matière, les considérations ayant présidé à la neutralisation des sûretés réelles et, par voie de conséquence, au remodelage de l'équilibre interne, tiennent, non au sauvetage du

---

Exercice de l'action et conséquences », *J.-Cl. Proc. coll.*, fasc. 2502, LexisNexis, 2019, préc. – F. PÉROCHON, *op. cit.*, préc. – Ph. PÉTEL, *op. cit.*, préc.

[440] F. PÉROCHON, *op. cit.*, préc. – F.-X. LUCAS, *op. cit.*, n° 191. – Ph. PÉTEL, *op. cit.*, préc. – C. SAINT-ALARY-HOUIN, *op. cit.*, préc. – *Adde* : J.-M. CALENDINI, « Le principe de proportionnalité en droit des procédures collectives », *LPA* 30 sept. 1998, n° 117, p. 51, n° 6. – Comp., plus nuancé : P.-M. LE CORRE, *op. cit.*, n° 821.111.

[441]. P.-M. LE CORRE, *op. cit.*, n° 821.511.

[442]. V. C. com., art. L. 632-1, I, pour la procédure de redressement judiciaire, rendu applicable en liquidation judiciaire par C. com., art. L. 641-14, al. 1er.

[443]. Et non l'inscription : C. SAINT-ALARY-HOUIN et M.-H. MONSÈRIÉ-BON, « Nullité des sûretés. Nullité des dépôts et consignations. Nullité des mesures conservatoires. Nullité du contrat de fiducie », *J.-Cl. Proc. coll.*, fasc. 2508, LexisNexis, 2016, préc. – P.-M. LE CORRE, *op. cit.*, n° 823.521.

[444]. Le texte ne contient aucunement les termes « sûretés réelles » ; il procède, à l'inverse, par énumération, en mentionnant « *Toute hypothèque conventionnelle, toute hypothèque judiciaire ainsi que l'hypothèque légale des époux et tout droit de nantissement ou de gage...* » : P.-M. LE CORRE, *op. cit.*, n° 823.511. Ce qui, au demeurant, correspond à la technique de rédaction habituelle du législateur en la matière : M. CABRILLAC, Ch. MOULY, S. CABRILLAC et Ph. PÉTEL, *op. cit.*, n° 580.

[445]. C. com., art. L. 632-1, I, 6°.

[446]. *Ibid.*, 9°.

[447]. Le 6° l'exprime positivement en visant la constitution de sûretés réelles classiques « *pour dettes antérieurement contractées* », cependant que le 9° l'exprime négativement en visant la constitution de fiducies, « *à moins* [qu'elle] *ne soit intervenu*[e] *à titre de garantie d'une dette concomitamment contractée* ».

débiteur, mais à la préservation et la reconstitution du gage commun des créanciers[448] ; objectifs que, d'une certaine façon, se propose également de satisfaire l'annulation d'une sûreté réelle consentie en garantie d'un concours fautifs.

b) L'annulation pour cause de concours fautifs

60. En matière de responsabilité des créanciers pour soutien abusif[449], ou concours fautifs[450], l'article L. 650-1 du Code de

---

448. V. spéc. : P.-M. LE CORRE, *op. cit.*, n° 611.362.

449 V. not., employant cette locution pour désigner le phénomène qu'appréhendent les textes afférents à la responsabilité du banquier en cas de procédure collective de l'emprunteur : *ibid.*, n°s 834.111 et s. – F. PÉROCHON, *op. cit.*, n°s 162, 242 et 1306 (note 580). – D. LEGEAIS, « Responsabilité du banquier et des tiers », *J.-Cl. Proc. coll.*, fasc. 3100, LexisNexis, 2018, n°s 28 et s. – R. ROUTIER, « Le cantonnement de la responsabilité pour soutien abusif - Commentaire de l'article L. 650-1 du Code de commerce », *Gaz. proc. coll.* 10 sept. 2005, n° 253, p. 33, n°s 3 et s. – P. HOANG, « L'octroi abusif de crédit s'invite à la table de l'exclusion de responsabilité de l'article L. 650-1 du code de commerce », *D.* 2012. 2034. – Th. BONNEAU, *Droit bancaire*, LGDJ – Lextenso, coll. « Précis Domat », 12e éd., 2017, n° 936. – J. LASSERRE CAPDEVILLE, M. STORCK, R. ROUTIER, M. MIGNOT, J.-Ph. KOVAR et N. ÉRÉSÉO, *Droit bancaire*, Dalloz, coll. « Précis », 1re éd., 2017, n°s 1269 et s., spéc. n°s 1275 et s. – R. ROUTIER, *Obligations et responsabilités du banquier*, Dalloz, coll. « Dalloz Référence », 2005, n°s 122.05 et s. – F.-X. LUCAS, *op. cit.*, n° 207. – Ph. PÉTEL, *op. cit.*, n° 444. – C. SAINT-ALARY-HOUIN, *op. cit.*, n° 861.

450 V. la lettre de C. com., art. L. 650-1, al. 1er, qui, dans le cadre du régime juridique de la responsabilité du créancier dispensateur de crédit, évoque des « *concours consentis* ». – V. surtout la position de la jurisprudence, qui estime qu'un créancier dispensateur de crédit ne peut engager sa responsabilité « *que si les concours consentis sont en eux-mêmes **fautifs**...* » (mise en gras par nos soins) : Com. 27 mars 2012, n° 10-20.077, *Bull. civ.* IV, n° 68 ; *Act. proc. coll.* mai 2012, n° 9, comm. 125, obs. R. ROUTIER ; *BJE* mai 2012, n° 3, p. 176, comm. 79, note Th. FAVARIO ; *BJS* juin 2012, n° 6, p. 493, comm. 256, note Ph. PÉTEL ; *D.* 2012. 1455, obs. A. LIENHARD ; *ibid.*, obs. R. DAMMANN et A. RAPP ; *ibid.* 1573, obs. P. CROCQ ; *ibid.* 2196, obs. P.-M. LE CORRE ; *Dr. et patr.* déc. 2012, n° 220, p. 109, obs. J.-P. MATTOUT et A. PRÜM ; *Gaz. Pal. entr. diff.* 4 août 2012, n° 217, p. 16, note R. ROUTIER ; *JCP E* 2012. 1274, note D. LEGEAIS ; *ibid.* 1373, n° 1, obs. J. STOUFFLET ; *ibid.* 1508, n° 9, obs. Ph. PÉTEL ; *JCP G* 2012. 635, note S. PIEDELIÈVRE ; *ibid.* 636, note F. BOUCARD ; *LEDB* mai 2012, n° 5, p. 1, obs. J. LASSERRE CAPDEVILLE ; *LEDC* mai 2012, n° 5, p. 6, obs. A.-C. MULLER ; *LEDEN* mai 2012, n° 5, p. 5, obs. N. BORGA ; *LPA* 10 mai 2012, n° 94, p. 9, note A. DADOUN ; *ibid.* 24 juill. 2012, n° 147, p. 18, note E. GARAUD ; *Rev. proc. coll.* nov. 2012, n° 6, comm. 215, note A. MARTIN-SERF ; *Rev. sociétés* 2012. 398, obs. Ph. ROUSSEL GALLE ; *RLDC* sept. 2012, n° 96, p. 23, note E. NETTER ; *RLDA* juill. 2012, n° 73, p. 21, obs. D. ROBINE ; *RTD com.* 2012. 384, obs. D. LEGEAIS ;

commerce, qui ne concerne pas uniquement les établissements de crédit mais englobe tout créancier dispensateur de crédit[451], institue un mécanisme d'annulation facultative[452] des sûretés[453] prises en garantie d'un concours fautif[454].

Ainsi que l'ont souligné certains auteurs, dans la mesure où la conséquence normale de l'engagement de responsabilité s'entend de la réparation sous forme de dommages-intérêts[455], la nullité d'une garantie consentie au profit d'un créancier déclaré responsable du fait de concours fautifs constitue une sanction complémentaire

---

Defr. 30 mars 2013, n° 6, p. 291, obs. S. CABRILLAC ; *Rev. sociétés* 2013. 91, note I. RIASSETTO ; D. DEMEYÈRE, « Précisions sur les conditions de mise en œuvre de la responsabilité du créancier dans le cadre de l'article L. 650-1 du Code de commerce », *Rev. proc. coll.* juill. 2012, n° 4, ét. 25. – *Adde* : P.-M. LE CORRE, *op. cit.*, n° 834.121.

[451] Com. 10 janv. 2018, n° 16-10.824, FS-D, pour un fournisseur d'aliments de bétail ; *BJE* mai 2018, n° 3, p. 210, obs. Th. FAVARIO ; *Gaz. Pal. entr. diff.* 17 avr. 2018, n° 15, p. 79, note J. LASSERRE CAPDEVILLE ; *LEDEN* févr. 2018, n° 2, p. 1, obs. F.-X. LUCAS ; *Rev. proc. coll.* mai 2018, n° 3, comm. 128, note A. MARTIN-SERF ; *Rev. sociétés* 2018. 199, obs. Ph. ROUSSEL GALLE ; *RTD com.* 2018. 174, obs. D. LEGEAIS. – V. spéc. : l'univoque attendu de Com. 16 oct. 2012, n° 11-22.993, *Bull. civ.* IV, n° 186 : « […] *les termes génériques de "concours consentis" et de "créancier" de l'article L. 650-1 du code de commerce conduisent à* ***ne pas limiter son application aux seuls établissements de crédit…*** » (mise en gras par nos soins) ; *Act. proc. coll.* déc. 2012, n° 19, comm. 293, obs. C. REGNAUT-MOUTIER ; *BJE* nov. 2012, n° 6, p. 379, comm. 194, note L. LE MESLE ; *D.* 2012. 2513, obs. A. LIENHARD ; *Gaz. Pal.* 8 nov. 2012, n° 313, p. 20, note Th. FAVARIO ; *JCP E* 2012. 1735, note D. LEGEAIS ; *ibid.*, 1757, n° 18, obs. Ph. PÉTEL ; *LEDEN* déc. 2012, n° 11, p. 4, obs. N. BORGA ; *Rev. sociétés* 2012. 730, obs. Ph. ROUSSEL GALLE ; *RTD com.* 2012. 829, obs. D. LEGEAIS ; *Gaz. Pal. entr. diff.* 19 janv. 2013, n° 19, p. 34, note R. ROUTIER ; *JCP E* 2013. 1282, n° 17, obs. J. STOUFFLET ; *RLDA* janv. 2013, n° 78, p. 19, note D. DEMEYERE ; *ibid.*, p. 24, obs. J. DE ROMANET.

[452] Ce qui s'induit de l'emploi du verbe pouvoir : C. com., art. L. 650-1, al. 2nd. – V. not. : P.-M. LE CORRE, *op. cit.*, n° 834.191.

[453] Le texte use du terme « *garanties* », qui est plus large – plus générique – que celui de sûreté : P.-M. LE CORRE, *op. cit.*, préc. – Rappr. : Ph. MALAURIE, L. AYNÈS et P. CROCQ, *op. cit.*, n° 2. – M. CABRILLAC, Ch. MOULY, S. CABRILLAC et Ph. PÉTEL, *op. cit.*, n° 4. – *Adde* : J. MESTRE, E. PUTMAN et M. BILLIAU, *op. cit.*, nos 2 à 4, pour qui « la sûreté n'est qu'une technique de garantie parmi d'autres » (en italique dans l'ouvrage ; n° 2 *in fine*) et « *toutes les garanties ne sont pas des sûretés.* » (n° 4 *in fine*). – S. PIEDELIÈVRE, *op. cit.*, n° 17. – Ch. ALBIGES et M.-P. DUMONT-LEFRAND, *op. cit.*, n° 5.

[454] C. com., art. L. 650-1, préc.

[455] R. ROUTIER, art. préc., n° 13. – *Adde* : P.-M. LE CORRE, *op. cit.*, préc.

incongrue[456] ; d'autant plus que celle-ci est susceptible d'être prononcée dès lors que la responsabilité du créancier dispensateur de crédit est reconnue[457], peu important la cause d'éviction de l'irresponsabilité de principe[458] que prescrit le Code de commerce : quand bien même aucune disproportion entre les garanties prises et les concours consentis n'aurait-elle été caractérisée, la sanction a vocation à trouver application[459].

61. Là encore, le droit des entreprises en difficulté vient radicalement sanctionner un comportement ayant provoqué ou aggravé l'insuffisance du gage commun des créanciers puisque, le cas échéant, le créancier ayant consenti les concours fautifs ne se contentera pas de réparer le préjudice par lui causé mais perdra,

---

[456] R. ROUTIER, art. préc., préc. – *Adde* : P.-M. LE CORRE, *op. cit.*, préc. – Rappr. : F. PASQUALINI et G. MARAIN, « Responsabilité du banquier dispensateur de crédit de l'entreprise », *Rép. com.*, Dalloz, 2019, n° 144.

[457] J. MOURY, « La responsabilité du fournisseur de « concours » dans le marc de l'article L. 650-1 du code de commerce », *D.* 2006. 1743, n° 30. – J. STOUFFLET et N. MATHEY, « Loi sur la sauvegarde des entreprises du 26 juillet 2005 – Commentaire des dispositions applicables aux concours financiers », *RD banc. fin.* janv. 2006, n° 1, doss. 1, n° 36. – P.-M. LE CORRE, *op. cit.*, préc. – R. ROUTIER, art. préc., préc. – *Contra* : A.-F. ZATTARA, « Des responsabilités et des sanctions », *LPA* 9 févr. 2006, n° 29, p. 52.

[458] V. not. : R. ROUTIER, « L'article L. 650-1 du code de commerce : un article « détonnant » pour le débiteur et « détonant » pour le contribuable ? », *D.* 2006. 2916, n°s 1, 3, 4 et 6. – *Id.*, « De l'irresponsabilité du prêteur dans le projet de loi de sauvegarde des entreprises », *D.* 2005. 1478, n° 1. – P.-M. LE CORRE, *op. cit.*, n° 834.121. – L.-C. HENRY, « L. 650-1 : quand abattre son joker ? », *BJE* janv. 2019, n° 1, p. 1, *in limine*. – F. PASQUALINI et G. MARAIN, « Responsabilité du banquier dispensateur de crédit de l'entreprise », *Rép. com.*, Dalloz, 2019, n°s 132 et s. – D. LEGEAIS, « Les actions en soutien abusif », *Rev. proc. coll.* juill. 2013, n° 4, doss. 27, n°s 16 et s. – P. HOANG, « Les actions de droit commun du coemprunteur in bonis emportées dans la spirale de l'irresponsabilité du prêteur ? », *Rev. proc. coll.* mars 2014, n° 2, ét. 7, n°s 6 et 10. – Th. MASTRULLO, « Responsabilité civile et droit des procédures collectives », *RCA* mai 2017, n° 5, doss. 9, n° 16. – C. SAINT-ALARY-HOUIN, *op. cit.*, n° 862. – S. CABRILLAC, obs. préc. – Ph. PETEL, note sous Com. 27 mars 2012, n° 10-20.077, *Bull. civ.* IV, n° 68, *BJS* juin 2012, n° 6, p. 493, comm. 256, n° 1. – A. DADOUN, note préc. – A.-C. MULLER, obs. préc. – S. PIEDELIEVRE, note préc. – D. DEMEYERE, art. préc., n° 6. – A. MARTIN-SERF, note préc. – R. DAMMANN et A. RAPP., obs. préc.

[459] CA Caen, 2e ch. civ. et com., 25 oct. 2012, RG n° 11/03403, *JurisData* n° 2012-026955, *Act. proc. coll.* févr. 2013, n° 3, alerte 42.

en outre, tout ou partie des garanties dont il avait pris soin de se munir.

62. Ainsi le législateur, par l'intermédiaire de ces différentes hypothèses d'annulation des sûretés, s'inscrit-il clairement dans un mouvement sanctionnateur à l'égard des personnes ayant cherché à sécuriser illégitimement leur créance, soit que la constitution de la sûreté contrarie l'égalité des créanciers en intervenant au détriment des autres créanciers du débiteur, soit que la naissance de la créance elle-même soit de nature à attenter à la collectivité des créanciers. Toutefois, il ne s'agit pas de la seule logique sous-tendant la neutralisation des sûretés réelles puisque, en marge des situations évoquées précédemment, il existe des cas de neutralisation qui ne se réclament aucunement d'une quelconque volonté sanctionnatrice et qui, par là même, ne conduisent pas à anéantir les sûretés, mais, de façon plus subtile quoique moins homogène, à les ignorer.

2) La sûreté ignorée

63. Le droit des entreprises en difficulté ignore les sûretés réelles de façon sélective (a), en prévoyant une inopposabilité du droit de rétention fictif de droit commun, c'est-à-dire le droit de rétention fictif conféré par l'article 2286, 4°, du Code civil[460], ou de façon universaliste (b), en instituant exceptionnellement une répartition au marc le franc du produit de l'action en responsabilité pour insuffisance d'actif.

a) La sélective absence de considération : le droit de rétention fictif de droit commun

64. Par souci de pragmatisme[461], le Livre VI du Code de commerce instaure[462] une inopposabilité à la procédure collective[463]

---

[460] C. civ., art. 2286, 4° : « *Peut se prévaloir d'un droit de rétention sur la chose : [...] Celui qui bénéficie d'un gage sans dépossession.* ».

[461] V. spéc. : Rapp. au Prés. de la Rép. relatif à l'ord. n° 2008-1345, 18 déc. 2008, portant réforme du droit des entreprises en difficulté, *JO* n° 0295, 19 déc. 2008, p. 19457. – V. not. : F.-X. LUCAS, « L'efficacité des sûretés réelles et les difficultés des entreprises », *Rev. proc. coll.* nov. 2009, n° 6, doss. 17, n°s 6 et s., spéc. n°s 8 et s., et n°s 11 et s. – Rappr. : Ph. ROUSSEL Galle, « Les sûretés réelles et le droit des entreprises en difficulté », *RD banc. fin.* sept. 2014, n° 5, doss. 38, n°s 19 et 28.

du droit de rétention fictif de droit commun, mais non du droit de rétention fictif conféré par une législation spéciale[464], lorsque l'heure est encore au sauvetage de l'entreprise débitrice, et en réactive l'efficacité en cas de liquidation judiciaire[465] ou de cession

---

[462] C. com., art. L. 622-7, I, al. 2, pour la procédure de sauvegarde, qui précise que le jugement d'ouverture « *emporte, de plein droit, inopposabilité du droit de rétention conféré par le 4° de l'article 2286 du code civil pendant la période d'observation et l'exécution du plan...* », rendu applicable en redressement judiciaire par C. com., art. L. 631-14, al. 1er.

[463] V. C. com., art. L. 641-13, II, faisant état de « *droits de rétention opposables à la procédure collective* ». – V. aussi : P.-M. LE CORRE, *op. cit.*, nos 456.414 et 482.121. – *Id.*, « La mesure de l'efficacité des gages sans dépossession dans les procédures collectives. L'inopposabilité du droit de rétention conféré par l'article 2286-4° du Code civil aux créanciers gagistes sans dépossession », *JCP E* 2009. 1204, n° 18. – *Id.*, « L'évolution du droit des sûretés dans sa confrontation au droit des entreprises en difficulté », *in* F. MACORIG-VENIER (dir.), *Le droit des entreprises en difficulté après 30 ans : droit dérogatoire, précurseur ou révélateur ?*, Actes du colloque du CDA du 16 mars 2017, Presses de l'Université Toulouse 1 Capitole, coll. « Actes de colloques de l'IFR », 2018, p. 213, spéc. p. 219. – F. PÉROCHON, *op. cit.*, nos 572 et 614. – *Id.*, « Les interdictions de paiement et le traitement des sûretés réelles », *D.* 2009. 651, n° 19 *in fine.* – F. MACORIG-VENIER, « Les apports de la réforme du 18 décembre 2008 en matière de sûretés », *Dr. et patr.* janv. 2010, n° 188, p. 26. – O. BUISINE, « L'opposabilité du droit de rétention « fictif » dans le cadre du plan de cession », *Rev. proc. coll.* nov. 2011, n° 6, ét. 31, n° 25 *in fine.* – A. JACQUEMONT et R. VABRES, *op. cit.*, n° 397, I. – C. SAINT-ALARY-HOUIN, *op. cit.*, n° 608. – S. PIEDELIÈVRE, *op. cit.*, n° 394. – F.-X. LUCAS, art. préc., n° 8 *in fine.*

[464] V. C. com. art. L. 622-7, I, al. 2, dont la lettre, au moyen d'une interprétation *a contrario,* ne souffre aucune hésitation quant aux droits de rétention fictifs concernés. – *Adde* spéc. : Rapp. au Prés. de la Rép. relatif à l'ord. n° 2008-1345, 18 déc. 2008, portant réforme du droit des entreprises en difficulté, *JO* n° 0295, 19 déc. 2008, p. 19457, II-3. – V. sur ce point : P.-M. LE CORRE, *op. cit.*, préc. – *Id.*, « La mesure de l'efficacité des gages sans dépossession dans les procédures collectives. L'inopposabilité du droit de rétention conféré par l'article 2286-4° du Code civil aux créanciers gagistes sans dépossession », *JCP E* 2009. 1204, n° 7. – F. PÉROCHON, art. préc., n° 19 *in limine.* – Ph. PÉTEL, *op. cit.*, n° 170 note 2. – *Id.*, « Le nouveau droit des entreprises en difficulté : acte II. Commentaire de l'ordonnance n° 2008-1345 du 18 décembre 2008 », *JCP E* 2009. 1049, n° 51. – F. MACORIG-VENIER, art. préc. – F.-X. LUCAS, *op. cit.*, n° 267. – P. CAGNOLI, « Le sort des créanciers munis de sûretés réelles », *Rev. proc. coll.* mai 2015, n° 3, doss. 39, n° 12.

[465] V. C. com., art. L. 641-3, al. 1er. – *Adde* not. : N. BORGA *in* N. BORGA et F. PÉROCHON, « La réalisation des garanties réelles : en restructuration ou en liquidation ? Dans ou hors la procédure ? », *Rev. proc. coll.* juill. 2018, n° 4, doss. 20, n° 7 *in fine.* – Ph. ROUSSEL GALLE, « Les sûretés réelles et le droit des entreprises en difficulté », *RD banc. fin.* sept. 2014, n° 5, doss. 38, nos 20 et s. – G. AMLON, « Créanciers antérieurs titulaires de sûretés réelles », *J.-Cl. Proc. coll.*,

d'entreprise si, en cette dernière hypothèse, le bien est compris dans le périmètre de la cession[466], étant précisé que cette condition de l'inclusion du bien grevé dans le périmètre de la cession, requise aux fins d'efficacité du droit de rétention fictif de droit commun, présuppose ici de raisonner sur un plan de cession arrêté en dehors d'une liquidation judiciaire. En effet, si la cession d'entreprise intervient en procédure liquidative, ce droit de rétention sera systématiquement efficient, que le bien grevé soit ou non compris dans la cession ; l'exigence d'inclusion n'a donc de sens qu'en cas de cession arrêté en procédure de sauvegarde ou de redressement judiciaire.

Il convient cependant de relever que, selon le cas, le droit de rétention fictif de droit commun sera, soit simplement paralysé, soit neutralisé.

65. La différence réside dans le sort réservé au bien qui en est le siège. En effet, si celui-ci n'est pas vendu au cours de la période d'observation d'une procédure de sauvetage, et que cette procédure est convertie en liquidation judiciaire, il ne sera alors question que d'une paralysie, et non d'une neutralisation de l'efficacité de la sûreté

---

fasc. 2383, LexisNexis, 2018, n° 153. – P.-M. LE CORRE, « La récupération des avances de l'AGS à l'épreuve des autres créanciers », *Rev. proc. coll.* mars 2019, n° 2, doss. 6, n° 6.

[466] C. com., art. L. 622-7, préc., qui réserve expressément ce cas de figure en ce que le droit de rétention fictif de droit commun est inopposable, « *sauf si le bien objet du gage est compris dans une cession d'activité...* ». – *Adde* : C. com., art. L. 642-12, d. al., qui assure sans ambages l'efficacité du droit de rétention en précisant que « *Les dispositions du présent article n'affectent pas le droit de rétention acquis par un créancier sur des biens compris dans la cession.* ». – Sur la question, v. not. : O. BUISINE, art. préc., n°s 6 et s. – N. BORGA, art. préc., préc. – Rappr. : P. CAGNOLI, art. préc., n° 15. – F.-X. LUCAS, art. préc., n° 9. – M.-H. MONSÈRIÉ-BON, « *Quid* des sûretés réelles dans le plan de cession ? », *Rev. proc. coll.* juill. 2018, n° 4, doss. 19, n° 2. – F. MACORIG-VENIER, « Les créanciers et leurs garanties », *Rev. proc. coll.* nov. 2015, n° 6, doss. 53, n° 14. – P.-M. LE CORRE, « Un exemple d'exclusivité : le droit de rétention fictif du gagiste sans dépossession », Interv. Colloque *Sûretés réelles et droit des entreprises en difficulté*, Nice 20 mars 2010, *LPA* 11 févr. 2011, n° 30, p. 68, II. – G. BLANC, « Entreprise en difficulté : cession de l'entreprise », *Rép. com.*, Dalloz, 2019, n° 98. – G. AMLON, « Créanciers antérieurs titulaires de sûretés réelles », *J.-Cl. Proc. coll.*, fasc. 2383, LexisNexis, 2018, n°s 46 et 153. – F.-X. LUCAS, *op. cit.*, n° 365. – J. VALLANSAN, *op. cit.*, n° 782. – P.-M. LE CORRE, « La récupération des avances de l'AGS à l'épreuve des autres créanciers », *Rev. proc. coll.* mars 2019, n° 2, doss. 6, préc.

puisque, en raison de la nature liquidative que revêt désormais la procédure collective, le créancier rétenteur retrouve son inexpugnable position en bénéficiant de la règle du retrait contre paiement[467] et, à défaut – ce qui devrait correspondre à la norme compte tenu de l'inutilité, pour le liquidateur, de payer la créance garantie par le droit de rétention alors que l'actif grevé se trouve déjà entre ses mains[468] –, de celle du report de son droit de rétention sur le prix de réalisation du bien retenu[469].

66. À l'inverse, si le bien grevé est vendu pendant la période d'observation, ce qu'autorise justement l'inopposabilité du droit de rétention en ce qu'elle oblige la procédure collective à le tenir pour inexistant[470], le créancier titulaire du droit de rétention fictif de droit commun perdra purement et simplement le bénéfice de sa garantie[471] : cette dernière sera ainsi bel et bien neutralisée, y compris, selon toute vraisemblance – et aussi regrettable la solution puisse-t-elle être[472] –, en cas de conversion de la procédure en liquidation judiciaire entre le moment de la réalisation de l'actif grevé et celui de la répartition de son prix[473].

---

467 C. com., art. L. 641-3, al. 1 et 2, et art. L. 642-20-1, al. 1er (implicitement).

468 P.-M. LE CORRE, art. préc., I.-A *in fine*.

469 C. com., art. L. 642-20-1, d. al.

470 V. A. AYNÈS, « Précisions sur le sort du gage sans dépossession en cas de procédure collective », *JCP G* 2009. I. 119, n° 4. – P.-M. LE CORRE, « La vente de biens grevés de sûretés en période d'observation », *Gaz. Pal. entr. diff.* 12 avr. 2016, n° 14, p. 80, question n° 8. – C. SAINT-ALARY-HOUIN, « L'inopposabilité à la procédure collective », *in* P.-M. LE CORRE (dir.), *Les grands concepts du droit des entreprises en difficulté*, Dalloz, coll. « Thèmes et commentaires », 2019, p. 47, nos 28 et 29 *in limine*.

471 Étant observé que seul le droit de rétention fictif de droit commun est frappé d'inopposabilité, et non le gage sans dépossession auquel il s'adjoint.

472 P.-M. LE CORRE, *op. cit.*, n° 482.121. – *Id.*, « La vente de biens grevés de sûretés en période d'observation », *Gaz. Pal. entr. diff.* 12 avr. 2016, n° 14, p. 80, question n° 10. – *Id.*, « L'évolution du droit des sûretés dans sa confrontation au droit des entreprises en difficulté », *in* F. MACORIG-VENIER (dir.), *op. cit.*, p. 213, spéc. p. 219. – Rappr. not. : N. BORGA, art. préc., préc.

473 V. spéc. : P.-M. LE CORRE, *op. cit.*, n° 482.121. – *Id.*, « La vente de biens grevés de sûretés en période d'observation », *Gaz. Pal. entr. diff.* 12 avr. 2016, n° 14, p. 80, question n° 10. – *Id.*, « L'évolution du droit des sûretés dans sa confrontation au droit des entreprises en difficulté », *in* F. MACORIG-VENIER (dir.), *op. cit.*, p. 213, spéc. p. 219.

67. Soucieux de faire montre de réalisme, le législateur a donc sélectivement neutralisé l'efficacité du droit de rétention fictif conféré par l'article 2286, 4° du Code civil en le rendant inopposable par le seul effet du jugement d'ouverture d'une procédure de sauvegarde ou de redressement judiciaire. Ce sont, en revanche, d'autres considérations qui l'ont amené à consacrer une neutralisation universaliste des sûretés en la forme d'une répartition au marc le franc du produit de l'action en responsabilité pour insuffisance d'actif.

b) L'universaliste absence de considération : l'exceptionnelle répartition au marc le franc

68. De façon exceptionnelle[474], le Code de commerce, en imposant la répartition au marc le franc du produit de l'action en responsabilité pour insuffisance d'actif[475], prévoit, par définition, qu'aucune sûreté ne sera prise en compte lors de la distribution des sommes ayant ainsi abondé l'actif de la liquidation judiciaire. Dans la mesure où cette modalité de répartition du produit de l'action en responsabilité pour insuffisance d'actif n'est, en dépit de ce qu'affirment les travaux préparatoires de la loi de sauvegarde des

---

[474] V. C. com., art. L. 643-8, al. 1er : « *Le montant de l'actif, distraction faite des frais et dépens de la liquidation judiciaire, des subsides accordés au débiteur personne physique ou aux dirigeants ou à leur famille et des sommes payées aux créanciers privilégiés, est réparti entre tous les créanciers au marc le franc de leurs créances admises.* ». – *Adde* spéc. : Com. 11 juin 2014, n° 13-12.658, *Bull. civ.* IV, n° 102, qui, au visa de C. com., art. L. 622-29, réd. ant. L. n° 2005-845, 26 juill. 2005, de sauvegarde des entreprises, *JO* n° 173, 27 juill. 2005, p. 12187, devenu C. com., art. L. 643-8, a censuré une cour d'appel d'avoir décidé qu'une répartition de fonds ne provenant pas d'une action en responsabilité pour insuffisance d'actif devait s'opérer au marc le franc, en énonçant que « *le montant de l'actif, distraction faite des frais et dépens de la liquidation judiciaire et des subsides accordés au chef d'entreprise ou aux dirigeants ou à leur famille, est* ***réparti entre les créanciers en tenant compte de leur rang****…* » (mise en gras par nos soins) ; *Act. proc. coll.* juill. 2014, n° 12, comm. 226, obs. J. VALLANSAN ; *D.* 2014. 2196, note J. LECAROZ ; *Gaz. Pal. entr. diff.* 7 oct. 2014, n° 280, p. 37, note I. ROHART-MESSAGER ; *JCP E* 2014. 1447, n° 4, obs. Ph. PÉTEL ; *JCP N* 2014. 1339, n° 20, obs. Ph. DELEBECQUE ; *LEDEN* sept. 2014, n° 8, p. 4, obs. L. CAMENSULI-FEUILLARD ; *RD banc. fin.* nov. 2014, n° 6, comm. 212, note C. HOUIN-BRESSAND ; *Rev. sociétés* 2014. 532, obs. Ph. ROUSSEL GALLE ; *RLDA* juill. 2014, n° 95, obs. Ch. LEBEL ; *Rev. proc. coll.* mai 2015, n° 3, comm. 71, note A. MARTIN-SERF.

[475] C. com., art. L. 651-2, d. al.

entreprises[476], étayée par aucun principe juridique[477] et ne puise sa justification que dans l'arbitraire du législateur, les auteurs, en règle générale, exprime leur vive circonspection à l'endroit de sa pertinence[478]. Et ce d'autant plus que l'argument selon lequel cette répartition au marc le franc a été instituée en faveur des créanciers chirographaires ne convainc guère, puisque l'une des causes prépondérante du sacrifice auquel ils sont soumis dans le cadre des procédures collectives tient à l'importante multiplication des privilèges généraux[479] qui, par nature, sont l'œuvre exclusive du législateur[480].

---

[476] V. Rapp. X. DE ROUX, *au nom de la commission des Lois constitutionnelles, de la législation, et de l'administration générale de la République sur le projet de loi de sauvegarde des entreprises*, n° 2095, 2005, p. 426, selon lequel « *Cette solution strictement égalitaire* [découle] *du caractère indemnitaire des sommes recouvrées...* ».

[477] V. M. CABRILLAC, « L'impertinente réapparition d'un condamné à mort ou la métempsychose de la masse des créanciers », *Mél. GAVALDA*, Dalloz, 2001, p. 69, spéc. p. 75, n° 12, saluant ironiquement « *le superbe paradoxe et l'incohérence que constitue l'exhumation de la règle de la répartition au marc le franc par le législateur de 1985 au moment même où il entendait supprimer le socle sur lequel elle avait été édifiée* [la masse des créanciers] *et alors qu'il précisait que les sommes en question tombaient dans le patrimoine du débiteur.* ». – A. MARTIN-SERF, « L'intérêt collectif des créanciers ou l'impossible adieu à la masse », *Mél. HONORAT*, éd. Frison-Roche, 2000, p. 143, spéc. p. 155, jugeant sévèrement qu'il « *est inconcevable de proclamer à la fois que le produit de l'action en comblement contribue à reconstituer le patrimoine du débiteur mais que les privilèges portant sur le patrimoine du débiteur ne peuvent plus jouer...* ». – F. PÉROCHON, *op. cit.*, n° 1716. – P.-M. LE CORRE, *op. cit.*, n° 922.611. – Y. GUYON, *Droit des affaires*, t. II, *Entreprises en difficultés. Redressement judiciaire – Faillite*, Economica, coll. « Droit des Affaires et de l'Entreprise », 9e éd., 2003, n° 1382. – F.-X. LUCAS, *op. cit.*, n° 297. – Rappr. : M. SÉNÉCHAL, *L'effet réel de la procédure collective : Essai sur la saisie collective du gage commun des créanciers*, préf. M.-H. MONSÈRIÉ-BON, Litec, coll. « Bibl. dr. entreprise », t. 59, 2002, n° 671.

[478] V. réf. cit. *supra* note précédente.

[479] En ce sens, v. spéc. : B. SOINNE, *op. cit.*, n° 32-1, constatant que « *Le sort des créanciers chirographaires dans le cadre de la procédure collective est depuis belle lurette réglé. On sait bien que la multiplication des privilèges a constitué le chant du cygne de ces créanciers.* [...] *Le développement des privilèges fiscaux et sociaux a constitué l'acte de décès des chirographaires.* ».

[480] C. civ., art. 2324. – V. not. : Ch. GIJSBERS, *Sûretés réelles et droit des biens*, préf. M. GRIMALDI, Economica, coll. « Recherches Juridiques », t. 35, 2015, nos 251 et 260 et s., spéc. nos 262, 264 et 266. – M. JULIENNE, « Privilèges mobiliers spéciaux », *Rép. civ.*, Dalloz, 2018, nos 14 et s., spéc. nos 16 et s. – O. BARRET, « Privilèges immobiliers », *Rép. civ.*, Dalloz, 2019, n° 3. – J.-D. PELLIER,

69. Toutes les situations analysées jusqu'à présent correspondent à des cas de neutralisation directe des sûretés réelles, en ce sens que cette neutralisation résulte de l'application de dispositions dont l'objectif est précisément de parvenir, ne serait-ce que ponctuellement, à ce que la procédure collective puisse se dérouler sans égard aux sûretés concernées. Par le biais des diverses règles étudiées précédemment, le droit des entreprises en difficulté, pour une multiplicité de raisons, s'est doté de mécanismes destinés à atteindre les sûretés réelles en leur principe même ; celles-ci sont affectées de telle sorte que, lorsque la neutralisation a vocation à recevoir application, les organes de la procédure sont, sur commandement direct du législateur, appelés à en nier, temporairement du moins, l'existence. Cela dit, l'influence qu'exerce le droit des entreprises en difficulté sur l'efficacité des sûretés ne se limite pas à ces cas de neutralisation directe car, en certaines occurrences, les sûretés seront neutralisées de façon incidente, c'est-à-dire par l'effet, plus que par l'objet, de certaines règles.

B. LA NEUTRALISATION INDIRECTE DE LA SÛRETÉ

70. Les hypothèses de neutralisation ici envisagées peuvent survenir aussi bien à titre de sanction d'un créancier (b) qu'en des situations dans lesquelles rien ne peut lui être reproché (a).

1) Le créancier irréprochable

71. Quand rien ne peut être reproché au créancier, la neutralisation de sa sûreté s'opérera au moyen d'une restriction de l'assiette de cette dernière (a) ou de la couverture de la garantie (b).

a) La restriction de l'assiette de la garantie

72. En temps normal, le créancier investi d'une sûreté préférentielle a vocation à exercer son droit de préférence sur la valeur de l'actif qui en est l'assiette, valeur que représente le prix de

---

« Privilèges généraux », *Rép. civ.*, Dalloz, 2019, n° 1. – Ph. SIMLER et Ph. DELEBECQUE, *op. cit.*, n°s 763 et s. – M. BOURASSIN et V. BRÉMOND, *op. cit.*, n°s 711 et 859. – Ph. MALAURIE, L. AYNÈS et P. CROCQ, *op. cit.*, n°s 406 et 414. – Ch. ALBIGES et M.-P. DUMONT-LEFRAND, *op. cit.*, n° 748. – M. CABRILLAC, Ch. MOULY, S. CABRILLAC et Ph. PÉTEL, *op. cit.*, n° 587. – D. LEGEAIS, *op. cit.*, n° 653.

réalisation[481] ; mais si, dans le cadre de la procédure collective du débiteur du chef duquel est née la sûreté réelle[482], est arrêté un plan de cession dans le périmètre duquel figure l'actif grevé, surgit un problème provoqué par le caractère global et forfaitaire du prix de cession de l'entreprise[483]. Il faut bien comprendre qu'il ne s'agit pas de réaliser une somme d'actifs mais de céder l'entreprise, qui est une entité disposant d'une valeur propre[484] que le prix de cession prétend incarner sans représenter l'addition de la valeur des actifs transférés. Sous cet angle, l'on peut mesurer en quoi le créancier titulaire d'une sûreté spéciale ne pourrait, en l'absence de correctif, exercer son droit de préférence lors de la répartition du prix de cession d'entreprise[485].

73. Les textes remédient à cet inconvénient en adaptant la globalité du prix de cession à l'assiette spéciale des sûretés en organisant une reconstitution fictive de l'assiette des droits de préférence[486] : le tribunal doit, afin de permettre l'exercice des droits de préférence, ventiler le prix de cession en quotes-parts représentant – artificiellement – la valeur des actifs grevés de sûretés spéciales[487]. S'il est vrai que, depuis l'entrée en vigueur de

---

[481] V. not. : M. CABRILLAC, Ch. MOULY, S. CABRILLAC et Ph. PÉTEL, *op. cit.*, n°s 582, 995, 1064 et 1069. – *Adde* : Ph. MALAURIE, L. AYNÈS et P. CROCQ, *op. cit.*, n° 403.

[482] Cette expression est celle qui, lorsqu'il s'agit de se situer à un stade fondamental, général, se veut la plus rigoureuse : M. GRIMALDI, « Sûretés et successions – Rapport conclusif », *JCP N* 2017. 1152, n° 7.

[483] P.-M. LE CORRE, « Le créancier titulaire d'une sûreté spéciale victime de l'absence d'affectation d'une quote-part du prix de cession », *Gaz. Pal. entr. diff.* 8 janv. 2011, n° 8, p. 13, I.-B. – A. JACQUEMONT et R. VABRES, *op. cit.*, n°s 960 et 965. – F.-X. LUCAS, *op. cit.*, n° 363. – F. PÉROCHON, *op. cit.*, n° 1280.

[484]. En ce sens aussi : C. SAINT-ALARY-HOUIN, *op. cit.*, n° 1285. – Rappr. : A. COURET, « Le plan de cession, mesure de redressement ou de liquidation ? », *RLDA* supp. mars 2005, n° 80, p. 41, n° 29.

[485] Rappr. : P.-M. LE CORRE, *op. cit.*, n° 582.311.

[486] P.-M. LE CORRE, *op. cit.*, préc. – M. CABRILLAC, Ch. MOULY, S. CABRILLAC et Ph. PETEL, *op. cit.*, n° 1095. –*Adde* : F.-X. LUCAS, *op. cit.*, préc.

[487] C. com., art. L. 642-12, al. 1er : « *Lorsque la cession porte sur des biens grevés d'un privilège spécial, d'un gage, d'un nantissement ou d'une hypothèque, le tribunal affecte à chacun de ces biens, pour la répartition du prix et l'exercice du droit de préférence, la quote-part du prix, déterminée au vu de l'inventaire et de la prisée des actifs et correspondant au rapport entre la valeur de ce bien et la valeur totale des actifs cédés.* ».

l'ordonnance du 12 mars 2014[488], la détermination de ces quotes-parts est – en théorie – parfaitement dénuée d'arbitraire[489], il n'en demeure pas moins que ce mécanisme de ventilation du prix de cession érode puissamment les sûretés spéciales[490], étant de surcroît observé que le prix de cession est souvent faible[491] et que, sur la quote-part affecté au bien grevé d'une sûreté spéciale, le créancier qui en est muni subit la primauté de ses homologues de rang préférable, au premier chef desquels figurent les titulaires de privilèges généraux[492].

74. Ainsi, parce que le créancier bénéficiant d'une sûreté spéciale n'exercera ses droits que sur une quote-part n'équivalant pas la valeur vénale de l'actif affecté en garantie de sa créance, l'efficacité des sûretés réelles fait-elle bel et bien l'objet d'une neutralisation par

---

[488] Ord. n° 2014-326, 12 mars 2014, portant réforme de la prévention des difficultés des entreprises et des procédures collectives, *JO* n° 0062, 14 mars 2014, p. 5249.

[489] P.-M. LE CORRE, *op. cit.*, n° 582.332. – F. MACORIG-VENIER, « Les créanciers et leurs garanties », *Rev. proc. coll.* nov. 2015, n° 6, doss. 53, n° 11. – A. GAUDEMET, « La cession des biens meubles corporels grevés de sûretés réelles dans les procédures collectives », *Rev. proc. coll.* mars 2015, n° 2, doss. 28, n° 12. – P. CAGNOLI, « Le sort des créanciers munis de sûretés réelles », *Rev. proc. coll.* mai 2015, n° 3, doss. 39, n° 20. – F. PÉROCHON, *op. cit.*, n° 1286. – G. BLANC, « Entreprise en difficulté : cession de l'entreprise », *Rép. com.*, Dalloz, 2019, n°s 93 et 94. – G. AMLON, « Créanciers antérieurs titulaires de sûretés réelles », *J.-Cl. Proc. coll.*, fasc. 2383, LexisNexis, 2018, n° 45.

[490] J. MESTRE, E. PUTMAN et M. BILLIAU, *op. cit.*, note 45 sous n° 456. – *Adde* : P.-M. LE CORRE, *op. cit.*, n°s 582.311 et 582.331. – C. SAINT-ALARY-HOUIN, « Rapport de synthèse », *LPA* 20 sept. 2000, n° 188, p. 40, n° 9. – F. MACORIG-VENIER, art. préc., n°s 10 et s. spéc. n° 11. – P. CAGNOLI, art. préc., n° 19 et s. – Ph. PÉTEL, *op. cit.*, n° 328. – F. PÉROCHON, *op. cit.*, préc. – F.-X. LUCAS, *op. cit.*, n°s 362 et 363. – Rappr. : A. JACQUEMONT et R. VABRES, *op. cit.*, n° 965. – M. SÉNÉCHAL *in* M. MENJUCQ, M. SÉNÉCHAL, G. SONIER et Ch. THÉVENOT, « Les cent jours de la réforme des procédures collectives : premier bilan », *Rev. proc. coll.* mai 2009, n° 3, entretien 1, pour qui le plan de cession est « *l'outil absolu d'écrasement du passif avec l'article L. 642-12 et la quote-part affectée aux créanciers titulaires de sûretés spéciales* ».

[491] A. GAUDEMET, art. préc., préc. *in fine*. – P. CAGNOLI, art. préc., n° 20. – F. PÉROCHON, *op. cit.*, n°s 1280 et 1286. – M.-H. MONSÈRIÉ-BON, « *Quid* des sûretés réelles dans le plan de cession ? », *Rev. proc. coll.* juill. 2018, n° 4, doss. 19, n° 14. – Rappr. : F.-X. LUCAS, *op. cit.*, n° 362. – A. JACQUEMONT et R. VABRES, *op. cit.* n° 965.

[492] P.-M. LE CORRE, *op. cit.*, n° 582.361. – F. MACORIG-VENIER, art. préc., n°s 11 et s., spéc. n° 12. – P. CAGNOLI, art. préc., n° 19. – G. AMLON, « Créanciers antérieurs titulaires de sûretés réelles », *J.-Cl. Proc. coll.*, fasc. 2383, LexisNexis, 2018, préc. – F.-X. LUCAS, *op. cit.*, n° 363.

restriction de leur assiette[493]. L'atteinte que porte le plan de cession aux sûretés réelles ne se réduit cependant pas au seul mécanisme de la ventilation du prix de cession et à la corrélative restriction de l'assiette des garanties, elle se manifeste également à travers une restriction de la couverture de ces dernières.

b) La restriction de la couverture de la garantie

75. La problématique dont il est présentement question est celle relative à la levée de l'option d'achat d'un contrat de crédit-bail[494] par le repreneur par suite de la cession judiciaire de ce contrat. En effet, si, à la suite de certains auteurs[495], il est possible d'appréhender le contrat de crédit-bail, sinon comme une sûreté, du moins en tant que garantie, il faut alors considérer que la propriété sert, notamment[496], à garantir l'intégralité des loyers dus au titre du contrat[497]. Or, lorsque le cessionnaire entend lever l'option d'achat d'un crédit-bail, les sommes totales dont il devra s'acquitter peuvent ne pas correspondre à celles que le crédit-bailleur escomptait recevoir au moment où il a décidé de s'engager et qu'il serait en droit d'exiger en dehors de tout contexte de procédure collective. Ce défaut de coïncidence, entre le montant que versera le cessionnaire et celui qu'espérait initialement percevoir le crédit-bailleur, résulte ici de l'application d'une règle[498], spécifique aux procédures collectives,

---

[493] V. spéc. : F. MACORIG-VENIER, art. préc., n°s 10 et 11. – C. SAINT-ALARY-HOUIN, art. préc., préc. – *Adde* : F.-X. LUCAS, *op. cit.*, préc. – Rappr. à propos d'un mécanisme similaire, celui institué par C. com., art. L. 622-8, al. 1er et art. L. 626-22, al. 1er : F. PÉROCHON *in* N. BORGA et F. PÉROCHON, « La réalisation des garanties réelles : en restructuration ou en liquidation ? Dans ou hors la procédure ? », *Rev. proc. coll.* juill. 2018, n° 4, doss. 20, note 25 sous n° 27.

[494] V. C. mon. fin., art. L. 313-7.

[495] P. CROCQ, *op. cit.*, n°s 56 à 58. – M. CABRILLAC, Ch. MOULY, S. CABRILLAC et Ph. PÉTEL, *op. cit.*, n°s 600 et 601. – G. AMLON, « Créanciers antérieurs titulaires de sûretés réelles », *J.-Cl. Proc. coll.*, fasc. 2383, LexisNexis, 2018, n° 86. – Rappr. : R. DAMMANN et G. LE BEUZE, « Réforme des sûretés et des procédures collectives : quelles sûretés choisir ? », *Cah. dr. entr.* mars 2007, n° 2, doss. 9. – A. GOURIO, « Comment les banques utilisent-elles les sûretés ? », *RD banc. fin.* sept. 2018, n° 5, doss. 33, n° 5. – P. CAGNOLI, « Le sort des créanciers munis de sûretés réelles », *Rev. proc. coll.* mai 2015, n° 3, doss. 39, n° 24.

[496] Sur les sommes couvertes par l'effet de garantie de l'opération, v. spéc. : M. CABRILLAC, Ch. MOULY, S. CABRILLAC et Ph. PÉTEL, *op. cit.*, n° 601.

[497]. Rappr. : *ibid.*

[498] C. com., art. L. 642-7, al. 5.

destinée à coordonner le régime de la levée de l'option d'achat, gouvernée par des clauses de style subordonnant sa mise en œuvre à l'exécution de toutes les obligations nées du contrat[499], avec[500] le principe d'absence de transfert au repreneur du passif né du chef du débiteur et d'ores et déjà échu[501], le défaut de coordination pouvant conduire, en cette matière, à une situation aporétique[502] à l'évacuation de laquelle crédits-bailleurs et cessionnaires ont intérêt[503].

76. Aussi, dans l'optique de lever l'option d'achat et, par suite, devenir propriétaire du bien crédit-baillé, le repreneur crédit-preneur devra-t-il s'acquitter des sommes lui incombant personnellement, à savoir les loyers nés de son chef ainsi que la valeur résiduelle – c'est-à-dire le prix de la levée de l'option d'achat[504] –, cependant qu'il

---

[499] P.-M. LE CORRE, *op. cit.*, n° 582.821. – J.-J. FRAIMOUT, « Plan de cession – Cession des contrats », *J.-Cl. Proc. coll.*, fasc. 2740, LexisNexis, 2018, n ° 75.

[500] Rappr. spéc. : A. JACQUEMONT et R. VABRES, *op. cit.*, n° 957. – F. PÉROCHON, *op. cit.*, n° 1275.

[501] Com. 30 mars 1993, n° 91-12.274, *Bull. civ.* IV, n° 134, décidant que « *n'étant pas l'ayant cause à titre universel du débiteur et ne pouvant se voir imposer* [...] *d'autres charges que les engagements souscrits par elle lors de la préparation du plan,* [le repreneur] *n'aurait pu être* [tenu], *sauf volonté contraire de sa part, du passif de la société* [débitrice]... » ; *D.* 1993. 384, note P. LE CANNU ; *JCP G* 1993. I. 3704, n° 5, obs. Ph. PETEL ; *Rev. proc. coll.* 1993, p. 307, obs. B. SOINNE. – *Adde* not. : Civ. 3e, 1er déc. 1999, nos 98-13.438 et 98-14.099, F-D. – Com. 24 avr. 2007, n° 05-20.151, F-D, énonçant « *qu'en l'absence de clause spéciale de l'acte stipulant l'engagement de payer une dette du cédant, le cessionnaire d'une entreprise en redressement judiciaire, qui n'est pas l'ayant cause universel du cédant, n'est pas tenu de régler le passif du débiteur antérieur à la cession...* » ; *Gaz. proc. coll.* 21 juill. 2007, n° 202, p. 38, note D. VOINOT. – Com. 17 nov. 2009, n° 08-19.017, F-D ; *Rev. proc. coll.* mars 2010, n° 2, comm. 79, note J.-J. FRAIMOUT. – V. not. : J.-J. FRAIMOUT, « Plan de cession – Effets (I) : obligations du cessionnaire », *J.-Cl. Proc. coll.*, fasc. 2750, LexisNexis, 2019, n° 26. – A. JACQUEMONT et R. VABRES, *op. cit.*, préc. – Ph. PÉTEL, *op. cit.*, n° 329. – P.-M. LE CORRE, *op. cit.*, nos 582.251 et 582.841. – F. PÉROCHON, *op. cit.* nos 1275 et 1279.

[502] Sur laquelle, v. spéc. : P.-M. LE CORRE, *op. cit.*, n° 582.821. – *Id.*, note sous Com. 26 nov. 2002, n° 00-10.611, F-D, *D.* 2003. 122. – Rappr. : J.-J. FRAIMOUT, « Plan de cession – Cession des contrats », *J.-Cl. Proc. coll.*, fasc. 2740, LexisNexis, 2018, préc.

[503] V. spéc. : E. LE CORRE-BROLY, « Le régime de la levée de l'option d'achat du contrat de crédit-bail judiciairement cédé », *LPA* 10 juin 1996, n° 70, p. 4.

[504] V. not. : P.-M. LE CORRE, *op. cit.*, n° 582.841.

ne versera les sommes correspondant aux loyers[505] impayés nés du chef du débiteur qu'à concurrence de la valeur vénale du bien concerné[506], étant remarqué que ce plafonnement ne joue que pour les loyers nés du chef du débiteur, à l'exclusion des sommes dont est personnellement redevable le repreneur, qui, en tant que sommes correspondant à des dettes nées de son chef, ne peuvent connaître de limitation[507].

77. Il apparaît donc que, si le montant total des loyers antérieurs impayés restant dus – les loyers nés du chef du débiteur-cédant – excède la valeur vénale du bien[508], la différence entre ce montant et cette valeur matérialise une restriction effective de la couverture de la garantie du crédit-bailleur et, partant, la proportion dans laquelle ladite garantie est neutralisée.

78. Dans les différentes situations ci-dessus examinées, les restrictions que connaissent les créanciers titulaires de sûretés

---

[505] Le texte – C. com., art. L. 642-7, préc. – n'est pas aussi restrictif mais vise largement les « *sommes restant dues* » ; d'où il résulte que, n'ayant pas lieu de distinguer là où la loi ne distingue pas, les pénalités et intérêts de retard intègrent les sommes impayées nées du chef du débiteur que devra verser le repreneur : E. LE CORRE-BROLY, art. préc. – P.-M. LE CORRE, *op. cit.*, préc.

[506] V. C. com., art. L. 642-7, al. 5, disposant que « *En cas de cession d'un contrat de crédit-bail, le crédit-preneur ne peut lever l'option d'achat qu'en cas de paiement des sommes restant dues dans la limite de la valeur du bien fixée d'un commun accord entre les parties ou, à défaut, par le tribunal à la date de la cession.* ».

[507] Com. 23 nov. 2004, n° 03-13.035, *Bull. civ.* IV, n° 205 : « […] *en cas de cession d'un contrat de crédit bail, l'option d'achat ne peut être levée qu'en cas de paiement des sommes restant dues dans la limite de la valeur du bien fixée d'un commun accord entre les parties ou, à défaut, par le tribunal à la date de la cession ; que le plafonnement ainsi prévu ne s'applique qu'aux sommes demeurées impayées du chef du précédent crédit-preneur en procédure collective,* ***le cessionnaire n'étant pas dispensé du paiement de l'intégralité des sommes qui lui incombe personnellement au titre du contrat cédé***... » (mise en gras par nos soins) ; *Act. proc. coll.* janv 2005, n° 1, comm. 12, note J. VALLANSAN ; *D.* 2005. 292, obs. P.-M. LE CORRE et F.-X. LUCAS ; *ibid.* 510, note E. LE CORRE-BROLY ; *ibid.* 2078, obs. P. CROCQ ; *JCP E* 2005. 639, n° 6, obs. Ph. PÉTEL ; *RLDC* févr. 2005, n° 13, p. 30, obs. F. TAGOURLA ; *RTD com.* 2005. 587, obs. B. BOULOC : *ibid.* 597, obs. C. SAINT-ALARY-HOUIN.

[508] Appréciée, sans doute, au jour de la levée de l'option d'achat : E. LE CORRE-BROLY, « Le régime de la levée de l'option d'achat du contrat de crédit-bail judiciairement cédé », *LPA* 10 juin 1996, n° 70, p. 4., II-B. – *Adde* : P.-M. LE CORRE, *op. cit.*, préc. – E. LE CORRE-BROLY, note préc., II. – F. PÉROCHON, *op. cit.*, n° 1275.

s'avèrent indépendantes des agissements de ces derniers, en ce sens qu'elles ne découlent que de l'application de divers commandements légaux et ne sont fonction que de la configuration, à un instant *t*, de données factuelles variables d'une procédure collective à une autre. En revanche, aux côtés de ces limitations indirectes dirigées vers des créanciers auxquels rien ne peut être reproché, il est des hypothèses dans lesquelles la neutralisation des garanties réelles fait véritablement office de blâme.

2) Le créancier blâmable

79. Certains créanciers munis de sûretés réelles seront sanctionnés par la neutralisation de leur garantie en raison de leur négligence (a) ou, au contraire, d'un excès de prudence (b).

a) Le créancier négligent

80. Le créancier négligent s'entend de celui qui s'est abstenu d'accomplir les formalités déclaratives au respect desquelles le droit des procédures collectives le contraint. À l'exception de certaines catégories de créanciers[509], tous les créanciers d'un débiteur, qu'ils soient ou non astreints à discipline collective, doivent satisfaire à une obligation déclarative à peine de privation d'efficacité de leurs sûretés.

81. Concernant, en premier lieu, les créanciers soumis à discipline collective, obligation leur est faite de déclarer leurs créances au passif de l'entreprise débitrice[510] ; à défaut de déclaration de créance diligentée régulièrement dans les délais et en l'absence de relevé de forclusion, la créance sera inopposable à la procédure collective[511]. L'inopposabilité de la créance se comprend alors d'une

---

[509] Au premier rang desquelles figurent les salariés : C. com., art. L. 622-24, al. 1er.

[510] C. com., art. L. 622-24, al. 1 et 6, pour la procédure de sauvegarde, rendu applicable en redressement judiciaire par C. com., art. L. 641-14, al. 1er, et en liquidation judiciaire par C. com., art. L. 641-3, al. 4.

[511] Com. 3 nov. 2010, n° 09-70.312, *Bull. civ.* IV, n° 165, faisant plus spécifiquement état d'une inopposabilité à la liquidation judiciaire ; *BJE* juill. 2011, n° 3, p. 186, comm. 89, note C. SAINT-ALARY-HOUIN ; *D.* 2010. 2645, note A. LIENHARD ; *ibid.* 2011. 406, obs. P. CROCQ ; *ibid.* 2069, obs. F.-X. LUCAS ; *Dr. et patr.* sept. 2011, n° 206, p. 71, obs. M.-H. MONSÈRIÉ-BON ; *Gaz. Pal. entr. diff.* 8 janv. 2011, n° 8, p. 18, note E. LE CORRE-BROLY ; *Gaz. Pal.* 26 févr. 2011,

sanction atteignant, *ipso facto* et *a fortiori*, la sûreté qui est en constitue l'accessoire[512].

Dans le prolongement, si un créancier détenant une sûreté réelle déclare régulièrement sa créance dans les délais impartis à cet effet en omettant de faire mention de la sûreté qui en garantit le paiement, cette dernière fera l'objet d'une neutralisation puisqu'en cette occurrence, bien que la créance puisse être opposable à la procédure collective, tel ne sera pas le cas de la sûreté[513], dont l'inopposabilité entraîne une dégénérescence qualitative de la créance en ce que son titulaire se trouve déchu de son rang de créancier privilégié pour devenir un créancier chirographaire[514] ; sitôt indiqué que, au regard de la sanction attachée au défaut de mention de la sûreté lors de la déclaration de créance, seules les sûretés préférentielles sont ici en cause[515].

---

n° 57, p. 45, note S. REIFEGERSTE ; *ibid.* 3 mai 2011, n° 123, p. 20, note C. BRENNER ; *JCP E* 2011. 1030, n° 10, obs. M. CABRILLAC ; *LEDEN* févr. 2011, n° 2, p. 1, obs. F.-X. LUCAS ; *Rev. sociétés* 2011. 194, obs. Ph. ROUSSEL GALLE ; *RTD com.* 2011. 413, obs. A. MARTIN-SERF. – *Adde* : P.-M. LE CORRE, « La créance non déclarée et la clôture de la liquidation judiciaire pour extinction du passif exigible », *JCP E* 2011. 1318. – F.-X. LUCAS, « Risques et responsabilités induits par les procédures collectives », *RD banc. fin.* janv. 2013, n° 1, doss. 13, n° 5. – Comp. : C. SAINT-ALARY-HOUIN, *op. cit.*, n° 797. – *Id.*, note préc.

[512] Rappr. spéc. : Ph. ROUSSEL GALLE, « La déclaration de créances et les sûretés réelles », Interv. Colloque *Sûretés réelles et droit des entreprises en difficulté*, Nice 20 mars 2010, *LPA* 11 févr. 2011, n° 30, p. 37, n°s 15 et s.

[513] Com. 8 juin 1999, n° 97-12.233, *Bull. civ.* IV, n° 125 ; *D.* 2000. 388, note S. PIEDELIÈVRE ; *JCP E* 2000. 124, § 50, n° 13, obs. M. CABRILLAC ; *JCP E* 2000. 411, § 54, n° 18, obs. Ph. DELEBECQUE ; *RTD com.* 1999. 968, obs. A. MARTIN-SERF ; *RTD com.* 2000. 167, obs. B. BOULOC. – Com. 6 juill. 1999, n° 96-21.684, *Bull. civ.* IV, n° 151 ; *D.* 2000. 327, note A. HONORAT. – Rappr. : M. CABRILLAC, note sous Com. 20 mai 1997, n° 95-11.915, *Bull. civ.* IV, n° 141, *JCP G* 1997. I. 4054, n° 10, qualifiant la sanction de « *déchéance des sûretés non-déclarées* » ; expression relayée par C. SAINT-ALARY-HOUIN, *op. cit.*, n° 777, note 233. – Ph. ROUSSEL GALLE, art. préc., n°s 21 et s., spéc. n° 22. – *Adde* : A. JACQUEMONT et R. VABRES, *op. cit.*, n° 582. – F. PÉROCHON, *op. cit.*, n° 1563. – P.-M. LE CORRE, *op. cit.*, n° 668.422, évoquant également une inopposabilité de la sûreté, en ce que « *La sûreté non déclarée est seulement **inopposable** à la première procédure, mais n'est pas éteinte…* » (mise en gras par nos soins). – F.-X. LUCAS, *op. cit.*, n° 223, s'exprimant à propos d'une clause de réserve de propriété.

[514] *Ibid.* – P.-M. LE CORRE, *op. cit.*, n°s 668.423 et s., spéc. n° 668.423.

[515] En ce sens : P.-M. LE CORRE, *op. cit.*, n° 668.425. – Rappr. : Ph. ROUSSEL GALLE, art. préc., n°s 8 et s.

82. En second lieu, quant aux créanciers postérieurs éligibles au traitement préférentiel, certes se trouvent-ils affranchis d'avoir à déclarer leurs créances et sûretés[516], mais il leur appartient tout de même d'accomplir une formalité déclarative prescrite aux fins de conservation de leur privilège de procédure. En effet, ces créanciers doivent, à peine de déchéance des droits attachés à leur privilège de procédure[517], porter à la connaissance de l'organe approprié[518] l'existence de leurs créances[519]. À défaut, le privilège de procédure serait tenu pour inexistant et, ainsi, totalement neutralisé.

83. Aussi le législateur sanctionne-t-il sévèrement la négligence du créancier titulaire d'une sûreté qui s'est abstenu de se conformer aux prescriptions, d'ordre déclaratif, auxquelles il est soumis. Cependant, à l'opposé, et en dépit du fameux adage populaire selon lequel « prudence est mère de sûreté », le législateur sanctionne tout aussi sévèrement le créancier trop prudent.

---

[516] C. com., art. L. 622-24, préc.

[517] D. BOUSTANI, *op. cit.*, n°s 481 et s., spéc. n°s 491 et s. – *Id.*, « La conservation du privilège des créanciers postérieurs », Interv. Colloque *Sûretés réelles et droit des entreprises en difficulté*, Nice 20 mars 2010, *LPA* 11 févr. 2011, n° 30, p. 15, n°s 24, 30 et s. – P.-M. LE CORRE, *op. cit.*, n° 456.191. – F. PÉROCHON, *op. cit.*, n° 825. – Ph. MALAURIE, L. AYNÈS et P. CROCQ, *op. cit.*, n° 465 *in fine*. – M. CABRILLAC, Ch. MOULY, S. CABRILLAC et Ph. PÉTEL, *op. cit.*, n° 699. – Comp. : Rapp. J.-J. HYEST, *au nom de la commission des Lois constitutionnelles, de législation, du suffrage universel, du Règlement et d'administration générale sur le projet de loi de sauvegarde des entreprises*, n° 335, 2005, p. 203, dans lequel il est écrit que « *Le 3° du présent article compléterait l'article L. 622-15 nouveau* [actuel C. com., art. L. 622-17] *par un paragraphe IV instituant une* ***péremption des privilèges prévus par cette disposition.*** » (en gras dans le rapport).

[518] Administrateur judiciaire et, à défaut, mandataire judiciaire ; commissaire à l'exécution du plan ou liquidateur, selon le cas, lorsque l'administrateur judiciaire et le mandataire judiciaire auront cessé leurs fonctions : v. art. cit. *infra* note suivante.

[519] C. com., art. L. 622-17, IV : « *Les créances impayées perdent le privilège* [de procédure] *si elles n'ont pas été portées à la connaissance de l'administrateur et, à défaut, du mandataire judiciaire ou, lorsque ces organes ont cessé leurs fonctions, du commissaire à l'exécution du plan ou du liquidateur, dans le délai d'un an à compter de la fin de la période d'observation...* », pour la procédure de sauvegarde, rendu applicable en redressement judiciaire par C. com., art. L. 631-14, al. 1er, et C. com., art. L. 641-13, IV, pour la liquidation judiciaire.

b) Le créancier trop prudent

84. À titre liminaire, précisons que, à propos du cas de figure qu'il s'agit d'envisager, l'idée d'un créancier ayant fait montre d'un excès de prudence ne constitue pas une formulation exacte et rigoureuse. Néanmoins, elle paraît, de façon quelque peu prosaïque, être suffisamment évocatrice, car, à travers cette expression, sont ici visés les créanciers dispensateurs de crédit ayant pris des garanties disproportionnées aux fins de sécurisation de concours fautifs de nature à engager leur responsabilité. Ainsi la disproportion est-elle candidement assimilée à une prudence excessive ; et cette ingénuité représente justement la raison pour laquelle la formulation employée en ces lignes est rétive à toute rectitude, mais sans encourir pour autant une disqualification de principe.

85. Dans l'hypothèse où, en raison du caractère fautif des concours consentis par un créancier dispensateur de crédit, la responsabilité de ce dernier a été reconnue, le tribunal dispose, en marge de la possibilité d'annuler les garanties prises en contrepartie des concours fautifs[520], de la faculté[521] de réduire lesdites garanties[522]. Comme cela a pu être souligné[523], bien que le texte ne suggère aucune restriction quant à son champ d'application[524] et paraît conséquemment pouvoir être mis en œuvre quelle que soit la cause d'éviction du principe d'irresponsabilité[525], la sanction complémentaire de la réduction des garanties a essentiellement vocation à recevoir application lorsque le principe d'irresponsabilité aura été écarté du fait de la disproportion des garanties au regard des concours consentis[526]. Si d'aventure il devait être fait application de la limitation des garanties en cas d'immixtion caractérisée dans la

---

[520] V. *supra* n°s 60 et s.

[521] Ce caractère facultatif s'infère des mêmes éléments que ceux autorisant pareille affirmation en matière d'annulation, v. *supra* note 452 ss n° 60. – V. not. : P.-M. LE CORRE, *op. cit.*, n° 834.191.

[522] C. com., art. L. 650-1, al. 2nd.

[523] P.-M. LE CORRE, *op. cit.*, préc.

[524] Le texte se contente de prévoir la sanction « *Pour le cas où la responsabilité d'un créancier est reconnue…* », sans établir la moindre distinction.

[525] Fraude ; immixtion caractérisée dans la gestion du débiteur et prise de garanties disproportionnées par rapport aux concours consentis, v. C. com., art. L. 650-1, al. 1er.

[526] V. P.-M. LE CORRE, *op. cit.*, préc.

gestion de l'entreprise débitrice, il serait effectivement fort délicat de définir un critère objectif et pertinent permettant de délimiter l'étendue de la réduction[527].

86. Au terme de cette première partie, l'on peut constater que les diverses situations présentées mettent en exergue l'ajustement de l'équilibre interne, c'est-à-dire l'équilibre des rapports entre le créancier bénéficiant d'une garantie et celui du chef duquel est née cette dernière, ajustement qui s'opère, de façon très perceptible, au détriment du titulaire de la sûreté et qui, en théorie du moins, a le plus souvent vocation à faciliter le sauvetage de l'entreprise débitrice. Il y a là, sans conteste, la marque d'une véritable instrumentalisation des sûretés réelles[528] au service des intérêts du débiteur ; intérêts dont la préservation préside également, quoique de façon beaucoup plus modeste, au bouleversement de l'équilibre externe.

SECTION II : L'EQUILIBRE EXTERNE BOULEVERSE

87. L'équilibre externe, c'est-à-dire l'équilibre régissant les rapports entre les divers créanciers d'un même débiteur, connaît, du fait de l'application des règles participant du droit des entreprises en difficulté, un bouleversement de nature qualitative (I) et quantitative (II).

I. Le bouleversement qualitatif

88. S'il est permis d'évoquer un bouleversement qualitatif, c'est parce que, dans le cadre des procédures collectives, se constate une véritable distinction selon la nature des sûretés réelles, distinction en vertu de laquelle s'établit une prééminence globale des sûretés exclusives (A), qui se produit nécessairement au détriment des sûretés préférentielles avec, toutefois, de notables exceptions, dans la mesure où certaines de ces dernières font l'objet d'une consolidation (B).

---

[527] Rappr. spéc : *ibid.*

[528]. V. spéc. : F.-X. LUCAS, « L'efficacité des sûretés réelles et les difficultés des entreprises », *Rev. proc. coll.* nov. 2009, n° 6, doss. 17, n°s 5 et s., spéc. 6 à 10. – *Adde* : Ph. ROUSSEL GALLE, « Les sûretés réelles et le droit des entreprises en difficulté », *RD banc. fin.* sept. 2014, n° 5, doss. 38, n° 28, pour qui cette instrumentalisation est beaucoup moins cohérente que celle ayant cours en matière de sûretés personnelles.

A. LA PRÉÉMINENCE GLOBALE DES SÛRETÉS EXCLUSIVES

89. Les textes assurent cette prédominance des sûretés exclusives en permettant le paiement de leurs titulaires dans la procédure (1) et hors la procédure (2).

1) Le paiement dans la procédure

90. De façon assez remarquable – au sens premier du terme –, certaines garanties réelles réactivent anticipativement le droit au paiement des créanciers qui en sont munis, leur permettant ainsi de recevoir un règlement intervenant dans le cadre de la procédure collective au moyen d'éléments du gage commun des créanciers, étant immédiatement précisé que ce désintéressement est étranger à toute idée de classement.

91. La première de ces garanties réelles s'entend du droit de rétention, qui fait traditionnellement[529] montre d'une efficacité presque absolue[530].

En effet, en matière de procédures de sauvetage, abstraction faite du droit de rétention fictif de droit commun[531] – frappé d'inopposabilité durant la période d'observation et dont le titulaire ne peut se prévaloir pendant l'exécution d'un plan de sauvegarde ou de redressement[532] –, le mécanisme du retrait contre

---

[529] N. BORGA *in* N. BORGA et F. PÉROCHON, « La réalisation des garanties réelles : en restructuration ou en liquidation ? Dans ou hors la procédure ? », *Rev. proc. coll.* juill. 2018, n° 4, doss. 20, n° 6. – Ph. ROUSSEL GALLE, « Les sûretés réelles et le droit des entreprises en difficulté », *RD banc. fin.* sept. 2014, n° 5, doss. 38, n° 19. – F.-X. LUCAS, « L'efficacité des sûretés réelles et les difficultés des entreprises », *Rev. proc. coll.* nov. 2009, n° 6, doss. 17, n° 4, pour qui la propension du droit de rétention à résister à la procédure collective est une solution « *constante et si connue qu'elle n'appelle pas de développements nouveaux* ».

[530] V. not. : P.-M. LE CORRE, *op. cit.*, n° 633.331. – P. CAGNOLI, « Le sort des créanciers munis de sûretés réelles », *Rev. proc. coll.* mai 2015, n° 3, doss. 39, n° 12. – F. PÉROCHON *in* N. BORGA et F. PÉROCHON, « La réalisation des garanties réelles : en restructuration ou en liquidation ? Dans ou hors la procédure ? », *Rev. proc. coll.* juill. 2018, n° 4, doss. 20, n° 25. – Ph. DUPICHOT, « L'efficience économique du droit des sûretés réelles », *LPA* 16 avr 2010, n° 76, p. 7, n° 31. – Comp. : Ph. ROUSSEL GALLE, art. préc., n° 21, qui prend acte « *de l'efficacité absolue du droit de rétention...* ».

[531] Sur la neutralisation duquel, v. *supra* n°s 64 et s.

[532] C. com., art. L. 622-7, I, al. 2.

paiement[533] constitue la seule voie de dégrèvement du droit de rétention[534] : si le bien grevé est, sinon nécessaire, à tout le moins utile à la poursuite d'activité[535], le paiement du créancier rétenteur – effectif ou fictif de droit spécial – s'imposera.

Quant aux procédures liquidatives, dans le cadre desquelles tous les droits de rétention, en ce compris celui conféré par l'article 2286, 4°, du Code civil, sont efficaces[536], la règle du retrait contre paiement[537] apparaît ici, à la lecture des textes[538], comme la voie de dégrèvement de principe, et non exclusive, car, à défaut de retrait contre paiement[539], le liquidateur doit, dans les six mois du jugement de liquidation, solliciter du juge-commissaire l'autorisation de vendre le bien grevé[540]. Le cas échéant, s'opère, par le biais d'une subrogation réelle[541], un report du droit de rétention sur le prix de vente[542], autorisant le créancier rétenteur à se désintéresser, sur ce prix, sans subir le moindre concours[543].

---

[533] C. com., art. L. 622-7, II, al. 2nd, ainsi rédigé : « *Le juge-commissaire peut aussi* [autoriser l'organe chargé de la gestion de l'entreprise] *à payer des créances antérieures au jugement, pour retirer le gage ou une chose légitimement retenue* [...], *lorsque ce retrait* [...] *est justifié par la poursuite de l'activité...* », pour la procédure de sauvegarde, rendu applicable en redressement judiciaire par C. com., art. L. 631-14, al. 1er.

[534] Rappr. not. : F. PÉROCHON, art. préc., préc.

[535] V. spéc. : P.-M. LE CORRE, *op. cit.*, n° 633.311.

[536] Rappr. not. : N. BORGA, art. préc., n° 7 *in fine*. – Ph. ROUSSEL GALLE, « Les sûretés réelles et le droit des entreprises en difficulté », *RD banc. fin.* sept. 2014, n° 5, doss. 38, nos 20 et s. – G. AMLON, « Créanciers antérieurs titulaires de sûretés réelles », *J.-Cl. Proc. coll.*, fasc. 2383, LexisNexis, 2018, n° 153. – P.-M. LE CORRE, « La mesure de l'efficacité des gages sans dépossession dans les procédures collectives – L'inopposabilité du droit de rétention conféré par l'article 2286-4° du Code civil aux créanciers gagistes sans dépossession », *JCP E* 2009. 1204, nos 8 et s.

[537] C. com., art. L. 641-3, al. 2.

[538] *Ibid.* et art. L. 642-20-1, al. 1er.

[539] Il y a là, au moins sur le plan légistique, la marque d'un certain rapport de subsidiarité.

[540] C. com., art. L. 642-20-1, al. 1er.

[541] P.-M. LE CORRE, *op. cit.*, n° 563.711. – F. PÉROCHON, *op. cit.*, n° 1207. – C. SAINT-ALARY-HOUIN, *op. cit.*, n° 1387. – Ch. ALBIGES et M.-P. DUMONT-LEFRAND, *op. cit.*, n° 406. – Ph. MALAURIE, L. AYNÈS et P. CROCQ, *op. cit.*, n° 449.

[542] C. com., art. L. 642-20-1, d. al.

[543] Com. 15 oct. 1991, n° 90-10.784, *Bull. civ.* IV, n° 288 ; *JCP E* 1992. I. 138, n° 25, obs. M. CABRILLAC ; *RTD com.* 1992. 464, obs. A. MARTIN-SERF. – Com. 26 janv. 2010, n° 08-21.340, F-D ; *BJE* mars 2011, n° 1, p. 32, note N. BORGA ; *Dr. et patr.* sept. 2010, n° 195, p. 92, obs. L. AYNES et Ph. DUPICHOT ;

92. À cet égard, il convient d'indiquer que la question du droit de rétention semble avoir légèrement évolué à la faveur d'un récent arrêt de la Cour de cassation. Jusqu'alors, la jurisprudence réservait le mécanisme du report du droit de rétention sur le prix de vente aux droits de rétention mobiliers[544] ; mais la Haute juridiction[545],

---

JCP G 2010. 708, n° 18, obs. Ph. DELEBECQUE ; *Gaz. Pal.* 6 mai 2010, n° 126, p. 16, obs. Ch. ALBIGES et M.-P. DUMONT-LEFRAND ; *Gaz. proc. coll.* 17 avr. 2010, n° 107, p. 18, obs. Ph. ROUSSEL GALLE. – *Adde* not. : Com. 21 mars 2006, n° 04-19.794, F-D ; *JCP E* 2006. 2224, n° 8, obs. Y. REINHARD ; *JCP G* 2006. I. 195, n° 15, obs. Ph. DELEBECQUE ; *RLDC* déc. 2006, n° 33, obs. A. AYNÈS. – Sur le paiement hors concours du créancier rétenteur, v. not. : P.-M. LE CORRE, *op. cit.*, n°s 563.731, 563.751 (implicitement) et 633.331. – F. PÉROCHON, *op. cit.*, n°s 1207, 1324 (spéc. note 664), 1325 *in limine* et 1326. – Ph. PÉTEL, *op. cit.*, n° 308. – C. SAINT-ALARY-HOUIN, *op. cit.*, n° 1387. – A. JACQUEMONT et R. VABRES, *op. cit.*, n°s 1028 et 1045. – Ch. ALBIGES et M.-P. DUMONT-LEFRAND, *op. cit.*, n° 406. – *Id.*, obs. sous Com. 26 janv. 2010, préc., *Gaz. Pal.* 6 mai 2010, n° 126, p. 16. – S. PIEDELIÈVRE, *op. cit.*, n°s 333 et 335. – Ph. MALAURIE, L. AYNÈS et P. CROCQ, *op. cit.*, n° 449. – M. CABRILLAC, Ch. MOULY, S. CABRILLAC et Ph. PÉTEL, *op. cit.*, n° 1053. – Ph. SIMLER et Ph. DELEBECQUE, 7e éd., n° 615. – M. CABRILLAC, obs. sous Com. 15 oct. 1991, préc., *JCP E* 1992. I. 138, n° 25. – A. MARTIN-SERF, obs. sous Com. 15 oct. 1991, préc., *RTD com.* 1992. 464. – L. AYNÈS et Ph. DUPICHOT, obs. sous Com. 26 janv. 2010, préc., *Dr. et patr.* sept. 2010, n° 195, p. 92. – Ph. ROUSSEL GALLE, obs. sous Com. 26 janv. 2010, préc., *Gaz. proc. coll.* 17 avr. 2010, n° 107, p. 18. – F.-X. LUCAS, *op. cit.*, n° 368. – P.-M. LE CORRE, « Premiers regards sur l'ordonnance du 12 mars 2014 réformant le droit des entreprises en difficulté », *D.* 2014. 733, n° 66. – F. PÉROCHON, art. préc., préc. – F.-X. LUCAS, art. préc., préc. – Ph. ROUSSEL GALLE, « Les sûretés réelles et le droit des entreprises en difficulté », *RD banc. fin.* sept. 2014, n° 5, doss. 38, préc. – Th. MÉTEYÉ, « *Quid* de l'AGS dans la problématique procédures collectives / sûretés réelles ? », *Rev. proc. coll.* juill. 2018, n° 4, doss. 25. – Ph. ROUSSEL GALLE et F. PÉROCHON, « Sûretés et droit des procédures collectives, le couple infernal », *Rev. proc. coll.* janv. 2016, n° 1, doss. 12, n° 4. – P.-M. LE CORRE, « La récupération des avances de l'AGS à l'épreuve des autres créanciers », *Rev. proc. coll.* mars 2019, n° 2, doss. 6, n° 6. – O. GOUT, « Les sûretés face aux procédures collectives », *JCP N* 2012. 1339, n° 7. – *Adde,* déjà sous l'empire de la législation antérieure à la loi de sauvegarde des entreprises : B. SOINNE, *op. cit.*, p. 2050 et n° 2262, p. 1832.

[544] Civ. 3e, 23 oct. 2002, n° 98-18.109, *Bull. civ.* III, n° 209 ; *Constr.-Urb.* avr. 2003, n° 4, comm. 95, obs. D. SIZAIRE ; *Defr.* 15 mars 2003, n° 5, p. 334, obs. H. PERINET-MARQUET ; *JCP E* 2003. 194, n° 7, obs. M. CABRILLAC ; *ibid.* 1509, note M. KÉITA ; *JCP G* 2003. 124, n° 13, obs. Ph. DELEBECQUE ; *ibid.* II. 10182, note J.-F. DREUILLE ; *RD banc. fin.* janv. 2003, n° 1, comm. 24, obs. D. LEGEAIS ; *RLDC* supp. mai 2004, n° 5, p. 37, obs. Ph. DELEBECQUE.

[545] Com. 30 janv. 2019, n° 17-22.223, *Bull. civ.* IV [à paraître] ; *Act. proc. coll.* févr. 2019, n° 4, comm. 47, obs. P. CAGNOLI ; *BJE* mai 2019, n° 3, p. 44, obs.

en approuvant une cour d'appel d'avoir estimé que le droit de rétention immobilier se reportait de plein droit sur le prix, a opéré un revirement de jurisprudence appelé de ses vœux par une partie de la doctrine[546]. Or, du fait de la corrélation négative que les textes instituent entre le retrait contre paiement et le report du droit de rétention sur le prix de vente du bien grevé – c'est-à-dire du fait du rapport de subsidiarité dans lequel ces mécanismes paraissent enfermés –, il semble permis de considérer que la Cour de cassation, en consacrant l'éligibilité de la rétention immobilière au report du droit de rétention sur le prix, ait décidé, implicitement mais nécessairement, que la technique du retrait contre paiement est applicable à la sphère immobilière[547].

93. Le crédit-bailleur, hors l'hypothèse d'un plan de cession – déjà présentée[548] –, se trouve également dans une position renforcée, à défaut d'être confortable[549]. L'organe chargé de la gestion de l'entreprise peut en effet demander au juge-commissaire l'autorisation de payer les créances antérieures au jugement d'ouverture dues au titre du contrat de crédit-bail, et ce dans le but de lever l'option d'achat dudit contrat[550]. Dès lors, si le bien objet du contrat de crédit-bail est jugé utile, que ce soit à la poursuite de l'exploitation ou aux

---

F. MACORIG-VENIER ; *D.* 2019. 927, note A. AYNÈS ; *Gaz. Pal.* 19 mars 2019, n° 11, p. 23, note S. FARHI ; *Gaz. Pal. entr. diff.* 16 avr. 2019, n° 15, p. 73, note M. GUASTELLA ; *JCP E* 2019. 1206, n° 20, obs. Ph. PÉTEL ; *ibid.* 1219, note Ch. LEBEL ; *LEDEN* mars 2019, n° 3, p. 4, obs. N. BORGA ; *RDC* 2019, n° 2, p. 78, note F. DANOS ; *Rev. proc. coll.* mai 2019, n° 3, comm. 70, note Ch. GIJSBERS ; *ibid.*, comm. 79, note F. REILLE.

[546] V. not. : F. PÉROCHON, *op. cit.*, n° 1206. – A. AYNÈS, *Le droit de rétention : Unité ou pluralité*, préf. Ch. LARROUMET, Economica, coll. « Recherches Juridiques », 2005, n° 377.

[547] Rappr. et comp. : P.-M. LE CORRE, *op. cit.*, n° 563.611.

[548] V. *supra* n°s 75 et s.

[549] Sur la question, v. not. : F. BARAT, « La levée d'option d'achat du crédit-bail par le preneur soumis à une procédure collective après l'ordonnance du 18 décembre 2008 (C. com., art. L. 622-7 et L. 641-3) », *RD banc. fin.* mars 2010, n° 2, doss. 13, n° 2.

[550] C. com., art. L. 622-7, II, al. 2nd, pour la procédure de sauvegarde, rendu applicable en redressement judiciaire par C. com., art. L. 631-14, al. 1er, et C. com., art. L. 641-3, al. 2, pour la liquidation judiciaire.

opérations de liquidation[551], le crédit-bailleur recevra un paiement anticipé exclusif de tout concours[552].

94. Le créancier au profit duquel a été constituée une fiducie-sûreté bénéficie d'une règle avantageuse analogue à celle que connaît le créancier rétenteur, à savoir la technique du « retour contre paiement »[553], qui n'est applicable que dans le cadre d'une procédure de sauvetage[554]. Il est permis de regretter[555] une telle exclusivité dans la mesure où, en conséquence, le liquidateur ne peut jamais user de cette faculté, y compris dans le cas où le montant des créances antérieures à acquitter serait manifestement très inférieur à la valeur vénale du bien objet de la fiducie-sûreté ; en pareille occurrence, si la règle avait été transposée dans le dispositif légal de la liquidation judiciaire, les droits et intérêts, tant du bénéficiaire de la fiducie-sûreté que de la collectivité des créanciers, seraient parfaitement préservés[556] : le premier serait pleinement désintéressé sans avoir à réaliser sa sûreté et les créanciers, en raison du symétrique accroissement de leur gage commun, pourraient exercer leurs droits sur un actif supplémentaire – sur son prix de réalisation de façon plus exacte –, et, partant, constateraient, sinon leur désintéressement total,

---

[551] Dans leur réd. ant. à l'ord. n° 2014-326, 12 mars 2014, portant réforme de la prévention des difficultés des entreprises et des procédures collectives, *JO* n° 0062, 14 mars 2014, p. 5249, les art. L. 622-7 et L. 641-3 du C. com. subordonnaient le paiement des créances antérieures dues au titre du contrat de crédit-bail à son infériorité par rapport à la valeur vénale du bien objet du contrat ; cette condition est aujourd'hui abandonnée, sans doute par suite de la circonspection avec laquelle la doctrine l'a accueillie : F. BARAT, art. préc., n°s 17 et s., spéc. n°s 18 à 22. – F. PÉROCHON, « Les interdictions de paiement et le traitement des sûretés réelles », *D.* 2009. 651, n° 29. – Comp. cep. : P.-M. LE CORRE, *op. cit.*, n° 633.223.

[552] V. not. : P.-M. LE CORRE, « La récupération des avances de l'AGS à l'épreuve des autres créanciers », *Rev. proc. coll.* mars 2019, n° 2, doss. 6, préc.

[553] F. PÉROCHON, « Les interdictions de paiement et le traitement des sûretés réelles », *D.* 2009. 651, n°s 22 et s.

[554] La règle n'est pas reconduite en liquidation judiciaire (v. C. com., art. L. 641-3, al. 2).

[555] V., exprimant leurs regrets : F. PÉROCHON, « À propos de la réforme de la liquidation judiciaire par l'ordonnance du 18 décembre 2008 », *Gaz. proc. coll.* 10 mars 2009, n° 69, p. 3, note 101 sous n° 40. – P.-M. LE CORRE, *op. cit.*, n° 633.541. – F. PÉROCHON, « Les interdictions de paiement et le traitement des sûretés réelles », *D.* 2009. 651, n° 27.

[556] En ce sens : P.-M. LE CORRE, *op. cit.*, préc. – F. PÉROCHON, « Les interdictions de paiement et le traitement des sûretés réelles », *D.* 2009. 651, préc.

du moins une augmentation de la fraction de créance effectivement payée – ou une diminution de la portion de créance qui, en dernière analyse, demeurera impayée, c'est selon.

95. En vertu de la règle du retour contre paiement, lorsque la récupération des actifs fiduciaires, qui, par hypothèse, ne se trouvent pas entre les mains du débiteur en exécution d'une convention de mise à disposition[557], est justifiée par la poursuite d'activité, l'organe chargé de la gestion de l'entreprise peut être autorisé par le juge-commissaire à payer les créances antérieures – impayées – détenues par le bénéficiaire de la fiducie-sûreté[558]. Selon un auteur, cette hypothèse paraît cependant assez théorique puisque, si les biens étaient indispensables à la poursuite d'activité, une convention de mise à disposition, de nature à paralyser le jeu de la fiducie-sûreté, assortirait vraisemblablement cette dernière[559]. Certes l'affirmation est-elle exacte, mais, outre la souplesse – bienvenue dans une matière qui en manque parfois – qu'introduit une telle solution, s'il apparaît que le montant des créances antérieures à payer pour obtenir le retour des actifs fiduciaires est très faible, voire dérisoire, en comparaison de la valeur desdits actifs, et dès lors que ces derniers ne sont pas grevés de sûretés de nature à déclencher l'obligation de consignation[560], le prix de vente de ces biens permettrait de dégager une trésorerie dont peut avoir cruellement besoin une entreprise placée en sauvegarde ou en redressement judiciaire ; sous cet angle, les biens objet de la

[557] P.-M. LE CORRE, *op. cit.*, n° 633.531. – G. AMLON, « Créanciers antérieurs titulaires de sûretés réelles », *J.-Cl. Proc. coll.*, fasc. 2383, LexisNexis, 2018, n° 85.
[558] C. com., art L. 622-7, II, al. 2nd, pour la procédure de sauvegarde, rendu applicable en redressement judiciaire par C. com., art. L. 631-14, al. 1er.
[559] N. BORGA *in* N. BORGA et F. PÉROCHON, « La réalisation des garanties réelles : en restructuration ou en liquidation ? Dans ou hors la procédure ? », *Rev. proc. coll.* juill. 2018, n° 4, doss. 20, n° 8 *in fine*, qui contraste la position confortable dont jouit le bénéficiaire d'une fiducie-sûreté au titre de la règle du retour contre paiement en précisant immédiatement que « *si le débiteur n'est pas en possession du bien* [objet de la fiducie-sûreté]*, c'est, le plus souvent, que le bien n'est pas indispensable à l'activité de l'entreprise* ».
[560] C. com., art. L. 622-8, al. 1er, pour la procédure de sauvegarde, rendu applicable en redressement judiciaire par C. com., art. L. 631-14, al. 1er.

fiducie-sûreté apparaissent bien comme étant utiles à la poursuite de l'activité[561].

96. Enfin, la clause de réserve de propriété, que le législateur qualifie désormais[562] expressément de sûreté réelle[563], constitue de même une garantie susceptible de réactiver anticipativement le droit au paiement du créancier réservataire de propriété en cas de procédure collective de l'acquéreur. En effet, le juge-commissaire peut autoriser l'organe chargé de la gestion de l'entreprise à payer les créances antérieures[564] que détient le réservataire de propriété afin de bloquer

---

[561] Rappr., en matière de retrait contre paiement : P.-M. LE CORRE, *op. cit.*, n° 633.311. – F. MACORIG-VENIER, « Entreprise en difficulté : situation des créanciers », *Rép. com.*, Dalloz, 2019, n° 219.

[562] Depuis l'ord. n° 2006-346, 23 mars 2006, relative aux sûretés, *JO* n° 71, 24 mars 2006, p. 4475.

[563] C. civ., art. 2329, 4° : « *Les sûretés sur les meubles sont :* [...] *La propriété retenue ou cédée à titre de garantie.* », et art. 2367, al. 1er, qui la définit ainsi : « *La propriété d'un bien peut être retenue en garantie par l'effet d'une clause de réserve de propriété qui suspend l'effet translatif d'un contrat jusqu'au complet paiement de l'obligation qui en constitue la contrepartie.* ». – *Adde* : Com. 15 oct. 2013, nos 12-14.944 et 13-10.463, *Bull. civ.* IV, n° 153, qui range sans ambages la clause de réserve de propriété au sein de la catégorie des sûretés réelles non préférentielles en énonçant que « *si la clause de réserve de propriété constitue une sûreté réelle, elle ne confère à son bénéficiaire aucun droit de préférence dans les répartitions...* » ; *Act. proc. coll.* nov. 2013, n° 18, comm. 268, obs. J. VALLANSAN ; *BJE* nov. 2013, n° 6, p. 373, obs. M. LAROCHE ; *D.* 2013. 2462, obs. A. LIENHARD ; *Gaz. Pal.* 5 déc. 2013, n° 339, p. 13, note M.-P. DUMONT-LEFRAND ; *JCP E* 2013. 1679, n° 17, obs. Ph. DELEBECQUE ; *LEDB* déc. 2013, n° 11, p. 6, obs. M. MIGNOT ; *LEDC* déc. 2013, n° 11, p. 4, obs. S. PELLET ; *LEDEN* déc. 2013, n° 11, p. 4, obs. M. LAROCHE ; *Rev. sociétés* 2013. 729, obs. L.-C. HENRY ; *D.* 2014. 187, note L. SAENKO ; *Dr. et patr.* févr. 2014, n° 233, p. 68, obs. Ph. DUPICHOT ; *ibid.* sept. 2014, n° 239, p. 99, obs. M.-H. MONSERIE-BON ; *Gaz. Pal. entr. diff.* 14 janv. 2014, n° 14, p. 28, note P.-M. LE CORRE ; *JCP E* 2014. 1020, n° 12, obs. Ph. PETEL ; *ibid.* 1074, n° 2, obs. J.-B. SEUBE ; *RD banc. fin.* mars 2014, n° 2, comm. 65, note C. HOUIN-BRESSAND – V. ayant déjà qualifié la clause de réserve de propriété de sûreté : Com. 23 janv. 2001, n° 97-21.660, *Bull. civ.* IV, n° 23 ; *D.* 2001. 702, obs. A. LIENHARD ; *JCP G* 2001. I. 321, n° 13, obs. M. CABRILLAC ; *RTD civ.* 2001. 398, obs. P. CROCQ ; *RTD com.* 2001. 499, obs. B. BOULOC ; *ibid.* 518, obs. A. MARTIN-SERF. – Com. 9 mai 1995, n° 92-20.811, F-D ; *Rev. proc. coll.* 1995, p. 487, n° 28, obs. B. SOINNE ; *RTD civ.* 1996. 441, obs. P. CROCQ.

[564] P.-M. LE CORRE, *op. cit.*, n° 633.211. – *Adde* : Com. 10 mai 2012, n° 11-15.015, F-D.

son action en revendication ou en restitution[565], selon le cas ; action qui, si elle était couronnée de succès, aboutirait potentiellement à la restitution effective d'un actif stratégique, indispensable à la poursuite de l'exploitation[566].

97. Avant d'entamer la présentation de mécanismes qui tendent à un paiement intervenant en marge de la procédure collective, il convient d'évoquer, à nouveau[567], l'attribution judiciaire du gage, et ce dans la mesure où ce mécanisme opère un règlement se situant entre le paiement dans la procédure et le paiement hors la procédure. Paiement dans la procédure en ce que le bien gagé est un élément du gage commun des créanciers, mais paiement hors la procédure dans la mesure, d'une part, où l'attribution judiciaire a pour objet, et pour effet, d'extraire le bien grevé du gage commun et, d'autre part, où sa mise en œuvre est indépendante de l'ordre dans lequel s'exerce les droits de préférence[568].

---

[565] C. com., art. L. 624-16, d. al., pour la procédure de sauvegarde, rendu applicable en redressement judiciaire par C. com., art. L. 631-18, al. 1er, et en liquidation judiciaire par C. com., art. L. 641-14, al. 1er.

[566]. Rappr. : P.-M. LE CORRE, *op. cit.*, préc., indiquant que « *L'exercice par le vendeur réservataire de son droit de reprise du bien pourra être* ***préjudiciable*** *à l'entreprise.* » (mise en gras par nos soins). – *Adde* : F. MACORIG-VENIER, « Entreprise en difficulté : situation des créanciers », *Rép. com.*, Dalloz, 2019, n° 233.

[567] V. *supra* nos 15 et s.

[568] V. not. : Com. 3 juin 2008, nos 07-12.017 et 07-15.228, *Bull. civ.* IV, n° 114 : « [...] *l'attribution judiciaire du bien donné en nantissement est indépendante de l'ordre dans lequel les divers privilèges s'exercent sur le prix en cas de vente de ce bien...* » ; *BJS* nov. 2008, n° 11, p. 888, note J.-P. GARÇON ; *D.* 2008. 1691, note A. LIENHARD ; *JCP E* 2008. 2493, n° 20, obs. Ph. DELEBECQUE ; *RD banc. fin.* juill. 2008, n° 4, comm. 113, note D. LEGEAIS ; *RTD civ.* 2008. 701, obs. P. CROCQ ; *RDC* 2009, n° 1, p. 209, note A. AYNES ; *Rev. sociétés* 2009. 113, obs. B. DONDERO ; *RTD com.* 2009. 433, obs. B. BOULOC. – Com. 6 janv. 1998, n° 95-17.399, *Bull. civ.* IV, n° 9 : « [...] *tout créancier nanti peut demander l'attribution judiciaire du gage même non assorti d'un droit de rétention et que le superprivilège des salaires ne peut faire obstacle à cette attribution...* » ; *D.* 1998. 375, note S. PIEDELIÈVRE ; *LPA* 8 févr. 1999, n° 27, p. 15, note G. TEILLIAIS ; *RTD com.* 1998. 664, obs. B. BOULOC. – V. spéc. : P.-M. LE CORRE, *op. cit.*, n° 563.863. – *Adde* not. : F. MACORIG-VENIER, « L'alternative à la cession des biens grevés : l'attribution en propriété », *Rev. proc. coll.* mars 2015, n° 2, doss. 30, n° 27.

98. C'est ainsi que, après avoir fait état du traitement de faveur consistant à permettre l'intervention d'un paiement au profit de certains créanciers dans le cadre de la procédure collective, voyons les situations dans lesquelles les titulaires de sûretés peuvent prétendre obtenir un paiement en marge de la procédure.

2) Le paiement hors la procédure

99. Le paiement hors la procédure concerne les créanciers titulaires de propriétés-sûretés. Parce que de telles sûretés reposent, par définition, sur la propriété, ou, de façon plus exacte, sur le transfert de propriété – celui-ci étant, soit différé en vue de garantir le paiement des créances détenues par le propriétaire-créancier, soit, au contraire, effectif *ab initio* en ce que certains biens ou droits du débiteur sont extraits de son patrimoine pour intégrer celui d'un tiers, voire celui du créancier lui-même –, les actifs sur lesquels portent ces sûretés, n'étant pas inclus dans le patrimoine de l'entreprise à l'endroit de laquelle est ouverte une procédure collective, échappent à l'effet réel[569] de cette dernière[570] et, par conséquent, n'entrent pas dans le périmètre du gage commun des créanciers.

---

[569] Selon l'expression de M. SÉNÉCHAL, *L'effet réel de la procédure collective : Essai sur la saisie collective du gage commun des créanciers*, préf. M.-H. MONSÈRIÉ-BON, Litec, coll. « Bibl. dr. entreprise », t. 59, 2002. – *Id.*, « L'effet réel de la procédure collective », *BJE* mars 2014, n° 2, p. 65. Expression que la jurisprudence a fait sienne : Com. 16 mars 2010, n° 08-13.147, *Bull. civ.* IV, n° 55 ; *Act. proc. coll.* avr. 2010, n° 8, comm. 122, obs. J. VALLANSAN ; *AJ fam.* 2010. 285, obs. P. HILT ; *D.* 2010. 825, obs. A. LIENHARD ; *ibid.* 1110, obs. M.-L. BÉLAVAL ; *ibid.* 1820, obs. P.-M. LE CORRE ; *Defr.* 15 juill. 2010, n° 13, p. 1484, obs. D. GIBIRILA ; *Gaz. proc. coll.* 3 juill. 2010, n° 184, p. 13, note L. ANTONINI-COCHIN ; *JCP E* 2010. 1742, n° 6, obs. M. CABRILLAC; *JCP N* 2010. 1313, note J.-P. GARÇON ; *LEDEN* mai 2010, n° 5, p. 1, obs. F.-X. LUCAS ; *Rev. proc. coll.* nov. 2010, n° 6, comm. 248, note G. BERTHELOT ; *RLDA* juill. 2010, n° 51, p. 16, note M.-B. SALGADO ; *RTD com.* 2010. 794, obs. J.-L. VALLENS ; *Defr..* 28 févr. 2011, n° 4, p. 386, obs. G. CHAMPENOIS ; *Rev. proc. coll.* mars 2011, n° 2, comm. 71, note M.-P. DUMONT-LEFRAND. – Com. 13 avr. 2010, n° 08-19.074, *Bull. civ.* IV, n° 78 ; *Act. proc. coll.* mai 2010, n° 9, comm. 137, obs. L. FIN-LANGER ; *Gaz. proc. coll.* 3 juill. 2010, n° 184, p. 27, note D. VOINOT ; *JCP E* 2010. 1534, note Ch. LEBEL ; *ibid.* 1742, n° 7, obs. Ph. PÉTEL ; *LEDEN* juin 2010, n° 6, p. 4, obs. P. RUBELLIN ; *Procédures* juin 2010, n° 6, comm. 230, note R. PERROT ; *ibid.*, comm. 236, note B. ROLLAND ; *RD banc. fin.* juill. 2010, n° 4, comm. 153, note S. PIEDELIÈVRE ; *RTD com.* 2010. 794, obs. J.-L. VALLENS ; *D.* 2011. 1509, obs. A. LEBORGNE. – Com. 26 janv. 2016,

100. Parmi ces propriétés-sûretés, figure ainsi la fiducie-sûreté puisque, dès lors que l'on raisonne en dehors de l'hypothèse dans laquelle, en présence d'une procédure de sauvegarde ou de redressement judiciaire, la fiducie-sûreté est assortie d'une convention de mise à disposition, le bénéficiaire de cette garantie est en droit de réaliser sa sûreté nonobstant la procédure collective du débiteur-constituant et, partant, d'obtenir un paiement en marge de ladite procédure, étant précisément question d'appréhender un actif exclu de l'emprise de cette dernière[571] par suite du transfert de propriété qu'implique la fiducie[572].

101. Dans un ordre d'idée similaire[573], il est possible d'évoquer la situation du bénéficiaire d'une cession-Dailly conclue à titre de

---

n° 14-13.851, *Bull. civ.* IV, n° 14 ; *Act. proc. coll.* mars 2016, n° 5, comm. 65, obs. A. PEDEMONS ; *BJE* mars 2016, n° 2, p. 100, obs. M. SÉNÉCHAL ; *D.* 2016. 1037, obs. F. ARBELLOT ; *ibid.* 1894, obs. F.-X. LUCAS ; *Defr.* 15 avr. 2016, n° 7, p. 350, note Ch. LEBEL ; *Gaz. Pal.* 12 juill. 2016, n° 26, p. 48, note J. PIERROT-BLONDEAU ; *Gaz. Pal. entr. diff.* 12 avr. 2016, n° 14, p. 74, note L. ANTONINI-COCHIN ; *JCP N* 2016. 1237, note J.-L. PUYGAUTHIER ; *LEDEN* mars 2016, n° 3, p. 3, obs. P. RUBELLIN ; *LEDIU* avr. 2016, n° 4, p. 6, obs. M. GHIGLIN° ; *Rev. proc. coll.* mars 2016, n° 2, comm. 48, note G. BERTHELOT ; *Defr.* 30 nov. 2017, n° 29, p. 27, note F. VAUVILLE.

570 V. spéc. : F. PÉROCHON *in* N. BORGA et F. PÉROCHON, « La réalisation des garanties réelles : en restructuration ou en liquidation ? Dans ou hors la procédure ? », *Rev. proc. coll.* juill. 2018, n° 4, doss. 20, n° 24.

571 P.-M. LE CORRE, *op. cit.*, n°s 633.521 et 633.531. – N. BORGA *in* N. BORGA et F. PÉROCHON, « La réalisation des garanties réelles : en restructuration ou en liquidation ? Dans ou hors la procédure ? », *Rev. proc. coll.* juill. 2018, n° 4, doss. 20, n° 9. – P. CAGNOLI, « Le sort des créanciers munis de sûretés réelles », *Rev. proc. coll.* mai 2015, n° 3, doss. 39, n° 26. – F. PEROCHON, art. préc., préc. – O. GOUT, art. préc., n° 8 *in limine.* La solution s'autorise par ailleurs d'un puissant argument *a fortiori* en ce sens que C. civ., art. 2024 précise explicitement que la procédure collective atteignant le fiduciaire n'atteint pas le patrimoine fiduciaire et, donc, ne constitue pas un obstacle à la réalisation de la fiducie-sûreté ; v. not. : P.-M. LE CORRE, *op. cit.*, n° 633.512.

572 C. civ., art. 2011, définissant la fiducie comme « *l'opération par laquelle un ou plusieurs constituants* ***transfèrent*** *des biens, des droits ou des sûretés, ou un ensemble de biens, de droits ou de sûretés, présents ou futurs,* ***à un ou plusieurs fiduciaires qui, les tenant séparés de leur patrimoine propre****, agissent dans un but déterminé au profit d'un ou plusieurs bénéficiaires* » (mise en gras par nos soins). – V. not. : C. KUHN, « Une fiducie française », *Dr. et patr.* avr. 2007, n° 158, p. 32, spéc. p. 34, a).

573 Voire identique : P.-M. LE CORRE, *op. cit.*, n° 633.531.

garantie[574], lorsque le débiteur-cédant fait l'objet d'une procédure collective ; étant immédiatement relevé que l'ouverture d'une procédure collective à l'égard du débiteur-cédé[575] échappe à l'objet de cette étude car, du fait de la mobilisation de créance qu'opère la cession-Dailly à titre de garantie[576], le cessionnaire n'est pas, au titre de la cession de créance, un créancier privilégié du débiteur-cédé mais seulement un créancier chirographaire[577].

En substance, dans l'hypothèse où le débiteur-cédant est placé sous procédure collective, le bénéficiaire de la cession-Dailly conclue à titre de garantie pourra, malgré la procédure, diligenter le recouvrement des créances cédées et, ainsi, obtenir un paiement sans subir le concours des autres créanciers du débiteur-cédant dans la mesure où, par définition, lesdites créances ne figuraient plus dans le patrimoine du cédant au jour du jugement d'ouverture[578]. Ainsi le

---

[574] C. mon. fin., art. L. 313-23 et s. – V. spéc. : R. BONHOMME, *Instruments de crédit et de paiement*, LGDJ – Lextenso, coll. « Manuel », 10e éd., 2013, nos 247 et s., spéc. n° 248, qui définit l'opération comme « *un **écrit par lequel une personne, appelée le cédant, transfère à un établissement de crédit, appelé le cessionnaire, la propriété de créances professionnelles déterminées afin de garantir un crédit consenti au cédant par le cessionnaire**...* » (en gras dans l'ouvrage).

[575] Rappr. : L. DREYFUSS, « La cession Dailly à titre de garantie, une opération à l'épreuve des procédures collectives ? », *RTD com.* 2018. 869, n° 10, pour qui « *la procédure collective du cédé ne présentera que peu d'intérêt* ». – Rappr. : R BONHOMME, *op. cit.*, n° 276.

[576] C. mon. fin., art. L. 313-24, al. 1er : « *Même lorsqu'elle est effectuée à titre de garantie et sans stipulation d'un prix, la cession de créance transfère au cessionnaire la propriété de la créance cédée.* ».

[577] L. DREYFUSS, art. préc., préc.

[578] Com. 7 déc. 2004, n° 02-20.732, *Bull. civ.* IV, n° 213, ayant décidé que « *même si son exigibilité n'est pas encore déterminée, la créance peut être cédée et que, **sortie du patrimoine du cédant**, son **paiement n'est pas affecté** par l'ouverture de la procédure collective de ce dernier postérieurement à cette date...* » (mises en gras par nos soins) ; *D.* 2005. 77, note A. LIENHARD ; *ibid.* 230, note Ch. LARROUMET ; *ibid.* 2078, obs. P. CROCQ, insistant sur la solidité de cette solution, appelée à perdurer ; *Dr. et patr.* oct. 2005, n° 141, p. 99, obs. Ph. STOFFEL-MUNCK ; *JCP E* 2005. 639, n° 4, obs. Ph. PÉTEL ; *ibid.* 782, nos 42 à 44, obs. N. MATHEY ; *RD banc. fin.* mars 2005, n° 2, comm. 49, note F.-X. LUCAS ; *ibid.* mai 2005, n° 3, comm. 77, note F. J. CRÉDOT ; *ibid.*, comm. 88, obs. A. CERLES ; *RTD civ.* 2005. 132, obs. J. MESTRE et B. FAGES ; *RTD com.* 2005. 155, obs. M. CABRILLAC ; *ibid.* 415, obs. A. MARTIN-SERF. – *Adde* not. : J.-E. KUNTZ et V. NURIT, « La cession de créances Dailly à titre de garantie à l'épreuve du plan de sauvegarde », *BJE* janv. 2014, n° 1, p. 58, nos 10 et 12. – P.-M. LE CORRE, *op. cit.*, n° 633.421. – L. ANDREU, « Cession Dailly et procédures collectives », *Rev. proc.*

paiement dont serait rendu destinataire le créancier-cessionnaire constitue-t-il un paiement émanant d'un tiers qui, de ce fait, ne s'opère pas au moyen d'éléments du gage commun des créanciers du débiteur-cédant[579].

102. Enfin, après avoir brièvement étudié des propriétés-sûretés dont la technique de garantie repose sur un transfert de propriété immédiat de biens ou droits du débiteur à destination du patrimoine d'un tiers ou du créancier, il convient de signaler, dans le cadre des paiements intervenant hors la procédure, une propriété-sûreté dont l'effet de garantie résulte quant à lui du différé d'effectivité du transfert de propriété devant intervenir au profit du débiteur sous procédure collective.

103. Aussi est-il présentement question de faire état du cas du créancier réservataire de propriété ayant accompli les démarches requises aux fins d'opposabilité de son droit de propriété à la procédure et qui, par conséquent, récupère le bien objet de la clause de réserve de propriété. Il faut bien comprendre que cette restitution équivaut effectivement à un paiement[580] dans l'exacte mesure où la valeur du bien vient alors s'imputer sur le solde de créance restant dû[581] – ce qui emporte extinction totale ou partielle de celle-ci[582] –

---

coll. nov. 2017, n° 6, doss. 21, n°s 2 et 12. – L. DREYFUSS, art. préc., n°s 12 et 32. – R. BONHOMME, *op. cit.*, n° 277.

[579] V. J.-E. KUNTZ et V. NURIT, art. préc., n° 10. – Rappr. : N. BORGA, note sous CA Versailles, ch. 13, 28 févr. 2013, RG n° 12/06573, *BJE* juill. 2013, n° 4, p. 235, n° 5. – L. DREYFUSS, art. préc., n°s 12 et 32.

[580] C. civ., art. 2371, al. 2 : « *La valeur du bien repris est imputée,* ***à titre de paiement****, sur le solde de la créance garantie.* » (mise en gras par nos soins). – V. spéc. : P. CROCQ, « Situation du vendeur de meubles. – Clause de réserve de propriété », *J.-Cl. Proc. coll.*, fasc. 2545, LexisNexis, 2019, n° 150, y voyant une « *forme très particulière de dation en paiement* ». – *Id.*, « La réserve de propriété », *JCP E* 2006. 6, n° 10. – *Id.*, obs. sous Com. 5 mars 1996, n° 93-12.818, *Bull. civ.* IV, n° 72, *RTD civ.* 1996. 441. – J. MESTRE, note sous T. com. Toulouse, 5 juin 1981, *RJ com.* 1981, p. 378. – Rappr. : P.-M. LE CORRE, *op. cit.*, n° 816.611. – Comp. (*contra*) : F. PÉROCHON, obs. sous Com. 5 mars 1996, n° 93-12.818, *Bull. civ.* IV, n° 72, *D.* 1996. 222, pour qui, « *faute de transfert de propriété en faveur du créancier* », il ne peut y avoir dation en paiement.

[581] C. civ., art. 2371, al. 2.

[582] V. Com. 5 mars 1996, n° 93-12.818, *Bull. civ.* IV, n° 72 ; *D.* 1996. 222, obs. F. PÉROCHON ; *JCP G* 1996. I. 3960, n° 11, obs. M. CABRILLAC ; *RTD civ.* 1996. 441, obs. P. CROCQ.

et où le constat d'un éventuel excédent obligerait le créancier réservataire à restituer au débiteur le trop-perçu[583]. Il s'agit donc bel et bien d'un paiement ne se réalisant pas à l'aide d'éléments du gage commun des créanciers – et c'est en ce sens exclusif que ce paiement intervient hors la procédure – puisque, par hypothèse, si le créancier réservataire est en droit d'obtenir la restitution du bien, c'est justement parce qu'il a été reconnu que celui-ci ne constituait pas un actif de la procédure.

104. À travers cette prompte présentation des avantages que confèrent les propriétés-sûretés aux créanciers au profit desquels elles ont été constituées, il est manifeste que celles-ci, du fait de leur inhérente inclination à demeurer imperméable[584] à l'effet de saisie des procédures collectives, dominent les sûretés préférentielles. Cette hégémonie n'est cependant que la manifestation d'une tendance générale et non d'un phénomène imprégné d'absoluité en ce sens que certaines sûretés préférentielles consolideront effectivement les droits de ceux qui en sont investis.

B. LA CONSOLIDATION FRAGMENTAIRE DES SURETES PREFERENTIELLES

105. S'il est permis d'évoquer une consolidation fragmentaire des sûretés préférentielles, c'est en raison de la circonstance selon laquelle certaines d'entre elles verront leurs titulaires en droit d'obtenir un paiement particulier durant la procédure (1), voire après la procédure (2).

1) Le paiement durant la procédure

106. Selon le cas, les procédures collectives peuvent imposer l'intervention d'un paiement au moyen de mécanismes y tendant

---

[583] C. civ., art. 2371, al. 3 : « *Lorsque la valeur du bien repris excède le montant de la dette garantie encore exigible, le créancier doit au débiteur une somme égale à la différence.* ». – Com. 5 mars 1996, préc. – Com. 23 janv. 2001, n° 97-21.660, *Bull. civ.* IV, n° 23 ; *D.* 2001. 702, obs. A. LIENHARD ; *JCP G* 2001. I. 321, n° 13, obs. M. CABRILLAC ; *RTD civ.* 2001. 398, obs. P. CROCQ ; *RTD com.* 2001. 499, obs. B. BOULOC ; *ibid.* 518, obs. A. MARTIN-SERF.

[584] Le terme est de O. GOUT, art. préc., n° 9, spéc. le titre du 2.-B.

directement (a) ou se contenter de faciliter un tel désintéressement à la faveur de mécanismes qui y participent indirectement (b).

a) Le paiement imposé ou les mécanismes tendant directement au désintéressement

107. Le droit des entreprises en difficulté prévoit diverses règles qui, non seulement autorisent, mais surtout imposent le paiement de certains créanciers. Pour ce faire, le Code de commerce instaure des droits de règlements prioritaires, au premier rang desquels figure le mécanisme du paiement sur premières rentrées de fonds des créances couvertes par le superprivilège des salaires. Dans les dix jours du jugement d'ouverture, l'organe chargé de la gestion de l'entreprise doit acquitter les créances superprivilégiées[585] et, avant l'établissement des relevés de créances salariales, verser à titre provisionnel une somme égale à un mois de salaire impayé[586]. Si les disponibilités requises à cet effet font défaut, les créances superprivilégiées doivent être réglées sur les premières rentrées de fonds[587] ; ce qui exhorte à considérer que la règle du paiement sur première rentrées de fonds correspond à une modalité d'imputation dérogatoire du superprivilège des salaires en ce sens que le principe de subsidiarité sur les immeubles[588], selon lequel les privilèges pleinement généraux doivent s'imputer, à titre principal, sur les masses mobilières et, à titre subsidiaire – c'est-à-dire si la valeur cumulée des meubles est insuffisante pour acquitter les privilèges généraux[589] –, sur les masses immobilières, ne peut recevoir

[585] C. com., art. L. 625-8, al. 1er, pour la procédure de sauvegarde, rendu applicable en redressement judiciaire par C. com., art. L. 631-18, al. 1er, et en liquidation judiciaire par C. com., art. L. 641-4, al. 4.
[586] C. com., art. L. 625-8, al. 2.
[587] C. com., art. L. 625-8, d. al.
[588] C. civ., art. 2376 : « *Lorsqu'à défaut de mobilier les créanciers privilégiés énoncés en l'article précédent* [créanciers titulaires de privilèges absolument généraux] *se présentent pour être payés sur le prix d'un immeuble en concurrence avec les autres créanciers privilégiés sur l'immeuble, ils priment ces derniers et exercent leurs droits dans l'ordre indiqué audit article.* ».
[589] Rappr. spéc. : J. MESTRE, E. PUTMAN et M. BILLIAU, *Traité de droit civil*, J. GHESTIN (dir.), *Droit spécial des sûretés réelles*, LGDJ, coll. « Traités », 1996, nos 441 et 504.

application[590]. Sous cet angle, le superprivilège des salaires confère indirectement aux créanciers qui en sont titulaires un avantage extraordinaire, et il s'agit de la raison pour laquelle certains auteurs ont pu écrire que ce privilège était « *plus qu'une sûreté* »[591].

108. Cette particularité du superprivilège des salaires constitue donc un mécanisme qui, par le biais de l'affectation spéciale qu'il réalise[592], tend directement au paiement des créanciers qui en sont titulaires. Il existe cependant une autre sorte d'avantage conféré à certains créanciers titulaires de sûretés réelles, avantage qui ne consiste pas à imposer un paiement mais à le faciliter.

---

[590] En ce sens : F. DERRIDA, « Le crédit et le droit des procédures collectives », *Mél. RODIÈRE*, Dalloz, 1981, p. 67 et s., spéc. p. 80 note 60 sous n° 13, indiquant que « *le superprivilège devrait être honoré sur des fonds provenant de la réalisation d'immeubles, alors même que tout l'actif mobilier du débiteur n'aurait pas encore été réalisé.* ». – M. CABRILLAC, Ch. MOULY, S. CABRILLAC et Ph. PÉTEL, *op. cit.*, n° 678 : « *le principe de subsidiarité ne lui* [le superprivilège] *est pas applicable* » et n° 680 *in fine*, pour qui la règle du paiement sur premières rentrées de fonds « *exclut implicitement l'application du principe de la subsidiarité* ». – D. BOUSTANI, *op. cit.*, note 112 sous n° 240, v. aussi n° 241. – D. LEGEAIS, *op. cit.*, n° 670 *in limine*, selon qui le superprivilège « *n'est pas soumis à la règle de la subsidiarité* ». – J. MESTRE, E. PUTMAN et M. BILLIAU, *op. cit.*, n° 590. – F. PÉROCHON, *op. cit.*, n°s 1024 et 1313. – P.-M. LE CORRE, *op. cit.*, n° 691.321 : « *le principe de subsidiarité* [...] *est alors écarté, puisque les salariés seront payés indifféremment sur le produit des ventes mobilières ou immobilières.* ». – *Contra* : Ph. SIMLER et Ph. DELEBECQUE, *op. cit.*, n° 767, qui estiment que le principe de subsidiarité devrait s'appliquer « *spécialement au superprivilège des salaires* ». – B. SOINNE, « Les répartitions ou la mission impossible », *Rev. proc. coll.* 1997, n° 3, p. 254 et 276, n°s 5 et 9, pour cet auteur, le superprivilège n'est qu'une modalité du privilège général des salaires, lui-même soumis au principe de subsidiarité (sur ce point, v. *contra :* M. CABRILLAC, Ch. MOULY, S. CABRILLAC et Ph. PÉTEL, *op. cit.*, n° 678), mais v. B. SOINNE, *op. cit.*, n° 2488, où l'auteur indique que le principe de subsidiarité n'est écarté que pour le superprivilège des salaires. – *Adde*, semble-t-il : M. BOURASSIN, V. BRÉMOND et M.-N. JOBARD-BACHELLIER, *op. cit.*, n° 785 , v. cep. n° 1275.

[591] M. CABRILLAC, Ch. MOULY, S. CABRILLAC et Ph. PÉTEL, 10e éd., n° 680.

[592] P.-M. LE CORRE, « La règle du paiement à l'échéance des créanciers postérieurs méritants et l'obligation de payer le super privilège des salaires sur les premières rentrées de fonds », *Rev. proc. coll.* janv. 2012, n° 1, doss. 10, n°s 7 et 8. – *Adde* : A. JACQUEMONT et R. VABRES, 9e éd., n° 1211. – Comp. : L. BEN CHEIKH-VECCHIONI, « L'AGS et le remboursement de ses avances », *in* P.-M. LE CORRE (dir.), *Les grands concepts du droit des entreprises en difficulté*, Actes du colloque du CRAJEFE et du CERDP du 6 avr. 2018, Dalloz, coll. « Thèmes et commentaires », 2019, p. 171 et s., spéc. p. 179.

b) Le paiement facilité ou les mécanismes participant indirectement au paiement

109. Lorsqu'une sûreté a été publiée antérieurement, de façon régulière ou non[593], au jugement d'ouverture de la procédure collective de celui sur le bien duquel porte cette sûreté, son titulaire[594] bénéficie d'un avertissement spécial – personnel – d'avoir à déclarer sa créance[595] dont la réception fait courir le délai préfix[596] de déclaration de créance[597]. À travers le prisme de l'équilibre dans le

[593] Com. 15 avr. 2008, n° 07-10.174, *Bull. civ.* IV, n° 90 ; *Act. proc. coll.* mai 2008, n° 8, comm. 125, obs. C. REGNAUT-MOUTIER ; *D.* 2008. 1344, note A. LIENHARD ; *Gaz. proc. coll.* 29 juill. 2008, n° 211, p. 45, note E. LE CORRE-BROLY ; *JCP E* 2008. 2062, n° 9, obs. M. CABRILLAC ; *RD banc. fin.* sept. 2008, n° 5, comm. 144, note S. PIEDELIÈVRE ; *RTD com.* 2008. 621, obs. A. MARTIN-SERF ; *ibid.* 630, obs. J.-L. VALLENS. – Com. 6 déc. 2011, n° 10-24.968, *Bull. civ.* IV, n° 201 ; *BJE* mai 2012, n° 3, p. 160, comm. 75, note F. MACORIG-VENIER ; *D.* 2012. 7, obs. A. LIENHARD ; *ibid.* 1573, obs. P. CROCQ ; *Gaz. Pal.* 29 mars 2012, n° 89, p. 14, note M.-P. DUMONT-LEFRAND ; *LEDEN* févr. 2012, n° 2, p. 3, obs. N. BORGA ; *JCP E* 2012. 1422, n° 15, obs. Ph. DELEBECQUE ; *Rev. dr. rur.* avr. 2012, n° 402, comm. 42, note Ch. LEBEL ; *RLDA* févr. 2012, n° 68, p. 24, obs. H. GUYADER ; *RLDC* févr. 2012, n° 90, p. 30, obs. G. MARRAUD DES GROTTES. – Com. 18 sept. 2012, n° 11-21.058, F-D. – Rappr. : Com. 17 avr. 2019, n° 17-27.058, *Bull. civ.* IV [à paraître], qui, en décidant que le liquidateur n'était pas tenu de délivrer l'avertissement spécial d'avoir à déclarer sa créance à la société absorbante mais pouvait valablement l'adresser à la société absorbée dans la mesure où l'inscription hypothécaire mentionnait toujours la société absorbée comme créancier, renforce l'indifférence de la validité de l'inscription de la sûreté quant à l'envoi, par le défenseur de l'intérêt collectif des créanciers, de l'avertissement personnel de déclaration de créance en ce que celui-ci, n'étant pas juge de la régularité des inscriptions, peut se fier aux mentions du registre de publicité concerné ; *BJE* juill. 2019, n° 4, p. 31, obs. Th. FAVARIO ; *LEDEN* juin 2019, n° 6, p. 4, obs. K. LAFAURIE ; *Rev. sociétés* 2019. 425, obs. L.-C. HENRY.

[594] La règle ne joue pas au profit exclusif d'un créancier titulaire d'une sûreté publiée mais vaut également pour le créancier titulaire d'un contrat publié ; v. art. cit. *infra* note suivante.

[595] C. com., art. L. 622-24, al. 1er, pour la procédure de sauvegarde, rendu applicable en redressement judiciaire par C. com., art. L. 631-14, al. 1er, et en liquidation judiciaire par C. com., art. L. 641-3, al. 4.

[596] V. P.-M. LE CORRE, *op. cit.*, n° 665.111.

[597] *Ibid.* – V. not. : Com. 14 mars 2000, n° 97-20.715, *Bull. civ.* IV, n° 56 ; *D.* 2000. 167, note A. LIENHARD ; *Defr.* 15 juill. 2000, n° 13-14, p. 788, note J.-P. SENECHAL ; *Dr. et patr.* oct. 2000, n° 86, p. 108, obs. M.-H. MONSÈRIÉ-BON ; *JCP E* 2000. p. 1571, note P.-M. LE CORRE ; *JCP G* 2001. II. 10460, note I. RIVIÈRE ; *RTD com.* 2000. 716, obs. A. MARTIN-SERF ; *LPA* 6 mars 2001, n° 46, p. 15, note J.-L. COURTIER. – Com. 1er avr. 2003, n° 01-16.054, F-D ; *RD banc. fin.*

droit des réelles confronté au droit des entreprises en difficulté, cela signifie que le législateur, en instituant un mécanisme qui facilite le paiement des créanciers titulaires d'une sûreté publiée, a organisé un déséquilibre entre les créanciers titulaires de sûretés en faveur de ceux ayant publié la leur et, par contrecoup, au détriment de ceux dont la sûreté n'est pas publiée, et ce, parce que le système ainsi élaboré est de nature à éviter aux titulaires de sûretés publiées les affres d'un défaut de déclaration de créance, à savoir, entre autres, l'absence de paiement.

110. Comme annoncé précédemment, les techniques et mécanismes sus-évoqués participent, directement ou indirectement, au paiement de créanciers munis de sûretés réelles préférentielles dans le cadre de la procédure collective. Cela dit, la consolidation de telles sûretés a aussi vocation à déborder du cadre de la procédure puisque, de façon tout à fait singulière, le droit des procédures collectives permet à certains créanciers de bénéficier d'un paiement post-procédure.

2) Le paiement après la procédure

111. Mentionner un paiement postérieur à la procédure collective en tant que manifestation d'une consolidation fragmentaire des sûretés préférentielles[598] revient à faire référence au mécanisme du

---

juill. 2003, n° 4, comm. 148, obs. F.-X. LUCAS. – Com. 12 oct. 2004, n° 02-20.367, F-D. – *Adde* : Com. 16 sept. 2008, n° 06-21.803, F-D ; *Gaz. proc. coll.* 8 nov. 2008, n° 313, p. 52, note E. LE CORRE-BROLY ; *RJ com.* 2009, p. 66, note J.-P. SORTAIS, déplorant à cet égard l'absence d'uniformisation de l'échéance des délais de déclaration (note 10). – Rappr. : Com. 4 juin 2013, n° 12-15.097, *Bull. civ.* IV, n° 94 ; *Act. proc. coll.* juin 2013, n° 11, comm. 148, note J. VALLANSAN ; *D.* 2013. 1469, obs. A. LIENHARD ; *Gaz. Pal. entr. diff.* 1er oct. 2013, n° 274, p. 31, note P.-M. LE CORRE ; *JCP E* 2013. 1679, n° 15, obs. Ph. DELEBECQUE ; *LEDEN* oct. 2013, n° 9, p. 3, obs. E. MOUIAL-BASSILANA ; *RD banc. fin.* sept. 2013, n° 5, comm. 165, note C. HOUIN-BRESSAND ; *Rev. proc. coll.* janv 2014, n° 1, comm. 15, note F. LEGRAND et M.-N. LEGRAND ; *RLDC* sept. 2013, n° 107, p. 38, obs. Ch. GIJSBERS ; J.-L. VALLENS, « Du nouveau en matière de délais. Quelques précisions utiles sur les délais applicables aux créanciers », *RTD com.* 2013. 594, spéc. II.

[598] Seules sont concernés : les privilèges spéciaux, les gages, les nantissements et les hypothèques (C. com., art. L. 642-12, a. 1er). – V. not. : F. PÉROCHON, *op. cit.*, note 522 sous n° 1287.

transfert de la charge de la sûreté[599]. Ce mécanisme, en ce qu'il est destiné à obvier à la création d'une distorsion excessive entre les différents partenaires ayant contribué au financement de l'entreprise débitrice[600], se propose de procéder à un « alignement »[601] du sort du créancier prêteur sur celui du crédit-bailleur dont le contrat aura été

---

[599] C. com., art. L. 642-12, al. 4, qui précise que « *la charge des sûretés immobilières et mobilières spéciales garantissant le remboursement d'un crédit consenti à l'entreprise pour lui permettre le financement d'un bien sur lequel portent ces sûretés est transmise au cessionnaire. Celui-ci est alors tenu d'acquitter entre les mains du créancier les échéances convenues avec lui et qui restent dues à compter du transfert de la propriété ou, en cas de location-gérance, de la jouissance du bien sur lequel porte la garantie* ». – V. spéc. : M. JEANTIN et P. LE CANNU, *op. cit.*, n° 1076, relevant « *l'habileté sémantique* » du législateur, qui utilise la formule de « transfert de la charge de la sûreté » en lieu et place d'un « transfert de passif », alors que c'est précisément de cela dont il est question : une cession forcée – légale – de dettes. – *Adde* : F.-X. LUCAS, *op. cit.*, n° 364, considérant que l'expression « transfert de la charge des sûretés » est impropre en ce sens qu'elle sous-entendrait fallacieusement que la règle opère une transmission des sûretés. – Rappr. : C. SAINT-ALARY-HOUIN, obs. sous Com. 20 nov. 2016, n° 15-11.016, *Bull. civ.* IV, n° 146, *RTD com.* 2018. 208, qui précise que « *Quoiqu'il soit habituel de parler de la « transmission des sûretés », c'est surtout d'une reprise des prêts finançant des biens de l'entreprise dont il s'agit.* ». – V. not., analysant aussi l'opération en une cession de dette : D. LANZARA, « La nature juridique du transfert de la charge de la sûreté », *BJE* nov. 2016, n° 6, p. 448, n°s 10 et s., spéc. n° 12. – L. ANDREU, « Régime général des obligations – Opérations sur obligations – Cession de dette », *J.-Cl. Civil Code*, Art. 1327 à 1328-1, fasc. unique, LexisNexis, 2018, n° 67. – J.-J. FRAIMOUT, « Plan de cession – Effets (I) : obligations du cessionnaire », *J.-Cl. Proc. coll.*, fasc. 2750, LexisNexis, 2019, n° 45. – G. AMLON, « Créanciers antérieurs titulaires de sûretés réelles », *J.-Cl. Proc. coll.*, fasc. 2383, LexisNexis, 2018, n° 49. – F. PÉROCHON, *op. cit.*, n° 1291. – C. SAINT-ALARY-HOUIN, *op. cit.*, n° 1321 *in fine*. – *Adde.* : P.-M. LE CORRE, *op. cit.*, n° 582.412. – G. BLANC, « Entreprise en difficulté : cession de l'entreprise », *Rép. com.*, Dalloz, 2019, n° 148 *in fine*. – Rappr. : J.-L. COUDERT, « Le transfert des crédits en vertu de l'article 93, alinéa 3, de la loi du 25 janvier 1985 », *LPA* 4 janv. 1999, n° 2, p. 5 et s., évoquant une « *reprise des crédits* ».

[600] Rappr. not. : N. PELLETIER, obs. sous Com. 20 nov. 2016, n° 15-11.016, *Bull. civ.* IV, n° 146, *LEDEN* janv. 2017, n° 1, p. 5.

[601] Il s'agit ici, non de placer le prêteur et le crédit-bailleur dans des situations juridiquement identiques – les obstacles techniques s'avérant de toute façon si nombreux qu'ils en sont dirimants –, mais dans des situations économiquement comparables, analogues. – Rappr. spéc. : J.-P. SÉNÉCHAL, « L'inclusion d'un matériel nanti dans un plan de cession de la loi du 25 janvier 1985 », *Mél. DERRUPPÉ*, GLN Joly – Litec, 1991, p. 367 et s., spéc. p. 372.

judiciairement cédé au repreneur[602], ce dernier devant honorer les créances de loyers nées de son chef postérieurement à la cession et dues au titre du contrat conclu par le débiteur-cédant.

112. En effet, lorsqu'un bien compris dans le périmètre d'un plan de cession a été affecté en garantie du remboursement du crédit ayant permis son financement[603], le repreneur, par exception au principe d'absence de transmission du passif[604], est tenu de s'acquitter directement entre les mains du créancier prêteur, titulaire de la sûreté grevant ledit bien, des échéances de crédit restant à échoir au jour du transfert de propriété, c'est-à-dire des sommes non exigibles à cette date[605]. Dès lors, dans la mesure où le transfert de la charge des sûretés suppose une sûreté réelle quant à son déclenchement, ce mécanisme s'apparente à un avantage[606] légal indirectement

---

[602] V. not. : P.-M. LE CORRE, *op. cit.*, n° 582.411. – N. PELLETIER, obs. préc. – Rappr. : M. JEANTIN et P. LE CANNU, *op. cit.*, n° 1071.

[603] *Lato sensu* : P.-M. LE CORRE, *op. cit.*, n° 582.431. – Comp. : F.-X. LUCAS, *op. cit.*, préc. – V. par ex. : Com. 17 mai 2011, n° 10-17.736, F-D ; *Gaz. Pal. entr. diff.* 8 oct. 2011, n° 281, p. 35, note P.-M. LE CORRE ; *RTD Com.* 2012. 197, obs. A. MARTIN-SERF.

[604] A. JACQUEMONT et R. VABRES, *op. cit.*, n° 957. – Ph. PÉTEL, *op. cit.*, n° 329. – P.-M. LE CORRE, *op. cit.*, n°s 582.251 et 582.841. – F. PÉROCHON, *op. cit.* n°s 1275 et 1279.

[605] Com. 20 nov. 2016, n° 15-11.016, *Bull. civ.* IV, n° 146, ayant jugé que « *le cessionnaire d'un bien financé par un crédit garanti par une sûreté portant sur ce bien* ***ne doit s'acquitter que du montant des échéances qui n'étaient pas encore exigibles*** *à la date du transfert de propriété…* » (mise en gras par nos soins) ; *D.* 2016. 2516, obs. A. LIENHARD ; *Act. proc. coll.* janv. 2017, n° 1, comm. 11, note C. FIN-LANGER ; *AJ contrat* 2017, p. 144, obs. G. PIETTE ; *Gaz. Pal. dr. banc.* 21 févr. 2017, n° 8, p. 33, note M.-P. DUMONT-LEFRAND ; *Gaz. Pal. entr. diff.* 28 mars 2017, n° 13, p. 60, note D. VOINOT ; *JCP E* 2017. 1164, n° 5, obs. Ph. PÉTEL ; *ibid.* 1350, n° 23, obs. Ph. DELEBECQUE ; *LEDEN* janv. 2017, n° 1, p. 5, obs. N. PELLETIER ; *RD banc. fin.* janv. 2017, n° 1, comm. 19, note D. LEGEAIS ; *Rev. proc. coll.* mars 2017, n° 2, comm. 42, note F. REILLE ; *RTD com.* 2018. 208, obs. C. SAINT-ALARY-HOUIN. – *Adde* spéc. : P.-M. LE CORRE, *op. cit.*, n° 582.441 (v. la précédente éd. : *id.*, *Droit et pratique des procédures collectives*, Dalloz, coll. « Dalloz Action », 9e éd., 2017/2018, n° 582.44).

[606] Ph. PÉTEL, *op. cit.*, n° 329. – F.-X. LUCAS, *op. cit.*, n° 363 *in fine*. – F. PÉROCHON, *op. cit.*, n° 1292. – C. SAINT-ALARY-HOUIN, *op. cit.*, n°s 1320, 1321 et 1325. – F. MACORIG-VENIER, « Les créanciers et leurs garanties », *Rev. proc. coll.* nov. 2015, n° 6, doss. 53, n° 13. – *Adde* spéc. (crit.) : J.-P. SÉNÉCHAL, art. préc., p. 371, spéc. la note 15.

conféré par la sûreté[607] qui se révèle très appréciable pour le créancier titulaire de ladite sûreté en ce que cette faveur consiste, non en une novation par substitution de débiteur[608], mais en une adjonction de débiteur[609] tenu de payer des sommes afférentes à des créances que le débiteur du chef duquel elles sont nées n'aurait pas été en mesure d'acquitter.

113. En matière de transfert de la charge des sûretés, il n'est pas anodin de relever que l'avantage que confère ce mécanisme est considéré comme exorbitant parce qu'il permet justement au créancier qui en bénéficie de s'affranchir des contraintes consubstantielles au rapport externe – c'est-à-dire le rapport qu'entretiennent les différents créanciers d'un même débiteur. Si un tel créancier ne se trouve certes

---

[607] Rappr. not. : Ph. PÉTEL, *op. cit.*, préc., qui rattache cet avantage à l'inclusion du bien grevé dans le périmètre de la cession, ce qui revient au même.

[608] Solution constante, v. not. : Com. 20 mars 2019, n° 17-20.009, *Bull. civ.* IV [à paraître] ; *Act. proc. coll.* avr. 2019, n° 6, comm. 91, note P. CAGNOLI ; *BJE* juill. 2019, n° 4, p. 29, obs. M. DOLS-MAGNEVILLE ; *Gaz. Pal.* 18 juin 2019, n° 22, p. 34, note J.-J. ANSAULT ; *ibid.* 25 juin 2019, n° 23, p. 29, note M.-P. DUMONT ; *Gaz. Pal. entr. diff.* 9 juill. 2019, n° 25, p. 62, note M. GUASTELLA ; *JCP E* 2019. 1311, n° 23, obs. Ph. DELEBECQUE ; *ibid.* 1312, note D. LEGEAIS ; *LEDB* mai 2019, n° 5, p. 6, obs. M. MIGNOT ; *LEDC* mai 2019, n° 5, p. 5, obs. N. LEBLOND ; *LEDEN* mai 2019, n° 5, p. 5, obs. J. CAVELIER ; *RD banc. fin.* mai 2019, n° 3, comm. 82, note D. LEGEAIS ; *ibid.*, comm. 104, note C. HOUIN-BRESSAND ; *Rev. proc. coll.* mai 2019, n° 3, comm. 69, note Ch. GIJSBERS ; *RTD com.* 2019. 503, obs. C. SAINT-ALARY-HOUIN. – Com. 9 févr. 2016, n° 14-23.219, *Bull. civ.* IV, n° 894 ; *BJE* mai 2016, n° 3, p. 175, obs. F. REILLE ; *D.* 2016. 423, note A. LIENHARD ; *Dr. et patr.* juill. 2016, n° 260, p. 87, obs. F. MACORIG-VENIER ; *Gaz. Pal.* 21 juin 2016, n° 23, p. 33, note M.-P. DUMONT-LEFRAND ; *Gaz. Pal. entr. diff.* 12 avr. 2016, n° 14, p. 72, note E. LE CORRE-BROLY ; *JCP E* 2016. 1280, note T. STEFANIA ; *ibid.* 1292, n° 18, obs. A. SALGUEIRO ; *ibid.* 1311, n° 13, obs. Ph. SIMLER ; *JCP G* 2016. 797, n° 10, obs. A.-S. BARTHEZ ; *ibid.* 1051, n° 2, obs. M. BILLIAU ; *LEDEN* mars 2016, n° 3, p. 4, obs. P. RUBELLIN ; *LEDB* avr. 2016, n° 4, p. 6, obs. M. MIGNOT ; *RD banc. fin.* mars 2016, n° 2, comm. 67, note D. LEGEAIS ; *ibid.*, comm. 88, note C. HOUIN-BRESSAND ; *Rev. proc. coll.* mai 2016, n° 3, comm. 85, note J.-J. FRAIMOUT ; *RJ com.* 2016, p. 259, obs. F. MACORIG-VENIER ; *RTD civ.* 2016. 369, obs. H. BARBIER ; *RTD com.* 2016. 554, obs. A. MARTIN-SERF ; *Dr. et patr.* janv. 2017, n° 265, p. 75, obs. M. JULIENNE.

[609] C'est-à-dire un sujet de droit personnellement tenu à la dette, engagé sur l'ensemble de son patrimoine, v. P.-M. LE CORRE, *op. cit.*, n° 582.412. – F. PÉROCHON, *op. cit.*, n° 1291. – Ph. FROEHLICH et M. SÉNÉCHAL, « La loi de sauvegarde article par article – De la réalisation de l'actif », *LPA* 9 févr. 2006, n° 29, p. 4 et s., spéc. p. 21 et s., spéc. p. 32. – L. ANDREU, fasc. préc., préc. – D. LANZARA, art. préc., n° 7. – J.-P. SÉNÉCHAL, art. préc., p. 371.

pas immunisé contre le bouleversement quantitatif, qu'il s'agit à présent d'envisager, que connaît ledit rapport, il n'en demeure pas moins qu'il intègre le cercle confidentiel des créanciers titulaires de sûretés spéciales préférentielles qui parviennent à y résister.

114. C'est ainsi que diverses sûretés réelles, en raison de certaines particularités – de certaines qualités –, comme leur publicité antérieure au jugement d'ouverture ou le fait qu'elles portent sur un bien en vue de garantir le remboursement du crédit ayant permis de financer ce bien, confèrent, par le truchement des règles du droit des entreprises en difficulté, un avantage non négligeable à leurs titulaires, ce qui emporte un bouleversement qualitatif de l'équilibre externe. Et ces avantages se révèlent d'autant plus précieux pour les créanciers susceptibles d'en bénéficier que l'équilibre externe connaît un bouleversement quantitatif.

II. Le bouleversement quantitatif

115. L'équilibre externe est quantitativement bouleversé en raison d'un anarchique accroissement des causes de préférence générales (A), qui s'accompagne d'une mécanique réduction du potentiel des causes de préférence spéciales (B).

A. L'ANARCHIQUE ACCROISSEMENT DES CAUSES DE PRÉFÉRENCES GÉNÉRALES

116. L'accroissement des causes de préférence générales, provoqué par l'ouverture d'une procédure collective, se veut anarchique pour des raisons à la fois de fond (1) et de forme (2).

1) L'anarchie substantielle

117. Les procédures collectives, en particulier celles dont l'ouverture présuppose un état de cessation des paiements de l'entreprise débitrice, constituent un cadre dans lequel se constate l'apparition d'un grand nombre de privilèges absolument généraux[610]. Le droit des entreprises en difficulté instituent donc ses propres causes

[610] En droit commun, il n'en existe que deux : le privilège des frais de justice et le privilège général des salaires, v. C. civ., art. 2375 et art. 2331, 1° et 4°.

de préférence générales, à savoir le superprivilège des salaires[611], le privilège des façonniers[612], le privilège des producteurs agricoles[613], le privilège des frais de justice nés régulièrement après jugement d'ouverture pour les besoins du déroulement de la procédure[614] – distinct du privilège des frais de justice de droit commun[615] –, le privilège de conciliation[616] et le privilège des créanciers postérieurs éligibles au traitement préférentiel[617].

118. Cet important accroissement du nombre de sûretés préférentielles générales rend leur articulation délicate,

---

611 C. trav., art. L. 3253-2, al. 1er. – *Adde* : C. trav., art. L. 7313-8, attribuant le superprivilège aux voyageurs, représentants ou placiers. Une telle appellation ne figure dans aucune disposition législative ou réglementaire. Elle s'est cependant imposée rapidement en doctrine et dans la pratique, à tel enseigne que la Cour de cassation s'en est emparée. Ainsi, v. par ex. : Com. 15 oct. 1991, n° 90-10.784, *Bull. civ.* IV, n° 288 ; *JCP E* 1992. I. 138, n° 25, obs. M. CABRILLAC ; *RTD com.* 1992. 464, obs. A. MARTIN-SERF. – V. aussi : P.-M. LE CORRE, *op. cit.*, n° 691.111 *in limine.* – F. PEROCHON, *op. cit.*, n° 1313. – Ph. PETEL, *op. cit.*, n° 407 ; C. SAINT-ALARY-HOUIN, *op. cit.*, n° 1131. – A. JACQUEMONT et R. VABRES, *op. cit.*, n° 1209. – D. LEGEAIS, *op. cit.*, n° 670. – Ch. ALBIGES et M.-P. DUMONT-LEFRAND, *op. cit.*, nos 757 et 758. – Ph. SIMLER et Ph. DELEBECQUE, *op. cit.*, n° 771. – Ph. MALAURIE, L. AYNÈS et P. CROCQ, *op. cit.*, n° 463.– M. CABRILLAC, Ch. MOULY, S. CABRILLAC et Ph. PÉTEL, *op cit.*, n° 673. – S. PIEDELIÈVRE, *op. cit.*, n° 304. – C. CALOMILI, « L'efficacité du superprivilège des salaires », Interv. Colloque *Sûretés réelles et droit des entreprises en difficulté,* Nice 20 mars 2010, *LPA* 11 févr. 2011, n° 30, p. 20, n° 1. – B. SOINNE, *op. cit.*, n° 2254. – P. MORVAN, *Restructurations en droit social,* LexisNexis, coll. « Droit & Professionnels », 3e éd., 2013, nos 1557 et s. – F.-X. LUCAS, *op. cit.*, n° 264.

612 C. trav., art. L. 3253-5.

613 C. civ., art. 2332-4.

614 C. com., art. L. 622-17, II, pour la procédure de sauvegarde, rendu applicable en redressement judiciaire par C. com., art. L. 631-14, al. 1er, et C. com., art. L. 641-13, II, pour la liquidation judiciaire.

615 En ce sens également : M. BOURASSIN, V. BRÉMOND et M.-N. JOBARD-BACHELLIER, *op. cit.*, n° 1320. –P.-M. LE CORRE, *op. cit.*, n° 456.584, le dénommant « *privilège des frais de justice nés régulièrement après jugement d'ouverture pour les besoins du déroulement de la procédure* ». – Ch. ALBIGES et M.-P. DUMONT-LEFRAND, *op. cit.*, nos 761 et 794. – *Contra*, semblant n'y voir qu'un rehaussement du privilège des frais de justice de droit commun : D. LEGEAIS, *op. cit.*, n° 673. – Ph. MALAURIE, L. AYNES et P. CROCQ, *op. cit.*, n° 465.

616 C. com., art. L. 611-11, al. 1er.

617 C. com., art. L. 622-17, II, pour la procédure de sauvegarde, rendu applicable en redressement judiciaire par C. com., art. L. 631-14, al. 1er, et C. com., art. L. 641-13, II, pour la liquidation judiciaire.

mais complique également leur coordination avec les sûretés préférentielles spéciales. Ce qu'il convient de ne pas négliger puisque l'ordre des privilèges s'en trouve totalement bouleversé ; le droit des entreprises en difficulté, en effet, ne se contente pas d'instaurer un certain nombre de privilèges pleinement généraux, il dote ces derniers, en outre, d'une très grande efficacité dans la mesure où ils ont vocation à occuper les premières places au sein de la hiérarchie des causes de préférence[618].

119. La principale difficulté de la question tient à la variabilité de cette hiérarchie ; à titre d'exemple, le privilège de procédure prime les sûretés immobilières constituées avant jugement d'ouverture en garantie de créances antérieures[619] dans le cadre des procédures de

[618] V. par ex. : la lettre sans équivoque de C. trav., art. L. 3253-2, al. 1er : « *Lorsqu'une procédure de sauvegarde, de redressement ou de liquidation judiciaire est ouverte, les rémunérations de toute nature dues aux salariés pour les soixante derniers jours de travail sont, déduction faite des acomptes déjà perçus, payées,* ***nonobstant l'existence de toute autre créance privilégiée…*** » (mise en gras par nos soins). – *Adde* not. : C. trav., art. L. 3253-5 : « *Les sommes dues aux façonniers par leurs donneurs d'ordres sont payées, lorsque ces derniers font l'objet d'une procédure de sauvegarde, de redressement ou de liquidation judiciaire,* ***nonobstant l'existence de toute autre créance privilégiée à l'exception de celles garanties*** [par le superprivilège des salaires]… » (mise en gras par nos soins). – C. civ., art. 2332-4 : « *Les sommes dues aux producteurs agricoles par leurs acheteurs sont payées, lorsque ces derniers font l'objet d'une procédure de sauvegarde, de redressement ou de liquidation judiciaire,* ***nonobstant l'existence de toute autre créance privilégiée à l'exception de celles garanties*** [par le superprivilège des salaires et le privilège des façonniers]... » (mise en gras par nos soins).

[619] Cass., avis, 21 janv. 2002, n° 01-00.009, *Bull. avis*, n° 1 : « *Il résulte de la volonté du législateur qu'en cas de liquidation judiciaire* ***seules les créances antérieures au jugement d'ouverture, garanties par des sûretés immobilières*** […] *sont comprises dans l'exception prévue par l'article 40, alinéa 2, de la loi du 25 janvier 1985, devenu l'article L. 621-32.II du Code de commerce* [devenu art. L. 641-13, II, C. com.] *et que le paiement de celles nées postérieurement doit être effectué conformément aux dispositions de l'article L. 621-32 III.5° du Code de commerce* [devenu art. L. 641-13, III, 4°, C. com.] » (mise en gras par nos soins) ; *JCP E* 2002. 765, note J.-J. FRAIMOUT ; *JCP E* 2002. 1380, n° 14, obs. M. CABRILLAC ; *RTD com.* 2002. 727, obs. A. MARTIN-SERF ; *D.* 2003. 1334, note C. GIVERDON. – *Adde* : Com. 21 sept. 2010, n° 09-68.604, *Bull. civ.* IV, n° 139, 2nd moyen : « […] *les créances nées régulièrement après le jugement d'ouverture sont payées par priorité à toutes les autres créances à l'exception de celles qui sont garanties par le super-privilège des salaires, des frais de justice antérieurs au jugement d'ouverture et de celles qui sont garanties par des sûretés immobilières ou mobilières spéciales et que les créances de salaires postérieures au jugement*

sauvetage[620], cependant qu'en présence d'une procédure liquidative, le privilège de procédure s'incline devant de telles[621] sûretés[622] ; ce privilège connaît, de surcroît, un classement interne, par lequel les divers créanciers postérieurs éligibles au traitement préférentiel sont hiérarchisés, classement interne qui, lui aussi, varie selon la nature de la procédure collective dans le cadre de laquelle il est procédé aux opérations de répartition[623].

120. Dans le prolongement immédiat des éléments exposés à propos de l'anarchie substantielle de l'accroissement des causes de préférence générales, le législateur démontre formellement que le déchiffrage du classement des créanciers constitue une entreprise d'une telle complexité que les pouvoirs publics eux-mêmes ne s'y retrouvent pas.

2) L'anarchie formelle

121. Pour illustrer le propos, un seul exemple, qui montre significativement qu'une approche purement formelle renforce l'impression de désordre régnant en la matière, peut être évoqué.

---

d'ouverture sont réglées dans l'ordre prévu pour les créances nées régulièrement après le jugement d'ouverture ; […] *Attendu qu'en se déterminant ainsi, sans rechercher comme elle y était invitée, si les créances de salaires* [couvertes par le privilège général des salaires] *qui ne bénéficiaient pas du super-privilège étaient postérieures au jugement d'ouverture et si, dans ce cas, elles n'étaient pas primées par la créance hypothécaire de la* [banque]*, la cour d'appel a privé sa décision de base légale...* » ; *Act. proc. coll.* nov. 2010, n° 18, comm. 257, obs. C. REGNAUT-MOUTIER ; *BJE* mars 2011, n° 1, p. 22, note F. MACORIG-VENIER, spéc. *in fine* ; *Rev. proc. coll.* nov. 2010, n° 6, étude 29, n° 11, obs. F. PETIT ; *Rev. proc. coll.* mars 2012, n° 2, comm. 53, note C. SAINT-ALARY-HOUIN. – V. aussi : P.-M. LE CORRE, *op. cit.*, n° 456.561. – Ph. MALAURIE, L. AYNÈS et P. CROCQ, *op. cit.*, n° 465, spéc. note 37.

[620] C. com., art. L. 622-17, II.

[621] Ce qui englobe les privilèges doublement généraux, les privilèges spéciaux immobiliers et les sûretés conventionnelles ou judiciaires spéciales ; en ce sens, v. not. : P.-M. LE CORRE, *op. cit.*, n° 456.571. – F. PÉROCHON, *op. cit.*, n°s 841 et 1323. – S. PIEDELIÈVRE, *op. cit.*, n° 314 *in fine*. – Ph. MALAURIE, L. AYNÈS et P. CROCQ, *op. cit.*, préc. – C. SAINT-ALARY-HOUIN, *op. cit.*, n° 686. – A. JACQUEMONT et R. VABRES, *op. cit.*, n° 1044 (opinion implicite se dégageant de la présentation du classement des créanciers).

[622] C. com., art. L. 641-13, II.

[623] V. C. com., art. L. 622-17, III. – Comp. : C. com., art. L. 641-13, III.

Les pouvoirs publics ont récemment introduit, au sein du Code civil[624], un privilège absolument général[625] destiné à assurer aux producteurs agricoles un meilleur taux de recouvrement de leurs créances en cas de procédure collective de leur partenaire économique. À la lecture du texte qui l'institue, il ne fait guère de doute que le privilège des producteurs agricoles a vocation à être particulièrement efficace, puisqu'il ne serait supplanté que par le superprivilège des salaires et le privilège des façonniers. Néanmoins, se pose un problème tenant à ce que, en parallèle, le législateur n'a pas entrepris la modification des dispositions du Code de commerce afférentes au classement des créanciers. Or, à lire strictement lesdites dispositions, le privilège de procédure ne saurait être primé que par les privilèges à l'énumération desquels procèdent les articles en cause, énumération qui ne comprend pas le privilège des producteurs agricoles. En somme, selon le Code civil, le privilège des producteurs agricoles prime le privilège de procédure, mais selon le Code de commerce, le privilège de procédure prime le privilège des producteurs agricoles[626].

122. La question peut donc se libeller ainsi : faut-il faire prévaloir la volonté explicite du législateur ou les techniques d'interprétation juridique, en vertu desquelles le privilège des producteurs agricoles s'incline devant le privilège de procédure ? Certes ne s'agit-il que d'un exemple, mais il fournit une illustration

---

[624] C. civ., art. 2332-4.

[625] En ce sens : D. LEGEAIS, op cit., p. 449. – *Id.*, « Sûreté réelle – Privilège », *RD banc. fin.* mars 2017, n° 2, comm. 77. – Ph. PÉTEL, « Les dispositions relatives aux entreprises en difficulté de la loi de modernisation de la justice du XXIe siècle. À propos de la loi n° 2016-1547 du 18 novembre 2016 », *JCP E* 2017. 46, n° 8. – P.-M. LE CORRE, « L'évolution du droit des sûretés dans sa confrontation au droit des entreprises en difficulté », *in* F. MACORIG-VENIER (dir.), *Le droit des entreprises en difficulté après 30 ans : droit dérogatoire, précurseur ou révélateur ?*, Actes du colloque du CDA du 16 mars 2017, Presses de l'Université Toulouse 1 Capitole, coll. « Actes de colloques de l'IFR », 2018, p. 213, spéc. p. 220. – M.-P. DUMONT-LEFRAND, « Le créancier titulaire de suretés « agricoles » », *Rev. proc. coll.* sept. 2018, n° 5, doss. 34, n° 34. – Rappr. : F. MACORIG-VENIER, « Juillet 2016-Juillet 2017 : encore une année de réformes et de revirements de jurisprudence ! », *Dr. et patr.* déc. 2017, n° 275, p. 53 et s., spéc. p. 56, I-C-1°.

[626] Sur cette problématique, v. not. : D. LEGEAIS, art. préc. – Ph. PÉTEL, art. préc., préc. – Comp., pour qui le privilège de procédure cède face au privilège des producteurs agricoles : M.-P. DUMONT-LEFRAND, art. préc., n°s 36 et 37.

presque symptomatique de la difficulté qui accompagne l'appréhension des textes organisant le classement des créanciers ; ce qui, du reste, ne participe qu'à l'aggravation de la mécanique réduction du potentiel des causes de préférence spéciales.

B. LA MÉCANIQUE RÉDUCTION DU POTENTIEL DES CAUSES DE PRÉFÉRENCE SPÉCIALES

123. S'il est vrai que le potentiel des sûretés préférentielles spéciales supporte actuellement diverses atteintes (1), il faut cependant observer que notre ordonnancement juridique paraît s'orienter vers une restauration de ce potentiel (2).

1) L'atteinte actuelle

124. En raison de son effet de saisie universelle du patrimoine du débiteur, la procédure collective correspond au cadre archétypique moderne du conflit entre sûreté générale, ou sûretés multiples, et sûreté spéciale unique, qui a suscité un abondant et complexe contentieux en droit hypothécaire au XIXe siècle ainsi qu'au début du XXe siècle[627]. Pour mesurer en quoi l'atteinte que subissent les sûretés

---

[627] Sur ce contentieux et les difficultés qu'il a soulevées, v. spéc. : A. DURANTON, *Cours de droit français. Suivant le code civil*, t. XIX, G. Thorel et E. Guilbert, 1844, n°s 390 et s. – P. PONT, *Explication théorique et pratique du code civil*, t. X, *Commentaire-traité des privilèges et hypothèques et de l'expropriation forcée*, t. I, Delamotte et fils, 3e éd., 1876, n°s 336 et s. – A.-M. DEMANTE et E. COLMET DE SANTERRE, *Cours analytique de code civil*, t. IX, par E. COLMET DE SANTERRE, E. Plon et Cie, 1880, n°s 100 *bis*. III. et s. – Ch. DEMOLOMBE, *op. cit.*, n° 486 et s. – G. BAUDRY-LACANTINERIE et P. DE LOYNES, *Traité théorique et pratique de droit civil,* vol. XXVI, *Du nantissement, des privilèges & hypothèques et de l'expropriation forcée*, t. III, Librairie de la société du recueil Jean-Baptiste Sirey et du journal du Palais, 3e éd., 1906, n°s 1956 et s. – A. COLIN et H. CAPITANT, *Cours élémentaire de droit civil français*, t. II, par L. JULLIOT DE LA MORANDIÈRE, Dalloz, 10e éd., 1948, n°s 1790 et s. – Ch. BEUDANT, *Cours de droit civil français*, t. XIV, *Les sûretés personnelles et réelles*, avec la collab. de P. VOIRIN, pub. par R. BEUDANT et P. LEREBOURS-PIGEONNIÈRE, Librairie Arthur Rousseau, 2nde éd., 1948, n°s 918 et s. – M. PLANIOL et G. RIPERT, *Traité pratique de droit civil français*, t. XIII, *Sûretés réelles*, 2e partie, par É. BECQUÉ, Librairie Générale de Droit & de Jurisprudence, 2e éd., 1953, n°s 996 et s. – Ch. AUBRY et Ch. RAU, *Droit civil français*, t. III, par P. ESMEIN, Librairies techniques, 7e éd., par P. ESMEIN et A. PONSARD, 1968, § 284, n° 311.

spéciales est provoquée par un principe de droit commun, il convient d'exposer les données – simplifiées – du problème, constitutif d'une difficulté majeure[628].

125. Il faut supposer, par exemple, que deux actifs de même nature, tels deux immeubles, ont été réalisés à la diligence du liquidateur ; sur chacun de ces immeubles, un créancier hypothécaire différent est inscrit. Si le liquidateur entreprend la répartition du prix de vente d'un immeuble avant l'autre, il « purgera »[629] les privilèges absolument généraux au détriment du créancier hypothécaire inscrit sur l'immeuble dont le prix de vente est ainsi réparti ; de sorte que lors de la distribution du prix de vente de l'autre immeuble grevé, l'autre créancier hypothécaire n'ayant plus à subir la priorité des titulaires de privilèges généraux, ou à tout le moins n'ayant pas à la subir dans les mêmes proportions, c'est-à-dire ayant à la supporter avec une moindre intensité, que son homologue inscrit sur l'autre immeuble, il lui sera possible de venir en rang utile.

126. En pareille situation, le problème[630] réside[631] dans le principe d'indivisibilité des sûretés réelles[632] parce que ce dernier

[628] P.-M. LE CORRE, *op. cit.*, n° 591.421.
[629] Selon l'expression de B. SOINNE, « Les répartitions ou la mission impossible », *Rev. proc. coll.* 1997, p. 249, n° 22.
[630] Sur le fait qu'il s'agisse d'un véritable problème, v. spéc. : *ibid.* – *Id.*, *op. cit.*, n° 2488. – P.-M. LE CORRE, *op. cit.*, préc. – F. PÉROCHON, *op. cit.*, n° 1310. – J.-P. SÉNÉCHAL, « La vente des immeubles et la distribution de leur prix », *LPA* 28 oct. 1998, n° 129, p. 36. – Ph. PÉTEL et F. LEGRAND, « Liquidation judiciaire – Répartition des fonds », *Rev. proc. coll.* nov. 2015, n° 6, fiche pratique 4, A.-4°.
[631] En ce sens : P. DE LOYNES, note sous Civ. 9 mai 1905, *D.* 1909. I. 225. – A. COLIN et H. CAPITANT, *op. cit.*, n° 1790. – Ch. AUBRY et Ch. RAU, *op. cit.*, préc. – M. PLANIOL et G. RIPERT, *op. cit.*, n°s 996 et s. – Ch. BEUDANT, *op. cit.*, n°s 919 et 922. – G. BAUDRY-LACANTINERIE et P. DE LOYNES, *op. cit.*, n°s 1956, 1960, 1964 et 1970. – A.-M. DEMANTE et E. COLMET DE SANTERRE, *op. cit.*, n°s 100 *bis*. VI. et s. – A. DURANTON, *op. cit.*, n° 390. – P. PONT, *op. cit.*, n°s 336, 342 et 344. – Comp. : J.-E. LABBÉ, note sous Civ. 2 août 1870, *S.* 1871. I. 25. – Rappr. not. : G. MARTY et P. RAYNAUD, *Les sûretés. La publicité foncière*, t. III, vol. I, Sirey, 1971, n° 299, *b)*. – A. WEILL, *Les sûretés. La publicité foncière*, Dalloz, coll. « Précis », 1979, n° 476, 2°. – J. SOUHAMI, « Retour sur le principe d'indivisibilité des sûretés réelles », *RTD civ.* 2008. 27, n°s 12, 13 et 54. – D. LEGEAIS, *op. cit.*, n° 612. – H., L. et J. MAZEAUD et F. CHABAS, *op. cit.*, n°s 243 et 454 et p. 434. – Ph. SIMLER et Ph. DELEBECQUE, *op. cit.*, n° 522. –

interdit de colloquer proportionnellement le titulaire d'une sûreté générale ou de sûretés multiples : si tel n'est son souhait, un tel créancier ne peut être contraint de diviser ses poursuites et demandes de collocation[633].

M. CABRILLAC, Ch. MOULY, S. CABRILLAC et Ph. PÉTEL, *op. cit.*, n° 1060. – J. MESTRE, E. PUTMAN et M. BILLIAU, *Traité de droit civil,* J. GHESTIN (dir.), *Droit commun des sûretés réelles*, LGDJ, coll. « Traités », 1996, n°s 449, 450 et 453. – *Id.*, *Traité de droit civil,* J. GHESTIN (dir.), *Droit spécial des sûretés réelles*, LGDJ, coll. « Traités », 1996, n° 1541. – J. MESTRE, « Réflexions sur l'abus du droit de recouvrer sa créance », *Mél. RAYNAUD*, Dalloz, 1985, p. 439, n° 50. – C. LE GALLOU, *Droit des sûretés*, Bruylant, coll. « Paradigme », 3e éd., 2017, n° 333. – J.-B. SEUBE, *op. cit.*, n° 382. – M. BOURASSIN et V. BRÉMOND, *op. cit.*, n° 1104. – Rappr. spéc. : F. PÉROCHON, *op. cit.*, note 594 sous n° 1310.

[632] Sur lequel, v. not. : J. SOUHAMI, art. préc., *in extenso*. – *Adde* spéc. : J. MESTRE, E. PUTMAN et M. BILLIAU, *Traité de droit civil,* J. GHESTIN (dir.), *Droit commun des sûretés réelles*, LGDJ, coll. « Traités », 1996, n°s 146, 409 et 447 et s. – Rappr. : O. GOUT, « Quel droit commun pour les sûretés réelles ? », *RTD civ.* 2013. 255, spéc. les développements consacrés à l'indivisibilité dans la partie intitulée « *La protection des créanciers titulaires d'une sûreté* » (v. aussi la note 56). – V. aussi : J.-B. SEUBE, *op. cit.*, n° 203. – D. LEGEAIS, *op. cit.*, n°s 388 et 666 *in limine.* – Ph. MALAURIE, L. AYNÈS et P. CROCQ, *op. cit.*, n°s 405 et 680. – M. BOURASSIN et V. BRÉMOND, *op. cit.*, n°s 48 et 1219. – M. CABRILLAC, Ch. MOULY, S. CABRILLAC et Ph. PÉTEL, *op. cit.*, n° 611. – H., L. et J. MAZEAUD et F. CHABAS, *op. cit.*, n° 125 *in limine.* – Ph. SIMLER et Ph. DELEBECQUE, *op. cit.*, n° 363. – J. MESTRE, E. PUTMAN et M. BILLIAU, *Traité de droit civil,* J. GHESTIN (dir.), *Droit spécial des sûretés réelles*, LGDJ, coll. « Traités », 1996, n° 561. – C. LE GALLOU, *op. cit.*, n° 181 (implicitement). – P. CROCQ, obs. sous Civ. 1re, 9 janv. 2019, n° 17-27.411, *Bull. civ.* I [à paraître], *RTD civ.* 2019. 155.

[633] V. not. : Civ. 14 déc. 1831 ; *S.* 1832. I. 176. – Req. 24 déc. 1844 ; *D.* 1845. I. 53 ; *S.* 1845. I. 113. –Req. 16 août 1847 ; *D.* 1847. I. 304 ; *S.* 1847. I. 832. – Req. 11 avr. 1902 ; *D.* 1903. I. 465. – Civ. 9 mai 1905 ; *S.* 1906. I. 489, note M. BERNARD ; *D.* 1909. I. 225, note P. DE LOYNES. – Civ. 19 déc. 1911 ; *Gaz. Pal.* 1912. I. 101 ; *D.* 1913. I. 505, note P. DE LOYNES ; *S.* 1913. I. 101, note E. NAQUET. – Civ. 3e, 15 févr. 1972, n° 70-13.094, *Bull. civ.* III, n° 98 ; *D.* 1972. 463, note E. FRANCK ; *Defr.* 1972, art. 30216, p. 1445, spéc. p. 1448, n° 70, note J.-L. AUBERT ; *Journ. not. et av.* 1973. 295, art. 51009, obs. J. VIATTE. ; *D.* 1972. 463, note E. FRANCK ; *Defr.* 1972, art. 30216, p. 1445, spéc. p. 1448, n° 70, note J.-L. AUBERT ; *Journ. not. et av.* 1973. 295, art. 51009, obs. J. VIATTE. – *Adde*, rendu en matière de sûretés multiples – en l'espèce, hypothèque et nantissement de fonds de commerce inscrits en garantie de la même créance – dans le cadre d'une faillite : Req. 28 févr. 1912 ; *D.* 1913. I. 361 : « […] *le créancier qui possède plusieurs privilèges ou hypothèques pouvant toujours se faire payer sur le produit du gage par lui choisi...* ». – V. aussi : CA Paris, 21 janv. 1941 ; *D.* 1941. 47, note H. LALOU.

127. S'il peut se constater une telle multiplication des hypothèses de conflit entre les créanciers d'un même débiteur et, par là même, une acuité particulière du déséquilibre externe, c'est également en raison[634] de la conception du gage commun qui préside aujourd'hui à la structuration des procédures collectives[635] ; ne sont en effet attirés par la procédure que les actifs sur lesquels tous les créanciers peuvent concurremment prétendre se désintéresser[636]. Dans ces conditions, le problème qu'induit le principe d'indivisibilité des sûretés réelles a vocation à se rencontrer systématiquement ; de sorte que ce principe constitue l'une des causes principales de la réduction du potentiel des sûretés spéciales, et ce parce qu'il contribue, de façon singulière, à opposer des créanciers dont les droits n'ont aucune tendance naturelle à entrer en conflit. Dans le cadre d'une procédure collective, l'efficacité d'une sûreté préférentielle spéciale ne s'apprécie plus uniquement à l'aune du rang du droit de préférence qu'elle confère lors de la répartition du prix de vente du bien grevé, mais dépend également de l'incapacité des autres sûretés spéciales – grevant d'autres biens – à résister au poids des privilèges généraux, qu'il s'agisse des privilèges absolument généraux ou des privilèges généraux mobiliers – dont les auteurs n'ont de cesse de relever, voire de déplorer, l'importance[637]. Et c'est bien en ce sens

---

[634] Rappr. : F. PÉROCHON *in* N. BORGA et F. PÉROCHON, « La réalisation des garanties réelles : en restructuration ou en liquidation ? Dans ou hors la procédure ? », *Rev. proc. coll.* juill. 2018, n° 4, doss. 20, n° 35.

[635] J. VALLANSAN, « Le gage commun », *in* P.-M. LE CORRE, *Les grands concepts du droit des entreprises en difficulté*, Dalloz, coll. « Thèmes et commentaires », 2019, p. 19. – P.-M. LE CORRE, « Liens entre les grands concepts du droit des entreprises en difficulté », *in* P.-M. LE CORRE, *Les grands concepts du droit des entreprises en difficulté*, Dalloz, coll. « Thèmes et commentaires », 2019, p. 85, spéc. p. 87 et s.

[636] P.-M. LE CORRE, *op. cit.*, n°s 562.135 et 611.312. – *Id.*, « La notion d'action tendant à la défense de l'intérêt collectif des créanciers », *BJE* sept. 2015, n° 5, p. 269. – *Id.*, « L'intérêt collectif est-il l'intérêt de tous les créanciers ? », *BJE* mai 2016, n° 3, p. 214, I-B. – Rappr. spéc. : Com. 13 mars 2012, n° 10-27.087, F-D ; *D.* 2012. 2196, obs. P.-M. LE CORRE ; *Rev. proc. coll.* mai 2012, n° 3, comm. 111, note C. LISANTI ; *Rev. sociétés* 2012. 394, obs. L.-C. HENRY. – Comp. : F. PÉROCHON, « L'intérêt collectif n'est pas l'intérêt de tous les créanciers sans exception », *BJE* mai 2016, n° 3, p. 218, n°s 4, 6 et 9. – *Adde* : *Id.*, « Efficacité de la déclaration d'insaisissabilité... : oui, mais après ? », *Rev. proc. coll.* juill. 2013, n° 4, doss. 25, n° 27.

[637] V. not. : M. CABRILLAC, Ch. MOULY, S. CABRILLAC et Ph. PÉTEL, *op. cit.*, n°s 712 et 1027. – D. LEGEAIS, *op. cit.*, n° 687. – Ph. MALAURIE, L. AYNÈS et

qu'il est permis de faire état d'une réduction mécanique du potentiel des causes de préférence spéciales.

128. Ainsi, certes les procédures collectives constituent-elles le cadre privilégié de la survenance d'une telle problématique, mais encore faut-il souligner qu'elles ne représentent qu'un cadre, et que les difficultés ne naissent pas, fondamentalement, du dispositif normatif spécifique au droit des entreprises en difficulté mais résultent bel et bien de l'application d'un principe de droit commun. C'est pourquoi, bien que le droit des entreprises en difficulté soit souvent incriminé pour la perte d'efficacité des sûretés réelles[638], il convient effectivement de nuancer quelque peu le propos[639] ; d'autant plus que se profile une restauration éventuelle du potentiel des sûretés préférentielles spéciales.

2) La restauration éventuelle

129. Il faut remarquer que notre Droit, sous l'impulsion de la réforme du droit des sûretés que l'entrée en vigueur de la récente loi dite « PACTE »[640] rend pour ainsi dire imminente[641], paraît s'orienter

---

P. CROCQ, *op. cit.*, n° 600. – S. PIEDELIÈVRE, *op. cit.*, n° 509. – Ch. ALBIGES et M.-P. DUMONT-LEFRAND, *op. cit.*, n°s 768 et 769. – M. BOURASSIN, V. BRÉMOND et M.-N. JOBARD-BACHELLIER, *op. cit.*, n° 953. – H., L. et J. MAZEAUD et F. CHABAS, *op. cit.*, n° 142. – Rappr. : F. PÉROCHON *in* N. BORGA et F. PÉROCHON, « La réalisation des garanties réelles : en restructuration ou en liquidation ? Dans ou hors la procédure ? », *Rev. proc. coll.* juill. 2018, n° 4, doss. 20, note 46 sous n° 37. – Rappr. : F.-X. LUCAS, *op. cit.*, n° 4. – *Adde* : S. VERMEILLE, « Renforcer l'efficacité des sûretés réelles traditionnelles – Regard critique sur l'avant-projet de réforme des sûretés », *JCP E* 2017. 1695, n° 5, v. aussi la note 4 sous ce n°.

[638] Rappr. : Ph. ROUSSEL GALLE, « Procédures collectives et sûretés réelles : à la recherche d'équilibres et d'articulations – Rapport introductif. Enjeux et perspectives », *Rev. proc. coll.* juill. 2018, n° 4, doss. 15, spéc. le 2.

[639] Rappr. not. : *ibid.*, qui souligne que « *La complexité souvent imputée au droit des procédures collectives peut l'être tout autant au droit des sûretés, aussi bien en raison de la diversité des sûretés que du manque d'articulation qui a fait qu'en ce domaine, le droit des procédures collectives a dû réagir au coup par coup aux réformes des sûretés pour trouver les équilibres actuels.* ».

[640] L. n° 2019-486, 22 mai 2019, relative à la croissance et la transformation des entreprises, *JO* n° 0119, 23 mai 2019. – *Adde* : L. n° 2019-486, 22 mai 2019, relative à la croissance et la transformation des entreprises (rectificatif), *JO* n° 0137, 15 juin 2019.

vers un amoindrissement des atteintes que connaissent les créanciers titulaires de sûretés préférentielles confrontés à la procédure collective de leur débiteur. L'avant-projet de réforme établi par l'association Henri Capitant[642] prévoit en effet l'institution d'une généralisation de l'attribution judiciaire du bien grevé de sûreté spéciale en cas de liquidation judiciaire de son constituant, couplée à une autorisation de la réalisation d'un pacte commissoire dans les mêmes circonstances[643].

130. Une telle solution renforcerait incontestablement l'efficacité des sûretés spéciales traditionnelles puisque leurs titulaires, dès l'intervention du jugement de liquidation judiciaire du constituant de la sûreté, seraient en droit de se faire attribuer en pleine propriété le bien leur ayant été affecté en garantie, étant précisé que de telles prérogatives, à savoir la demande d'attribution judiciaire, d'une part, et la mise en oeuvre d'un pacte commissoire, d'autre part, se déclencheraient indépendamment de l'ordre dans lequel s'exercent les droits de préférence[644]. La solution s'inscrirait[645] manifestement

---

[641] En son art. 60, I, la L. « PACTE » autorise le gouvernement à réformer le droit des sûretés par voie d'ordonnance dans les deux ans de sa publication.

[642] Avant-projet de l'Association Henri CAPITANT, *Avant-projet de réforme du droit des sûretés*, par M. GRIMALDI, L. AYNÈS, P. CROCQ, Ph. DUPICHOT, Ch. GIJSBERS, M. JULIENNE, Ph. SIMLER, H. SYNVET et Ph. THÉRY, 2017. – *Adde* : M. GRIMALDI, D. MAZEAUD et Ph. DUPICHOT, « Présentation d'un avant-projet de réforme des sûretés », *D.* 2017. 1717.

[643] Avant-projet H. CAPITANT, art. L. 643-1, d. al. : « *Le créancier titulaire d'une sûreté réelle retrouve, à compter du jugement de liquidation judiciaire, la faculté de demander l'attribution judiciaire du meuble ou de l'immeuble grevé ou, le cas échéant, de se prévaloir d'un pacte commissoire.* ».

[644] P.-M. LE CORRE, « La récupération des avances de l'AGS à l'épreuve des autres créanciers », *Rev. proc. coll.* mars 2019, n° 2, doss. 6, n° 7. – V. spéc. : Com. 3 juin 2008, n°s 07-12.017 et 07-15.228, *Bull. civ.* IV, n° 114 ; *BJS* nov. 2008, n° 11, p. 888, note J.-P. GARÇON ; *D.* 2008. 1691, note A. LIENHARD ; *JCP E* 2008. 2493, n° 20, obs. Ph. DELEBECQUE ; *RD banc. fin.* juill. 2008, n° 4, comm. 113, note D. LEGEAIS ; *RTD civ.* 2008. 701, obs. P. CROCQ ; *RDC* 2009, n° 1, p. 209, note A. AYNES ; *Rev. sociétés* 2009. 113, obs. B. DONDERO ; *RTD com.* 2009. 433, obs. B. BOULOC. – Com. 6 janv. 1998, n° 95-17.399, *Bull. civ.* IV, n° 9 ; *D.* 1998. 375, note S. PIEDELIÈVRE ; *LPA* 8 févr. 1999, n° 27, p. 15, note G. TEILLIAIS ; *RTD com.* 1998. 664, obs. B. BOULOC. – V. spéc. : P.-M. LE CORRE, *op. cit.*, n° 563.863. – *Adde* not. : F. MACORIG-VENIER, « L'alternative à la cession des biens grevés : l'attribution en propriété », *Rev. proc. coll.* mars 2015, n° 2, doss. 30, n° 27.

[645] Rappr. spéc. : F.-X. LUCAS, « L'efficacité des sûretés réelles et les difficultés des entreprises », *Rev. proc. coll.* nov. 2009, n° 6, doss. 17, n° 12.

dans le principe d'efficacité graduelle des sûretés tout en participant à sa réalité.

131. Toutefois, et ainsi que cela a été mis en exergue, si la restauration de l'efficacité des sûretés réelles classiques empruntait cette voie, il importe de noter que cela se ferait potentiellement au détriment du fragile équilibre auquel le droit des entreprises en difficulté a progressivement su parvenir[646], et ce dans la mesure où il s'agirait précisément d'accroître le potentiel des sûretés spéciales en généralisant des mécanismes juridiques ayant pour objet de distraire un élément du gage commun des créanciers, qui, en dernière analyse, ne se composerait que d'actifs chirographaires[647], entendus comme les actifs non grevés de sûretés spéciales. Si l'on prolonge le raisonnement, il serait alors question de procéder à un « *retour aux sources* »[648], c'est-à-dire un retour à une époque où les créanciers titulaires de sûretés réelles étaient immunisés contre les affres de la

---

[646] V. not. : N. BORGA *in* N. BORGA et F. PÉROCHON, « La réalisation des garanties réelles : en restructuration ou en liquidation ? Dans ou hors la procédure ? », *Rev. proc. coll.* juill. 2018, n° 4, doss. 20, n° 6. – F. MACORIG-VENIER, « L'avant-projet de réforme des sûretés de l'Association Henri Capitant et les modifications apportées au livre VI du Code de commerce », *BJE* janv. 2018, n° 1, p. 10. – F.-X. LUCAS, « Fiducie vs sauvegarde, un arbitrage équilibré », *BJS* févr. 2009, n° 2, p. 105, édito. – R. DAMMANN et G. PODEUR, « Fiducie et procédure de sauvegarde, un nouvel équilibre », *RLDC* mai 2008, n° 49, p. 33. – Ph. DUPICHOT, « L'efficience économique du droit des sûretés réelles », *LPA* 16 avr. 2010, n° 76, p. 7, n° 32. – Rappr. : P. CAGNOLI, « Le sort des créanciers munis de sûretés réelles », *Rev. proc. coll.* mai 2015, n° 3, doss. 39 n°s 1 et 5. – Ph. ROUSSEL GALLE, art. préc., spéc. le 2. – Th. ANDRIEU, « Procédures collectives et sûretés réelles – Propos conclusifs », *Rev. proc. coll.* juill. 2018, n° 4, doss. 26. – Ph. ROUSSEL GALLE et F. PÉROCHON, « Sûretés et droit des procédures collectives, le couple infernal », *Rev. proc. coll.* janv. 2016, n° 1, doss. 12, n° 1. Ph. ROUSSEL GALLE, « À la recherche d'équilibres… et de cohérence ! », *Rev. proc. coll.* mais 2019, n° 2, repère 2. – Comp. cep. : F.-X. LUCAS, art. préc., n° 3. – S. VERMEILLE, « Renforcer l'efficacité des sûretés réelles traditionnelles. Regard critique sur l'avant-projet de réforme des sûretés », *JCP E* 2017. 1695, n° 6.

[647] Selon la terminologie de F. PÉROCHON, *op. cit.*, n° 1308. – Rappr. : B. SOINNE, *op. cit.*, n° 2486.

[648] F. PÉROCHON *in* N. BORGA et F. PÉROCHON, « La réalisation des garanties réelles : en restructuration ou en liquidation ? Dans ou hors la procédure ? », *Rev. proc. coll.* juill. 2018, n° 4, doss. 20, n° 36. – N. BORGA, art. préc., n° 4.

procédure collective[649] ; en un sens, le paiement redeviendrait le prix de la course, phénomène que, au demeurant, les procédures collectives se proposaient justement, et surtout fondamentalement, sinon d'anéantir, à tout le moins d'endiguer. Peut-être le propos est-il exagéré, mais une telle réforme du droit des sûretés aurait sans conteste pour effet d'altérer l'architecture conceptuelle des procédures collectives[650], de telle sorte que, à mesure que dégénère la situation économique de l'entreprise débitrice, l'emprise du droit des entreprises en difficulté se relâcherait.

132. En définitive, à travers ce panorama non exhaustif du traitement des sûretés réelles en cas de procédure collective, il est possible d'affirmer que l'équilibre du droit des sûretés réelles confronté au droit des entreprises en difficulté obéit à trois grandes idées directrices, pouvant se synthétiser sous la forme de principes ainsi libellés : un *principe de paralysie stratégique dégressive des sûretés*, guidé par l'impératif de sauvetage de l'entreprise ; un *principe de neutralisation ciblée des sûretés*, guidé par des considérations ayant trait à la protection, la reconstitution, la réalisation et la répartition du gage commun des créanciers ; un *principe de reconfiguration de l'efficience des sûretés réelles*, caractérisé par la déliquescence des sûretés conventionnelles les plus sophistiquées et guidé par la nécessaire hiérarchisation des divers intérêts en présence.

---

649 V. not. : C. HOUIN-BRESSAND et F. PÉROCHON, « Quelle efficacité pour l'hypothèque unique dans le droit des procédures collectives ? », *RD banc. fin.* mars 2016, n° 2, doss. 16, n° 2. – M. SÉNÉCHAL, *op. cit.*, n° 671 et s.

650 V. F. PÉROCHON, art. préc., n°s 36 et s., spéc. n° 38 *in fine*, concluant que « *si tous les actifs étaient finalement réalisés en dehors de la procédure,* ***c'est la liquidation elle-même qui perdrait sa raison d'être*** » (mise en gras par nos soins). – Rappr. déjà en ce sens : F.-X. LUCAS, art. préc., n°s 14 et s., spéc. n° 15. – *Adde* spéc. : F. MACORIG-VENIER, art. préc., p. 10. – Ph. ROUSSEL GALLE, art. préc., spéc. le 2. – M.-H. MONSÈRIÉ-BON, « *Quid* des sûretés réelles dans le plan de cession ? », *Rev. proc. coll.* juill. 2018, n° 4, doss. 19, n° 17. – Rappr. : O. GOUT, « Quelle réforme pour les sûretés dans la loi PACTE ? », *AJ contrat* 2019, p. 264, spéc. le 2.2.

Deuxième partie

ÉQUILIBRE(S) ET DÉSÉQUILIBRE(S) ENTRE LES DROITS

Analyses de la notion de déséquilibre en droit : cas du consommateur comme entité « vulnérable et faible »

Eland GUERRIER

Il est extrêmement difficile de dissocier la notion « d'équilibre »[651] du « déséquilibre ». Ces deux notions se complètent et s'opposent. Elles traduisent des réalités différentes. Chacune est susceptible d'être employée avec des sens différents. Ce sont également des notions polysémiques qui imprègnent plusieurs champs disciplinaires notamment la physique, les mathématiques, les sciences économiques et le droit. Jean-Pascal Benassy, dans son ouvrage *Macroéconomie et théorie du déséquilibre*, montre que le mot « équilibre », à lui tout seul, trouve dans la littérature deux significations différentes :

> « *La première se réfère à la notion d'équilibre d'un marché, c'est-à-dire à l'égalité de l'offre et de la demande sur ce marché. C'est la notion que l'on trouve chez Marshall, Walras, et chez la plupart des auteurs ultérieurs dans la tradition néoclassique. Cependant il existe une autre définition du mot équilibre empruntée aux sciences physiques et qui décrit intuitivement un « état de repos » d'un système. [...]. Bien que cette seconde définition soit beaucoup plus générale que la première, elles ont souvent été confondues, notamment en théorie microéconomique où l'égalité de l'offre et de la demande sur tous les marchés apparaissait comme la condition la plus naturelle pour un équilibre selon la seconde définition.* »[652]

---

[651] On parle aussi « d'équilibre institutionnel », « d'équilibre des pouvoirs », « d'équilibre contractuel » etc. Ainsi par exemple Fabien Le Bot dans le cadre de sa thèse sur l'équilibre institutionnel montre que ce dernier est profondément ambivalent. Cela résulte de sa « *double signification, à la fois politique et juridique. Utilisé comme un principe politique, l'équilibre institutionnel entend apprécier les rapports de pouvoir entre les institutions et fait parfois figure de revendication : il s'agit de défendre une organisation souhaitée des pouvoirs politiques. Utilisé comme un principe juridique, l'équilibre institutionnel devrait emporter des conséquences concrètes sur l'organisation des pouvoirs dans un système politique donné* », LE BOT Fabien, *Le principe de l'équilibre institutionnel en droit de l'Union européenne*, Droit, Université Paris 2 Panthéon-Assas, 2012.

[652] BENASSY Jean Pascal, *Macroéconomie et théorie du déséquilibre*, Paris, Dunod, 1984, pp. VIII- IX. Cité par Grégory CHIGOLET, *Recherche sur la notion*

D'une manière générale, le mot équilibre appliqué à une entité semble désigner un état satisfaisant, harmonieux, des différents éléments de l'entité[653]. Il peut aussi désigner la stabilité et l'ordre. Rappelons qu'étymologiquement, le mot « équilibre » vient du latin « LIBRA » qui signifie *balance* et d'« AEQUUS » qui veut dire *égal.* Donc, le terme équilibre peut être utilisé « *pour caractériser une situation où des éléments regroupés en deux catégories s'opposent de façon égale* »[654]. Ici l'équilibre est considéré au sens purement économique du terme.

Cependant le dictionnaire *Larousse* définit le mot « déséquilibre » comme « *l'absence d'équilibre ou perte de l'équilibre, d'une position stable* ». C'est aussi un « *manque de proportions, d'harmonie, de concordance* ». C'est le cas par exemple du déséquilibre entre les prix et les salaires. Ces deux notions – équilibre et déséquilibre – renvoient chacune à des situations propres et opposées. En psychologie l'équilibre est considéré comme une « *propriété intrinsèque et constitutive de la vie organique et mentale* »[655]. Le neurologue Edouard Claparède considérait le besoin comme l'expression d'un « *déséquilibre et la satisfaction comme l'indice d'une rééquilibration : la succession des conduites lui*

---

d'équilibre et ses applications aux théories de la planification économique. Économies et finances, Université Panthéon-Sorbonne - Paris I, 2008.

653 FROMENT Eric, *Leçon d'Économie : Les notions d'équilibre et leur utilisation, Les situations de déséquilibre et leur interprétation,* CNAM, ITB, 1978, pp.23.

654 Ibid., pp.23. En économie, c'est le cas par exemple de la comptabilité nationale qui fournit de telles situations avec l'équilibre comptable. Eric Froment développe ces deux situations distinctes où les éléments regroupés en deux catégories s'opposent de façon égale « *s'il s'agit d'équilibre comptable s'appliquant à une situation concrète passée, l'attention doit être portée sur l'identification des mécanismes d'ajustement et le rôle qu'ils ont joué dans l'enregistrement de cet équilibre. En d'autres termes, il convient de repérer, derrière une représentation où contrebalancent des éléments, l'ampleur du déséquilibre spontané et les conséquences qui en sont résultées ; s'il s'agit de prévision, l'équilibre comptable est alors une contrainte précieuse pour dessiner un futur cohérent ; par exemple aux emplois doivent correspondre des ressources équivalentes* ».

655 Fondation Jean Piaget, « le rôle de la notion d'équilibre dans l'explication de la psychologie », étude parue dans *Acta Psychologica*, 15, 1959, pp 51-62 puis reproduite dans *Six études de psychologie*, Paris Denoël-Gonthier, 1964. Disponible en ligne : http://www.fondationjeanpiaget.ch/fjp/site/textes/VE/JP59_equilibre.pdf

apparaissait ainsi comme une suite de déséquilibres momentanés et de rétablissements d'équilibre »[656].

En droit, en revanche, l'équilibre apparait comme « *tout ce qui est juste* », d'où la célèbre expression d'Alfred Fouillée « *qui dit contractuel, dit juste* ». Cela suppose qu'il n'y a pas de contrat injuste ou déséquilibré. Alors, tous les contractants sont réputés lucides et raisonnables dans la mesure où le contrat est depuis toujours le fondement des rapports économiques entre les hommes[657]. Cette fondation ne doit pas être ébranlée. L'équilibre devient en ce sens synonyme « d'équité » dans les rapports commerciaux. Donc, tout ce qui peut menacer la stabilité de cette relation est à bannir.

La recherche du juste et de l'utile devient alors le nouveau crédo dans le rapport contractuel[658]. Comme le souligne la professeure Élise Charpentier dans la perspective du droit naturel classique « *le contrat était conçu comme un échange*[659] *de choses de même valeur. L'équilibre des prestations jouait alors un rôle essentiel, puisqu'il faisait partie de l'essence du contrat* »[660]. On peut dire qu'avec l'avènement du volontarisme dans le temps, « *le contrat est conçu comme un acte juridique résultant d'un accord de volontés* »[661], ainsi

---

[656] Ibid.

[657] Selon Philippe Malaurie et Laurent Aynes « Les relations économiques entre les hommes s'accomplissent au moyen de contrats d'une grande diversité. Plus développe l'activité humaine, plus divers sont les contrats : diversité tenant à leur objet ou à leur clause » (MALAURIE Philippe, AYNES Laurent et STOFFEL-MUNCK Philippe, *Les Obligations*, Paris, », Defrénois, 2015, pp.148).

[658] Brigitte Lefèbvre dans une excellente analyse sur les travaux du professeur Jacques Ghestin montre que « *le contrat doit être utile. L'utilité s'entend dans le sens d'intérêt général. Le contrat a une utilité sociale. Il s'avère être l'instrument par excellence pour effectuer les échanges de biens et de services entre les personnes. Cet instrument est indispensable à la vie en société. Le citoyen ne vit ni en ermite, ni en solitaire. Il a nécessairement besoin de l'activité de ses pairs et de mécanismes juridiques pour assurer sa croissance. Le contrat a donc une utilité sociale certaine, et c'est à ce titre que le législateur le sanctionne et qu'il intervient pour contrôler les abus qu'il peut engendrer* ». LEFEBVRE Brigitte, « La justice contractuelle : mythe ou réalité ? », *Les Cahiers de droit*, Vol. 37, n°1, 17–30, 1996. https://doi.org/10.7202/043375ar Consulté le 31/03/19.

[659] C'est nous qui soulignons.

[660] CHARPENTIER Élise, « Les fondements théoriques de la transformation du rôle de l'équilibre des prestations contractuelles », *Les Cahiers de droit*, Vol. 45, n° 1, 2004, pp. 69–91, 2004. Disponible en ligne : https://doi.org/10.7202/043784ar

[661] *Ibid.*

la « *volonté remplace l'équilibre des prestations comme élément essentiel du contrat et l'équilibre se manifeste dorénavant à travers le consentement, le déséquilibre étant la marque d'un vice du consentement* »[662]. Le déséquilibre devient dans ce cas une forme d'anomalie. Une tare qui peut fausser la balance contractuelle.

Fondamentalement, le rapport qu'entretient le consommateur avec le professionnel est un rapport déséquilibré. Plusieurs facteurs inhérents à leur relation traduisent ce déséquilibre structurel notamment la compétence du professionnel, les informations dont il dispose, et souvent sa dimension financière, lui permettent de dicter sa loi au consommateur[663]. Une situation qui place le consommateur dans un état de « vulnérabilité permanente » et de faiblesse. Comment cette vulnérabilité est-elle construite ? Au regard du droit de la consommation, dans quelle mesure peut-on dire que « le consommateur » est une « entité faible » ? Qu'est-ce que la vulnérabilité en droit ? Les consommateurs sont-ils livrés à eux-mêmes ? Dans le cadre de cet article nous comptons analyser le cas du consommateur comme étant un élément vulnérable par rapport au professionnel dans la chaine de production de biens et services dans la dynamique de la consommation de masse actuelle (I), nous montrons également les facteurs socio-économiques qui accroissent la faiblesse du consommateur par rapport au professionnel (II), et ensuite nous montrons comment le droit de la consommation devient un « outil moderne » de protection du consommateur (III).

I. Le consommateur comme un élément « vulnérable »

Depuis des décennies nous rentrons dans l'ère de la société de consommation de masse. La consommation devient une marque culturelle. Un moyen de s'identifier au groupe. Mary Douglas et Baron Isherwood montrent que les objets de consommation constituent « *la partie visible de la culture. Ils ont pour fonction essentielle de donner une certaine concrétude*[664] *aux principes culturels qui sont par nature intangibles. [...] La consommation est*

---

[662] Ibid.,

[663] CALAIS-AULOY Jean et TEMPLE Henri, *Droit de la consommation*, Paris, Dalloz, 2015, 9e éd.

[664] C'est nous qui soulignons.

l'arène où la culture est débattue et développée »[665]. Elle permet à l'individu de s'affranchir des limites et des blocages structurels de son environnement. Elle lui permet aussi de s'affirmer socialement. Comme le souligne Sophie Chauveau, l'accès aux biens est « *perçu comme un indice de développement ou de richesse nationale, mais le phénomène ne se limite pas à cette seule dimension économique. Le fait de consommer et de diversifier sa consommation permet aussi de s'insérer dans une société englobante, d'affirmer un statut ou une appartenance sociale* »[666]. Au-delà de l'aspect culturel du fait de consommer, c'est la nature de l'accomplissement de l'acte qui nous intéresse dans la mesure où pour concrétiser ces actes de consommations comme l'achat de nouveaux biens ou l'obtention des services auprès d'un professionnel, le consommateur, isolé soit-il, s'engage, noue des relations juridiques et passe des contrats pour la satisfaction de ses besoins.

L'homme, parce qu'il est un être sociable, est un « contractant né »[667]. Selon la formule de Josserand qui s'avère plus que jamais pertinente « *nous vivons de plus en plus contractuellement* »[668]. Mais cette contractualité n'est pas toujours équitable en matière de consommation ; car, la relation entre le consommateur et le professionnel est une relation contractuelle totalement « déséquilibrée » en raison de la « vulnérabilité » du consommateur, d'une part, et de la position de supériorité du professionnel, d'autre part. Dans ce cas, il faut un arbitre pour assurer les règles du jeu. Ainsi, le droit de la consommation intervient pour équilibrer les rapports entre professionnels et consommateurs[669]. Mais qui sont-ils réellement, ces deux acteurs ? Avant de voir les facteurs qui expliquent la vulnérabilité du consommateur par rapport au

---

665 DOUGLAS Mary et ISHERWOOD Baron, *Pour une anthropologie de la consommation, le monde des biens*, traduit de l'Anglais Manuel Benguigui et présenté par Benoit Heilbrunn, Éditions du Regard, 2008.

666 CHAUVEAU Sophie. « Regards sur la consommation de masse », *Vingtième Siècle. Revue d'histoire*, vol. n° 91, no. 3, 2006, pp. 3-7.

667 JULIEN Jérôme, *Droit de la consommation*, Paris, LGDJ, 2017.

668 DUTILLEUL François Collart et DELEBECQUE Philippe, *Contrats civils et commerciaux,* Paris, Dalloz, 2004, 7e éd.

669 CALAIS-AULOY Jean et TEMPLE Henri, *Droit de la consommation*, op. cit. p. 3.

professionnel (**B**), clarifions dans un premier temps les concepts de professionnels et de consommateurs (**A**).

A. PROFESSIONNELS ET CONSOMMATEURS : QUI SONT-ILS ?

Il est difficile de définir avec précision les notions de « professionnels » et de « consommateurs ». Ce sont manifestement deux notions évolutives. Mais, il ne fait aucun doute que l'acte de consommation est aussi vieux que le monde. Les individus contractent d'une manière générale depuis toujours pour faire tourner l'économie locale ou nationale et plus particulièrement pour satisfaire leurs propres besoins. Cette relation commerciale entre les particuliers et les commerçants remonte depuis la nuit des temps. Mais ces vendeurs ou ces commerçants qui contractaient avec les « acheteurs » ne s'appelaient pas encore « professionnels » (1) et les acheteurs, « des consommateurs » ou des « non-professionnels » (2). Pourtant l'un n'existe pas sans l'autre. Les deux sont aujourd'hui les sujets principaux du droit de la consommation.

1. Professionnels.

On définit classiquement les professionnels comme étant des personnes qui exercent un métier ou une activité à titre principal. Des personnes qui ont une maitrise exclusive d'un secteur d'activité. Le professeur Jean Calais-Auloy définit le professionnel comme étant « *la personne physique ou morale, publique ou privée, qui agit aux fins qui entrent dans le cadre de son activité professionnelle, qu'elle soit commerciale, industrielle, artisanale, libérale ou autre* »[670]. Suivant cette définition, on comprend clairement que c'est le caractère habituel et organisé de l'activité du professionnel qui fait sa force par rapport au consommateur qui naturellement ignore complètement les rouages ou le fonctionnement du secteur. La loi n° 2017-203 du 21 février 2017 ratifiant les ordonnances n° 2016-301 du 14 mars 2016 relative à la partie législative du code de la consommation et n° 2016-351 du 25 mars 2016 sur les contrats de crédit aux consommateurs relatifs aux biens immobiliers à usage d'habitation et simplifiant le

---

[670] *Ibid.*, p. 4.

dispositif de mise en œuvre des obligations en matière de conformité et de sécurité des produits et services a introduit pour la première fois dans le Code de la consommation un article préliminaire ainsi rédigé : « *Pour l'application du présent code, on entend par professionnel : toute personne physique ou morale, publique ou privée, qui agit à des fins entrant dans le cadre de son activité commerciale, industrielle, artisanale, libérale ou agricole, y compris lorsqu'elle agit au nom ou pour le compte d'un autre professionnel* ».

Cette définition est beaucoup plus large et plus précise. Elle prend en compte les avancés de la doctrine sur la question. Mais il reste évident que le professionnel est aussi celui qui détient l'information. La personne qui maitrise les circuits. Le professionnel n'agit qu'à des fins économiques. C'est le profit qui l'intéresse. Cela crée tout naturellement une certaine distance, un déséquilibre entre lui et le consommateur, et c'est cela qui justifie la nécessité du droit de la consommation pour pallier ce déséquilibre substantiel[671]. Hervé Causse souligne un autre aspect de la supériorité du professionnel par rapport au consommateur, c'est la connaissance des « *techniques étroitement liées à l'acte de sa profession* »[672]. Cette maitrise permet au professionnel de dicter sa loi au consommateur. Le professionnel est aussi un technicien. Il a l'expérience pratique de son activité, ce que le consommateur n'a pas. Le droit de la consommation « *a donc vocation à s'appliquer à toutes sortes d'activités professionnelles. On y trouve des producteurs et des distributeurs. Des vendeurs de biens meubles et des marchands de biens immeubles* »[673]. Ainsi, le terme professionnel englobe à la fois les grandes entreprises et les petites et moyennes entreprises, le petit artisan et le petit commerçant de quartier. Ils sont tous soumis au droit de la consommation.

---

671 *Ibid.* p. 4.

672 CAUSSE Hervé, « De la notion de consommateur », pp. 23-34, in CALAIS-AULOY Jean et CAUSSE Hervé (dir.), *Après le code de la consommation, Grands problèmes choisis*, Actes de Colloque du 24 février 1994 de l'Université de Reims, Paris, éd. Litec, 1995.

673 CALAIS-AULOY Jean et TEMPLE Henri, *Droit de la consommation*, op. cit. p. 5.

2. *Consommateurs*

À la différence du professionnel, le consommateur est un profane, un novice qui ignore le fonctionnement d'un système ou d'un secteur d'activité donnée. Le consommateur est un être faible qu'il faut absolument protéger. Quelqu'un qui a besoin du droit en permanence pour lui soutenir et lui venir en aide. Le droit de la consommation « *n'est pas uniquement celui des imbéciles et ignorants, mais celui des gens pressés, fatigués, abusés, stressés et trompés* »[674]. D'ailleurs la loi du 1 août 1905 qui a été codifiée par la loi 93-949 du 26 juillet 1995 relative au Code de la consommation constitue le fondement du droit de la protection des consommateurs. L'esprit de cette loi était de protéger les consommateurs contre la cupidité des professionnels et de lutter contre les fraudes, les tromperies et les falsifications de toutes sortes[675]. Le souci premier de la loi était de protéger les consommateurs contre des « professionnels malhonnêtes ». C'est la vulnérabilité du consommateur par rapport au professionnel qui motivait le législateur à l'époque. Mais cette situation ne change pas. Les professionnels ne deviennent pas plus honnêtes depuis lors !

En revanche, selon Stéphane Piédelièvre, « *l'une des difficultés du droit de la consommation a tenu à ce qu'il a longtemps été impossible de définir ce qu'est un consommateur* »[676]. Ce terme est typiquement économique. En économie les consommateurs constituent les derniers éléments de la chaine de production. Selon Joël Brée, « *les consommateurs sont, pour l'entreprise, des agents vitaux car ce sont eux qui constituent la garantie essentielle de son profit* »[677]. La loi Hamon du 17 mars 2014 avait apporté une définition légale à la notion de « consommateur ». Elle introduisait dans le Code de la consommation un article préliminaire qui considérait le

---

674 CAUSSE Hervé, « De la notion de consommateur », p. 33.

675 Direction générale de la concurrence, de la consommation et de la répression des fraudes, « 1. Histoire d'une loi, De la régulation de la concurrence à protection du consommateur : la loi du 1 aout 1905 », pp. 7-86, in DGCCRF, *La Loi du 1 aout 1905 : cent ans de protection de des consommateurs*, Paris, éd. La Documentation française, 2007.

676 PIÉDELIÈVRE Stéphane, *Droit de la consommation*, Paris, éd. Economica, 2014, p.17, 2e éd.

677 BRÉE Joël, *Le comportement du consommateur*, Paris, Dunod, 2017, p. 9, 4e éd.

consommateur comme « *toute personne qui agit à des fins qui n'entrent pas dans le cadre de son activité commerciale, industrielle, artisanale ou libérale* ». Cette définition prenait en compte presque tous les secteurs d'activité sauf l'activité agricole. Donc c'était une définition assez limitée. Mais la loi du 21 février 2017 apporte une nouvelle définition du consommateur en supprimant toutes les ambiguïtés préalables : « *Pour l'application du présent code, on entend par consommateur : toute personne physique qui agit à des fins qui n'entrent pas dans le cadre de son activité commerciale, industrielle, artisanale, libérale ou agricole* ».

Le consommateur est donc celui qui agit à des fins personnelles, et donc privées. Les biens sont achetés pour un usage personnel même s'ils peuvent être utilisés par les autres membres de la famille. L'acte de consommation est typiquement personnel ou familial. En conséquence, on peut dire que c'est la finalité de l'acte qui confère le caractère de « consommateur » à l'acheteur, le simple particulier. Ce dernier ne contracte que pour satisfaire un besoin immédiat. Une conception qui a toujours fait hésiter le droit de la consommation pendant longtemps, souligne Stéphane Piédelièvre, à savoir que « *cette matière devait s'appliquer à toutes les personnes qui en ont besoin en raison de leur situation d'infériorité et une conception personnaliste qui limitait l'application de cette matière aux seules personnes qui agissent en dehors de toute fin professionnelle* »[678].

B. LES FACTEURS DE VULNERABILITE DU CONSOMMATEUR

Stacey Menzel Baker, James W. Gentry et Terri L. Rittenburg définissent la vulnérabilité comme « *un état d'impuissance généré par un déséquilibre des interactions sur le marché ou par la consommation de produits ou de messages marketing. Cette impuissance apparait quand le consommateur perd le contrôle au profit d'une dépendance à des facteurs externes (par exemple les marketeurs) pour maintenir des échanges justes sur le marché* »[679].

---

678 PIÉDELIÈVRE Stéphane, *Droit de la consommation*, op. cit. p 22.

679 BAKER Menzel, GENTRY James W., et RITTENBURG Terri L., « Building Understanding of the Domain of Consumer Vulnerability », *Journal of Macromarketing*, Vol. 25 n°. 2, December 2005 1-12. Cité par HUBERT Maud,

La structure organisationnelle de l'économie crée la vulnérabilité du consommateur. Elle rend le consommateur impuissant. Les professionnels du marketing ne cessent de manipuler le comportement du consommateur parce qu'il est un être irrationnel et malléable. Le consommateur devient une cible pour les entreprises. Les professionnels exploitent les moindres failles.

Les motivations du consommateur sont souvent floues et superflues. Le consommateur agit parfois par émotion ou par orgueil ou achète tout simplement sur un coup de tête. En acquérant un bien, il désire « *être heureux et il choisit donc les richesses qui conviennent au mieux à son désir. Mais ce désir lui-même est fragile. Il s'égare et prend pour marque du bonheur ce qui ne lui procure que du malheur. Cela vient de ce que le consommateur n'a pas une connaissance innée du bonheur* »[680]. Cette fragilité du désir rend impossible la rationalité. Ce n'est pas du tout le cas du professionnel qui lui est un être rationnel, calculateur et qui prévoit à l'avance ses actions. Le professeur Jean Pascal Chazal montre que la vulnérabilité du consommateur s'explique par la situation d'infériorité dans laquelle il se trouve par rapport au professionnel qui est très méthodique. Cette situation d'infériorité se situe sur un double plan : économique et cognitif. L'infériorité du consommateur se manifeste sur le plan économique en ce sens que :

> « *Le professionnel est à la tête d'une entreprise (accumulation et organisation de moyens humains et matériels de production dans le but de développer une activité économique) susceptible d'agréger une puissance économique lui conférant une supériorité incontestable. L'objectif d'une entreprise est de réaliser du profit, d'assurer son développement, sa croissance [...] Le professionnel peut affecter des moyens importants à l'organisation juridique de son activité, le consommateur n'ayant d'autre choix, s'il veut contracter, que de s'insérer dans celle-ci. Or, il est évident que la personne qui conçoit*

« Les consommateurs fragilisés : vulnérabilité, stratégies et enjeux pour le marketing », 31ème.
Congrès Annuel de l'AFM, Marrakech, Maroc, 2015. Disponible en ligne : https://www.academia.edu/28169272/Les_consommateurs_fragilis%C3%A9s_vuln%C3%A9rabilit%C3%A9_strat%C3%A9gies_et_enjeux_pour_le_marketing. Consulté le 30/03/19.

[680] BERTHOUD Arnaud, *Une philosophie de la consommation : agent économique et sujet moral,* Presses Universitaires du Septentrion, 2017.

une telle organisation tend toujours à privilégier ses propres intérêts, à se protéger. Le consommateur, lorsqu'il contracte, ne peut en aucun cas négocier le contenu de la convention. Il n'a d'autre choix d'adhérer ou de ne pas adhérer à l'économie générale du contrat telle qu'elle a été élaborée par le professionnel »[681].

Le professionnel anticipe par avance le comportement du consommateur. Il ne fait que travailler pour répondre aux moindres désirs de ce dernier. La logique du professionnel peut être résumée dans ce simple slogan : « *Votre désir est notre souci !* ». Les professionnels emploient toutes les méthodes pour convaincre le consommateur. La liberté de choix du consommateur n'est qu'une illusion et une supercherie. Cela nous conduit vers un autre facteur d'infériorité du consommateur : c'est l'aspect cognitif ou informationnel. Le professeur Jean Chazal souligne cet aspect ainsi :

« *Le professionnel est celui qui sait, qui est compétent techniquement. À l'inverse, le consommateur est le profane, le non spécialiste. Dans notre société moderne, l'information est une véritable richesse. La puissance économique n'est plus simplement la conséquence de l'accumulation d'un capital, mais aussi, et peut être surtout, de la maîtrise d'informations utiles et recherchées. Or, le développement de la puissance informationnelle s'effectue au détriment des consommateurs. Le consommateur est inférieur parce qu'il est profane, c'est à dire en dehors du savoir, du domaine de l'information (du latin profanus signifiant hors du temple)* »[682].

L'information dont dispose le professionnel lui confère une position de supériorité vis-à-vis du consommateur. Les professionnels connaissent très bien les produits, les biens et les services qui sont disponibles sur le marché. Ils ont des réseaux qui eux aussi maitrisent les données tandis que les consommateurs ignorent souvent les circuits du marché. Ces derniers sont parfois incapables de comparer les produits et de les juger correctement. Ce déséquilibre est donc structurel, et peut être, systémique. Aujourd'hui, les algorithmes sont les principaux outils qu'utilisent les professionnels contre les

---

681 CHAZAL Jean Pascal, « Vulnérabilité et Droit de la consommation », Cohet-Cordey, Frédérique. Colloque sur la vulnérabilité et le droit, Mar 2000, Université P. Mendès-France, Grenoble II, France. Presses Universitaires de Grenoble, p. 00-00, 2000.

682 *Ibid.*, p. 6.

consommateurs. Les données collectées en ligne par les algorithmes sur ces derniers permettent aux professionnels d'avoir une connaissance plus précise des besoins de ses utilisateurs. Tout cela participe à la construction du déséquilibre entre les professionnels et les consommateurs. Dans *The Age of Surveillance Capitalism*, Shoshana Zuboff, professeure émérite de la Harvard Business School, décrit l'avènement du capitalisme de surveillance qui régit désormais nos comportements individuels.

> « *En vérité, le véritable produit du capitalisme de surveillance ce n'est pas nous, explique l'auteure, mais les prédictions concernant nos comportements futurs, élaborées à partir de nos faits et gestes sur la toile. Ce que nous allons acheter, où nous allons, pour qui nous allons voter, sont autant d'informations qui se vendent à prix d'or. La meilleure manière de transformer ces pronostics en certitudes, c'est encore d'infléchir les comportements pour les rendre davantage prédictibles* »[683].

---

[683] ZUBOFF Shoshana, *The Age of Surveillance Capitalism*, PublicAffairs, 2019. Cité par Pauline Toulet, « Ok google », vraiment ? *Le Books du Jour, Books Magasine*, 22 février 2019. Il faut rappeler aussi le scandale de *Cambridge Analytica*, une entreprise londonienne qui a récupéré, via un questionnaire psychologique auquel ont répondu 270 000 personnes, les données de millions de leurs amis en 2014. La firme a accédé aux données de 87 millions d'utilisateurs de Facebook à travers le monde, dont plus de 200 000 en France. Cela a permis à la société britannique de se constituer une précieuse base de données avant d'être embauchée par l'équipe de campagne de Donald Trump. Ce scandale montre combien les utilisateurs des réseaux sociaux par rapport aux entreprises qui utilisent leurs données. (https://www.francetvinfo.fr/internet/reseaux-sociaux/facebook/cambridge-analytica-qui-a-travaille-pour-la-campagne-de-donald-trump-a-accede-aux-donnees-de-87-millions-d-utilisateurs-de-facebook_2689798.html. Franceinfo avec AFP, Mis à jour le 05/04/2018 | 18 :03 publié le 04/04/2018 | 21 :06. Consulté le 01/04/19). Un rapport parlementaire britannique cible aussi la négligence de Facebook par rapports aux fuites des données. *L'un de ces courriels montre qu'un "ingénieur de Facebook avait notifié l'entreprise en octobre 2014 que des entités utilisant des adresses IP russes avaient* [détourné un outil] *pour récupérer trois milliards d'informations par jour" »,* écrivent les députés. LELOUP Damien, « Scandale Cambridge Analytica : les députés britanniques étrillent Facebook » : https://www.lemonde.fr/pixels/article/2019/02/18/les-deputes-britanniques-etrillent-facebook-pour-son-role-dans-les-campagnes-de-desinformation_5424886_4408996.html. Publié le 18 février 2019 à 12h48 - Mis à jour le 19 février 2019 à 00h06. Consulté le 01/04/19.

II. Facteurs socio-économiques de l'accroissement de la faiblesse du consommateur

La faiblesse du consommateur par rapport au professionnel est structurelle. Maximin de Fontmichel souligne à ce sujet que le droit positif n'hésite pas à poser une présomption irréfragable de faiblesse déclenchant la mise en place d'un dispositif de protection à l'ensemble des catégories de contractants présumés faibles[684]. Cette faiblesse se construit à partir de la supériorité financière et économique du professionnel vis-à-vis le consommateur. Car, le faible est celui qui ne dispose pas des « *armes économiques suffisantes pour négocier et de toutes les données pour comprendre et maitriser les conséquences de son engagement* »[685]. La situation socio-économique du consommateur est aussi le premier facteur d'accroissement de sa vulnérabilité par rapport au professionnel. Il ne fait aucun doute que l'environnement de l'individu influence ses choix économiques. Les contraintes économiques actuelles dues à la désindustrialisation, le coût de la vie, le chômage de masse et la délocalisation des moyens de production ont de très grands impacts sur les consommateurs les plus précaires.

Vanesha GUIRDARLAL met l'accent sur le poids de ces nouveaux risques socio-économiques sur le consommateur. Les risques associés aux conditions économiques de ce dernier « *peuvent être liés au monde du travail caractérisé par une dégradation des conditions d'emploi (temps partiels, contrats à durée déterminée, horaires atypiques, discriminations liées au sexe et/ou aux origines culturelles et géographiques…). [L'individu peut aussi] faire l'objet d'une perte d'emploi issue d'un licenciement* »[686]. Ces diverses situations ne font qu'aggraver la vulnérabilité de ces « consommateurs » vis-à-vis des professionnels. Parce qu'ils sont déjà en situation précaire. Ils sont déjà vulnérables économiquement. Ils sont donc des proies faciles pour les professionnels. La condition de

---

684 FONTMICHEL de Maximin, *Le faible et l'arbitrage*, Paris, éd. Economica, 2013.

685 Ibid., pp.9.

686 GUIRDARLAL Vanesha, *Vulnérabilité et changement des comportements de consommation Recherche sur les consommateurs d'énergie en France et au Royaume-Uni*, sciences de la gestion, Université de Pau et des Pays de l'Adour, École doctorale « Sciences sociales et Humanités », 21 avril 2016.

faiblesse de ces consommateurs particuliers augmente le déséquilibre substantiel qui existe entre les consommateurs et les professionnels.

Les facteurs sociaux qui accroissent la vulnérabilité du consommateur par rapport au professionnel sont nombreux : l'âge, la pauvreté, le niveau d'étude, le niveau social ou le divorce. Le professionnel ne s'inquiète pas de choses-là. Il a toujours eu un coup d'avance sur le consommateur dans la mesure où le professionnel :

> « Est celui qui est assuré contre les risques inhérents à l'exercice de sa profession. Le consommateur, quant à lui, n'a souvent pas les moyens de s'assurer à la hauteur des risques qu'il encourt. Il y a donc, du côté du professionnel, une anticipation et une couverture complète du risque que l'on ne retrouve pas avec autant d'ampleur chez le consommateur »[687].

L'environnement social du consommateur influence aussi sa vulnérabilité. C'est ce que souligne Vanesha Guirdarlal :

« *Les conditions de logement sont également identifiées comme éléments participatifs au processus du fait de l'insécurité résidentielle, du surpeuplement et de l'insalubrité dont souffrent principalement les logements anciens. À cela s'ajoutent des problèmes de santé, facteurs d'hospitalisation et de handicap qui peuvent constituer des éléments de vulnérabilité touchant non seulement l'état physique mais aussi psychologique du consommateur susceptible, par ailleurs, d'entraîner une incapacité à exercer un emploi* »[688].

Ces conditions sociales d'existence augmentent le risque que le consommateur se fasse spolier plus facilement. Il est beaucoup plus apte à faire de mauvais choix. Surtout en cas de démarchage à domicile. Un professionnel qui se déplace a eu le temps de préparer ses arguments. Il peut convaincre plus facilement le consommateur à choisir un produit dont ce dernier n'a nullement besoin. Le temps est son allié. La présence du professionnel dans son domicile, son espace d'intimité, peut être interprétée comme une forme d'envahissement. Une situation qui peut créer des gênes, des malaises. Cela peut conduire le consommateur à souscrire un contrat sans mesurer

---

[687] CHAZAL Jean Pascal, « Vulnérabilité et Droit de la consommation », p. 5.

[688] GUIRDARLAL Vanesha, *Vulnérabilité et changement des comportements de consommation,* pp. 47.

« réellement la portée de ses engagements »[689] juste pour se débarrasser de son hôte. Cette forme de vulnérabilité est, certes, momentanée, mais elle peut traduire une forme d'abus de faiblesse. C'est à ce stade qu'intervient le droit de la consommation comme outil de protection du consommateur par rapport à un professionnel qui est prêt à tout pour assurer son profit.

III. Droit de la consommation comme outil de protection du consommateur

La protection du consommateur est au cœur du développement du droit de la consommation. Ce développement spontané se fait en dehors des structures classiques du droit commun des contrats qui ne semblent plus être en mesure de protéger le consommateur contre un professionnel qui devient de plus en plus incontrôlable avec l'avènement de la consommation de masse et les nouveaux progrès technologiques qui transforment la société. La protection du consommateur devient l'une des priorités des politiques publiques.

Le progrès de « *ce jeune droit* »[690] est phénoménal. Ce droit spécial de la consommation « *a eu surtout pour lui le prestige de l'ascension, celle qui provoque l'éblouissement sans doute, le respect et l'envie certainement, et peut être par-là même une certaine jalousie tant il est vrai que peu de droits pourraient se vanter d'avoir connu une pareille reconnaissance en si peu de temps* »[691]. C'est une ascension fulgurante dans la cour des grands. Il acquiert ce privilège en devenant le droit qui veille à la protection véritable des consommateurs. C'est ce statut privilégié qui fait sa force. D'ailleurs, Jean Beauchard souligne à ce propos que « *dans sa genèse, le droit de*

---

[689] « Abus de faiblesse : définitions et sanctions » : https://www.economie.gouv.fr/dgccrf/Publications/Vie-pratique/Fiches-pratiques/Abus-de-faiblesse. Consulté le 31/03/19.

[690] DAUBLON Georges, « Regards sur le vingtième siècle », *Defrénois,* 15 janv. 2001, n° 1, AD2001DEF30N1, p. 30.

[691] BÉRENGER Frederic, *Le droit de la consommation des contrats à l'épreuve du contrat spécial de la consommation : Renouvellement ou substitution ?* Marseille, Presses Universitaires d'Aix-Marseille, 2007, tome 1, pp. 17.

la consommation est un droit d'opposition, un droit militant, qui s'est formé en marge et contre un ordre établi »[692].

Ainsi, la protection du consommateur, corollaire naturel du développement de la société de consommation, « *devint au fil des années, sous la pression des associations de défense, l'une des préoccupations principales de tout gouvernement* »[693]. Ce droit participe largement à une évolution dynamique du droit commun des contrats. C'est aussi une forme de « renouvellement »[694] des arcanes de ce dernier. Le professeur Jean-Luc Aubert montre qu'

> « *En elles-mêmes, les lois de protection des consommateurs ne sont évidemment pas critiquables : elles étaient nécessaires. Mais il convient de ne pas s'en satisfaire et de n'y voir une étape d'adaptation du droit civil aux besoins et aux réalités du monde moderne. Très précisément, elles doivent constituer le ferment d'une réflexion qui permette de faire passer le Code civil pour ce qui concerne notamment la formation des contrats, du système essentiellement curatif qu'il consacre encore aujourd'hui – et qui repose sur le mécanisme de l'annulation des contrats soutenus par un consentement insuffisamment libre et éclairé – à un système principalement préventif – qui intègre au Code, notamment, un régime juridique de la phase précontractuelle.* »[695]

L'évolution du droit de la consommation par rapport au droit civil est fondamentale pour assurer une pleine protection des consommateurs. C'est une forme d'extension du droit civil sur un terrain plus spécifique, plus concret et plus adapté à la réalité actuelle. Il est clair que le droit classique protégeait déjà l'acheteur contre certaine forme de tromperie de la part du vendeur, le vice de consentement et la réticence dolosive etc. Mais le droit de la consommation apporte un souffle nouveau au droit commun des

---

[692] BEAUCHARD Jean, « Remarques sur le Code de la consommation », *in* Droit civil, procédure linguistique, écrit en hommage à Gerard Cornu, pp. n° 12. Cité par Frederic Bérenger.

[693] DAUBLON Georges, « Regards sur le vingtième siècle », p.30.

[694] BÉRENGER Frederic, *Le droit de la consommation des contrats à l'épreuve du contrat spécial de la consommation : Renouvellement ou substitution ? op. cit. p. 20.*

[695] AUBERT Jean-Luc, « Petit bilan personnel d'un grand congres », 81e Congrès des notaires de France, Defrénois, 1985, art. 33558. Cité par Frédéric Bérenger, p. 20.

contrats. Une forme de jeunesse au droit civil classique. Le droit de la consommation est l'outil idéal de la protection des consommateurs. Luboš Tichý montre que « *l'objectif de la notion de consommateur en qualité de sujet spécial du droit civil est d'offrir un régime spécifique de protection à cette personne envisagée d'abord en tant que partie contractante. Le consommateur appartient à la catégorie de la partie contractante la plus faible qui, dans certains cas et dans certaines circonstances, exige, contrairement à l'autre partie contractante, une protection allant au-delà de la protection générale garantie dans la conception traditionnelle tout d'abord du droit civil général et ensuite par quelques dispositions du droit des obligations* »[696]. Contrairement au droit civil, le droit de la consommation est un droit spécial qui nécessite un régime juridique spécifique. Il met l'accent, de préférence, sur l'aspect préventif du processus contractuel au lieu de la gestion *a posteriori* de l'acte contractuel. Il influence aussi l'évolution du droit civil. Il favorise son extension tout en protégeant le consommateur[697]. Le droit de la consommation dispose un double mécanisme de protection du consommateur : il y a d'abord, les outils juridiques classiques de protection **(A)**, et, les outils un peu plus récents, on va dire modernes, liés au développement des nouvelles technologies qui vont également renforcer la protection du consommateur **(B)**.

---

[696] TICHÝ Luboš « La notion du consommateur en tant que partie contractante en droit tchèque et européen », *Cahiers du CEFRES,* N°27, Le droit communautaire de la consommation et sa transposition dans les États membres et dans les pays candidats (les exemples français et tchèque). Cahiers du CEFRES, Centre Français de Recherche en Sciences Sociales (CEFRES), 2001, Le droit communautaire de la consommation et sa transposition dans les États membres et dans les pays candidats (les exemples français et tchèque), pp.20. 8 Jun 2015.

[697] Beaucoup de juristes sont inquiets de l'extension du droit de la consommation par rapport au régime général des contrats. Certains pensent que ces nouveaux droits menacent la stabilité du droit civil. Nathalie RZEPECKI montre qu' « en principe, en raison même de leur opposition à la théorie générale des contrats, les droits nouveaux et, plus spécialement, le droit de la consommation n'affectent aucunement la théorie générale, qui reste intacte, indifférente aux bouleversements législatifs contemporains » (RZEPECKI Nathalie, *Chapitre II. Droit de la consommation et régime de la théorie générale du contrat* in : *Droit de la consommation et théorie générale du contrat* [en ligne]. Aix-en-Provence : Presses universitaires d'Aix-Marseille, 2002 (généré le 02 avril 2019). Disponible sur Internet : <http://books.openedition.org/puam/507>. ISBN : 9782821853379. DOI : 10.4000/books.puam.507).

A. LES OUTILS JURIDIQUES CLASSIQUES DE PROTECTION

La protection du consommateur repose en tout premier lieu sur la nécessité de le prévenir et de l'informer. L'information du consommateur demeure la pierre angulaire de ce nouveau droit. Jean Calais-Auloy rappelle que : « *[cela] est un facteur de transparence du marché, donc de développement de la concurrence. Mieux informés, les consommateurs sauront mieux choisir. Ils se tourneront vers les produits et les services dont le rapport qualité-prix est le plus favorable* »[698]. Mais cette obligation d'information est de droit. D'abord, il faut préciser que le Code civil en son article 1602 avait mis l'accent sur la nécessité d'informer l'acheteur avant la conclusion du contrat en précisant que : « *le vendeur est tenu d'expliquer clairement ce à quoi il s'oblige* ». Cet article s'applique à tous les contrats. Il a été généralisé par la doctrine et la jurisprudence. Le vendeur a pour obligation de donner toutes les informations qu'il détient sur la chose vendue. Par ailleurs, le Code de la consommation fait de la prévention et de l'information une obligation essentielle dans les contrats de consommations. L'article L. 111.1[699] du c. consom.,

[698] CALAIS-AULOY Jean et TEMPLE Henri, *Droit de la consommation*, op. cit. p. 55.

[699] « *Avant que le consommateur ne soit lié par un contrat de vente de biens ou de fourniture de services, le professionnel communique au consommateur, de manière lisible et compréhensible, les informations suivantes :*
1° Les caractéristiques essentielles du bien ou du service, compte tenu du support de communication utilisé et du bien ou service concerné ; 2° Le prix du bien ou du service, en application des articles L. 112-1 à L. 112-4 ; 3° En l'absence d'exécution immédiate du contrat, la date ou le délai auquel le professionnel s'engage à livrer le bien ou à exécuter le service ; 4° Les informations relatives à son identité, à ses coordonnées postales, téléphoniques et électroniques et à ses activités, pour autant qu'elles ne ressortent pas du contexte ;
5° S'il y a lieu, les informations relatives aux garanties légales, aux fonctionnalités du contenu numérique et, le cas échéant, à son interopérabilité, à l'existence et aux modalités de mise en œuvre des garanties et aux autres conditions contractuelles ; 6° La possibilité de recourir à un médiateur de la consommation dans les conditions prévues au titre Ier du livre VI. La liste et le contenu précis de ces informations sont fixés par décret en Conseil d'Etat. Les dispositions du présent article s'appliquent également aux contrats portant sur la fourniture d'eau, de gaz ou d'électricité, lorsqu'ils ne sont pas conditionnés dans un volume délimité ou en quantité déterminée, ainsi que de chauffage urbain et de contenu numérique non fourni sur un support matériel. Ces contrats font également référence à la nécessité d'une consommation sobre et respectueuse de la préservation de l'environnement. »

précise les obligations fondamentales du professionnel vis-à-vis du consommateur dans le cadre de leur relation contractuelle notamment en l'informant sur les caractéristiques du bien ou du service en question, le prix du bien ou du service, la date de livraison ou de l'exécution du service, les informations relatives à son identité, à ses coordonnées postales, téléphoniques et électroniques et à ses activités, pour autant qu'elles ne ressortent pas du contexte et aussi s'il y a lieu, les informations relatives aux garanties légales. La jurisprudence est évidemment très pointue sur le degré des informations à délivrer en matière de consommation.

Cette obligation d'information repose principalement sur les professionnels parce que « *la cohérence du droit spécial allant même plus loin puisque le consommateur, non seulement n'a pas à s'informer sur l'objet du contrat, mais il n'a même pas l'obligation de connaitre la loi, le professionnel devant la lui rappeler* »[700]. Ce renseignement n'est pas de la publicité ou du démarchage. C'est la description objective du bien, du produit ou du service en question dans la mesure où « *les professionnels sont les mieux placés pour renseigner les consommateurs. Ce sont eux, producteurs, vendeurs ou prestataires, qui connaissent les biens et les services mis sur le marché. Ce sont eux qui en fixent les prix* »[701]. Cela permet au consommateur d'avoir un consentement éclairé. Un consentement qui se construit à partir des données objectives. Ainsi, il devient donc plus conscient de son choix et de son engagement contractuel.

En dehors des professionnels comme source d'information du consommateur, il y a les associations de défense des consommateurs, les médias et l'Institut national de consommation « *qui mènent des actions d'information, de communication, de prévention, de formation et d'éducation sur les questions de consommation* »[702]. L'INC a aussi

---

[700]) BÉRENGER Frederic, *Le droit de la consommation des contrats à l'épreuve du contrat spécial de la consommation : Renouvellement ou substitution ? op. cit. p. 70.*

[701] CALAIS-AULOY Jean et TEMPLE Henri, *Droit de la consommation*, op. cit. p. 55.

[702] L'INC est un organisme public à caractère industriel et commercial créé en Décembre 1966. L'art. L. 822. 1 créé par l'ordonnance du 14 Mars 2016 précise que « *l'Institut national de la consommation, établissement public national à caractère industriel et commercial, doté de la personnalité morale et de l'autonomie financière, est un centre de recherche, d'information et d'étude sur les problèmes de la consommation* ». Il y a beaucoup d'autres associations qui travaillent sur la

pour mission « *de réaliser et de diffuser des études, des enquêtes et des essais de produits et de services* »[703]. Les résultats de ces enquêtes sont publiés pour informer les consommateurs sur la qualité des produits qui sont sur le marché. Ils diffusent également des revues destinées au grand public pour les informer. C'est certain que par faute de moyens ces actions sont limitées par rapport aux entreprises qui dépensent beaucoup d'argent dans la publicité et la construction de leur image de marque.

Ensuite, les directives européennes et le Code de la consommation ont de nombreuses dispositions qui assurent la protection du consommateur vis-à-vis des professionnels en commençant par la publicité trompeuse[704] à des pratiques commerciales douteuses en passant par les abus de toutes sortes jusqu'à des clauses abusives, le droit de la consommation montre par-là qu'il est en mesure d'assurer une meilleure qualité de vie aux

---

question par exemple : https://www.inc-conso.fr/content/linstitut-national-de-la-consommation#missions, consulté le 01/04/19. V. aussi https://www.60millions-mag.com/rappel . L'association fait actuellement des rappels concernant des produits en circulation qui ont été épinglés. Elle donne par exemple les informations suivantes sur le produit concerné : « *Nom du produit : Carottes râpées Menu Fraîcheur ; Marque : Marque repère ; Fabricant : Scamark ; Distributeur : E.Leclerc ; Code-barres : barquette 300 g : 3 564 700 330 791 06 ; barquette 500 g : 3 564 700 330 838 06 ; barquette 1 kg : 3 564 700 560 198 05 ; Date Limite de Consommation (DLC) : 02/04/19 et 04/04/19 ; Motif du rappel : présence de morceaux d'emballages plastiques ; Risques : ingestion de morceaux d'emballages plastiques ; Source : E.Leclerc ; Contact SAV : 0 800 86 52 86 (service et appel gratuit). Recommandations : ne pas consommer le produit et le rapporter en magasin pour remboursement parce qu'il contient des morceaux d'emballage plastique* », et c'est aussi le cas de deux lave-linge Bosch qui ont été vendus chez Boulanger sont rappelés pour des raisons de sécurité. Consulté le 01/04/2019.

[703] *Ibid.*

[704]La question de la publicité trompeuse comme élément préjudiciel pour le consommateur a été posé dès les années 1960, « *c'est une loi de finances du 2 juillet 1963 qui, pour la première fois, a pénalement et directement réprimé le mensonge publicitaire. C'est ensuite une loi du 27 décembre 1973 dite « Loi Royer » qui a défini la publicité fausse ou de nature à induire en erreur, incrimination de publicité trompeuse codifiée ensuite dans le code de la consommation dès sa promulgation en 1993 et restée en vigueur jusqu'à la loi Châtel de 2008* ». (Gouache les avocats de la distribution, « publicité trompeuse : qualification et sanctions », https://www.gouache.fr/articles/Articles/La-vie-du-franchiseur/Votre-approvisionnement-vos-ventes/Publicite/Avocat-Publicite-trompeuse-qualification-et-sanctions. Publié le mardi 21 juin 2016 ; consulté le 03/04/19.

consommateurs et de leur garantir un meilleur bienêtre économique. L'article L.212.1 du Code de la consommation sur les clauses abusives dispose que « *dans les contrats conclus entre professionnels et consommateurs, sont abusives les clauses qui ont pour objet ou pour effet de créer, au détriment du consommateur, un déséquilibre significatif entre les droits et obligations des parties au contrat* ». Les clauses abusives sont des clauses qui portent atteinte à l'intérêt du consommateur. Elles sont toujours au détriment du consommateur parce qu'il est la partie la plus faible au contrat. Le professionnel a toujours tendance à abuser de sa puissance économique pour aggraver ou créer un déséquilibre en sa faveur entre les droits et obligations réciproque des parties.

Cette situation est abusive, donc déséquilibrée[705]. Car, le déséquilibre significatif est, en somme, « *une atteinte à l'équivalence des prestations, soit à l'équilibre contractuel* »[706]. En cas de litige opposant le consommateur du professionnel concernant un contrat comportant une « clause abusive », l'article L.212.1 du code de la consommation précise que « *le professionnel doit apporter la preuve du caractère non abusif de la clause litigieuse. Ces dispositions sont applicables quels que soient la forme ou le support du contrat* ». Désormais, dans ses relations avec le professionnel, le consommateur bénéficie d'un régime plus large de protection. Cela garantit une forme de sérénité et de bienêtre.

En outre, les articles L. 217-4 à -17 du code de la consommation, posent les fondements du principe de la garantie légale de conformité. C'est la garantie que peut faire valoir un consommateur contre des éventuelles défaillances d'un produit – défaut de conformité – qu'il a acheté, sans avoir à prouver que la défaillance technique n'est pas liée à l'usage qu'il en a fait. Aussi longtemps que court la garantie, ce n'est pas au consommateur de prouver la faute, car, le vendeur ou encore le professionnel est présumé responsable. Cette garantie légale de conformité est notamment applicable aux ventes d'animaux domestiques conclues entre un vendeur agissant au titre de son activité professionnelle ou

---

[705] CHAZAL Jean Pascal, « Vulnérabilité et Droit de la consommation », p. 11.

[706] BAMDÉ Aurélien, « La reconnaissance des clauses abusives en droit commun des contrats : réforme des obligations », https://aurelienbamde.com/2017/05/24/la-reconnaissance-des-clauses-abusives-en-droit-commun-des-contrats-reforme-des-obligations/; publié le 24 mai 2017 et consulté le 06/04/2019.

commerciale et un acheteur agissant en qualité de consommateur. C'est ce que fait valoir la Cour de Cassation dans un arrêt du 20 février 2019[707]. Quels sont les faits ? Ils se déroulent à Valence, au mois de juin 2014. Un particulier avait acquis auprès d'une éleveuse professionnelle, un chat qui avait nécessité des soins médicaux en raison d'une fragilité intestinale ; alors, la dame avait saisi la juridiction de proximité aux fins d'obtenir le paiement de diverses sommes au titre des frais médicaux engagés et de son préjudice moral. Le tribunal d'instance de Douai avait rendu un jugement défavorable à l'acquéreur. L'affaire était portée devant la Cour de cassation qui a annulé et cassé ce jugement parce qu'il y avait un défaut de conformité à l'origine. Un vice caché dans le produit. Dans ses relations avec le professionnel, le consommateur bénéficie désormais d'un régime plus large de protection. Dans ce cadre également, l'acheteur bénéfice automatiquement de la garantie de conformité.

B. LES OUTILS DE PROTECTION DU CONSOMMATEUR LIÉS A LA MODERNITÉ

Aujourd'hui, en revanche, dans la société contemporaine, avec le poids croissant des technologies de l'information et le développement exponentiel des réseaux sociaux, les consommateurs – les internautes – sont de plus en plus informés de l'évolution des produits. Ils transforment les produits qu'ils utilisent en fonction de leurs goûts. Marie-Emmanuelle Chessel développe cet aspect en prenant l'exemple du téléphone portable :

> « *Les consommateurs contribuent enfin, par leurs usages, à inventer ou à transformer des produits ou des services. Par exemple, ce sont les utilisateurs qui inventent le téléphone mobile dans les années 1990. En achetant d'abord un téléphone portable pour des appels d'urgence, ils transforment, chemin faisant, l'usage et le sens de cet objet. Rapidement, le téléphone portable devient un objet de masse (détenu par une majorité de la population), considéré comme indispensable, utilisé pour organiser la vie quotidienne, communiquer des émotions ou raconter ses vacances. Ce sont les consommateurs, notamment les adolescents, qui développent l'usage du SMS qui n'avait pas été pensé par les ingénieurs, ces derniers se concentrant sur les conversations téléphoniques. Les fabricants de téléphones et les opérateurs s'adaptent certes très vite à ces pratiques changeantes.*

[707] Cass. 1re civ., 20 févr. 2019, n° 17-28.819

Mais les consommateurs contribuent à définir le téléphone portable tel qu'on le connaît aujourd'hui »[708].

Dans le monde hyperconnecté actuellement, les consommateurs sont plus vigilants. Ils créent des forums sur internet. Ils échangent sur la qualité des produits. Ils sont très informés. Ainsi, ils deviennent de plus en plus exigeants à l'égard des professionnels. Ils sont plus aptes à revendiquer leurs droits. Cette situation pousse les professionnels à avoir un comportement plus responsable vis-à-vis des consommateurs. Elle augmente les risques et les enjeux économiques pour les professionnels notamment à cause des actions concertées des consommateurs. Les appels au boycott deviennent très récurrents sur les réseaux sociaux. De nos jours, le boycottage représente un phénomène extrêmement « *important sur le plan macro et micro-économique* »[709] dans le cadre des actions des consommateurs contre les professionnels. Par exemple, un appel au boycott lancé aux Etats-Unis contre une marque quelconque peut devenir planétaire et viral sur internet dans un temps record. Cet appel peut, dans un court laps de temps, causer de nombreux dégâts dans tous les pays où l'entreprise s'installe. Ce sont souvent des actions spontanées et imprévisibles. Ces actions de sabotage concertées touchent généralement l'image de la marque en question. L'objectif visé par ces attaques est de toucher leur part du marché. Les impacts sont souvent durables et révélateurs.

Nous devons préciser par ailleurs que les appels au boycott lancés par les consommateurs ont, parfois, des motivations diverses. Ils peuvent être de nature religieuse, morale ou politique. C'est peut-être aussi une action qui vise à punir des comportements discriminatoires ou de dénoncer des violations de droit de l'homme par une entreprise ou un Etat quelconque. C'est le cas, par exemple, de *l'Appel au boycott des palaces liés au sultan de Brunei* qui avait été lancé le 28 mars 2019 dernier par le célèbre acteur américain

---

708 CHESSEL Marie-Emmanuelle, « Conclusion / À la recherche du consommateur », dans : Marie-Emmanuelle Chessel éd., *Histoire de la consommation.* Paris, La Découverte, « Repères », 2012, p. 97-102. URL : https://www.cairn.info/histoire-de-la-consommation--9782707171658-page-97.htm.
709 AMIRAULT-THEBAULT Marinette, *Le boycott : analyse conceptuelle et modélisation. Gestion et management,* Thèse de sciences de gestion, Université de la Réunion, 1999.

Georges Clooney dans une tribune publiée sur le site : *deadline.com.* Cet appel tient du fait que le 3 avril la charia entrerait en vigueur, ainsi, « *la nation de Brunei va commencer à lapider et à fouetter à mort n'importe lequel de ses citoyens convaincus d'être homosexuel* », écrit-il. En soulignant dans son argumentaire que « *chaque fois que nous restons ou prenons des réunions ou dînons dans l'un de ces neuf hôtels, nous mettons de l'argent directement dans les poches des hommes qui choisissent de marteler et de tuer à mort leurs propres citoyens pour avoir été gays ou accusés d'adultère. Le Brunéi est une monarchie et tout boycott aurait certainement peu d'effet sur la modification de ses lois. Mais allons-nous vraiment aider à payer pour ces violations des droits de l'homme ? Allons-nous vraiment aider à financer le meurtre de citoyens innocents ? Au fil des années, j'ai appris que vous ne pouvez pas leur faire honte. Mais vous pouvez faire honte aux banques, aux financiers et aux institutions qui traitent avec elles et choisir de regarder ailleurs* ». Il donnait dans sa tribune la liste des 9 hôtels à boycotter « *The Dorchester, Londres ; 45 Park Lane, Londres ; Coworth Park, Royaume-Uni ; The Beverly Hills Hôtel, Beverly Hills, Hotel Bel-Air, Los Angeles ; Le Meurice, Paris ; Hôtel Plaza, Athénée, Paris ; Hôtel Eden, Rome ; Hôtel Principe di Savoia, Milan* ». Cet appel avait été suivi dans la foulée par un très grand nombre de stars dont le chanteur britannique, Elton John qui appelait à son tour dans un tweet à boycotter ces hôtels luxueux ; et le 2 et 3 avril 2019 la célèbre présentatrice de l'émission, *The Ellen Show* de télévision américaine, Ellen DeGeneres et la star de Tennis, Billie Jean King, avait appelé à leur tour au boycott des hôtels appartenant au sultan du Brunei.

CONCLUSION

Le rapport de déséquilibre entre le consommateur et le professionnel est dû à la conjonction de plusieurs facteurs différents. Le professionnel est naturellement mieux équipé et maitrise largement toutes les structures du marché économique. Il dispose des informations, de la compétence technique, une parfaite connaissance des produits et des services et souvent une dimension financière qui lui permettent de dicter sa la loi au consommateur. Une situation qui place le consommateur dans un rapport de dépendance constante vis-à-vis son partenaire – le professionnel – commercial et de service. Cette relation de dépendance ne fait qu'accroitre avec le temps la vulnérabilité permanente du consommateur par rapport au professionnel dans la mesure où il y a une divergence de finalité dans leurs rapports contractuels. Le professionnel dans sa relation avec le consommateur ne vise qu'à faire des profits tandis que le consommateur ne cherche qu'à satisfaire un besoin. C'est l'intérêt économique qui motive le professionnel pourtant, dans la plupart des cas, le consommateur est constamment guidé par son pathos et ses désirs.

Le droit de la consommation devient un facteur de rééquilibrage des rapports contractuels entre consommateurs et professionnels. Les mécanismes de protection qu'il propose aux consommateurs vis-à-vis des professionnels montrent qu'il est un droit moderne et cohérent. Le droit de la consommation est l'outil idéal de la protection des consommateurs. C'est un droit spécial qui repose sur l'information et la prévention du consommateur qui a besoin d'une « *réglementation spéciale capable de lui offrir une protection suffisante. Protéger signifie réduire le déséquilibre susmentionné face à l'entrepreneur* »[710] À mesure qu'on avance dans le temps, les rapports entre consommateurs et professionnels seront de plus en plus compliqués. Les consommateurs devront être mieux protégés et plus encadrés. Le droit de la consommation est un droit évolutif. Il saura s'adapter aux nouveaux enjeux et aux nouvelles réalités de la société contemporaine.

Cependant, il ne fait aucun doute que dans la société d'information actuelle les rapports entre les consommateurs et les professionnels se transforment radicalement. Beaucoup de choses ont changé. La faiblesse et la vulnérabilité du consommateur sont à réviser. Ce dernier n'est plus un être vulnérable que les professionnels peuvent mener comme un enfant. Il devient un véritable acteur du marché économique. Alain Decrop révèle que le consommateur postmoderne « *ne se laisse plus prédire ou classer aussi facilement qu'avant, il ne se laisse plus réduire à une simple fonction d'utilité ou à un vulgaire* homo oeconomicus »[711]. Il devient imprévisible. Il

---

[710] TICHÝ Luboš « La notion du consommateur en tant que partie contractante en droit tchèque et européen », op. cit. p.8.

[711] DECROP Alain, « Les paradoxes du consommateur postmoderne », *Reflets et perspectives de la vie économique*, 2008/2 (Tome XLVII), p. 85-93. DOI:

échappe « *de plus en plus aux modèles et aux segmentations classiques* »[712]. Les professionnels ne peuvent plus agir sans tenir compte des différentes sensibilités du consommateur.

La société génère actuellement ses propres risques. L'action concertée des consommateurs par le biais des réseaux sociaux, le risque de boycottage des professionnels, placent le consommateur au cœur de ses préoccupations majeures. Un simple hashtag « boycott X (#boycottX) » produit par un groupe d'internautes – consommateurs – pour une raison ou une autre peut casser le chiffre d'affaires d'une entreprise pour plusieurs mois. N'est-ce pas là une forme de rééquilibrage de la balance entre le consommateur et le professionnel que nous propose la modernité ? Ces risques de boycottage ne sont-ils pas des moyens efficaces pour pousser le professionnel – les entreprises – à avoir un comportement social plus responsable ?

10.3917/rpve.472.0085. URL: https://www.cairn.info/revue-reflets-et-perspectives-de-la-vie-economique-2008-2-page-85.htm.

[712] *Ibid.*

La recherche d'un équilibre protecteur en matière contractuelle

Alina GUTSUNAEVA

n° 1 - La recherche de l'équilibre en matière contractuelle est étroitement liée au principe traditionnel de la liberté contractuelle fondé sur le dogme de l'autonomie de la volonté[713]. Conformément à ce principe, « *l'homme étant un être libre, il est à même, lorsqu'il en est capable, de contracter selon ses intérêts* »[714] : les parties au contrat déterminent donc seules si leur engagement contractuel est équilibré[715], la loi n'intervenant que dans des cas exceptionnels[716].

Cependant, la liberté contractuelle n'est pas une liberté absolue. Les limitations étaient toujours admises et justifiées par la sécurité juridique et l'intérêt général[717], notamment pour limiter la liberté de contracter ou de ne pas contracter[718]. Avec l'évolution des échanges économiques et l'apparition des nouvelles formes des contrats,

---

713 Cf. not. in G. MARTY et P. RAYNAUD, *Les obligations*, Sirey, 2ème éd,, 1988, p. 29 n° 32, p. 69 s. n° 72 s. ; H. J. et L. MAZEAUD et F. CHABAS, *Leçons de droit civil*, t. 2 , Montchrestien, 9ème éd., 1998, p. 104 n° 117 ; M. FABRE-MAGNAN, *Droit des obligations*, Thémis, 4ème éd. 2016, p. 97 s. n° 74 ; Y. BUFFELAN-LANORE et V. LARRIBEAU-TERNEYRE, *Droit civil, Les obligations*, Sirey, 15ème éd., 2017, p. 271 n° 839 s. ; P. MALINVAUD, D. FENOUILLET et M. MEKKi, *Droit des obligations*, LexisNexis, 14ème éd., 2017, p. 248 n° 449 ; A. BENABENT, *Droit des obligations*, LGDJ, 17ème éd. 2018, p. 44 n° 36 ; C. LARROUMET et S. BROS, *Les obligations Le contrat*, T. 3, Economica, 9ème éd. 2018, p. 73-74 n° 93 ; D. HOUTCIEFF, *Droit des contrats*, Bruylant, 4ème éd. 2018-2019, p. 86 n° 51-1 ; P. MALAURIE, L. AYNES et P. STOFFEL-MUNCK, *Droit des obligations*, LGDJ 10ème éd. 2018, p. 254 s. n° 454 s. et réf.

714 L. ANDRIEU et N. TOMASSIN, *Cours de droit des obligations*, Lextenso, 3ème éd. 2018-2029, p. 75 n° 156

715 Cf. J-F. SPITZ, « Qui dit contractuel dit juste : quelques remarques sur une formule d'Alfred Fouillée », *RTD civ.* 2007- 281.

716 « Les hommes doivent pouvoir traiter librement sur tout ce qui les intéresse » J-E-M. PORTALIS, Discours préliminaire au Code civil, 21 janv. 1801, éd. numérique de C. Ovtcharenko, 2004, spéc. p. 57.

717 Cf. not. E. GOUNOT, « La liberté des contrats et ses justes limites », *Semaine sociales de France*, 1938 p. 321 s, texte cité *in* H. J. et L. MAZEAUD et F. CHABAS, Leçons de droit civil, op. cit. p. 117 s.

718 De nombreuses règles spéciales sont intervenues, par ex. en matière d'assurance automobile, de compte bancaires, de formation de contrats (consommation, bail d'habitation) … Cf. not. *in* G. MARTY et P. RAYNAUD, *Les obligations*, op. cit. p. 70 à 81 n° 74 à 80.

notamment le contrat d'adhésion, les causes de déséquilibre se sont multipliées et les relations contractuelles se sont retrouvées face à une nécessité de rééquilibre.

Ainsi, depuis la réforme du droit des contrats de 2016, le législateur, s'il a présenté des manifestations de la liberté contractuelle sans procéder à une affirmation générale de ce principe[719], a surtout introduit plusieurs dispositions destinées à mieux appréhender le déséquilibre en matière contractuelle. L'objectif n'est pas facile à atteindre : il fallait tenter de concilier la sécurité juridique et la volonté des parties.

n° 2 - La question qui se pose est celle de savoir comment le déséquilibre contractuel est appréhendé. Plus précisément, il convient de déterminer si la volonté des parties joue un rôle important ou si elle a été définitivement écartée par l'intervention du législateur et l'immixtion du juge ? La réponse est nuancée : si la lutte est indispensable contre le déséquilibre contractuel (I), il faut néanmoins la concilier avec l'objectif essentiel de sauvegarde de l'autonomie de la volonté des parties (II).

I. LA LUTTE INDISPENSABLE CONTRE LE DÉSÉQUILIBRE CONTRACTUEL

n° 3 - Si la lutte contre le déséquilibre en matière contractuelle est devenue nécessaire, les moyens dont disposaient les juges afin de permettre un rééquilibrage des relations contractuelles ont été insuffisants (A). Cela a justifié l'introduction des nouvelles dispositions dont le but affiché est de renforcer l'efficience de cette lutte contre le déséquilibre contractuel (B).

A. L'INSUFFISANCE DES MOYENS DE LUTTE TRADITIONNELS

n° 4 - La notion de déséquilibre est apparue très récemment en droit commun des contrats. L'absence de cette notion s'explique par la théorie de l'autonomie de la volonté, fruit de la conjonction d'une

[719] Cf. not. G. CHANTEPIE et M. LATINA, *La réforme du droit des obligations*, Commentaire théorique et pratique dans l'ordre du Code civil, Dalloz, 2ème éd. 2018, art. 1102, p. 84 s. n° 85 s., spéc. p. 88-89 n° 88.

philosophie individualiste et du libéralisme économique[720]. C'est pourquoi, selon cette théorie, les rapports contractuels des parties sont présumés être « équilibrés » : « *la volonté est souveraine pour conclure le contrat et pour déterminer ses effets* »[721] et seuls les engagements volontairement souscrits obligent donc les parties. Ainsi, l'équilibre contractuel ne peut pas exister sans le consentement libre et éclairé des parties contractantes. *A contrario*, le consentement n'est pas libre et éclairé en présence du dol, l'erreur ou de violence, l'intégrité du consentement pouvant être analysée comme une condition préalable à l'existence des rapports équilibrés entre les parties contractantes.

Cependant, avec l'apparition des contrats d'adhésion, qui contiennent souvent des clauses abusives[722], les dispositions légales sont devenues insuffisantes pour garantir cet équilibre dans les rapports contractuels. Il a fallu donc rechercher, à l'appui d'autres dispositions et principes, les moyens permettant de répondre au besoin d'équilibre.

n° 5 - La jurisprudence a progressivement imposé, dans certains cas, une obligation d'information contractuelle à la charge des professionnels[723]. Cette obligation a été créée sur le fondement de la notion de bonne foi et d'un devoir de loyauté. Cette obligation existe sous trois formes différentes :

---

[720] Cf. not. M. FABRE-MAGNAN, *Droit des obligations*, op. cit., p. 90 s. n° 74 ; P. MALINVAUD, D. FENOUILLET et M. MEKKI, *Droit des obligations*, op. cit., p. 79 s. n° 85 et réf. ; P. MALAURIE, L. AYNES ET P. STOFFEL-MUNCK, *Droit des obligations*, op. cit., p. 254 s. n° 454 s. et réf. ; C. LARROUMET ET S. BROS, *Les obligations Le contrat*, op. cit., p. 72 s. n° 90 s. et réf.

[721] C. LARROUMET ET S. BROS, Ibid n° 90.

[722] Par ex. dans les contrats de consommation depuis la loi du 1à janvier 1978. Cf. not. X. LAGARDE, « Qu'est ce qu'une clause abusive ? » *JCP* 2006-I-110 ; Y. BUFFELAN-LANORE et V. LARRIBEAU-TERNEYRE, *Les obligations*, op. cit., p. 450 s. n° 1360 s. ; A. BENABENT, *Droit des ob*ligations, op. cit., p. 163 s. n°193 s. et réf. ; P. MALINVAUD, D. FENOUILLET et M. MEKKI, *Droit des obligations*, op. cit., p. 305 s. n° 344 et réf. ; P. MALAURIE, L. AYNES et P. STOFFEL-MUNCK, *Droit des obligations*, op. cit., p. 249 n° 450 ; C. LARROUMET et S. BROS, *Les obligations Le contrat*, op. cit. spéc. p. 387 s. n° 420 s. et réf.

[723] Y. BUFFELAN-LANORE et V. LARRIBEAU-TERNEYRE, *Les obligations*, op. cit. p. 607 s. n° 1920 s.

- obligation d'information portant sur les faits objectifs[724],
- obligation de conseil à la charge des fournisseurs de services, lorsqu'une partie doit éclairer son partenaire sur l'opportunité du contrat ainsi que sur les avantages et les inconvénients[725],
- obligation de mise en garde consistant, pour une partie, à attirer l'intention de son cocontractant sur les risques liés à la conclusion du contrat[726].

n° 6 - La notion de cause a été également utilisée par la Cour de cassation pour renforcer la lutte contre le déséquilibre en matière contractuelle à partir de l'arrêt « Chronopost »[727]. Par cet arrêt les juges ont pu écarter une clause limitative de responsabilité qui était en contradiction avec l'engagement pris et privait le contrat de cause[728]. Cette solution utilisait la notion de cause subjective, contrairement au contrôle classique de l'existence de contrepartie par la seule cause

---

724 Par ex. M.-N. MIRANDA, « L'obligation de coopération entre les parties contractantes : un devoir fondamental dans les contrats de sponsoring, L'application du principe de la bonne foi objective dans les contrats à partir de l'affaire Ryan Lochte », 7 avril 2017 :
https://www.village-justice.com/articles/application-principe-bonne-foi-objectif-dans-les-contrats-partir-affaire-Ryan.

725 Cf. not. Cass. 1ère civ. 25 oct. 1989, n° 88-12192, *JCP* 1990-II-21458 N. J. HAUSER ; 18 juill. 2000, n° 98-13117, *RTDciv.* 2000-828 obs. J. MESTRE et B. FAGES.

726 Cf. not. In M. FABRE-MAGNAN, *Essai d'une théorie générale de l'obligation d'information dans les contrats*, th Paris, LGDJ, 1992 ; P. MALINVAUD, D. FENOUILLET et M. MEKKI, *Droit des obligations*, op. cit., p. 222 s. n° 245 s. et réf. ; P. MALAURIE, L. AYNES et P. STOFFEL-MUNCK, *Droit des obligations*, op. cit., p. 424 s. n° 776 s. et réf. ; C. LARROUMET et S. BROS, *Les obligations*, op. cit., p. 316 s. n° 363 et réf. ; A. BENABENT, *Droit des obligations*, op. cit., p. 246 s. n° 297 s. et réf. Cf. not. Cass. 1ère civ. 8 avril 2010, n° 08-21058, *D.* 2010-1074 ; 8 mars 2012, n° 10-21239 ; Cass. 2ème civ. 8 déc. 2016, n° 14-29729 ; Cass. com. 17 nov. 2017, n° 16-16790 ; Paris, Pôle 5 chambre 11 17 nov. 2017, n° 15/20024, SAS Credentiel c./ SAS Certeurope.

727 Cass. com. 22 oct. 1996, n° 93-18632, B. IV n° 261 ; *D.* 1997-121 n. A. Sériaux, *D.* 1997-som.-175 obs. P. DELEBECQUE, *JCP* 1997-I-4002 n. M. FABRE-MAGNAN, *JCP* 1997-I-4025 obs. G. VINEY, *JCP* 1997-II-22881 obs. D. COHEN, *Defrénois* 1997, art. 36516 p. 333 obs. D. MAZEAUD, *RTDciv.* 1997-418 obs. J. MESTRE.

728 « La société Chronopost s'était engagée à livrer à une société dans un délai déterminé, et qu'en raison du manquement à cette obligation essentielle, la clause limitative de responsabilité du contrat, qui contredisait la portée de l'engagement pris, devait être réputée non écrite ».

objective et non en raison de l'objectif recherché par les contractants[729]. Ont suivi les nombreux arrêts de la « sage jurisprudentielle » de Chronopost[730] qui a conduit la Cour de cassation, 29 juin 2010, à poser un principe selon lequel « *seule est réputée non écrite la clause limitative de responsabilité qui contredit la portée de l'obligation essentielle souscrite par le débiteur...[et] que la faute lourde ne peut résulter du seul manquement à une obligation contractuelle, fut-elle essentielle, mais doit se déduire de la gravité du comportement du débiteur* »[731].

n° 7 - La notion de déséquilibre apparaissait néanmoins dans des dispositions spécifiques du Code de commerce et du Code de la consommation.

Ainsi, le principe de liberté de la négociation commerciale trouvait ses limites lorsqu'il conduisait à soumettre ou tenter de soumettre un partenaire commercial à un « *déséquilibre significatif dans les droits et obligations des parties* »[732], la notion de déséquilibre significatif semblant moins exigeante que celle d'obligation essentielle. Cette mesure de protection se justifie compte tenu de la

---

729 La Cour de cassation a utilisé concept de cause pour supprimer une clause abusive stipulée dans un contrat qui échappait au droit de la consommation.

730 Cass. com. 9 juill. 2002, n° 99-12554, l'invalidation de la clause limitative de responsabilité entraîne l'application du droit commun du transport et n'empêche pas une limitation de réparation, prévue en droit du transport, cette limitation ne pouvant céder que par la preuve d'une faute lourde commise par la société Chronopost. Ch. Mixte 25 avril 2005, n° 03-14112 : le manquement à une obligation essentielle du contrat ne peut constituer une faute lourde permettant d'évincer la limitation d'indemnisation prévue par le contrat-type messagerie, le seul retard dans la livraison ne suffisant pas à démontrer une faute lourde du transporteur. Cass. com. 30 mai 2006, n° 04-14974 : la Cour d'appel aurait dû rechercher *si* la clause limitative d'indemnisation ne devait pas être réputée non écrite par l'effet d'un manquement du transporteur à une obligation essentielle du contrat. 13 juin 2006, n° 05-12619, la faute lourde de nature à tenir en échec la limitation d'indemnisation prévue par le contrat-type [messagerie] ne saurait résulter du seul manquement à une obligation contractuelle, fût-elle essentielle, mais doit se déduire de la gravité du comportement du débiteur.

731 Cass. com. 29 juin 2010, n° 09-11841 arrêt Faurecia II, B. IV n° 115, *D.* 2010-1832 n. D. MAZEAUD, *JCP* 2010-II-787 n. D. HOUTCIEFF, *JCP* 2010-II-1015 n. P. STOFFEL-MUNCK, *JCP* 2011-II-63 n. J. GHESTIN, *RTDciv.* 2010 p. 555 n. B. FAGES, *RDr contrats* 2010-1220 n. D. HOUTCIEFF et p. 1253 n. O. DESHAYES. Cf. id. Cass. com. 3 déc. 2013, n° 12-26412, *RDr. Contrats* 2014-176 n. T. GENICON ; 6 juin 2018, n° 17-15155.

732 Cf. art. L. 442-6-I C. com. Loi de modernisation de l'économie du 4 août 2008.

particularité des contrats d'adhésion qui sont soustraits de la négociation[733]. Cette interdiction des clauses abusives prévue par les dispositions spécifiques ne concernait que les clauses des contrats conclus entre, d'une part, des professionnels et, d'autre part, des non-professionnels ou des consommateurs, mais reste inapplicable pour les contrats conclus entre des non-professionnels, ou entre des professionnels. En conséquence, la protection apportée était seulement partielle.

Dans le code de la consommation[734], on peut rappeler notamment l'article R 212-1 qui a créé en 2008 un système d'anéantissement des clauses abusives à partir d'une liste noire de clauses présumées abusives de manière irréfragable et une liste grise de 12 clauses présumées abusives de manière relative[735], sans oublier les clauses suspectes au regard de la Commission des clauses abusives.

Cette lutte contre le déséquilibre est essentielle ; cependant, compte tenu de l'insuffisance des moyens traditionnels de lutte, l'apparition des dispositions nouvelles a été bienvenue.

B. L'APPARITION DES DISPOSITIONS NOUVELLES

L'Ordonnance du 10 février 2016 a introduit plusieurs dispositions destinées à faciliter et à renforcer la lutte contre le déséquilibre en matière contractuelle.

n° 8 - D'abord, selon l'article 1171[736] nouveau du Code civil, toute clause non négociable, qui crée un déséquilibre significatif entre

---

[733] Par ex. Cass. com. 27 mai 2015, n°14-11387, B. IV n° 87 ; 4 oct. 2016, n°14-28013.

[734] Cf. not. N. RZEPECKI, *Droit de la consommation et théorie générale du contrat*, PUAM, 2015 spéc. n° 177 s. et réf.

[735] Cf. not. DGCCRF, « Clauses abusives, Fiches pratiques » ; C. LARROUMET et S. BROS, *Les obligations*, op. cit., p. 393 s. n° 428 s. ; P. MALINVAUD, D. FENOUILLET et M. MEKKI, *Droit des obligations*, op. cit., p. 313 s. n° 353 s.

[736] Cf. not. G. CHANTEPIE et M. LATINA, *La réforme du droit des obligations* ; op. cit. p. 384 s. n° 440 s. et réf. ; G. CHANTEPIE, « Obligation essentielle et clauses abusives », *in* M. LATINA et G. CHANTEPIE, Projet de réforme du droit des contrats, Dalloz 2015 p. 47 s., ; T. REVET, « Le projet de réforme et les contrats structurellement déséquilibrés », *D.* 2015-1217 ; Y. BUFFELAN-LANORE et V. LARRIBEAU-TERNEYRE, *Les obligations*, op. cit., p. 428 s. n° 1300 s. ; C. LARROUMET ET S. BROS, *Les obligations*, op. cit., p. 408 s. n° 438 s. P.

les droits et obligations des parties au contrat, est réputée non écrite. Cette disposition a cependant un champ d'application déterminé : ainsi, elle s'applique seulement aux clauses prévues dans les contrats d'adhésion. A ce titre, la notion même du contrat d'adhésion est désormais définie par l'article 1110 nouveau du Code civil comme le contrat « *qui comporte un ensemble de clauses non négociables, déterminées à l'avance par l'une des parties* ». Compte tenu des enjeux importants de cette disposition, deux points méritent d'être précisés :

- pour l'appréciation du déséquilibre significatif : il semble être admis que pour apprécier le déséquilibre significatif il faut confronter la clause estimée excessive à l'ensemble du contrat[737] ;
- concernant plus précisément la délimitation de l'article 1171 du Code civil, la question est de savoir si cette disposition est applicable aux clauses qui figurent dans des conditions générales du contrat, ou si l'application s'étend également à des conditions particulières ? La réponse se trouve dans le choix du législateur de ne pas raisonner clause par clause : la formulation de l'article 1171 vise « *dans un contrat d'adhésion, toute clause non négociable, déterminée à l'avance par l'une des parties* »[738].

Il convient de souligner que la sanction prévue par cette disposition est particulièrement favorable à la victime du déséquilibre significatif. Ainsi, la clause qui crée le déséquilibre significatif est réputée non écrite, ce qui signifie que cette clause n'est pas opposable à la victime du déséquilibre, En revanche, le contrat dans son

---

MALAURIE, L. AYNES et P. STOFFEL-MUNCK, *Droit des obligations*, op. cit., p. 252 n° 450 et p. 347 n° 603 ; P. MALINVAUD, D. FENOUILLET et M. MEKKI, *Droit des obligations*, op. cit., p. 329 s. n° 367 s. ; O. DESHAYES, T. GENICON et Y-M. LAITHIER, *Reforme du droit des contrats*, op. cit., p. 340 s. ; F. CHENEDE, « Le nouveau droit des obligations et des contrats », Dalloz Action, op. cit., p. 91 s. n° 123.373 s.

[737] En ce sens cf. not. G. CHANTEPIE, « Les clauses abusives et leur sanction en droit commun », *Dalloz Actualité juridique contrats d'affaires* 2015-121 ; M. BEHAR-TOUCHAIS, « Le déséquilibre significatif dans le code civil », *JCP* 2016-II-391 ;_F. CHENEDE, « Le nouveau droit des obligations et des contrats », Dalloz Action, op. cit., p. 91 s. n° 123.373.

[738] Néanmoins, l'art. 1171 al. 2 nouveau C. civ. exclut de l'appréciation du déséquilibre significatif « l'objet principal du contrat » et « l'adéquation du prix à la prestation ».

intégralité demeure applicable à son cocontractant[739] ; de plus, l'article 1190 nouveau du Code civil prévoit qu'en cas de doute le contrat d'adhésion s'interprète contre « le créancier et en faveur du débiteur ».

n° 9 - Ensuite, la notion de bonne foi est désormais renforcée par l'article 1104[740] nouveau du Code civil qui impose que « les contrats doivent être négociés, formés et exécutés de bonne foi » : désormais, la bonne foi doit guider les relations entre les parties au contrat à tous les stades. De plus, l'alinéa 2 de ce même article précise que cette disposition est d'ordre public, et par conséquent les parties ne pourront pas écarter l'application de cette disposition.

De plus, l'obligation d'information est désormais régie par l'art 1112-1[741] nouveau du Code civil : la partie qui connaît une information dont l'importance est déterminante pour le consentement de l'autre, est obligée de l'en informer. Le même article énonce une précision concernant le caractère déterminant de l'information, en précisant qu'il s'agit de celles « *qui ont un lien direct et nécessaire avec le contenu du contrat ou la qualité des parties* ». Néanmoins, cette disposition connaît une limite importante prévue par l'alinéa 2 de

---

[739] L'art. 1184 nouveau C. civ. précise al. 1er que « Lorsque la cause de nullité n'affecte qu'une ou plusieurs clauses du contrat, elle n'emporte nullité de l'acte tout entier que si cette ou ces clauses ont constitué un élément déterminant de l'engagement des parties ou de l'une d'elles » et al. 2 que « Le contrat est maintenu lorsque la loi répute la clause non écrite.

[740] Cf. not. G. CHANTEPIE et M. LATINA, *Le nouveau droit des obligations*, p. 98 s. n° 102 s. et réf. ; O. DESHAYES, T. GENICON et Y-M. LAITHIER, *Reforme du droit des contrats,* op. cit., p. 62 s. et réf. ; Y. BUFFELAN-LANORE et V. LARRIBEAU-TERNEYRE, *Les obligations*, op. cit., p. 455 s. n° 1373 s. ; M. FABRE-MAGNAN, *Droit des obligations*, op. cit., p. 95 s. n° 78 s. et réf. ; P. MALAURIE, L. AYNES et P. STOFFEL-MUNCK, *Droit des obligations*, op. cit., p. 257 s. n° 458 s. ; P. MALINVAUD, D. FENOUILLET et M. MEKKI, *Droit des obligations*, op. cit., p. 414 s. n° 459 ; B. FAGES, *Droit des obligations*, op. cit., p. 240 s n° 279 s. ; D. HOUTCIEFF, *Droit des contrats*, op. cit., p. 442 s. n° 632 s. ; S. TISSEYRE, *Le rôle de la bonne foi en droit des contrats*, PUAM 2012.

[741] Cf. not. G. CHANTEPIE et M. LATINA, *Le nouveau droit des obligations*, p. 161 s. n° 180 s. et réf. ; O. DESHAYES, T. GENICON et Y-M. LAITHIER, *Réforme du droit des contrats*, op. cit., p. 102 s. et réf. ; Y. BUFFELAN-LANORE et V. LARRIBEAU-TERNEYRE, *Les obligations*, op. cit., p. 339 s. n° 1050 s. ; M. FABRE-MAGNAN, *Droit des obligations*, op. cit., p. 263 s. n° 237 s. et réf. ; P. MALAURIE, L. AYNES et P. STOFFEL-MUNCK, *Droit des obligations*, op. cit., p. 424 s. n° 776 s. ; P. MALINVAUD, D. FENOUILLET et M. MEKKI, *Droit des obligations*, op. cit., p. 224 n° 246 ; B. FAGES, *Droit des obligations*, op. cit., p. 104 s n° 99 s. ; D. HOUTCIEFF, *Droit des contrats*, op. cit., p. 232 s. n° 311 s.

ce même article : en effet, « *ce devoir d'information ne porte pas sur l'estimation de la valeur de la prestation* ». Cette délimitation n'est pas nouvelle : par l'arrêt du 17 janvier 2007[742], la Cour de cassation a posé un principe selon lequel « *l'acquéreur, même professionnel, n'est pas tenu d'une obligation d'information au profit du vendeur sur la valeur du bien acquis* ». Cette décision étant conforme et favorable à l'économie du marché a fait donc objet de consécration par l'article 1112-1 du Code civil. Cette disposition est également d'ordre public ce qui interdit aux parties de limiter ou exclure ce devoir[743].

Enfin, l'ordonnance du 10 février a aussi introduit dans le Code civil la notion de « déséquilibre circonstancié ». L'article 1195 en énonce les conditions d'existence[744] :

- il faut un changement de circonstances imprévisible lors de la conclusion du contrat : il n'y a pas de précision concernant le type d'événement. Cela peut alors s'interpréter conforment à l'adage « *là ou la loi ne distingue pas, il n'y a pas lieu de distinguer* » ;
- cet événement doit avoir pour conséquence de rendre l'exécution excessivement onéreuse pour une partie, la relation contractuelle devient donc déséquilibrée ;
- la partie au contrat ne doit pas avoir accepté d'en assumer le risque : par acceptation des clauses contractuelles. Le risque peut être inhérent à la nature du contrat, par exemple lors de la conclusion d'un contrat aléatoire.

n° 10 - Cet ensemble législatif est de nature à souligner une fois encore l'importance de la protection de l'équilibre contractuel et fait obstacle à l'application de clauses exclusives ou limitative de responsabilité en cas de manquement à l'obligation d'information.

---

[742] Cass. 3ème civ. 17 janv. 2007, n° 06-10442, B. III n° 5.

[743] Cf. not. B. MERCADAL, « L'ordre public dans la réforme du droit des contrats », éd. F. Lefebvre, 2018, Dossier Contrat et ordre public, *Bull. rapide de droit des affaires*.

[744] Cf. not. G. CHANTEPIE et M. LATINA, *Le nouveau droit des obligations*, p. 467 s. n° 522 s. ; O. DESHAYES, T. GENICON et Y-M. LAITHIER, *Réforme du droit des contrats*, op. cit., p. 443 s. ; F. CHENEDE, « Le nouveau droit des obligations et des contrats », Dalloz Action, op. cit., p. 117 s. n° 125.61 s. ; P. MALAURIE, L. AYNES et P. STOFFEL-MUNCK, *Droit des obligations*, op. cit., p. 409 s. n° 764 ; A. FORTUNATO, « Les circonstances de la révision du contrat », *LPA* 11 janv. 2018 p. 8.

La lutte contre les déséquilibres contractuels est ainsi renforcée ; cependant, elle ne doit pas porter atteinte au principe de l'autonomie de la volonté. Cet objectif semble avoir été respecté par le législateur.

II. L'AUTONOMIE DE LA VOLONTÉ DES PARTIES SAUVEGARDÉE

n° 11 - La sauvegarde de l'autonomie de la volonté des parties passe d'abord par la consécration expresse du principe de la liberté contractuelle dans le Code civil (A) et ensuite par des limitations du pouvoir du juge dans l'appréciation du déséquilibre contractuel (B).

A. LA CONSÉCRATION DU PRINCIPE DE LA LIBERTÉ CONTRACTUELLE

n° 12 - Plusieurs dispositions issues de la réforme de 2016 en droit de contrats font référence à la volonté des parties, en lui accordant une place essentielle dans la formation des contrats.

D'abord, l'article 1101 qui donne la définition du contrat comme un accord des volontés entre deux ou plusieurs personnes.

Ensuite et surtout, l'article 1102 consacre pour la première fois le principe de la liberté contractuelle dans le Code civil. La conclusion d'un contrat est en principe une manifestation de la liberté pour l'individu et, à ce titre, ne saurait être imposée. Des composantes multiples caractérisent cette liberté contractuelle :

- un libre choix de contracter ou de ne pas contracter ;
- le libre choix de son cocontractant en fonction des critères que chaque personne détermine librement. La Cour de cassation a eu l'occasion de préciser par l'arrêt du 6 mai 2010[745] qu'il n'y a aucune obligation de communiquer les critères sur lesquels repose le choix du cocontractant ;
- la libre détermination de la forme du contrat. Cette liberté est étroitement liée avec l'article 1172 qui pose le principe du consensualisme : il revient aux parties de déterminer la forme du contrat, hors les exceptions prévues par la loi ;

---

[745] Cass. 1ère civ. 6 mai 2010, n° 09-66969, B. I n° 101, *D.* 2010-2178 obs. D. MAZEAUD, *D.* 2010-2413 n. HELLERINGER, *LPA* 24 oct. 2011-15 s. obs. M. LATINA.

- la détermination et l'aménagement du contenu du contrat sont libres en principe : les parties peuvent insérer des clauses et aménager ainsi le contenu du contrat.

La liberté contractuelle et la prééminence de la volonté des parties au contrat restent des principes essentiels, parfois même en présence des relations déséquilibrées. C'est le cas de la lésion, qui n'est jamais une cause générale de nullité des contrats[746] ; ainsi, la lésion est admise seulement à l'égard des certaines personnes et dans certains contrats, elle est déterminée et chiffrée par la loi.

La liberté contractuelle trouve sa pleine expression dans les contrats de gré à gré, qui sont négociés librement. Cependant, il convient de souligner que la liberté contractuelle est loin d'être une liberté absolue et connaît des limites prévues par la loi. Parfois le législateur a prévu une véritable obligation de contracter, par exemple l'assurance obligatoire des véhicules. Encore une exception prévue par le législateur est l'interdiction de certaines clauses, comme les clauses abusives.

n° 13 - Ces restrictions à la liberté contractuelle restent néanmoins des exceptions au principe de la liberté contractuelle par l'intérêt général et la sécurité juridique. La volonté des parties semble donc être sauvegardée par l'introduction de ces dispositions nouvelles, de plus, le pouvoir d'appréciation du juge est limité.

B. LES LIMITATIONS DES POUVOIRS D'APPRÉCIATION DU JUGE

n° 14 - L'étude des solutions adoptées par la Cour de cassation en la matière illustre le respect accordé à la volonté des parties. Ainsi, la Cour de cassation a posé un principe selon lequel « le juge ne saurait refaire le contrat, pour quelque motif que ce soit ». Cette solution est devenue constante, et a été confirmée notamment par en

[746] Art. 1168 C. civ. Cf. not. G. CHANTEPIE et M. LATINA, *Le nouveau droit des obligations*, op. cit., p. 372 s. n° 428 s. et réf. ; O. DESHAYES, T. GENICON et Y-M. LAITHIER, *Réforme du droit des contrats*, op. cit., p. 325 s. ; F. CHENEDE, « Le nouveau droit des obligations et des contrats », Dalloz Action, op. cit., p. 73 s. n° 123.270 ; M. FABRE-MAGNAN, *Droit des obligations*, op. cit., p. 445 s. n° 411 s. ; P. MALINVAUD, D. FENOUILLET et M. MEKKI, *Droit des obligations*, op. cit., p. 284 s. n° 322 s. et réf. ; G. CHANTEPIE, *La lésion*, th. Paris I, LGDJ, 2006.

2007[747] et 2009[748], précisant que le juge ne peut en aucun cas « *porter atteinte à la substance même des droits et obligations légalement convenus entre les parties* ».

Aussi, depuis l'Ordonnance du 10 février 2016, l'article 1192 du Code civil interdit au juge d'interpréter « *les clauses claires et précises à peine de dénaturation* »[749]. Sans doute juge intervient dans les relations contractuelles en cas de manque de clarté du contrat conclu. Mais, cette interprétation est encadrée assez strictement par des nouvelles dispositions du Code civil. Ainsi, l'article 1188 du Code civil dispose que « *le contrat s'interprète d'après la commune intention des parties* »[750].

L'objectif poursuivi par ces dispositions est d'assurer la recherche de la volonté des parties au moment de la conclusion du contrat. L'alinéa 2 de l'article 1188 prévoit que, lors d'une impossibilité de déterminer la volonté des parties, « *le contrat s'interprète selon le sens que lui donnerait une personne raisonnable placée dans la même situation* ».

n° 15 - Cette intervention du juge dans l'interprétation du contrat est subsidiaire et apparaît comme une exception au principe de

---

[747] Cass. com., 10 juill. 2007, n° 06-14768, B. IV n° 188, *D.* 2007-2839 n. 14 oct. 1997, *D.* 2007-2841 n. P.-Y. GAUTIER, *JCP* 2007-2394, n. D. MAINGUY et J.-L. RESPAUD, *JCP* 2007-II-10154 n. D. HOUTCIEFF, *JCP* 2007-2394 n. D. MAINGUY et J.-L. RESPAUD, *RTD civ.* 2007-773 obs. B. FAGES, *RTD com.* 2007- 786 obs. P. LE CANNU et B. DONDERO, *RDC* 2007-1107 obs. L. AYNES, *JCP* 2007-II-10154 n. D. HOUTCIEFF, *JCP* 2007-2394 n. D. MAINGUY et J.-L. RESPAUD.

[748] Cass. 3ème civ. 9 déc. 2009, n° 04-19923, B. III n° 275, *RDC* 2010-561 n. Y.-M. LAITHIER et D. MAZEAUD, *RDC* 2010-666 n. J.-B. SEUBE, *RTD civ.* 2010-105 obs. B. FAGES.

[749] Cf. not. G. CHANTEPIE et M. LATINA, *Le nouveau droit des obligations*, op. cit., p. 455 s. n° 509 s. et réf. ; F. CHENEDE, « Le nouveau droit des obligations et des contrats », Dalloz Action, op. cit., p. 108 s. n° 124.20 s. ; M. FABRE-MAGNAN, *Droit des obligations*, op. cit., p. 561 s. n° 499 s. ; P. MALINVAUD, D. FENOUILLET et M. MEKKI, *Droit des obligations*, op. cit., p. 402 s. n° 447 s. et réf. ; P. MALAURIE, L. AYNES et P. STOFFEL-MUNCK, *Droit des obligations*, op. cit., p. 419 s. n° 772 s.

[750] Cf. not. G. CHANTEPIE et M. LATINA, *Le nouveau droit des obligations*, op. cit., p. 446 s n° 500 s. ; O. DESHAYES, T. GENICON et Y-M. LAITHIER, *Réforme du droit des contrats*, op. cit., p. 417 s. ; F. CHENEDE, « Le nouveau droit des obligations et des contrats », Dalloz Action, op. cit., p. 109 n° 124.30 s. ; M. FABRE-MAGNAN, *Droit des obligations*, op. cit., p. 562 s. n° 500.

la liberté contractuelle : le juge pourra intervenir seulement dans les cas où la volonté des parties n'est pas suffisamment claire et précise. Ce caractère subsidiaire est confirmé encore par l'article 1195 alinéa 2 [751] du Code Civil prévoyant que c'est seulement à défaut d'accord des parties « *le juge peut, à la demande d'une partie, réviser le contrat ou y mettre fin, à la date et aux conditions qu'il fixe* ».

L'objet de l'interprétation peut être déterminé par le législateur de manière positive ou négative :

- l'article 1190 du Code civil de manière positive délimite l'objet de l'interprétation du juge : « *dans le doute, le contrat de gré à gré s'interprète contre le créancier et en faveur du débiteur, et le contrat d'adhésion contre celui qui l'a proposé* » ;
- cette délimitation est parfois négative comme dans l'article 1171 du Code civil concernant l'appréciation du déséquilibre significatif qui ne peut porter, « *ni sur l'objet principal du contrat, ni sur l'adéquation du prix à la prestation* ».

Ainsi, il semble difficile de contester la nécessité de rééquilibrage des rapports contractuels et les atteintes portées à la volonté des parties au contrat se trouvent justifiées. D'autant plus que ces atteintes apparaissent être en réalité des exceptions au principe de l'autonomie de la volonté des parties, principe qui occupe toujours une place essentielle au sein des relations contractuelles.

n° 16 - En conclusion de cette brève présentation, il faut remarquer l'engagement du droit des contrats en la matière vers une réforme réaliste, plus que symbolique, ayant une réelle portée pratique. Cependant, l'amélioration de l'équilibre contractuel ne peut atteindre la perfection et cette question a encore un bel avenir devant elle avec la réforme du droit des contrats spéciaux à venir. La pratique étant toujours la principale source d'inspiration des réformes.

---

[751] Cf. supra n° 9 note.

L'abus de domination sur le marché numérique[752] Pour une lecture juridique du déséquilibre économique à l'aune des oligopoles

Nils Monnerie

1. Éléments de définition. – Pouvoir et domination voilà deux mots bien singuliers que l'on a tendance à confondre par un raccourci de la pensée : celui qui utilise son pouvoir rechercherait la domination et selon cette analyse, l'état de domination ne serait que la conséquence de l'exercice du pouvoir[753].

Cette gymnastique mentale conduit nécessairement à l'erreur puisqu'elle implique de répondre conjointement à deux concepts dissemblables. Il s'agit là du point de départ de notre réflexion et pour distinguer ces deux entités, nous nous réfèrerons à l'analyse de Michel Foucault selon laquelle l'exercice du pouvoir, en tant que jeu de stratégie, n'est pas un mal en soi ; au contraire, le pouvoir est la marque du vivant, d'une dialectique des relations humaines[754]. Le

---

[752] Il est à noter que cet article a fait l'objet d'une première parution à la revue Concurrences. V. N. Monnerie, « L'abus de domination sur le marché numérique, Pour une lecture juridique du déséquilibre économique à l'aune des oligopoles, » *Concurrences*, n° 3-2019, sept. 2019, pp. 67-75.

[753] Ce raccourci de la pensée tire sa source des théories de l'État souverain dans lesquelles l'exercice du pouvoir est indissociable de la souveraineté ce qui emporte de fait une relation de dominant (l'État) sujet (le peuple). Cette vision politique de la relation entre pouvoir et domination est consacrée depuis de nombreuses années, pour ne citer que les plus célèbres : T. Hobbes, *Léviathan*, 1651, trad. F. Tricaud, Sirey, Paris, 1971 ; J.-J. Rousseau, *Œuvres complètes*, B. Gagnebin et M. Raymond éd., coll. La Pléiade, 5 vol., Paris, 1959-1995 ; J. Bodin *Les Six Livres de la République*, rev. par C. Frémont et al., 6 vol., in *Corpus des œuvres de philosophie en langue française*, Fayard, Paris, 1986 ; M. Weber, *Économie et société* (*Wirtschaft und Gesellschaft*), trad. franç. collective, t. I, Plon, 1971. Il y aurait beaucoup à dire sur les vestiges de cette analyse au jour où les États de moins en moins souverains sont eux-mêmes dans un constant rapport de force les opposants aux autres États sur leurs domaines régaliens mais également à des pouvoirs privés de plus en plus puissants. Cependant, ce n'est pas l'objet de cette étude qui se bornera à observer le glissement entre la théorie de la domination étatique et la confusion entre domination et pouvoir dans le langage courant.

[754] M. Foucault, « L'éthique du souci de soi comme pratique de la liberté », In *Dits et Écrits*, vol. II : 1976-1988, Paris Gallimard, 2001, p. 1546-1547 ; Id. "The Subject and Power." *Critical Inquiry*, vol. 8, no. 4, 1982, pp. 777–795 ; *La volonté de savoir*, Gallimard, oct. 1994, p. 119.

pouvoir est alors compris comme la rencontre de plusieurs forces n'ayant d'autres finalités que de se mesurer continuellement les unes aux autres. À cette relation dans le pouvoir Foucault oppose l'état de domination dans lequel les rapports sont verrouillés par un des protagonistes.
Pour résumer, les relations de pouvoir se caractérisent par le libre mouvement tandis que l'état de domination repose sur l'immobilisme. La force de cette analyse est qu'elle trouve un écho dans les différents cadres des relations humaines mais également dans des structures plus complexes telles que le jeu de la concurrence ou les relations de travail[755].

2. L'abus de domination comme mesure du déséquilibre en droit. – La concurrence libre et non faussée est un jeu stratégique incertain dans lequel l'opérateur économique exerce librement son pouvoir sur les autres. Sur un marché, les relations évoluent, se renversent et se complexifient[756]. C'est ce mouvement constant qui oblige les opérateurs à transformer leurs offres, leurs méthodes de production et plus globalement leurs stratégies. Par la domination, un opérateur va créer un rapport d'inégalité suffisamment fort pour immobiliser le mouvement de la concurrence, cette capacité d'influence sans réelle contrepartie peut être qualifiée d'état de domination.

Traditionnellement, la domination a été définie par le droit de la concurrence comme « une position de puissance économique qui donne à une entreprise le pouvoir de faire obstacle au maintien d'une concurrence effective sur le marché » […] « en lui fournissant la possibilité de comportements indépendants », et ce « tout en assurant

---

[755] Ce point ne fera pas l'objet de développement bien qu'il pourrait être intéressant de souligner la dualité entre la subordination et la domination salariale dans le cadre des plateformes. Pour une approche de cette question V. A. A. Casilli, *En attendant les robots, enquête sur le travail du clic*, Seuil, coll. La couleur des idées, janv. 2019 ; J. Sénéchal, « Le critère français de la subordination juridique confronté au « contrôle », à « l'influence déterminante » d'un opérateur de plateforme en ligne sur l'activité de ses usagers », *Dalloz IP/IT*, 2019. 186 ; K. Van Den Bergh « Plateformes numériques de mise au travail : mettre en perspective le particularisme français », *Rev. trav.* 2019. 101.
[756] Cette relation est, bien entendu, influencée par un certain nombre d'extranéités : les nouvelles réglementations, la survenance de perturbation dans le système économique…

le contrôle d'une part suffisamment importante du marché. »[757] Cette analyse manque de force en ce qu'elle considère que la domination repose principalement sur le pouvoir de ne pas être influencée. Selon nous, elle repose plutôt sur le pouvoir d'influence permettant à l'entreprise de contrôler le biome concurrentiel d'un marché[758].

L'abus de domination apparait alors comme une construction doctrinale au confluent de plusieurs sous-notions contractuelles, concurrentielles et commerciales. Ces différentes situations sont caractérisées notamment par l'abus de position dominante, l'abus de dépendance économique ou le déséquilibre contractuel significatif[759] ; cependant, l'abus de domination lui-même englobe et dépasse ces notions[760]. Malgré ces diverses occurrences, l'abus de domination nous semble reposer sur un mécanisme unifié, il s'agit d'instrumentaliser un outil de puissance qu'il s'agisse du contrat ou du marché et ce pour verrouiller une situation entre contractants ou concurrents. Cette unité de mécanisme, additionnée aux nombreuses situations prises en considération, fait de l'abus de domination une mesure efficace du déséquilibre en droit.

3. Une problématique inhérente au marché numérique. – Le déséquilibre exploité sur le marché du numérique résulte principalement de sa structure oligopolistique. Cette structure est caractérisée par la concentration de l'ensemble de la puissance économique entre les mains de petits groupes d'entreprises

---

757 CJCE 14 févr. 1978, United Brands c/Commission, aff. 27/76, Rec. 207. Id. Parmi divers avis sur ce point nous retenons particulièrement : D. Bosco, « Abus de position dominante », *Répertoire de droit européen*, Dalloz, janv. 2019.

758 D. Bosco, « Abus de position dominante », *art. préc.*

759 L'abus de domination ne saurait être cantonné aux seules pratiques anticoncurrentielles. Selon notre analyse, cette construction permettrait une approche transversale des problématiques concurrentielles, commerciales et contractuelles du marché numérique.

760 Le doyen Carbonnier considérait que « l'abus fait la synthèse, en les dépassant, des notions anciennes, il jette un pont entre droit civil et droit commercial, droit classique et droit de la concurrence. » J. Carbonnier, *Droit civil*, T. II, *Les biens. Les obligations,* PUF, 2004, n°995 ; La distinction entre les abus issus du droit des contrats et les abus issus du droit de la concurrence serait justifiée par l'objet de la protection : le contractant ou la concurrence. L. Boy, « L'abus de pouvoir de marché : contrôle de la domination ou protection de la concurrence ? », Revue internationale de droit économique, 2005/1 (t. XIX, 1), p. 27-50 ; Id. A.-S. Choné-Grimaldi, *Les abus de domination. Essai en droit des contrats et en droit de la concurrence,* Economicae, août 2010, p. 17.

indépendantes les unes des autres. Il en résulte l'apparition d'acronymes tels que : GAFA[761], NATU[762] et BATX[763]. Ces oligopoles disposent de la faculté de contrôler la production et la distribution et remettent en cause l'analyse traditionnelle du déséquilibre en droit[764]. Cette étude a pour objet d'évaluer combien les abus de domination sont intégrés au fonctionnement de l'économie numérique, créant de fait un déséquilibre que le droit peine à saisir.

4. Annonce du plan de l'étude. – À cette fin, il a été retenu que l'abus de domination sur le marché numérique repose tant sur une instrumentalisation de sa structure oligopolistique (I) que sur l'instrumentalisation de la puissance contractuelle par le partenaire dominant (II).

I. Une instrumentalisation de la structure oligopolistique du marché numérique.

5. L'instrumentalisation de la structure oligopolistique du marché numérique se déduit par la cohérence de certains facteurs. En effet, la structure du marché conditionne la domination à la capacité d'agréger massivement des données (A) tout en ayant pour conséquence d'offrir aux agents dominants un contrôle sur les canaux de distribution (B).

---

[761] *Google, Amazon, Facebook, Apple, Microsoft.* Il est à noter que l'acronyme FANG (*Facebook, Amazon, Netflix, Google*) a récemment fait son apparition. N. PETIT, "Are "FANGs" monopolies? A theory of competition under uncertainty", *working paper*, July 2019.

[762] *Netflix, Airbnb, Tesla, Uber.*

[763] *Baidu, Alibaba, Tencent, Xiaomi.*

[764] Un certain nombre de phénomènes ont pour effet de brouiller les pistes de l'analyse classique, on peut notamment citer l'effet réseau ou la conception multiface du marché.

A. UNE STRUCTURE OLIGOPOLISTIQUE FONDÉE SUR L'AGRÉGATION MASSIVE DE DONNÉES

6. Le rôle central de la captation de données. – La donnée a été définie comme « *l'or noir du XXIe siècle* »[765] non seulement pour symboliser sa valeur mais également parce qu'elle est une matière brute nécessaire aux activités du marché numérique[766]. Le pouvoir de marché offert par la capacité de capter les données semble être un élément pertinent pour qualifier la domination d'une entreprise sur le marché numérique.

Deux éléments caractéristiques du marché numérique plaident en ce sens : d'une part, l'activité des opérateurs qualifiés d'agent d'intermédiation repose sur un marché qui est au minimum biface ce qui signifie qu'ils pratiquent au moins deux activités distinctes mais interdépendantes[767]. D'autre part, leur activité est basée sur un effet réseau[768], plus le service est utilisé, plus il acquiert de données, plus il

---

[765] Not. M. Fontaine, S. Juillet, D. Froger, « La donnée numérique : l'or noir du XXIe siècle ? », *Les Petites Affiches*, 2017, n° 179, p. 90 et P. ROTELLA, "Is Data The New Oil ?", *Forbes*, avr. 2012, notamment pour son analyse sur l'origine de l'expression.

[766] P. Collin et N. Colin, « Mission d'expertise sur la fiscalité de l'économie numérique », janv. 2013, Synthèse p. 2 ; Id. Conseil d'Analyse Économique, note n° 26, oct. 2015, p. 1. Pour l'activité de fourniture de services de réseaux sociaux, v. la recommandation n° 14-02 du 7 nov. 2014 de la Commission des clauses abusives, 1er considérant. Mais nous recommandons également : G. Pillet, « L'efficacité du droit français des contrats face aux géants de l'internet », *RTD com.*, 2018. 273.

[767] Par exemple *Facebook* est à la fois un réseau social gratuit, un data broker et un annonceur payant. M. Patterson, "*Google* and Search Engine Market Power", *Fordham Law Legal Studies, Research Paper* No. 2047047, 27 avr. 2012. D. Evans, R. Schmalensee, "The Industrial Organization of Markets with Two-Sided Platforms", *Competition Policy International*, 2007; D. Evans, "Two-Sided Market Definition", *ABA Section of Antitrust Law*, 11 nov. 2009; L. Filistrucchi, D. Gerardin, E. Van Damme, P. Affeldt, "Market Definition in Two-Sided Markets: Theory and Practice", *Tilburg Law School Research, Paper* N° 2013-009, 16 mars 2013; D. Auer, N. Petit, "Two-Sided Markets and the Challenge of Turning Economic: Theory into Antitrust Policy", *Antitrust Bulletin*, Vol. 60, Issue 4, déc. 2015.

[768] Pour une approche générale nous retenons : Autorité de la concurrence, « Droit de la concurrence et données », rapport, mai 2016. Pour une approche spécifique conf. L. Khan, "Amazon's Antitrust Paradox", *The Yale Law Journal*, Vol. 126, n° 3, janv. 2017 ; C. Ferral-schuhl et C. Paul, commission de réflexion et proposition sur le droit et les libertés à l'âge du numérique de l'Assemblée nationale, «

devient efficace, plus il est susceptible d'attirer de nouveaux utilisateurs.

Le moteur de recherche de *Google* est une parfaite étude de cas à ce titre dans la mesure où il s'est perfectionné grâce à l'utilisation qui en est faite. Ceci lui permet, à moindre coût, de distinguer la qualité des résultats proposés[769]. Dès lors, il parait clair que la puissance économique d'un agent d'intermédiation repose moins sur les algorithmes de traitements dont ils disposent que sur l'étendue, la diversité et le renouvellement des bases de données qui l'alimentent[770].

Ce dernier point nous semble étayé par plusieurs faits : Tout d'abord, les agents n'emploient pas un mais plusieurs algorithmes qu'ils perfectionnent au moyen de mises à jour[771] ; la base de données, quant à elle, s'enrichit mais reste la même. En outre, un algorithme de traitement, même s'il est particulièrement pertinent du fait de sa conception, restera inefficace s'il n'a pas accès à une base de données suffisamment fournie[772]. Enfin, même si les GAFA réfutent la plus-

---

Numérique et libertés : un nouvel âge démocratique », *Rapport n° 3119*, oct. 2015, p. 200.

[769] Pour un approfondissement du perfectionnement du traitement algorithmique V. Not. F. Marty, « Intelligence Artificielle et Organisation Industrielle : quels enjeux pour l'économie numérique », *Document de travail*, GREDEG, 2018-21.

[770] M. Patterson, *Antitrust Law in the new Economy: Google, Yelp, Libor and the Control of Information*, Harvard University Press, 2017. O. Bracha & F. Paquale, "Federal Search Commission: Fairness, Access, and Accountability in the Law of Search", *Cornell law review*, n°93, 2008; D. Vise & M. Malseed, *The Google Story*, Pan, 2005, p. 9.

[771] Google utilise simultanément plusieurs algorithmes traitant différentes informations. Pour chacun de ces secteurs, plusieurs algorithmes se sont succédé au grès des conceptions. Ainsi, sur une période de sept ans, Google a employé pas moins de 18 algorithmes différents pour faire fonctionner son moteur de recherche et ce sans oublier les 3234 mises à jour pendant l'année 2018. Les déclarations de Google sont suffisamment éclairantes à ce titre :
https://www.google.com/intl/fr/search/howsearchworks/algorithms/.

[772] G. Tesauro & J.O. Kephart, "Pricing in Agent Economics Using Multi-Agent Q Learning", *Autonomous Agents and Multi-Agents Systems*, 5, 2002, pp.289-304; T. Klein, "Assessing Autonomous Algorithmic Collusion: Q-Learning under Sequential Pricing", *Tinbergen Institute Discussion Paper*, TI 2018-056/VII, 2018; F. Marty, 2018. "Intelligence Artificielle et Organisation Industrielle : quels enjeux pour l'économie numérique," *art. préc.* ; Pour une approche plus technique du sujet V. Not. E. Moen, D. Bannon, T. Kudo, W. Graf, M. Covert & D. Van Valen, "Deep learning for cellular image analyse", *Nature methods*, may 2019.

value apportée par leur base de données[773], leur valeur intrinsèque semble être de plus en plus reconnue par les autorités[774].

La donnée et son utilisation[775] sont donc au cœur des enjeux économiques du marché numérique. Cela conduit les agents d'intermédiation à utiliser tous les stratagèmes pour s'emparer des données transmises par leurs utilisateurs ou leurs concurrents[776].

---

[773] Ce qui est assez logique car si les bases de données devaient représenter une plus-value pour l'entreprise elle devrait alors entrer dans les éléments taxables de la société. Pour approfondir ce point V. N. Colin et P. Collin, « Mission d'expertise sur la fiscalité de l'économie », *Rapport au Ministre de l'économie des finances, au Ministre du redressement productif, au ministre délégué chargé du budget et à la Ministre déléguée chargée des petites et moyennes entreprises, de l'innovation et de l'économie numérique*, janv. 2013. Beaucoup reste à faire en ce domaine après le rejet d'une taxation européenne et la faible envergure des projets nationaux. Pour plus d'informations V. Not. Commission européenne, « Établir une norme de taxation moderne, juste et efficace pour l'économie numérique : le temps est venu d'agir », Communication de la Commission au Parlement européen et au Conseil, mars 2018 ; C. Cricheton, « Le ministre de l'économie et des finances dépose son projet de loi « Taxe GAFA » », *D. IP/IT*, 2019. 203 ; T. Coustet, « « Taxe GAFA » : la France veut donner l'exemple », *D. actualité*, mars 2019.

[774] Autorité de la concurrence et Bundeskartellamt, « Droit de la concurrence et données », *Rapport conjoint des autorités*, mai 2016 ; Bundeskartellamt, "Market Power of Platforms and Networks", *Working Paper*, Jun 2016 ; J. Crémer, Y.-A. De Montjoye, H. Schweitze, *Competition Policy for the digital era, Publications Office of the European Union*, avr. 2019.

[775] La captation par consentement est la plus évidente mais n'oublions pas les données déduites, l'achat de données de masse ou encore les différentes méthodes de traitement algorithmique.

[776] Il ne faut pas oublier qu'en tant que places de marché, les GAFA disposent d'une double casquette : ils sont à la fois un distributeur important voir incontournable et un concurrent des fournisseurs qu'ils distribuent. Ainsi, les plateformes disposent de la capacité de capter des données auprès des concurrents utilisant leurs services. Ce point a été mis en lumière par un rapport de l'Autorité de la concurrence visant les comportements de Facebook et de Google dans le secteur de la publicité en ligne. V. Autorité de la concurrence, avis n° 18-A-03 portant sur l'exploitation des données dans le secteur de la publicité sur internet, 6 mars 2018. De même, la Commission européenne enquête sur la captation des données effectuées auprès des commerçants hébergés sur la Amazon. V. conférence de presse de M. Vestager, Commissaire européenne à la Concurrence, sur d'éventuelles aides d'État du Luxembourg au profit de McDonald's, sept. 2018 : « *L'enjeu ici concerne les données, parce que si vous, en tant qu'Amazon, obtenez les données des petits commerçants que vous hébergez — ce qui peut bien sûr être tout à fait légitime parce que vous pouvez améliorer votre service au profit de ces petits commerçants — utilisez-vous également ces données pour faire vos propres calculs ?* » Aucune condamnation ferme n'a été formulée à l'encontre de ce comportement précis. La

D'autant plus que cette activité est encore faiblement réglementée par le droit.

7. Les faiblesses dans la réglementation de la captation. – La réglementation propre à l'activité d'agrégateur de données joue un rôle déterminant quant à l'importance de cette activité sur le marché numérique. Plusieurs pistes d'encadrement ont été abordées sans grand succès par les législations européennes et américaines.

D'abord, certains auteurs ont proposé d'employer la théorie de l'infrastructure essentielle pour qualifier la donnée[777]. La théorie de l'infrastructure essentielle également connue sous le nom de théorie des facilités essentielles est d'origine américaine, elle consiste à caractériser le fait pour un agent de disposer d'un élément nécessaire pour que ces concurrents puissent faire affaire sur le marché en question, cet élément n'est donc par interchangeable. Il faut également qu'on ne puisse attendre des concurrents qu'ils récupèrent cet élément par leurs propres moyens ce qui signifie que le coût de sa production doit être prohibitif. Dès lors qu'un élément se trouve marqué du sceau de l'infrastructure essentielle, il fait l'objet d'un encadrement particulier forçant son détenteur à aménager un accès légal à ses concurrents[778].

---

nature anticoncurrentielle de ce comportement pourrait être reconnue s'il avait pour finalité d'accentuer l'état de domination du distributeur sur ses concurrents.

[777] À ce titre, nous retenons particulièrement : L. Khan, "Amazon's Antitrust Paradox", *op. cit.* ; F. Marty, « The Unspeakable One: De l'activation de la théorie des facilités essentielles dans l'économie numérique », *Document de travail GREDEG*, n°27, 2018 ; L'économie des plateformes dissipation ou concentration de la rente, *Science po OFCE working paper,* n°13, 2017/04.

[778] Pour une approche générale de la théorie des facilités essentielles en Europe et en Amérique nous retenons particulièrement : J. Temple Lang, "Defining legitimate competition : companies' duties to supply competitors and access to essential facilities", *Fordham International Law Journal,* vol. 18, 1994, p 439 ; R. Pitofsky, D. Patterson, J. Hooks, "The essential facilities doctrine under US antitrust law", *Antitrust Law Journal,* 2002, vol. 70 ; C. Leslie, "Antitrust Law as Public Interest Law", *Irvine Law Review*, 885, 887, 2012 ; T. Cotter, "The Essential Facilities Doctrine, Antitrust Law and Economics", *Minnesota Legal Studies*, *Research Paper* No. 08-18, 2008 ; G. Sidak, A. Lipsky, "Essential Facilities", *Stanford Law Review*, Vol. 51, n° 5, pp. 1187-1249, May 1999 ; M. Glais, « Facilités essentielles : de l'analyse économique au droit de la concurrence », in *Collectivités publiques et concurrence*, Rapport public du Conseil d'État, Jurisprudence et avis de 2001, Paris, La Documentation française, 2002, p. 403

Malgré son efficacité apparente, cette théorie connait en pratique quelques difficultés. Elle ne repose sur aucun fondement légal, le droit américain doit se fonder sur le Sherman Act[779] et la jurisprudence de la Cour suprême[780] tandis que l'Europe fait appel à l'article 102 du TFUE pour sanctionner l'abus de position dominante[781]. En outre, malgré une utilisation ponctuelle par les autorités de la concurrence, cette théorie est encore considérablement critiquée, la doctrine y voyant un risque d'instrumentalisation du droit de la concurrence[782].

Sur la question spécifique des données, la mise en pratique de cette théorie rencontre des difficultés : d'une part, il est difficile de définir l'absence d'interchangeabilité d'une base de données[783]. D'autre part, le coût de la captation des données composant la base est proche de zéro dès lors que le matériel physique (ordinateurs, serveurs…) est mis en place. Ce paradigme repose sur l'effet réseau

---

[779] Et en se reposant sur les articles suivants : US Code, Title 15, Chapter 1, Monopolies and combinations in restraint of trade, §1 ; et US Code, Title 15, Chapter 1, Monopolies and combinations in restraint of trade, §2.

[780] *USA v. Terminal Railroad Ass'n*, U.S. Supreme Court, 224 U.S. 383, 22 avril 1912.

[781] TPI, 17 sept. 2007, *Microsoft c. Commission*, aff. T-201/04, *Rec.* II-3601

[782] W. Baumol et J. Ordover, "Use of antitrust to subvert competition", *The Journal of Law & Economics*
Vol. 28, No. 2, Antitrust and Economic Efficiency: A Conference Sponsored by the Hoover Institution (May, 1985), pp. 247-265 ; F. Marty, « The Unspeakable One: De l'activation de la théorie des facilités essentielles dans l'économie numérique » *art. préc.* ; Id. P. Areeda, "Essential facilities : an epithet in need of limiting principles" *Antitrust law journal,* Vol. 58, n°3, Developments, 1989, pp. 841-853 ; G. Manne, J. Wright, "*Google* and the Limits of Antitrust: The Case Against the Case Against *Google*", *Harvard Journal of Law and Public Policy*, 171, 181, févr. 2011. La jurisprudence fait mention d'affaires dans lesquelles l'autorité de la concurrence, tout en sanctionnant le refus d'accès à une base de données, a refusé de qualifier la base en question d'infrastructure essentielle : Aut. conc., décis. n° 14-D-06 du 8 juill. 2014 *relative à des pratiques mises en œuvre par la société Cegedim dans le secteur des bases de données médicales*, obs. I. Luc, *AJCA*, 2014, 332.

[783] Il faudrait démontrer qu'une base de données à une valeur intrinsèque ne pouvant être comparée à aucune autre. Or, selon Larry Page : "*Competition is a clic away*". Par cette formule le fondateur de *Google* indique que le consommateur est tout à fait libre d'utiliser une autre base de données si les conditions d'utilisation de *Google* devaient ne pas lui plaire. Cette formule empreinte d'un certain cynisme ne tient que difficilement à l'épreuve de faits. Autorité de la concurrence et Bundeskartellamt, « Droit de la concurrence et données », *op. cit.* ; Bundeskartellamt, "Market Power of Platforms and Networks", *art. préc.* ; J. Crémer, Y.-A. De Montjoy, H. Schweitze, *Competition Policy for the digital era*, op.cit.

mentionné en amont : plus d'utilisateurs signifient plus de données et donc plus d'efficacité[784]. C'est dans cette équation simple que se trouve tout l'aspect disruptif du marché numérique.

La protection générale de l'utilisateur contre la captation d'agents privés est, elle aussi, assez parcellaire malgré l'adoption encore récente d'un règlement général de la protection des données par l'Europe[785]. Les conditions du transfert des données hors de l'Union européenne[786], l'absence d'harmonie dans les sanctions des différents états membres[787] sont tant d'éléments qui ont considérablement affaibli la portée du texte[788].

Cependant, deux décisions marquantes sont à mettre au crédit des autorités nationales : la première a été rendue par la CNIL à l'encontre de *Google*[789]; la seconde par l'autorité allemande de protection des données contre *Facebook*[790]. Les deux affaires ont en commun un élément particulièrement intéressant, elles se fondent toutes les deux sur l'illégitimité d'une captation excessive par croisement des

---

784 N. Petit, "Are "FANGs" monopolies ? A theory of competition under uncertainty", *art. préc.* Afin d'expliquer « l'auto-alimentation » découlant de l'effet réseau l'auteur utilise la notion de « masse critique » : "*In network effects market, the idea is similar. Firms that reach a critical mass of users can expect a high participation equilibrium. By contrast, firms that do not reach a critical mass of users can expect network collapse.*"

785 Règlement du Parlement européen et du Conseil relatif à la protection des personnes physiques à l'égard du traitement des données à caractère personnel et à la libre circulation de ces données, et abrogeant la directive 95/46/CE, 14 avr. 2016.

786 N. Laneret et S. Hamon, « Quel avenir pour les transferts internationaux ? », *Dalloz IP/IT* 2018, p. 31 ; N. Botchorivili, « Transferts de données personnelles hors de l'Union européenne – Quelles nouveautés avec le RGPD ? », *Legicom*, févr. 2017, n° 59, pp. 39-46.

787 J.-L. Sauron, « Le RGPD : outil ou entrave à la société d'information », *Dalloz IP/IT,* 2018, p. 17 ; J. SIMON et S. Hamon, « Comparatif des législations des États membres intégrant le RGPD. État des lieux au 17 décembre 2017 », *Dalloz IP/IT,* 2018, p. 40 ; M. Quemener et J.-L. Sauron, « Le régime de sanctions du RGPD : quand la complétude l'emporte sur la cohérence », *Dalloz IP/IT,* 2018, p. 23.

788 C. Castets-Renard, V. Ndior, L. Rass-Masson, « Le marché unique numérique : quelles réalités matérielles et conceptuelles ? » *D.* 2019. 956

789 Délibération de la formation restreinte de la CNIL, n° SAN – 2019-001, prononçant une sanction pécuniaire à l'encontre de la société *GOOGLE* LLC, 21 janv. 2019.

790 Bunderskartellamt, "*Facebook*, Exploitative business terms pursuant to Section 19(1) GWB for inadequate data processing", B6-22/16, 6 fev. 2019.

données[791]. Cette méthode appliquée par l'ensemble des agents d'intermédiation pourrait se voir frapper d'une interdiction générale sur le territoire européen. Cela pourrait modifier, à terme, les stratégies de captation des données adoptées par les agents.
Après avoir vu les fondements de la structure oligopolistique, il reste à voir comment l'exploitation de cette structure conduit à un abus de domination (B).

B. UNE DOMINATION DU MARCHÉ NUMÉRIQUE PAR LE CONTROLE DES CANAUX DE DISTRIBUTION

8. L'abus de domination portant atteinte au marché numérique s'exprime tant par le contrôle dans la distribution de l'information que dans le contrôle de la distribution commerciale.

9. Le contrôle de la distribution de l'information. – L'information est un produit, un produit dont la distribution passe nécessairement par des canaux de distribution : les moteurs de recherches. Avec ses 62.41% de part de marché mondial[792] et une moyenne de 100 milliards de requêtes enregistrées par mois[793] *Google* est le leader de ce marché. Cette situation de monopole inquiète quant à la confiance accordée aux résultats de recherche, en effet par sa domination de la production et de la distribution numérique *Google* ne risque-t-il pas de biaiser à son avantage la distribution de l'information ?

---

[791] La décision de la CNIL précise que : de multiples procédés technologiques sont utilisés par la société afin de combiner et analyser des données provenant de différents services, applications ou sources externes. Ils ont indéniablement un effet multiplicateur quant à la connaissance précise que la société a de ses utilisateurs. En conséquence, la formation restreinte estime que la société dispose d'opérations de combinaisons au potentiel quasi illimité permettant un traitement massif et intrusif des données des utilisateurs. » Pour la Bundeskartellamt : « Entre autres conditions, l'utilisation privée du réseau est subordonnée à la possibilité pour *Facebook* de collecter une quantité quasi illimitée de données d'utilisateurs de tout type auprès de tiers, de les affecter aux comptes *Facebook* des utilisateurs et de les utiliser pour de nombreux traitements de données. Les sources tierces sont des services appartenant à *Facebook* comme Instagram ou WhatsApp mais aussi des sites Web tiers qui incluent des interfaces telles que les boutons "J'aime" ou "Partager". »

[792] http://gs.statcounter.com/ (mars 2019)

[793] https://www.businessinsider.com/500m-things-*Google*-has-never-heard-of-2013-5?IR=T

C'est en tout cas ce qu'a pensé la Commission européenne en condamnant la position dominante de la firme du groupe *Alphabet* dans l'affaire *Google Shopping*[794]. Il a été relevé par la commission que par un système d'effet levier[795] créé par son activité de moteur de recherche, *Google* avait accédé au marché des comparateurs en ligne et avait abusé de sa position dominante pour imposer un biais à son algorithme de classement. Ainsi, le moteur de recherche de *Google* faisait apparaitre en premier choix le comparateur *Google Shopping* afin d'inciter les consommateurs à préférer ce service à celui de ses concurrents. La commission a reposé sa décision non seulement sur la possibilité de *Google* d'effacer ou d'étouffer l'existence de ses concurrents d'un marché à l'autre mais également sur l'abus exercé au moyen de cette possibilité.

Aux États-Unis, la question de la domination de l'information est au centre d'un débat sur l'opportunité d'une sanction à l'encontre de *Google*[796]. Le monopole de l'information n'a fait, à ce jour, l'objet

---

[794] Comm. eur. 27 juin, *Google Shopping*, aff. AT. 39740, obs. D. Bosco, *Contrat, conc., consom*, 2018, n°3, p. 25; Id. obs. F. Marty, *Concurrences*, n°1-2018, p. 87. Plusieurs auteurs se sont déjà exprimés sur cette affaire nous retenons particulièrement A.-S. Choné-Grimaldi, « *Google* nouvelle condamnation record », *L'essentiel du droit de la* distribution et de la concurrence, 1er sept. 2018 ; Id. « *Google* coupable d'abus de position dominante : les carottes sont-elles cuites ? », *D.* 2015, p. 2451; E. Aguilera Valdivia, "The Scope of the "Special Responsibility" upon Vertically Integrated Dominant Firms after the *Google* Shopping Case: Is There a Duty to Treat Rivals Equally and Refrain from Favouring Own Related Business?", *World Competition* 43, 2018 ; C. Prieto, « Les mérites étouffés des concurrents de *Google* ou l'abus par algorithme », *RTD. eur.* 2017, p. 429.

[795] Désigne la possibilité pour un agent de s'étendre sur un second marché en profitant de sa puissance économique octroyée par son marché principal. Ici le moteur de recherche est le marché principal, les comparateurs numériques de prix le marché secondaire.

[796] Pour une vue d'ensemble du débat en question nous recommandons **pour les avis en faveur de la sanction** : M. Patterson, "On the Impossibility of Information Intermediaries", *Fordham Law and Economics Research Paper*, n° 13, juill. 2001 ; id. "*Google* and Search Engine Market Power", *Fordham Law Legal Studies, Research Paper* No. 2047047, 27 avril 2012 ; id. *Antitrust Law in the new Economy: Google, Yelp, Libor and the Control of Information, op. cit.* ; M. Thompson, "In Search of Alterity: On *Google*, Neutrality, and Otherness", *Tulane Journal of technology and intellectual property* 137, 165, 2011 ; F. Pasquale, "Internet Non-discrimination Principles: Commercial Ethics for Carriers and Search Engines", *University of Chicago Legal Forum*, 263, 265, 2008. **Pour les avis en défaveur** : G. Manne, J. Wright, "*Google* and the Limits of Antitrust: The Case Against the Case Against *Google*", *Harvard Journal of Law and Public Policy*, 171, 181, févr.

d'aucune condamnation[797] et ce même si la FTC (*Federal Trades Commission*) a laissé fuiter un rapport extrêmement critique à l'encontre des pratiques de *Google*[798].

10. Le contrôle de la distribution commerciale. – Il s'agit cette fois d'envisager la place de *gatekeeper* des agents de l'oligopole. Dans cette hypothèse, l'accès à un marché doit obligatoirement se faire par le biais d'un agent qualifié d'incontournable[799].
Trois affaires ont défrayé la chronique européenne et américaine, il s'agit des affaires *Android*[800], *Apple's IOS App Store*[801] et *AdSens for Search*[802]. Ces affaires se sont tenues de part et d'autre de l'Atlantique et chacune est intéressante pour elle-même. Cependant, une analyse combinée des décisions permet d'en apprendre beaucoup sur la domination de la distribution commerciale numérique[803].

2011 ; D. Hass, "The Never-was-neutral net and why Informed end Users can end the Network Neutrality Debates", *Berkeley Technology Law Journal*, 1565, 1569, 2007, pp. 1620-1628

[797] Les poursuites engagées en 2011 aux États-Unis se sont soldées par un abandon des poursuites en 2013.

[798] Accessible à cette adresse : http://graphics.wsj.com/*Google*-ftc-report/img/ftc-ocr-watermark.pdf

[799] Sur le rôle de *gatekeeper* exercé par les plateformes : V. M. Weimer, K. Cceres, C. Eckes, R. Bronsword, G. Van Calster, K. Garnett, L. Reins, A. Ezrachi, M. Stucke, T. Hervey, O. Lynskey, I. Spiecker, "The Rule of Law in the Technological Age Challenges and Opportunities for the EU Collected Papers", *Amsterdam Law School Research Paper*, N° 2017-35, July 2017 ; Id. O. Lynskey, "Regulating 'Platform Power'", *LSE Legal Studies Working Paper*, No. 1/2017, Feb. 2017.

[800] Comm. eur., 18 juill. 2018, *Google* Android, aff. AT.40099. Il est à noter qu'à ce jour l'affaire est pendante devant le Tribunal de l'Union européenne à la suite du recours formé par la société Alphabet. Pour aller plus loin : F. Marty, J. Pillot, "With uncertain damage theory come unpredictable effects of remedies : "Libre propos" on the Android case", *CPI antitrust chronicle*, dec. 2018.

[801] Outre Atlantique l'affaire s'est soldé par la défaite *d'Apple* devant les juges de la Cour Suprême U.S. Supreme Court, *Apple Inc.* v. Pepper, TBD U.S. n° 17-204 ; En Europe l'affaire a connu un écho très récent puisque la société Spotify semble vouloir s'engouffrer dans la brèche. Son fondateur Daniel Ek a déclaré le 13 mars 2019 que la société avait déposé une plainte formelle devant la Commission européenne. https://newsroom.spotify.com/2019-03-13/consumers-and-innovators-win-on-a-level-playing-field/

[802] Comm. eur. 20 mars 2019, *Google Search (AdSense)*, aff. AT. 40411.

[803] Pour analyse d'ensemble couvrant les deux affaires nous recommandons notamment : W. Chaiehloudj, « Abus de position dominante et *big tech* : Une affaire *Apple Store* après l'affaire *Google Android* », *Concurrences*, n° 4-2018, pp. 215-222.

Trois marchés sont concernés par ces affaires : d'abord celui des systèmes d'exploitation pour les constructeurs de téléphone ensuite celui des plateformes de distribution d'application mobile et enfin celui de la publicité en ligne.

Concernant les fabricants de *smart phones*, en matière de système d'exploitation, il n'existe pas d'alternative crédible à *l'iOS* et à *Android*. Alors que le premier n'est distribué que sur les produits de la marque *Apple*[804], le second est ouvert à tous les constructeurs de téléphones. Les constructeurs se trouvent alors face à un dilemme, ils peuvent soit accepter de payer la version *Android* fournie par *Google* soit employer la version disponible en *Open source*. Cependant, s'ils devaient opter pour la seconde solution, ils ne disposeraient alors que des composants de bases sans aucune application. Face à ce choix, les constructeurs choisissent presque tous d'employer la version de *Google* afin de ne pas perdre en ergonomie[805]. La conséquence immédiate reposait sur la préinstallation imposée[806] d'application telle que *Google Search* ou de *Google chrome*[807] le tout agrémenté d'obligation d'exclusivité en échange d'incitation financière. La condamnation de la commission repose sur l'ensemble de ces éléments caractérisant l'abus de l'agent, les fondements de cette décision ne sont pas sans rappeler l'affaire *Microsoft*[808].

Pour les développeurs d'applications mobiles, la problématique est la même, pour exister sur le marché une application développée doit être nécessairement passée par un magasin d'application : l'*App Store* dans le cas présent. La justice américaine a constaté qu'*Apple*

---

[804] Ce phénomène porte le nom d'intégration verticale, *Apple* a développé un système fermé dans lequel il produit à la fois un téléphone et un système d'exploitation interdépendant l'un de l'autre.

[805] Sur la version Open Source le constructeur devait acheter une à une toutes les applications, sur une version d'Android non homologuée par *Google* l'accès à ces applications était simplement impossible privant le modèle des propriétés du groupe *Alphabet* : *Google Map*, *YouTube*…

[806] Par le biais d'un *Mobile Application distribution Agreement.*

[807] Par cette entremise l'entreprise renforçait une fois encore sa position sur le marché des moteurs de recherche.

[808] TPI, 17 sept. 2007, *Microsoft c. Commission*, aff. T-201/04, *Rec.* II-3601 ; R. Pardolesi, A. Renda, "The European Commission's Case Against *Microsoft :* Fool Monti Kills Bill ?", *Working Paper* N° AT-07-04, 19 août 2004 ; M. Lao, " Networks, Access, and "Essential Facilities" : From *Terminal Railroad* to *Microsoft* ", *Southern Methodist University Law Review*, Vol. 62, p. 557, 1 fev. 2009.

avait tout pouvoir sur les applications proposées sur sa boutique en ligne, l'entreprise pouvait proposer les applications, les mettre en avant et les effacer selon son bon vouloir[809]. L'abus de monopole a été caractérisé par l'accumulation des casquettes de distributeur incontournable et de concurrent[810].

Pour finir, la Commission européenne s'est également prononcée sur la position dominante de *Google* sur le marché de la publicité contextuelle. Les affaires se suivent et se ressemblent pour l'entreprise qui, forte d'une large part de marché[811], imposait à ses partenaires (éditeurs numériques) de favoriser les publicités fournies au moyen *d'Adsense for Search*. La commission a relevé qu'en échange d'un partenariat l'entreprise imposait, depuis 2009, que ses publicités soient dans les encarts les plus avantageux tout en ayant un droit de contrôle sur l'emplacement des publicités fournies par ses concurrents.

L'unicité de l'abus de domination sur le marché numérique ressort parfaitement de l'étude comparée de ces affaires. Les entreprises instrumentalisent la structure du marché et leur place de *gatekeeper* afin de verrouiller le jeu de la concurrence. Les dominations exercées par *Google* ou *d'Apple* ont pour finalité matérielle de faire perdre aux opérateurs mineurs leur autonomie sur le marché. Dans les cas extrêmes non seulement l'entreprise soumise perd la gestion de son activité mais pire encore elle ne dispose plus d'une identité distincte aux yeux du consommateur. Cet effet de la domination, qualifié de « maîtrise des valeurs concurrentielles »[812], participe au mouvement de féodalisation dans l'organisation des entreprises[813].

---

[809] V. W. Chaiehloudj, « Abus de position dominante et *big tech* : Une affaire *Apple Store* après l'affaire *Google Android* » *art. préc.*

[810] Dans son communiqué de presse, le fondateur de Spotify a indiqué : « Ces dernières années, *Apple* a introduit sur *l'App Store* des règles qui limitent délibérément le choix et étouffent l'innovation au détriment de l'expérience utilisateur - agissant essentiellement en tant que joueur et arbitre pour désavantager délibérément les autres développeurs d'applications. »

[811] En moyenne 85% de part de marché durant les faits incriminés.

[812] S. Abdoulaye, « Analyse substantielle et relation de pouvoir », *RIDE*, no. 4-2013, pp. 545-555.

[813] A. Suppiot, « Introduction », in *Prendre la responsabilité au sérieux*, PUF, fev. 2016, p. 25.

Reste à noter qu'en toute logique *Amazon* pourrait devenir la prochaine cible des régulateurs[814], son approche du *e-commerce* et sa place sur le marché en font une cible de choix[815].

11. Malgré le caractère retentissant de ces trois affaires, le droit des pratiques anticoncurrentielles semble mal équipé sur le marché du numérique, il ne peut intervenir qu'a posteriori et dans l'hypothèse réduite d'un abus de domination sur un marché clairement défini[816]. Or si toute domination ne dévie pas forcément en abus anticoncurrentiel, elle donne au partenaire dominant une puissance contractuelle particulière (II).

---

[814] Les autorités allemandes, italiennes et autrichiennes ont récemment ouvert des enquêtes officielles à l'encontre de la société et ce moins de deux ans après que la Commission européenne se soit prononcée sur les engagements *d'Amazon* dans le cadre de son enquête sur les *e-books*.

[815] L. Khan, "Amazon's Antitrust Paradox", *op. cit.* L'auteur est allé jusqu'à proposer d'imposer une séparation structurelle entre les activités d'intermédiation (moteur de recherche et place de marché) et les activités strictement commerciales (développement d'applications, de services numériques...). L. Khan, "The Separation of Platforms and Commerce", *Columbia Law Review*, Vol. 119, *forthcoming*. Mais cette solution nous parait clairement contreproductive : D'une part, elle méconnait les rapports de force entre les pouvoirs publics et privés ; de l'autre, cette stratégie n'a pas toujours rempli ses promesses du fait notamment de la complexité technique de sa mise en œuvre et des complémentarités existantes entre les activités. À ce titre V. « 1. Électricité », *Revue sur le droit et la politique de la concurrence*, vol. vol. 6, no. 1, 2004, pp. 211-288 ; F. Marty, « L'unbundling dans le secteur électrique : quelques réflexions sur les remèdes structurels dans le cadre d'un marché oligopolistique », *Document de travail WEC France*, 2008.

[816] Ce qui implique d'abord de qualifier le marché pertinent point complexe dans les marchés bifaces ou multifaces pour enfin caractériser l'abus en le distinguant de la simple exploitation pro concurrentielle de la structure du marché.

II. Une instrumentalisation de la puissance contractuelle par le partenaire dominant

12. Conséquence symptomatique du déséquilibre économique créé par la domination d'un marché, l'abus de domination par instrumentalisation de la puissance contractuelle[817] apparait tant dans les relations interprofessionnelles (A) que les relations avec le consommateur (B).

A. L'INSTRUMENTALISATION DE LA PUISSANCE CONTRACTUELLE DANS LES RELATIONS INTERPROFESSIONNELLES

13. L'instrumentalisation en vue d'une restriction commerciale. – La domination du marché peut avoir pour conséquence de déséquilibrer les relations contractuelles entre professionnels. Dans certaines hypothèses, l'abus résultant de ce déséquilibre peut porter une atteinte générale au marché comme c'était le cas avec les *Mobile Application Distribution Agreements* (MADA) de l'affaire *Android*, il est alors un indice probant pour le régulateur. Cependant, lorsque l'abus de domination n'affecte que la relation contractuelle-commerciale[818], il tombe sous le coup des pratiques commerciales restrictives[819]. Eu égard à notre prisme, l'abus de domination, notre analyse se limitera aux seules pratiques portant sur les relations contractuelles dans lesquelles une des parties se trouve soumise à l'autre et accepte des conditions qu'elle n'aurait pas acceptées autrement[820].

---

[817] Notion qui doit nécessairement être distingué du simple abus de droit, comme le rappel le Professeur Choné-Grimaldi : « L'abus de domination se définit comme l'exploitation excessive d'une situation de fait, alors que l'abus de droit correspond à l'exploitation excessive d'un droit. » A.-S. Choné-Grimaldi, « *Les abus de domination. Essai en doit des contrats et de la concurrence.* » *op. cit.* p. 82.

[818] L'atteinte au marché est d'ailleurs très exactement ce qui distingue les pratiques anticoncurrentielles des pratiques commerciales restrictives.

[819] L. 442-6 du Code de commerce.

[820] Ce champ d'études nous amène à envisager les comportements de l'article L. 442-6 du Code du commerce qui seraient issus d'une domination dont le partenaire dominant aurait abusé dans le but de percevoir un avantage contractuel. Cette analyse se limite donc à la prestation sans contrepartie ou disproportionnée, au déséquilibre significatif, au contrôle du contrat sous menace de rupture des relations commerciales ainsi qu'au non-respect du prix convenu.

14. Une puissance contractuelle issue du pouvoir d'achat. – Avant de qualifier le comportement abusif, il faut au préalable déterminer la domination sur les relations contractuelles entre professionnels. En effet, le critère de pouvoir de marché employé dans le volet concurrentiel n'aurait que peu de pertinence dans le domaine des relations contractuelles. Dès lors, comment apprécier la domination de relations bilatérales ? L'analyse des relations interentreprises issues des relations contractuelles invite à employer la notion de puissance contractuelle[821].

D'un point de vue purement formel, la notion de puissance contractuelle semble de plus en plus désuète, elle n'est consacrée par aucun texte et la jurisprudence semble l'avoir complètement oubliée. Ainsi, pour le déséquilibre significatif les éléments employés pour caractériser la soumission reposent plutôt sur l'étouffement de la liberté contractuelle d'une des parties. La jurisprudence du déséquilibre significatif plaide majoritairement en ce sens. La Cour de cassation a rappelé que le fait de « soumettre ou de tenter de soumettre » était caractérisé lorsqu'un contractant ne dispose pas du pouvoir réel dans la négociation des clauses qui lui sont imposées[822]. Ainsi, il apparait clairement que la domination serait interprétée non comme une situation de fait antérieure à la relation contractuelle mais plutôt en fonction d'une analyse globale de l'équilibre économique du contrat[823].

Cependant, cet état de fait doit être nuancé : d'une part, en fonction de l'aspect formel de l'interprétation que la Cour de cassation fait de la soumission. En effet, les juges ont été amenés à prendre en considération le fait pour le contractant « de ne pas pouvoir prendre le risque d'être déréférencé par son distributeur dès lors que celui-ci détient près de 17% des parts de marché dans la distribution. »[824] Il est clair ici que les juges ne se sont pas bornés à une appréciation *stricto sensu* des droits et obligations des parties.

D'autre part, d'un point de vue substantiel la notion demeure vivace, l'ensemble des pratiques concernées par notre champ d'études ne sont en réalité ouvertes qu'au partenaire qui est dans les faits en

---

[821] F. Puel et V. Rebeyrotte, « Abus de puissance contractuelle et pratique anticoncurrentielle », *AJCA*, 2015, p. 499.

[822] Com. 27 mai 2015, n°14-11.487, obs. Dorandeu, *D.* 2015, Pan. 2530.

[823] Paris, 18 déc. 2013, n° 12/00150, obs. Centre de droit de la concurrence Yves Serra, *D.* 2014. 2488.

[824] Com. 27 mai 2015, n°14-11.487, obs. Dorandeu, *art. préc.*

mesure de les exercer. La négociation est la marque d'un dynamisme, d'un rapport de pouvoir entre les contractants professionnels.

Dès lors, la capacité d'imposer sans négociation des dispositions contractuelles particulièrement désavantageuses n'est ouverte qu'au partenaire en état de domination. En conclusion, il semble bien que tout en n'étant pas une condition explicite, la puissance contractuelle d'un contractant demeure une notion centrale dans l'analyse de cette situation[825].

Il s'agit à présent de déterminer l'unité de mesure de la puissance contractuelle d'un opérateur économique sur le marché numérique. À ce titre, l'analyse de la puissance d'achat nous parait être un outil efficace[826]. En effet, la majorité des contrats ayant fait l'objet d'une enquête de la Direction générale de la concurrence, de la consommation et de la répression des fraudes étaient des contrats de distribution. Or le marché numérique en raison de sa construction oligopolistique oppose des distributeurs ayant un pouvoir économique très important à des fournisseurs nombreux mais incomparablement moins puissants. La puissance d'achat serait donc le pouvoir économique développé par un partenaire contractuel lorsque l'équilibre existant normalement entre l'offre et la demande est altéré. À ce titre, l'analyse économique dispose d'un panel d'outil qui permettrait de prendre la pleine mesure de la puissance contractuelle pour en extraire la marque d'une domination sur les relations commerciales[827].

15. L'exploitation de la puissance contractuelle. – L'exploitation de l'état de domination exercé par le partenaire commercial peut prendre différentes formes selon le comportement pratiqué. Certaines sont facilement repérables, comme la prestation

---

[825] M.-C. Mitchell et T. Delannoy, « Abus de puissance contractuelle et pratiques commerciales restrictives », *AJCA*, 2015, p. 504.

[826] OCDE, « Les monopsones et le pouvoir d'achat », Comité de la concurrence, *DAF/COMP (2008)38*, 2008,

[827] L. Benzoni, « Violence économique, dépendance économique et enjeux de la mesure de la puissance d'achat », *AJ Contrat*, 2016, p.424 ; Id. L. Benzoni et A. Journo, « La puissance d'achat : nouveaux enseignements économiques », *art. préc.* L'auteur en présente plusieurs parmi lesquelles se trouvent notamment : le taux de menace que le partenaire dominant pourrait appliquer sur le chiffre d'affaires ou sur la rentabilité du partenaire dominé (ce qui n'est pas sans rappeler l'arrêt de la chambre commerciale du 25 mai 2015.)

sans contrepartie, d'autres nécessitent une interprétation plus précise de la jurisprudence. Dans le cas du déséquilibre significatif, le juge ou l'autorité compétente va analyser les différentes clauses insérées dans le contrat afin de rechercher si ce dernier est, dans sa globalité, déséquilibré.

Sur le marché du numérique, deux affaires sont riches d'enseignements. La première affaire concerne la société *Amazon*[828] tandis que la seconde concerne *Apple* et *Google*[829]. À titre principal, les deux affaires sont révélatrices de l'unicité du mécanisme employé par les distributeurs numériques. Dans chacune des deux assignations, l'exploitation de la domination repose sur des clauses imposées par le distributeur, clauses qui ont pour effet de déséquilibrer le contrat. Il est reproché à *Amazon* d'imposer à ses partenaires fournisseurs des clauses par lesquelles l'entreprise s'assure de conserver le contrôle absolu sur les relations contractuelles. En ce qui concerne *Google* et *Apple*, les clauses ciblées par l'autorité sont celles imposant une fourchette de prix dans laquelle le partenaire fournisseur d'application devait définir son prix, les clauses autorisant le distributeur à s'approprier l'intégralité des éléments techniques communiqués par le fournisseur et enfin plus généralement les clauses offrant un pouvoir unilatéral « de vie et de mort sur le contractant »[830].

Il sera intéressant d'observer les retombées de ces deux affaires tant à propos des comportements qui seront effectivement retenus qu'au regard des conséquences pour les pratiques commerciales sur le marché numérique. En l'état, une critique devrait cependant être formulée, il est improbable, selon nous, que ce canal de sanction soit efficace. Cette critique traditionnellement faite à l'ancienne rédaction de l'article L. 442-6 du Code de commerce peut être répétée à sa nouvelle version. Certes, les sanctions d'une domination issue de la puissance contractuelle du partenaire commercial doivent

---

[828] Le ministre de l'Économie, Brun° Lemaire, a décidé d'assigner l'entreprise devant les tribunaux pour donner suite à une enquête menée sur des pratiques restrictives employées par les plateformes de e-commerce. DGCCRF, communiqué de presse, « Pratiques commerciales des plateformes numériques : annonce des résultats d'une enquête d'envergure de la DGCCRF », 18 déc. 2017.

[829] DGCCRF, « Assignation de Google et Apple pour des pratiques commerciales abusives », communiqué de presse, n° 391, 14 mars 2018.

[830] E. Mouial Bassinlana, D. Restrepo et L. Colombani, « Le déséquilibre significatif dans les contrats commerciaux : nouvel outil de lutte contre les GAFA », *AJ contrat*, 2018, p.471.

naturellement être conditionnées. Toutefois, cela implique qu'elles soient cantonnées en matière d'abus de domination à ne sanctionner que les conséquences de la domination et non les causes. Les pratiques commerciales restrictives, en matière d'abus domination, ne peuvent être selon nous qu'un outil supplétif aux pratiques anticoncurrentielles.

La dernière conséquence découlant directement de la domination sur le marché numérique s'observe au regard de la puissance contractuelle appliquée au consommateur (B).

B. UNE APPLICATION DE LA PUISSANCE CONTRACTUELLE DANS LES RELATIONS AVEC LE CONSOMMATEUR.

16. La qualification de la domination entre le consommateur et la plateforme. – Pour qualifier l'abus de domination dans un contrat encore faut-il qualifier ledit contrat. La nature des relations contractuelles entre les utilisateurs et les plateformes a été l'objet d'interrogations[831], ces dernières invoquaient la gratuité de leurs services pour démontrer l'absence de contrat. Cependant, cette argumentation n'a pas manqué d'être rejetée par la jurisprudence qui interprète aujourd'hui très exactement cette relation de contrat de consommation[832]. Ce n'est pas anodin au regard de l'abus de domination puisque la puissance contractuelle n'a aucune incidence en droit des contrats[833]. Il existe une exception à cette règle en présence d'un contrat de consommation passé entre un professionnel et un consommateur, dans ce cas précis la puissance du partenaire

---

[831] G. Pillet, « L'efficacité du droit français des contrats face aux géants de l'internet », *art. préc.*

[832] Cour d'appel de Paris, 12 fév. 2016, n° 201658. Pour qualifier la relation de contrat de consommation, la cour d'appel de Paris a précisé que : « La société Facebook INC. a pour activité principale de proposer un service de réseau social sur internet à des utilisateurs situés dans le monde entier ; que si le service proposé est gratuit pour l'utilisateur, la société Facebook INC. retire des bénéfices importants de l'exploitation de son activité, via notamment les applications payantes, les ressources publicitaires et autres, de sorte que sa qualité de professionnel ne saurait être sérieusement contestée ; qu'il n'est pas plus contestable que le contrat souscrit est un contrat d'adhésion sans aucune latitude autre que l'acceptation ou le refus. » V. L. Usunier, « La compétence des juridictions françaises pour connaître du différend entre le réseau social Facebook et l'un de ses membres », *RTD civ.* 2016. 310.

[833] G. Loiseau, « La puissance du contractant en droit commun des contrats », *AJCA*, 2015, p.496.

dominant va être exploitée pour sanctionner l'insertion de clauses abusives[834].

Concernant la puissance contractuelle, ici elle peut être déduite de deux éléments : un élément de fait d'une part et un élément de droit d'autre part. Concernant l'élément de fait, la question a été abordée dans le cadre du RGPD notamment en ce qui concerne les dispositions afférant au consentement libre du consommateur acceptant les Conditions Générales d'Utilisation (CGU) d'une plateforme. Au regard des conséquences de l'effet réseau, le consentement est-il réellement libre lorsque les plateformes interdisent l'accès au consommateur qui refuse le traitement de ses données[835] ? Concernant l'élément de droit, il est issu du droit de la consommation lui-même puisqu'en principe la relation de consommation est considérée comme déséquilibrée, le professionnel ayant normalement l'ascendant sur le consommateur.

Il semble clair que l'exploitation de la domination repose encore une fois sur l'insertion de clauses dans les CGU. Certaines de ces clauses ont d'ailleurs fait l'objet d'un rapport de la Commission européenne[836] et ont été déclarées contraires au droit européen des consommateurs. Sans grande surprise, ces clauses sont tout à fait semblables à celles présentes dans les contrats relations commerciales, une typologie de ces clauses a d'ailleurs été constituée au terme de ce rapport[837]. Ainsi, ont été considérées comme inconciliables avec les droits des consommateurs les clauses donnant au partenaire dominant

---

[834] C'est d'ailleurs la position qu'a tenue la cour d'appel de Paris en sanctionnant la clause attributive de compétence insérée dans les conditions générales d'utilisation de Facebook.

[835] NOYB, "GDPR : noyb.eu filed four complaints over "*forced consent*" against Google, Instagram, WhatsApp and Facebook", communiqué de presse du 25 mai 2018 ; X. Delpech, « Un premier bilan décevant mais pas désespéré », JA 2019, n°591, p.22 ; C. Berthet, N. Anciaux et P. Pucheral, « Contenus numériques, récupération des données et empouvoirement du consommateur », *Dalloz IP/IT*, 2017. 29. Cette problématique n'est pas qu'hypothétique, elle repose sur un certain nombre de données empiriques. V. en ce sens N. Petit, "Are "FANGs" monopolies? A theory of competition under uncertainty", *art. préc.*

[836] Communiqué de presse, « La Commission européenne et les autorités de protection des consommateurs des États membres demandent aux entreprises de médias sociaux de se conformer au droit des consommateurs de l'UE », 17 mars 2017, IP/17/631.

[837] F. Jacomino, « Mise en conformité des conditions générales d'utilisation de Facebook : la Commission européenne s'impatiente », *AJ Contrat, 2018, p. 521.*

un pouvoir unilatéral sur la vie du contrat. L'abus est caractérisé lorsque la plateforme dispose du pouvoir unilatéral de mettre fin au contrat mais également lorsqu'il a un droit de contrôle sur l'ensemble de l'activité de son contractant. L'abus est également caractérisé au regard de la clause limitative ou élusive de responsabilité du partenaire dominant.

Au-delà des clauses susmentionnées, l'exploitation de la domination sur le marché numérique devrait être envisagée sous l'angle de la captation des données. En effet, la puissance contractuelle semble être l'outil déterminant de la collecte des données et donc de la puissance économique de l'entreprise[838].

17. Observation conclusive. – Le pouvoir économique sur le marché numérique fonctionne en vase clos. Pour le démontrer cette étude a suivi la dynamique suivante : l'accès au pouvoir de marché est assuré par la capacité d'agrégation de données d'une entreprise, cette capacité établie sa position et offre à l'entreprise une puissance contractuelle supplémentaire. À terme, c'est ce pouvoir qui donne à l'entreprise la capacité d'engranger encore plus de données. C'est à l'aune de cette construction que doit être mesuré, en droit, le déséquilibre caractérisant le marché du numérique. La domination semble consubstantielle au fonctionnement de ce marché qu'on en vient à se demander si la répression des pratiques anticoncurrentielles est réellement la réponse adaptée. Les récentes évolutions de l'encadrement contractuel l'ont certainement renforcé mais il ne peut traiter que les symptômes et non les causes de la maladie. Dès lors, ne faudrait-il pas user de procédés plus insidieux qui viseraient les comportements de l'*ex ante* plutôt que de l'*ex post*[839] ?

---

[838] G. Pillet, « L'efficacité du droit français des contrats face aux géants de l'internet », *art. préc.* Cette idée semble avoir été retenue par le TGI de Paris le 11 avril 2019 lorsqu'il condamna *Facebook* pour l'exploitation de clauses abusives visant la captation des données de l'utilisateur.

[839] C'est d'ailleurs la position que semblent adopter les rédacteurs d'un rapport rendu à la Commission européenne en avril 2019. J. Crémer, Y.-A. De Montjoye, H. Schweitze, *Competition Policy for the digital era*, *op. cit.*

Propos conclusifs

Anne-Sophie SIEW-GUILLEMIN

Très brièvement, je ne peux commencer ces propos conclusifs sans remercier tout d'abord le CERDP et son directeur, le Professeur Mathias Latina qui est également notre vice-Doyen recherche auprès du Doyen Xavier Latour. Je remercie aussi la cheville ouvrière de toutes les manifestations de notre laboratoire, Madame Ghislaine Goiran, secrétaire du CERDP. Je remercie par ailleurs tout particulièrement Madame Hania Kassoul, pour sa présence, sa présidence et la vivacité de ses propos à la fois éclairants, enthousiastes et très stimulants. Je remercie encore le Professeur Yves Strickler, grâce à qui la publication de ces propos adviendra d'ici la fin de cette année. Une pensée chaleureuse va vers les docteurs 2018-2019 du CERDP, Alexandra Baile, Caroline Fabre et Cédric Chapelle qui ont aidé les doctorants dans leur préparation. Enfin et surtout, je remercie nos doctorants du GREDEG et du CERDP, qui ont rendu cette journée possible, se sont investis pour le laboratoire et ont montré leur qualité de chercheur.

Le thème proposé aux doctorants n'était simple qu'en apparence. En effet, rien n'est plus complexe et délicat que l'équilibre en droit, alors même que l'équilibre ou la quête d'équilibre entre des objectifs juridiques antagonistes est essentiel dans toutes les disciplines. Historiquement, ainsi formulée, la question de l'équilibre en droit est récente. Son importance s'est largement amplifiée après la seconde guerre mondiale. On peut légitimement la situer au XVIIIème siècle, avec les Lumières, puis la Révolution Française et plus particulièrement au début du XIXème siècle à compter du Code civil de 1804 avec la question de l'équilibre contractuel[840]. Cette première datation est pourtant très discutable, l'un des symboles même de la justice étant la balance tenue par Thémis, plongeant ainsi ses racines dans la mythologie grecque. L'Egypte ancienne ne pèse-t-elle pas elle

[840] Cette question oppose les partisans d'une justice contractuelle, avec contrôle extérieur et objectif de l'équilibre des conventions et les tenants d'une approche libérale, plus soucieux de sécurité juridique et donc du respect de l'équilibre contractuel subjectif, tel que déterminé par les parties.

aussi les âmes sur une balance au moment du passage dans l'au-delà ? L'ancien Testament fait également référence à la balance dans le Livre de Job, alors que celui-ci demande à Dieu d'être pesé sur une balance juste afin de connaître son intégrité. Aristote encore évoque la recherche d'équilibre à travers la justice commutative, qui répartit à parts égales et la justice distributive, qui répartit en fonction des mérites. L'équilibre est donc une question très ancienne, qui est remise en avant depuis quelques décennies.

Il y a un domaine très actuel dans lequel la question de l'équilibre est centrale et qui a donné l'idée du thème de ce colloque, c'est le domaine des droits et libertés fondamentaux[841]. Dans cette matière devenue incontournable, l'équilibre entre les droits est au cœur du raisonnement et des méthodes de raisonnement, notamment avec la balance des intérêts et le contrôle de proportionnalité[842]. Dans le contrôle de proportionnalité, c'est symptomatique, on va pouvoir mettre à l'écart une règle de droit écrite au nom du respect des droits fondamentaux en cas atteinte « disproportionnée » à un droit ou à une liberté. Une ingérence dans l'exercice d'un droit garanti au demandeur est possible, mais elle doit être prévue par les textes, dans un but légitime et être proportionnée au but recherché[843]. Il y a là une vraie recherche de proportion, d'harmonie, d'équilibre, mais qui pose de graves problèmes d'objectivité, de sécurité juridique et de prévisibilité

---

841 Pour une approche transversale de la question, voir dernièrement « Les droits de l'homme à la croisée des droits », *Mélanges en l'honneur de Frédéric SUDRE*, Lexisnexis, 2018.

842 Si certains assistent avec enthousiasme intellectuel à cette expansion des droits de l'homme (F. SUDRE, *Droit européen et droit international des droits de l'homme*, PUF, Collection droit fondamental, 13 ème édition, 2016 ; J.-P. MARGUENAUD, *L'influence du droit européen des droits de l'homme sur le droit français des obligations*, in Le renouvellement des sources du droit des obligations, LGDJ, 1997, p. 45 et s.) d'autres sont à la fois inquiets et consternés (J. CARBONNIER, *Droit et passion du droit sous la cinquième République*, Flammarion, 1996, p. 44 ; V. HAÏM, « Faut-il supprimer la Cour européenne des droits de l'homme ? », *Dalloz*, 2001, p. 2988).

843 Voir notamment J. Rochfeld, Les grandes notions du droit privé, PUF, Thémis droit, p. 192 et s.

de la loi[844]. Ces thèmes ne peuvent ici être envisagés plus avant, mais peuvent néanmoins offrir une clé de lecture.

Cette question de l'équilibre et du déséquilibre peut servir à analyser tous les domaines juridiques et peut-être est-ce la grille de lecture que nous devrions tous avoir, juristes, dans le sens où l'équilibre remplace ou complète ce qui était auparavant davantage rattaché à la morale. Si les points de repères de nos sociétés ne sont plus guidés par des normes suprêmes (Dieu, le bien, le mal), le droit continue pourtant de dire -et de devoir dire- ce qui est bien, ce qui est droit, ce qui n'est pas gauche, et donc ce qui doit être suivi ou fait dans l'intérêt général. Le professeur Mireille Delmas-Marty a tenu d'ailleurs quelques jours avant la publication de ces lignes une conférence intitulée « *quelle boussole pour un monde déboussolé ?* »[845]. Les propositions de points de repère sont multiples et variables, mais cette question qui évoque les limites du droit, les limites de notre justice humaine, imparfaite et qui atteint rarement l'équilibre ne doit pas nous quitter dans un but constant de recherche d'amélioration.

Les résultats présentés par nos jeunes chercheurs attestent bien de cette préoccupation de recherche d'équilibre et la doctrine semble alors à sa juste place. En droit pénal avec Monsieur Samy Douider, il a été démontré que toutes les fonctions de la loi pénale (fonction expressive, fonction répressive, fonction symbolique, fonction pédagogique) sont associées pour apaiser tant que possible la société. En droit de la procédure civile, avec Madame Odélia Faugère, un équilibre entre principe dispositif et office du juge est constamment recherché et mis au service du justiciable et de la vérité judiciaire. En droit des entreprises en difficulté, avec Monsieur Maxence Guastella,

---

[844] Voir notamment E. Decaux, « L'argument sociologique dans la doctrine des droits de l'homme », *in L'argument sociologique en droit, pluriel et singularité*, Sous la direction de Dominique Fenouillet, Dalloz, 2015, p. 255 et s.

[845] M. Delmas-Marty, « *Quelle boussole pour un monde déboussolé ?* », Ateliers Gérard Farjat, Conférence du 20 novembre 2019, Faculté de droit de Nice, Conférence co-organisée par le Centre de Recherche en droit économique de Nice (G.R.E.D.E.G. / CREDECO) et l'Association internationale de droit économique (A.I.D.E.), avec le soutien de la Fédération Wallonie Bruxelles, dans le cadre des Ateliers Gérard Farjat.

un souci constant émerge de renforcement des techniques de protection des créanciers, tout en assurant le redressement des entreprises en difficulté au service d'une économie saine et du maintien des emplois. En droit de la consommation, avec Monsieur Eland Guerrier, la protection du consommateur a été mise en valeur comme étendard de notre droit civil moderne pour assurer un équilibre économique entre le professionnel sachant et les contractants moins bien informés. En droit des contrats, avec Madame Alina Gutsunaeva, l'importance de la recherche d'équilibre entre protection des contractants et autonomie de la volonté a été soulignée dans le but d'assurer la plus haute sécurité juridique dans un but d'intérêt général. Enfin, Monsieur Nils Monnerie a étudié l'importance d'une régulation du marché numérique, dont la structure est intrinsèquement oligopolistique. De petits groupes restreints concentrent l'ensemble de la puissance économique numérique, ce qui constitue un foyer de déséquilibre. Le droit peine encore à saisir ce phénomène contemporain, mais la relève semble toute prête à prendre le relai ! La recherche d'équilibre traverse effectivement toutes les matières et les thèmes ici étudiés sont loin d'être exhaustifs.

Je remercie une fois encore nos doctorants, Madame Hania Kassoul, le CERDP et la Faculté de droit de Nice d'avoir contribué à la réalisation de ce colloque.

Structures éditoriales du groupe L'Harmattan

L'Harmattan Italie
Via degli Artisti, 15
10124 Torino
harmattan.italia@gmail.com

L'Harmattan Hongrie
Kossuth l. u. 14-16.
1053 Budapest
harmattan@harmattan.hu

L'Harmattan Sénégal
10 VDN en face Mermoz
BP 45034 Dakar-Fann
senharmattan@gmail.com

L'Harmattan Cameroun
TSINGA/FECAFOOT
BP 11486 Yaoundé
inkoukam@gmail.com

L'Harmattan Burkina Faso
Achille Somé – tengnule@hotmail.fr

L'Harmattan Guinée
Almamya, rue KA 028 OKB Agency
BP 3470 Conakry
harmattanguinee@yahoo.fr

L'Harmattan RDC
185, avenue Nyangwe
Commune de Lingwala – Kinshasa
matangilamusadila@yahoo.fr

L'Harmattan Congo
67, boulevard Denis-Sassou-N'Guesso
BP 2874 Brazzaville
harmattan.congo@yahoo.fr

L'Harmattan Mali
Sirakoro-Meguetana V31
Bamako
syllaka@yahoo.fr

L'Harmattan Togo
Djidjole – Lomé
Maison Amela
face EPP BATOME
ddamela@aol.com

L'Harmattan Côte d'Ivoire
Résidence Karl – Cité des Arts
Abidjan-Cocody
03 BP 1588 Abidjan
espace_harmattan.ci@hotmail.fr

L'Harmattan Algérie
22, rue Moulay-Mohamed
31000 Oran
info2@harmattan-algerie.com

L'Harmattan Maroc
5, rue Ferrane-Kouicha, Talaâ-Elkbira
Chrableyine, Fès-Médine
30000 Fès
harmattan.maroc@gmail.com

Nos librairies en France

Librairie internationale
16, rue des Écoles – 75005 Paris
librairie.internationale@harmattan.fr
01 40 46 79 11
www.librairieharmattan.com

Librairie l'Espace Harmattan
21 bis, rue des Écoles – 75005 Paris
librairie.espace@harmattan.fr
01 43 29 49 42

Lib. sciences humaines & histoire
21, rue des Écoles – 75005 Paris
librairie.sh@harmattan.fr
01 46 34 13 71
www.librairieharmattansh.com

Lib. Méditerranée & Moyen-Orient
7, rue des Carmes – 75005 Paris
librairie.mediterranee@harmattan.fr
01 43 29 71 15

Librairie Le Lucernaire
53, rue Notre-Dame-des-Champs – 75006 Paris
librairie@lucernaire.fr
01 42 22 67 13